Marc Friedrich

DIE GRÖSSTE CHANCE ALLER ZEITEN

Marc
Friedrich

DIE GRÖSSTE CHANCE ALLER ZEITEN

Was wir jetzt aus der Krise lernen müssen und
wie Sie vom größten Vermögenstransfer der
Menschheit profitieren

FBV

Bibliografische Information der Deutschen Nationalbibliothek
Die Deutsche Nationalbibliothek verzeichnet diese Publikation in der Deutschen Nationalbibliografie. Detaillierte bibliografische Daten sind im Internet über http://dnb.d-nb.de abrufbar.

Für Fragen und Anregungen:
info@finanzbuchverlag.de

Originalausgabe, 1. Auflage 2021

Redaktionsschluss: März 2021

Türkenstraße 89
80799 München
Tel.: 089 651285-0
Fax: 089 652096

Projektleitung: Georg Hodolitsch, Isabella Steidl
Redaktion: Judith Engst
Korrektorat: Anja Hilgarth
Umschlaggestaltung: Pamela Machleidt, München
Satz: inpunkt[w]o, Haiger (www.inpunktwo.de)
Druck: GGP Media GmbH, Pößneck
Printed in Germany

ISBN Print 978-3-95972-457-9
ISBN E-Book (PDF) 978-3-96092-864-5
ISBN E-Book (EPUB, Mobi) 978-3-96092-865-2

Für Sofia (1980–2020)

Inhalt

»Es gibt drei Arten von Menschen:
diejenigen, die sehen,
diejenigen, die sehen, was ihnen gezeigt wird,
und diejenigen, die nicht sehen.«

Leonardo da Vinci

Krisen sind wichtig! Krisen sind Chancen!

»Das Wort Krise setzt sich im Chinesischen aus zwei Schriftzeichen zusammen. Das eine bedeutet Gefahr und das andere Gelegenheit.«

John F. Kennedy

Das Jahr 2020 wird als Beginn einer nachhaltigen Zeitenwende in die Geschichtsbücher eingehen. Durch die Corona-Pandemie wurde uns allen weltweit schmerzhaft bewusst, wie fragil unser hochkomplexes und fortschrittliches Wirtschafts- und Finanzsystem de facto ist. Innerhalb weniger Tage sind die Just-in-time-Produktions- und Lieferketten eingebrochen oder gar komplett zum Stillstand gekommen – und der Auslöser war ein unsichtbares Virus. Diese Krise hat uns auf harte und bittere Art und Weise deutlich gemacht, dass unser System nicht resilient ist, es hat aufgezeigt, welche Schwächen es hat, wie groß die Klumpenrisiken sind und in welchen gefährlichen Abhängigkeiten wir uns in dieser globalisierten Welt doch befinden. Vielen Menschen wurde klar, dass nichts auf alle Ewigkeit in Stein gemeißelt ist. Gigantische Konjunkturpakete der Staaten und billionenschwere Stützungsprogramme der Notenbanken, maßlos überforderte und kopflos-aktivistische Politiker, aber auch leere Regale, stillgelegte Fließbänder, stark ansteigende Kurzarbeiter- und Arbeitslosenzahlen verdeutlichen das historische Ausmaß.

Wenn es auch viele nicht wahrhaben wollen: Wir sind inmitten eines historischen **Paradigmenwechsels**. So bitter es für viele auch sein mag, aber wir werden nicht mehr in der alten, gewohnten Welt aufwachen und zu unserem alten Leben zurückkehren. **Alles wird sich für immer verändern:**

- wie wir arbeiten
- wie wir uns in Zukunft fortbewegen
- wie und was wir einkaufen
- wie wir wirtschaften, reisen, denken, leben, bezahlen, investieren
- wie und was wir produzieren

Solche Punkte in der Geschichte bilden das Fundament und sind die Chance für nachhaltige Veränderungen, die die Menschheit aus Bequemlichkeit und Angst niemals freiwillig initiieren würde. Wer in die Vergangenheit schaut, sieht, dass wahre und tiefgreifende Veränderungen immer durch äußere Umstände erzwungen werden. Durch Krisen wird offensichtlich, was ausgedient hat, Altes wird aussortiert und Neues entsteht. Sowohl im Kleinen wie auch im Großen. Nicht nur unser persönliches Leben ist davon betroffen, sondern ganze Branchen, Gesellschaften, politische Systeme und Länder. Erst durch den Klimawandel sind wir gezwungen worden, nach Alternativen bei der Energieerzeugung zu suchen. Dasselbe gilt für Impfstoffe, Medikamente und technische Entwicklungen. Erst wenn der Mensch machtlos ist und keinen anderen Weg mehr sieht, ist er bereit zu wahrhaftigen Reformen und (R)Evolutionen. Krisen beinhalten extreme Risiken, aber auch phänomenale Chancen.

Ich will Ihnen in diesem Buch eine Anleitung an die Hand geben, wie die Zyklen funktionieren, wo wir stehen, wie Sie sich positionieren können und **wie Sie sich finanziell, aber auch mental auf das Kommende vorbereiten können.**

Die Evolution der Menschheit ist geprägt durch Krisen

Krisen sind essenziell für das Voranschreiten der Menschheit. Der Mensch lernt durch Scheitern – *trial and error*. Krisen dienen als

Sprungbrett für die menschliche Entwicklung. Erst durch eine Katharsis ist die Menschheit bereit, Veränderungen in die Wege zu leiten. Jedem muss klar sein, dass tiefgreifende Transformationen immer mit Verlusten und Wachstumsschmerzen einhergehen. Auch wenn es paradox klingt: Krisen sind wichtig und sie sind große Chancen für die Menschheit. **Wir sollten Krisen willkommen heißen und umarmen.** Nach jeder Krise hat die Menschheit sich weiterentwickelt und an Wissen und Wohlstand hinzugewonnen. So wird es auch dieses Mal sein. Der Ökonomen Joseph Schumpeter nennt es die kreative Zerstörung. Eine solche Zerstörung ist notwendig, damit Neues entstehen kann. **Je größer eine Krise, desto größer die Chancen,** die sie mit sich bringt. Aktuell stehen wir vor dem größten Transformationsprozess unserer Lebzeit. Verschiedene Zyklen enden nun und ein neuer, großer Zyklus beginnt. Dies hat sich schon in den letzten Jahren bemerkbar gemacht: Wir waren schon vor Corona im Dauerkrisenmodus. Eine Krise wurde durch eine neue und noch größere Krise abgelöst: Finanzkrise, Eurokrise, Flüchtlingskrise, Klimakrise, Demografiekrise, Autokrise, Wirtschaftsabschwung und Schuldenkrise. Und jetzt kommt gewissermaßen als Brandbeschleuniger noch die Corona-Krise hinzu. Nun sehen wir binnen kurzer Zeit rapide Entwicklungen in vielen Bereichen, und das rund um den Globus. Vor allem Deutschland wird extreme Veränderungen erleben und sollte dies als Erneuerungsprozess begreifen.

Neue Zeitrechnung

Zu sicher fühlen wir uns in unserem perfekt organisierten Alltag mit ständig geöffneten Supermärkten, permanenter Ablenkung, Berieselung und Beschallung durch iPhone, TikTok, Netflix und Freiheiten, die für uns selbstverständlich sind.

Durch die Lockdowns wurde diese sicher geglaubte Welt in ihren Grundfesten erschüttert. Seitdem sind wir in einer Ausnahmesituation und so gespalten wie schon lange nicht mehr. Die einen haben Angst vor Corona und fürchten um ihre Gesundheit. Die anderen haben Angst vor Arbeitslosigkeit und Insolvenz und fürchten um ihre pure wirtschaftliche Existenz. Wieder andere haben Angst um die

Freiheitsrechte und die Demokratie. All diese Ängste sind legitim und verständlich. Sie müssen respektiert und ernst genommen und dürfen nicht ins Lächerliche gezogen werden. Um die Gesellschaft gesunden zu lassen, müssen wir aufeinander zugehen, einander zuhören und andere Meinungen ertragen und respektieren. Leider beobachte ich momentan oftmals genau das Gegenteil: Dass wir uns auseinanderdividieren und Angst voreinander haben – man könnte ja ansteckend sein.

Es ist wichtig, die Fakten objektiv zu betrachten und konstruktive Lösungen aufzuzeigen. Die Politik muss beginnen, uns gegenüber mit der vollen Wahrheit herauszurücken und keine Salamitaktik zu betreiben. Wir wissen bis dato nicht, wie groß der volkswirtschaftliche, aber auch der gesellschaftliche, politische und seelische Schaden ist. Vor allem bei den Jüngsten unserer Gesellschaft dürften die Pandemie und die Maßnahmen zu ihrer Eindämmung erhebliche Konsequenzen mit sich gebracht haben.

2020 war ein großer Wendepunkt. Die Welt, in der wir in Zukunft leben werden, wird nicht die gleiche sein. Es wird eine komplett neue Zeitrechnung beginnen – unabhängig davon, wie lange uns die Corona-Pandemie noch in Atem hält.

Die Karten werden neu gemischt

Deutschlands Wirtschaft ist geprägt vom Maschinenbau, von der Automobilindustrie und von anderen Unternehmen des produzierenden Gewerbes. Allgemein bekannt ist, dass unsere Schlüsselindustrien den einen oder anderen Trend schlichtweg verpennt oder gar ignoriert haben. Erst jetzt durch die Häufung der Krisen wird unsere Wirtschaft gezwungen sein, sich neu zu erfinden oder zu scheitern. Volkswagen hat bereits einen neuen Weg eingeschlagen und setzt voll auf Elektromobilität. Andere versuchen sich am Wasserstoff und Car-Sharing. Welche Strategie die richtige sein und wer überleben wird, wird sich zeigen. **Fakt ist: Nichts zu tun, ist keine Lösung! Stillstand ist Tod! Bewegung ist Leben!** Nur Unternehmen und Branchen werden überleben, die den Wandel umarmen und aktiv gestalten. Das gilt für uns alle! Das große Aussieben hat begonnen. Falls wir jetzt nicht den Mut haben, neue Wege zu beschreiten und uns neu erfinden, müssen wir unserem Wohlstand Adieu sagen.

Was tun?

Wie kann man als Unternehmen, als Mensch und als Gesellschaft gestärkt aus Krisen hervorgehen und sich darauf vorbereiten? Hier hilft ein seit jeher bestehender Grundsatz: **Vorsorge ist besser als Nachsorge. Diversifikation, Innovation und dezentrale Systeme sind sinnvoll, um die Abhängigkeiten zu reduzieren.**

Parallel sollte man sich nicht zu sehr auf die Politik verlassen, sondern selbst aktiv werden. Wahrer Wandel kommt immer von unten, von uns Menschen. Was in der Politik oftmals fehlt, haben wir nun immer mehr in Form von bahnbrechender Technologie: Erstmalig haben wir große Helfer in Form von Digitalisierung und künstlicher Intelligenz an unserer Seite. Dies alles birgt eine enorme Chance, um die Krisen zu meistern und gestärkt daraus hervorzugehen. Noch nie hatte die Menschheit diese Möglichkeit. Kleiner Hinweis: Die perfekte, unabhängige und faire KI wie ich sie mir vorstelle, ist momentan noch nicht verfügbar.

Uns allen muss klar sein: Wenn wir an dem Alten festhalten, so wie es viele Politiker und Entscheidungsträger momentan verzweifelt versuchen und propagieren, wird der Kollateralschaden für uns alle immer größer – wirtschaftlich, monetär, gesellschaftlich und politisch. Dass sich Entwicklungen in Zyklen vollziehen, ist ein Naturgesetz, und diese Zyklen sind nicht zu stoppen. Entweder wir sind bereit, den Fortschritt und die laufende Veränderung anzuerkennen, oder wir werden von ihnen überrollt.

Wir können Krisen nicht vermeiden, wir können sie aber nutzen und daraus lernen. Die Entwicklung der Menschheit ist eine unglaubliche Erfolgsgeschichte. Aber sie ging immer einher mit Krisen. Krisen sind seit jeher stets Teil der Menschheitsgeschichte gewesen.

Je größer eine Krise, desto größer der Sprung nach vorne, den sie ermöglicht. Die kommende Krise hat das Potenzial, einen kompletten Neustart zu initiieren und uns auf eine neue Bewusstseinsstufe zu katapultieren. Denn dieses Mal handelt es sich nicht nur um eine lokale Krise oder die einer Branche oder eines Landes. Dieses Mal ist es eine globale Krise und wir als Menschheit sind gemeinsam zu ihrer Bewältigung gefordert. Das ist anstrengend und neu, aber essenziell für unsere Entwicklung. Wenn wir jetzt die richtigen Entscheidungen treffen, als Menschheit an einem Strang ziehen, Grabenkämpfe beenden, geistige Grenzen abbauen, die Technologie für uns alle einsetzen und nicht dazu, den Profit einzelner Länder, Unternehmen oder sonstiger Akteure zu maximieren, wenn wir jetzt den Mut haben, die richtigen und unbequemen Entscheidungen zu treffen, neue, unbekannte Pfade zu beschreiten und alte Zöpfe abzuschneiden, dann wird für uns alle ein goldenes Zeitalter beginnen.

Dieses Buch soll Ihnen eine Übersicht und eine Hilfestellung geben.

Ich möchte Bezug auf das Einleitungszitat von Leonardo da Vinci nehmen. **Ich will, dass Sie sehen!** Um dann aktiv werden zu können. Darum:

Packen wir es an und nehmen uns den folgenden Spruch von Johann Wolfgang von Goethe zu Herzen:

»Was immer du tun kannst oder erträumst zu können, beginne es. Kühnheit besitzt Genie, Macht und magische Kraft. Beginne es jetzt.«

Lassen Sie es uns beginnen!

Herzlichst Ihr
Marc Friedrich
Lorch im Remstal, den 03.03.2021

1.

Status quo – Die Zeitenwende hat begonnen

Corona, der Brandbeschleuniger der Krise

Corona ist nicht der Grund der jetzigen Krise, sondern lediglich der Auslöser. Die wahren Ursachen liegen viel tiefer. Wir befinden uns inmitten eines Zyklenwechsels. Die Erklärung hierfür möchte ich Ihnen im Buch geben: Welcher Zyklus endet, welcher beginnt, was uns erwartet und was Sie tun können!

Ich habe in Artikeln, in Interviews und auf meinem YouTube-Kanal geduldig prophezeit, dass 2020 ein wildes Jahr werden wird – der Beginn einer Zeitenwende. Der Ausbruch der Pandemie ist ein externer Schock – von vielen als schwarzer Schwan bezeichnet. Ein schwarzer Schwan ist ein völlig überraschendes und unwahrscheinliches Ereignis, das die Menschheit unvorbereitet trifft. Doch eine Pandemie wie Covid-19 kam alles andere als überraschend. Eigentlich war es ein weißer Schwan, eine erwartbare und programmierte Krise. Erstens leben wir in einer globalisierten Welt, und es war klar, dass über Land, Luft oder Wasser jedes Virus, egal wie gefährlich, egal wo entsprungen, es zu uns schaffen würde. Seit Jahrzehnten wissen wir auch aus der Erfahrung, dass jedes Jahr eine neue Grippewelle grassiert – mal heftiger, mal weniger heftig. Immer wieder liest man von seltenen und giftigen Spinnen, die in Bananenkisten um die Welt geschippert werden und dann im Discounter arglose Bürger attackieren. Klar, niemand kann vorhersehen, wann eine Epidemie oder Pandemie eintritt. Es gab aber solide Prognosen, dass eine globale Pandemiewelle eigentlich überfällig sei. Zweitens haben Experten auf breiter Datenbasis vor ein paar Jahren sogar Szenarien simuliert, nach denen dafür ein Virus aus der Corona-Familie verantwortlich sein werde. Hierzu gab es in der Vergangenheit schon durchgespielte Szenarien sowie simulierte Pandemieübungen von verschiedenen Institutionen, die uns jetzt geradezu unheimlich erscheinen, weil sie genau so eingetreten sind, wie in der Simulation vorweggenommen.

Lasset die Spiele beginnen: Pandemie-Planspiele

Die **Rockefeller Foundation** hat 2010 vier mögliche Szenarien für die Zukunft von Technologie verfasst.[1] Das Szenario »**Lock Step**« (Gleichschritt) beschreibt eine weltweite Pandemie, ausgelöst durch einen Influenza-Virus, in der das autoritäre China eine Vorbildfunktion einnimmt. Global werden Masken Pflicht und die Freiheitsrechte massiv eingeschränkt beziehungsweise geben die Bürger ihre Rechte wegen des Virus sogar freiwillig ab. Dieses Szenario endet in sozialen Unruhen und Revolutionen. Die Menschen begehren gegen die Unterdrückung und Überwachung auf und stürzen die Regierungen. Die Menschheit strebt eben immer nach Freiheit. Beim besten aber leider unrealistischen Szenario »**Clever Together**« löst die Weltgemeinschaft gemeinsam effizient alle Probleme. Genau das Gegenteil beschreibt die Vision »**Smart Scramble**«. Die Welt arbeitet nicht zusammen, sondern jeder macht sein eigenes Ding. Die Weltengemeinschaft löst sich mehr und mehr auf und lokal werden die eigenen Probleme provisorisch gelöst. Dystopisch ist das »**Hack Attack**«-Szenario: Staaten werden gehackt, digitale Kriminalität blüht und führt zu Instabilität und wankenden Regierungen. Aus dem Lock-Step-Szenario resultierte wohl auch der Entschluss, gemeinsam mit Microsoft, Accenture und der Impfallianz GAVI bis 2030 jedem Erdenbürger eine transnationale biometrische und digitale Identität zu geben (ID2020)[2] sowie das Projekt »**Known Traveller Digital Identity**« für das papierlose Reisen mit den Partnern Weltwirtschaftsforum in Davos (WEF), der niederländischen und kanadischen Regierung, Accenture und anderen.[3] Im Übrigen hat ein hochrangiges Mitglied der Rockefeller Foundation auch die deutsche Bundesregierung zum Thema Pandemie 2017 beraten. Eventuell ist dies auch der Grund, warum der Bundestag die **Umsetzung der Steuer-Identifikationsnummer zur einheitlichen Bürgernummer umgesetzt hat**. Damit können die Behörden auf alle damit verbundenen Daten zugreifen und verknüpfen – und das, obwohl uns 2008 noch hoch und heilig versprochen wurde, dass die Steuer-ID ausschließlich zu steuerlichen Zwecken genutzt werden solle. Anstatt wie bisher nur das Finanzamt können so zukünftig insgesamt 51 Behörden auf die jeweiligen Daten zugreifen. Stimmt man zu, können die Behörden zukünftig persönliche Daten einsehen. So ist die Bürger-ID dann im Melderegister, im Waffenregister bei Krankenkassen und der Rentenversicherung verfügbar. Jetzt ist jeder Bürger komplett gläsern und der feuchte Traum der Stasi somit Wirklichkeit geworden. Schöne neue Welt!

Aber das ist noch nicht alles. Ein weiteres Resultat dieser Bestrebungen ist der digitale Impfausweis. Dieser soll nun in der EU flächendeckend kommen.[4] Zwar widerspricht dies diametral der EU-Datenschutzgrundverordnung, dies wird aber dem größeren Ziel großzügig untergestellt. Damit gibt es zwar keine Impfpflicht, aber ohne Impfung darf man dann nicht mehr fliegen, reisen oder ins Restaurant gehen.

Wenn wir schon bei der zur Abwechslung einmal aktiven Bundesregierung sind: 2012 verfasste die deutsche Bundesregierung – unter Federführung des Robert Koch-Instituts – eine Risikoanalyse mit dem Namen: »**Pandemie durch Virus Modi-SARS**«.[5] In diesem Szenario wird ein »Außergewöhnliches Seuchengeschehen« skizziert. Hier zeigt die Bundesregierung ausnahmsweise eine hohe Trefferquote: Ein Erreger des Typs SARS-Coronavirus (CoV) wird durch einen Patienten übertragen, der nach einem Auslandssemester in China nach Deutschland zurückkehrt. Das Virus stammt aus einem Tiermarkt in China, genauso wie es im Dezember 2019 in der chinesischen Millionenstadt Wuhan tatsächlich geschah.

ZULETZT GAB ES VERMUTUNGEN, DASS DAS VIRUS AUS EINEM LABOR IN WUHAN STAMMT.

Über den Ursprung des Virus ist man sich allgemein einig, nicht jedoch, wo genau es entsprungen ist. Ein deutscher Professor der Universität Hamburg hatte zur Laborthese Indizien zusammengetragen.[6] Auch chinesische Forscher hatten diesen Verdacht schon früher geäußert.[7] Beweisen konnte es aber bisher niemand zu 100 Prozent. Aber ob nun das Virus von einem Wildtiermarkt oder aus einem Labor in Wuhan kommt, bei einem Lkw-Unfall aus Versehen freigelassen wurde, vom CIA geplant war, um China zu schwächen und die Vormachtstellung der USA zu festigen oder vice versa, ob es ein Konstrukt ist, um unsere Freiheitsrechte zu beschneiden und uns alle mit Bill Gates Impfstoff zwangszuimpfen, ob es vom »Deep State« geplant wurde, um eine Weltwirtschaftskrise auszulösen, um Trump die Wahl zu klauen, oder ob es nur eine ganz normale Grippewelle ist, die von den Medien und Politik gezielt gepusht wird, um große Panik zu schüren, damit endlich Dinge implementiert werden können, die unter normalen Umständen nie möglich gewesen wären (Stichwort »The Great Reset«), ist im Grunde genommen Nebensache. Fakt ist, es gibt dieses Virus schon seit Jahrzehnten. Und ja, Sie lesen richtig, all das sind tatsächlich kursierende Theorien zum Virus. Hätte man, wie etwa 1968 bei der Hongkong-Grippe, schlicht gar nichts gemacht, dann hätte die Weltwirtschaft weiter gebrummt. Ich stelle immer die Frage »Cui bono?«, also wem dient es? Momentan wird China als der große Gewinner gehandelt, aber auch **westliche Politiker haben einen gefährlichen Gefallen daran gefunden, ohne Rücksicht auf Recht und Gesetz durchzuregieren – gerne, wie in Deutschland, auch am Parlament vorbei.** Für diese Kreise ist die Krise anscheinend ebenso eine große Chance. Fakt ist, die Situation ist nun da und wir müssen damit umgehen. Erst im Rückspiegel der Geschichte werden wir sehen, was tatsächlich die wahre Geschichte hinter der Corona-Krise war. Was sich heute abstrus anhört, kann morgen schon Realität sein. So hatte ich schon im April 2020 in einem *Spiegel*-Streitgespräch mit dem ehemaligen Wirtschaftsweisen Peter Bofinger vor den jetzigen Entwicklungen gewarnt und die Herdenimmunität favorisiert. Das bedeutet, Risikogruppen und ältere Mitmenschen gehen in freiwillige Quarantäne und die anderen halten die Volkswirtschaft am Laufen. Wie auch immer, mir reicht hier der Befund, dass es bereits vor der Corona-Krise in Deutschland und Europa volkswirtschaftlich nicht gut aussah und die Rezession so oder so gekommen wäre. Durch das Virus lediglich massiv verstärkt. Behalten Sie bitte im Kopf: Die Welt war 2019 schon im Bremsmodus. Italien bereits in der Rezession, Deutschland mit 0 Prozent Wachstum, also Stagnation kurz davor. Ebenso Frankreich, die USA, China und der Rest der Welt. Gerne vergessen wird auch, dass die Notenbanken genau gegen diese Entwicklung 2019 vorgegangen sind – **vor Corona!** So hat Mario Draghi ein Willkommensgeschenk an die neue EZB-Präsidentin Christine Lagarde gemacht. Mit dem Beginn ihrer Amtszeit wurde die Juristin und Politikerin mit einem stattlichen Aufkaufprogramm von 20 Milliarden Euro pro Monat ausgestattet. Und das nur zehn Monate, nachdem das vorherige Programm, welches seit 2015 Bestand hatte und 2,4 Billionen Euro verschlungen hatte, um das Geldkarussell und den Euro zu retten, wieder installiert werden musste. Läuft anscheinend doch nicht so rund in der Eurozone.

Zu guter Letzt machte noch das **»Event 201«** der Bill und Melinda Gates Stiftung (die generöser Spender der Weltgesundheitsorganisation (WHO) und der Impfallianz GAVI ist), des Weltwirtschaftsforums und der Johns-Hopkins-Universität die Runde.[8] Hier wurde ebenfalls in einem Rollenspiel eine Corona-Pandemie durchgespielt.

Nach all diesen Szenarien und Planspielen stellt sich natürlich eine Frage: Wenn die Verantwortlichen diese Szenarien doch bereits national und international mehrfach durchexerziert haben, und das sogar mit dem richtigen Virusstamm, wieso wurden dann keine Vorkehrungen getroffen? **Wieso war man dermaßen unvorbereitet? Wieso**

das kolossale Versagen auf breiter Front? Wieso Analysen machen, wenn man dann daraus keine Konsequenz zieht?

Vulkanologen können auf Basis ihrer Beobachtungsdaten prognostizieren, dass ein Vulkan in naher Zukunft ausbrechen wird – aber nicht, wann genau. Bei schweren Erdbeben infolge der Plattentektonik ist es das Gleiche. Daher ist auch die eigentliche Frage immer die gleiche: Wie gut ist eine Gesellschaft, ist eventuell gar die Menschheit als Ganzes auf die Folgen solcher externen Schocks vorbereitet? Und auch die Antwort ist jedes Mal erschreckend ähnlich: **Nicht besonders gut.**

Mit diesem Buch möchte ich Sie genau auf ein solches Ereignis vorbereiten. **Denn die Frage ist nicht, ob, sondern nur wann ein gravierender Schock eintritt!**

Seit die moderne Wissenschaft mit ihren strengen empirischen Methoden arbeitet, betrachten wir Naturkatastrophen zwar nicht mehr als unvorhersehbares Schicksal. Aber unsere Fähigkeit, mehr oder minder präzise Prognosen in unser Denken einzubauen, sie im Rahmen unserer Planungen, gar unseres ganz alltäglichen Verhaltens wenigstens im Hinterkopf zu haben (besser noch: uns auf bestimmte Eventualitäten vorzubereiten), hat mit unseren prognostischen Fähigkeiten nicht Schritt gehalten.

Der Grund hierfür ist unser Gehirn. Wir Menschen können nur linear denken. Wir sind schlichtweg nicht dafür geschaffen, exponentiell zu denken. Solche Krisenereignisse passieren aber oftmals urplötzlich und entwickeln sich exponentiell.

EXPONENTIELLES WACHSTUM

Für uns Menschen ist diese Art des Wachstums nicht fassbar. Wir alle kennen das berühmte indische Schach/Reis-Beispiel. Man fängt mit einem Korn auf dem ersten Feld an und mit jedem Feld wird die Anzahl der Reiskörner verdoppelt. Am Ende liegen dann 18,4 Trillionen Reiskörner auf dem Schachbrett, was 338 Billionen Kilo sind oder 433-mal die gesamte Welternte an Reis pro Jahr.

Anderes Beispiel: Nehmen Sie eine einfache DIN-A4-Seite und falten Sie diese, so oft Sie können, mittig. Mit jedem Faltvorgang verdoppelt sich die Dicke des Blatts. Sie können noch so gut gebaut sein, aber Sie werden diese Seite maximal siebenmal falten können. Danach ist Schluss. Wenn Sie es 42-mal falten würden, würde das Blatt von der Dicke her von unserer Erde bis zum Mond reichen. Sie denken jetzt: »Herr Friedrich spinnt ja komplett!« Dem ist nicht so. Das ist exponentielles Wachstum. In der Natur wächst die Krebszelle, aber auch die Vermehrung von Viren exponentiell. Die Anziehungskraft von Magneten ist ebenso exponentiell. Auch wenn wir wissen, dass diese Anziehungskraft kommt, kann unser Gehirn den richtigen Zeitpunkt nicht einschätzen und beide Magnete rasen mit unglaublicher Kraft und Geschwindigkeit zusammen. So ist auch Hyperinflation exponentiell und kein Mensch kann sie sich vorstellen und die wenigsten bereiten sich darauf vor.

Unsere technische Zivilisation, unsere wirtschaftlichen und sozialen Geflechte, das Spinnennetz globaler Handelswege und Wertschöpfungsketten, unser Geld- und Kreditsystem: All dies hat in den letzten 70 Jahren eine historisch einmalige Komplexität gewonnen. Die meisten Menschen aber glauben, die Welt ließe sich nach wie vor allein mit gesundem Menschenverstand erklären. Dabei nimmt sie sich von diesem – wohlgemerkt ehrenwerten und im normalen Alltag bewährten – Standpunkt aus gesehen oft ziemlich verrückt aus. So kann ich Zuhörer in meinen Vorträgen immer noch mit der Information überraschen, dass das Geld auf ihrem Konto nicht ihnen gehört, sondern der kontoführenden Bank. Es ist eben einfacher, sich Sparschweine vorzustellen als ein Giralgeldsystem, bei dem Geld aus dem Nichts erzeugt wird durch Kredite, welche die Banken vergeben. Jeder weiß, dass Deutschland häufiger Exportweltmeister als Fußballweltmeister ist. Aber wie fein gesponnen und wie anfällig das Netz unserer außenwirtschaftlichen Beziehungen ist, sehen nur Insider. Tatsächlich gibt es – schauen Sie sich die Tabelle des Statistischen Bundesamtes[9] ruhig mal an! – buchstäblich keinen Flecken auf der Erde, mit dem Deutschland keinen Handel treibt. Keine Ahnung, was wir 2019 für 1000 Euro von der Weihnachtinsel importiert, für 10.000 Euro in den pazifischen Inselstaat Tuvalu exportiert haben. Aber irgendjemand ist deswegen hingeschippert oder hingeflogen. Erst ein pandemiebedingter Lockdown führt uns allen vor Augen, dass einige der wichtigsten Zulieferer der deutschen Autobauer in der Lombardei sitzen.

Zwar wohnt ein knappes Drittel der Deutschen in Großstädten mit mehr als 100.000 Einwohnern, kennt also die Nadelöhre dieser modernen Siedlungs- und Lebensform. Aber viele waren eben noch niemals in New York; um von molochartigen Agglomerationen wie Tokio/Yokohama (38 Millionen Einwohner), Delhi (26 Millionen), Shanghai (24 Millionen), Kairo/Gizeh (zwischen 16 und 25 Millionen) oder Lagos (14 Millionen) zu schweigen. Mehr als 1,6 Milliarden Menschen, ein Fünftel der Weltbevölkerung, lebt in den 500 Millionenstädten der Erde, davon allein 500 Millionen in Megacitys mit mehr als zehn Millionen Einwohnern. Diesen Menschen, erst recht den dortigen Verantwortungsträgern, ist noch am ehesten klar, wie schnell sich (oft auch noch miserable) Infrastrukturen und Gesundheitssysteme aus den Angeln heben lassen.

Ein bisschen leben wir alle nach dem neapolitanischen Modell. Nein, ich meine jetzt nicht die Mafia! Die Neapolitaner wissen eigentlich ganz genau, dass sie auf einem explosiven Vulkan leben. Aber sie tun so, als würde der Vesuv zu ihren und den Lebzeiten ihrer Kinder und Enkel unter keinen Umständen ausbrechen. Was ja auch durchaus möglich ist. Auch die Bewohner der kalifornischen Küste wissen, dass sie einen der dynamischsten Wirtschaftsräume der USA genau auf die Kante zweier Erdplatten gesetzt haben. Aber es ist eben über 100 Jahre her, dass es da bei einem verheerenden Erdbeben zum letzten Mal so richtig katastrophal gerumpelt hat. Die Verwerfungen unserer Weltwirtschaft, erst recht unserer Finanzsysteme, treten freilich in sehr viel kürzeren Zeitabständen zutage als die Aktivitäten von Vulkanen oder die ruckartigen Verschiebungen in der Plattentektonik. Trotzdem tun wir so, als würde es nie zu Ausbrüchen und Beben kommen.

Der größte Vermögenstransfer der Geschichte!

Wir befinden uns in einer historischen Zeitenwende. Durch die Corona-Krise haben die Staaten und Notenbanken weltweit Billionen ins System gepumpt, um die Rezession abzufedern. Überall wurden innerhalb kürzester Zeit Rettungspakete und Konjunkturpakete historischen Ausmaßes aus dem Boden gestampft.

Ein Eintrag in das Guinness-Buch der Rekorde wäre allen Staaten und Notenbanken sicher! Diese einmaligen globalen Notfallprogramme gepaart mit den seit Jahren im **Dauerkrisenmodus** aktiven Staaten und Notenbanken haben zu neuen Rekordständen geführt – und das nicht nur bei den Infektions- und Arbeitslosenzahlen, sondern vor allem auch bei den Schulden. Weltweit steigen die Schulden in immer neue Sphären.

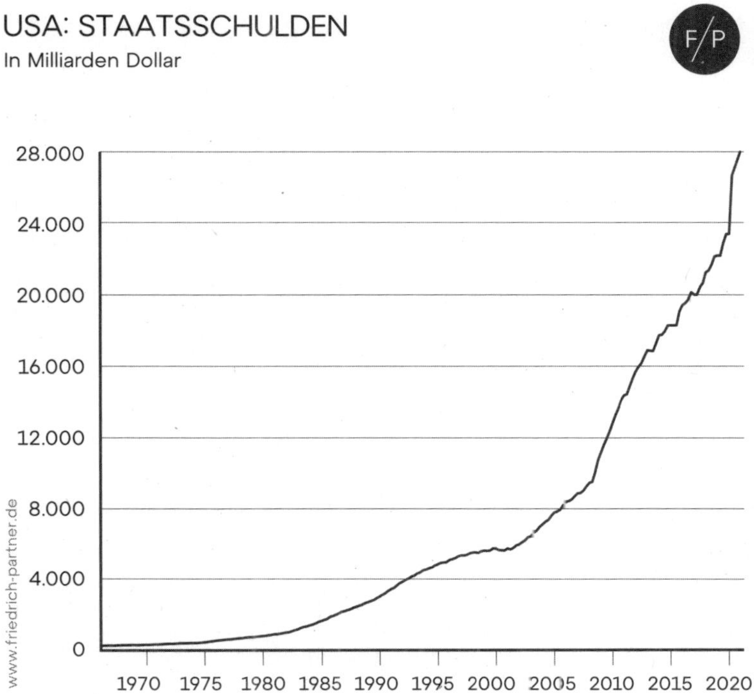

Abbildung 1

Die Staatsschulden der wichtigsten Volkswirtschaft der Welt, den USA, sind auf dem Höchststand mit 28 Billionen Dollar. Die 30 Billionen Dollar Marke ist nur eine Frage der Zeit. Diese könnte schon 2021 erreicht werden (siehe Abbildung 1).

Auch die Schulden Deutschlands sind – nach einem kurzen Intermezzo des Abbaus – wieder auf dem Weg zu neuen Höhen. Und das, obwohl sich die Steuereinnahmen von 2010 bis 2019 um 75 Prozent erhöht haben. Seit 2020 stieg die Staatsverschuldung um 210 Milliarden Euro (+ 11 Prozent) auf ein neues Allzeithoch von 2,109 Billionen Euro:

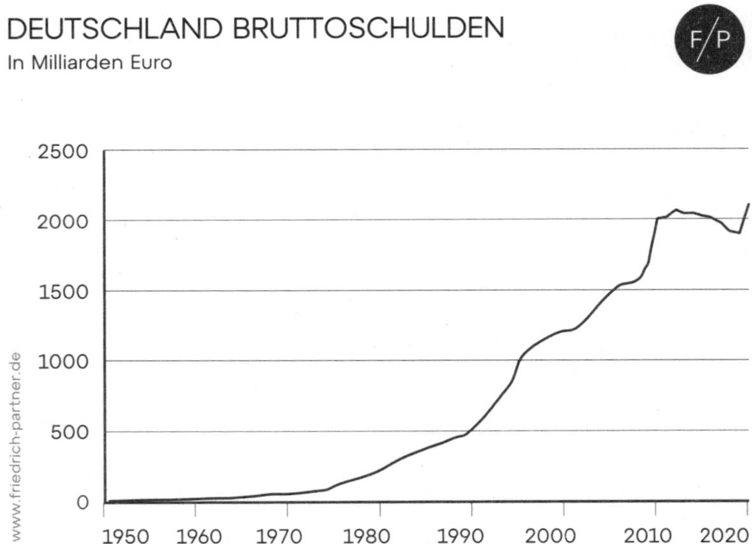

Abbildung 2

Die Notenbanken stehen in nichts nach, wie die Bilanz der US-amerikanischen Notenbank Fed (7,44 Billionen Dollar, siehe Abbildung 3) sowie die Bilanz der EZB (7,2 Billionen Euro, siehe Abbildung 4) aufzeigen.

US NOTENBANK BILANZ (FED)

In Milliarden Dollar

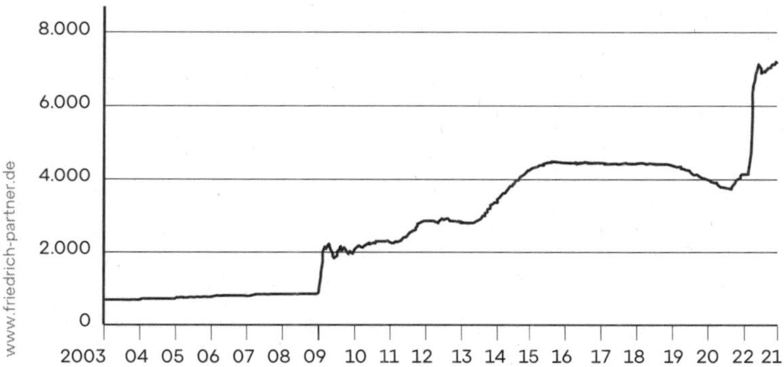

Abbildung 3

EUROSYSTEM: KONSOLIDIERTE BILANZSUMME EZB

In Milliarden Euro

Abbildung 4

Allein durch das europäische Corona-Anleihen-Kaufprogramm *PEPP* hat die EZB 762 Milliarden Euro neue Schulden gemacht. Das Gesamtvolumen des Pakets beläuft sich allerdings auf 1,85 Billionen Euro. Also ist noch einiges an Spielgeld vorhanden, um das Spiel am Laufen zu halten. Zudem ist es flexibel und kann jederzeit »angepasst« werden.

Bisher hat die Geldpolitik jedes Problem im System, ob Finanzkrisen, Konjunkturschwächen oder Sonstiges, mit billigem Geld überdeckt. Bis zu diesem Zeitpunkt war das scheinbar kein Problem (außer, dass es zu einer Vermögenswerte-Inflation kam, die aber erwünscht beziehungsweise geduldet war). Diesmal könnte sich das ändern. Denn die Leistungsfähigkeit und die Produktivität der Volkswirtschaften sinkt deutlich, während die Geldflutung absurde Ausmaße annimmt. Sollten Teile dieses Geldes auf sich einengende Märkte und Angebote treffen, könnte dies aus dem Ruder laufen. Die Inflation wäre dann bei den realen Gütern angekommen. Schon heute sehen wir ein in gewichtigen Teilen dysfunktionales System. Ein Mehr an billigem Geld löst die zugrunde liegenden Probleme nicht. **Klar ist: Noch nie wurde eine Krise durch Gelddrucken gelöst!**

Überall gibt es also neue Rekordstände, und das in absoluter Rekordzeit. Innerhalb weniger Monate haben die Notenbanken mehr Geld gedruckt und die Staaten mehr Schulden gemacht als in allen anderen Krisen zusammen. In der Zwischenzeit beläuft sich zum Beispiel **die Bilanzsumme der EZB auf zirka 72 Prozent des BIP der Eurozone!** Das ist eine gefährliche und nicht nachhaltige Entwicklung. Zu beachten ist aber auch, dass die Notenbanken weltweit schon vor der Corona-Krise wieder aufs Gaspedal gedrückt und die Druckerpresse angeschmissen hatten. Denn schon 2019 war eine Rezession sicht- und spürbar. Die Pandemie hat diese lediglich beschleunigt und verschärft. Parallel kam es zu immensen Problemen im US-Bankensystem (REPO) welche nur durch ein starkes Eingreifen der US-Notenbank vorübergehend gelindert werden konnten. Die Ungleichgewichte des gesamten Systems sind tief verankert. Die Grundfeste waren schon lange ins Wanken geraten. Corona war lediglich der Brandbeschleuniger.

Durch den Lockdown und die verzweifelten Maßnahmen der Staaten und Notenbanken hat auch das Fieberthermometer der Eurokrise einen neuen Höchststand erreicht. Die **Target2**-Forderungen der Deutschen Bundesbank sind auf über 1 Billion Euro angeschwollen.

TARGET2-SALDO

Target2-Salden entstehen im grenzüberschreitenden Zahlungsverkehr innerhalb der Eurozone via Target2-System und beinhalten Leistungsbilanz (Waren, Güter, Dienstleistungen) und Kapitalbilanz (Finanztransaktionen). Überweisungen mittels Target2 werden nur über Zentralbankgeld (ZBG) abgewickelt. Fließt in einem Bankensystem einer Volkswirtschaft der Eurozone mehr ZBG über das Target2-Zahlungssystem zu als ab, entsteht ein positiver Target2-Saldo. Fließt mehr ZBG ab als zu, ein negativer Target2-Saldo.

Diese historische Marke wurde im Juli 2020 überschritten, nach dem die Forderungen der Bundesbank gegenüber anderen Notenbanken (vor allem der von Italien und Spanien) um 59 Milliarden Euro gegenüber dem Vormonat angestiegen sind. Im Dezember 2020 kamen 75,73 Milliarden hinzu. Dadurch stiegen die deutschen Forderungen auf insgesamt **1136 Milliarden Euro!** Siehe Abbildung 5.

Diese Entwicklung zeigt wieder einmal die Dysfunktionalität der Eurozone. Während die Forderungen Deutschlands exponentiell steigen, explodieren auch die Verbindlichkeiten der Gegenseite, vor allem in den Pleiteländern Spanien und Italien. Rückzahlung? Unrealistisch!

Weiteres Ungemach droht den beiden Südländern, weil die Tourismusbranche durch Corona massiv eingebrochen ist. So sank alleine im Reisemonat Juli die Anzahl der Touristen in Spanien um katastrophale 75 Prozent gegenüber dem Vorjahr! Die Reiselust war auch im Ferienmonat August sowie im September nicht erheblich größer. Im Gesamtjahr 2020 ging die Zahl der Touristenankünfte um spektakuläre 76,8 Prozent zurück.[10] Dies ist der niedrigste Stand seit Beginn der Datenerhebung, und die Zahlen Anfang 2021 sind kaum besser. Zusätzlich werden erneute Lockdowns den Ländern weiter zusetzen.

Pleiten und Arbeitslosigkeit sowie weitere Rettungspakete sind damit vorprogrammiert. Somit klaffen auch die Target2-Salden weiter auseinander, welche die Ungleichgewichte innerhalb des Systems verdeutlichen. Passend hierzu noch ein kleiner Einschub:

DER EURO WIRD SCHEITERN!

Währungsunionen von unterschiedlich starken Volkswirtschaften haben in der Vergangenheit noch nie funktioniert; sie sind immer gescheitert! Daher ist es nur eine Frage der Zeit, bis auch der Euro scheitert, nachdem er schon seit Jahren auf der Intensivstation liegt und stetig wiederbelebt und beatmet werden muss.

VERGLEICH: TARGET2-SALDEN VON DEUTSCHLAND, ITALIEN UND SPANIEN
In Milliarden Euro

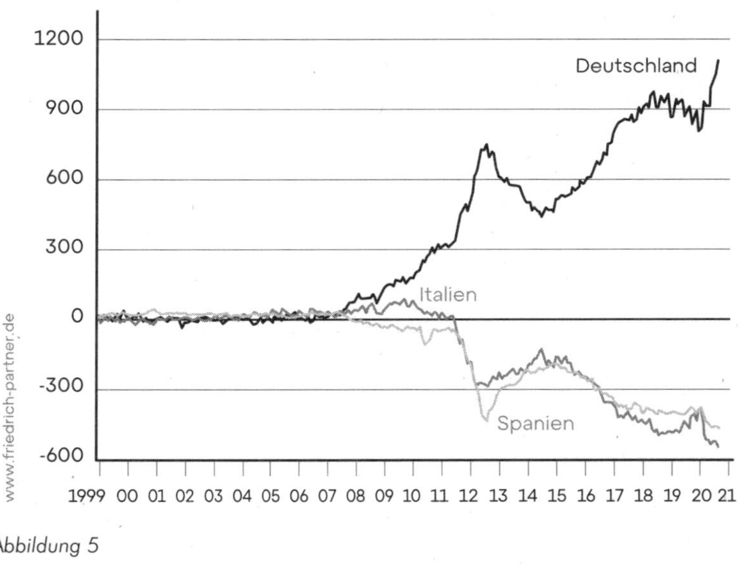

Abbildung 5

Die angesprochenen Ungleichgewichte zeigen sich auch darin, dass nun gegen Grundsätze verstoßen und Verträge gebrochen wurden: **Die EU ist inzwischen eine Transfer- und Schuldenunion geworden.** Die stigmatisierten Kritiker der ersten Stunden und ich haben genau vor dieser Entwicklung gewarnt. Leider ist auch meine Prognose eigetreten: Die EU kann jetzt Schulden machen wie ein souveräner Staat. Doch kommen wir zurück zu den Target2-Salden.

In den ersten Jahren des Währungsexperiments Euro (bis 2006) lagen die Forderungen Deutschlands im Schnitt lediglich bei 1,6 Milliarden Euro im Monat. Dem deutschen Nettoexport von Waren, Gütern und Dienstleistungen in die Länder der Eurozone lag ein adäquater privater deutscher Nettokapitalexport vor, der für ausgeglichene Salden sorgte. Der folgende Chart zeigt, dass die Forderungen seit der Finanzkrise außer Rand und Band sind:

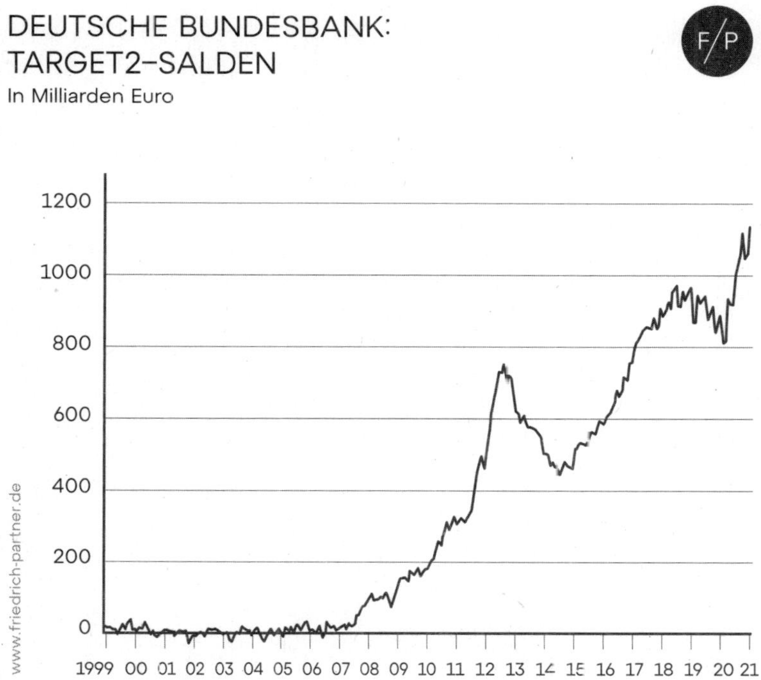

Abbildung 6

Wir haben schon ein bedingungsloses Grundeinkommen – aber nur für Reiche!

Außer Rand und Band ist auch die Vermögensverteilung. Die schier unerschöpfliche Liquidität treibt die Asset Inflation (Vermögenswerte) in immer neue Höhen. Ob das nun Aktien, Immobilien, Oldtimer oder Uhren betrifft: Alles verteuert sich immens. Für Reiche ist das Notenbankprogramm eine Art bedingungsloses Grundeinkommen. Die Notenbanken sind in der Zwickmühle und können von ihrem fatalen Kurs nicht abweichen. Ansonsten würden Zombie-Firmen und sogar Zombie-Staaten kollabieren. Das bedeutet: Auf der anderen Seite wird die Inflationierung weitergehen und damit auch die Übertreibung an den Finanz- und Immobilienmärkten. Es gibt aber noch Werte, die unterbewertet sind und Assets wie Aktien und Immobilien outperformen, sich also besser entwickeln werden.

Allein ein Blick auf die Preisentwicklungen in Werten wie Gold, Silber, Minenaktien, Rohstoffen, Diamanten, Bitcoin und anderen Sachwerten zeigt, dass immer mehr Menschen das Vertrauen in das Geldsystem und die Institutionen verlieren. Leider zu Recht. Rette sich, wer kann. Noch ist Zeit dafür, aber das Zeitfenster wird jeden Tag kleiner.

Fakt ist: Wir stehen vor dem größten Vermögenstransfer der Geschichte! Wenn Sie sich jetzt richtig positionieren und die richtigen Investments tätigen, werden Sie Vermögen für Generationen schaffen, wenn nicht, Vermögen vernichten.

Noch können Sie sich schützen und agieren. Werden Sie aktiv!

Der größte Crash aller Zeiten

»Das Wachstum ist langsam,
der Weg zum Ruin aber ist schnell.«

Seneca, römischer Philosoph

Es ist kein Wunder, dass der Ausbruch der Corona-Pandemie und die nahezu weltweit beschlossenen Gegenmaßnahmen als externer Schock auch die Finanzmärkte erst mal kräftig durchgeschüttelt haben. **War das jetzt schon der größte Crash aller Zeiten, den ich im letzten Buch in Aussicht gestellt habe?** Nein, leider nicht. Mit dem größten Crash aller Zeiten meine ich nämlich nicht nur einen ordinären Börsencrash, sondern tatsächlich einen kompletten Systemcrash. Diesen Crash haben wir noch vor uns, und wir werden ihn in allen Bereichen sehen: in Politik, Gesellschaft, Geldsystem, Finanzen, in der Art, wie wir leben, reisen und arbeiten.

Abbildung 7

Aus diesem Grund muss man bei der Analyse auch zu Superlativen greifen. Denn die immer neuen Maßnahmen und Phänomene sind wahrlich einmalig und rekordverdächtig: Noch nie sind die Schulden innerhalb kurzer Zeit stärker gestiegen als zuletzt (siehe Abbildung 7). Noch nie waren mehr Schulden im System (**zirka 288 Billionen Dollar oder zirka 360 Prozent des weltweiten BIP**).

Noch nie haben die Notenbanken stärker ins System eingegriffen und mehr Geld ins System gepumpt als im Jahr 2020, mehr als bei allen anderen bisherigen Krisen zusammen (9,2 Billionen Dollar; bis Ende 2021 werden es mindestens 12 Billionen Dollar sein). Noch nie ist die Wirtschaft global seit dem Zweiten Weltkrieg stärker eingebrochen als 2020 (–3,5 Prozent), und trotzdem stehen die Aktienmärkte und Immobilienpreise höher als je zuvor (befeuert durch die Liquiditätsflut der Notenbanken). Noch nie müssen mehr Staatsanleihen innerhalb eines Jahres neu finanziert werden wie 2021. Noch nie mussten die Staaten der Welt tiefer in die Tasche greifen, um die Wirtschaft zu stimulieren und Konjunkturpakete zu verabschieden. Noch nie waren die Zinsen global tiefer als jetzt. Noch nie sind so viele Staatsanleihen mit negativen Zinsen emittiert worden (18 Billionen Dollar Volumen). Vor allem aber gilt: **Noch nie hat die gesamte Welt ihre Wirtschaft de facto dicht gemacht,** denn noch nie hatten wir so viele Lockdowns – und das weltweit!

Sie sehen also, ich übertreibe in keinerlei Art und Weise. Wir betreten gerade absolutes Neuland, und zwar finanziell, politisch aber vor allem auch gesellschaftlich. Wir steuern mit Vollgas auf den Abgrund zu; und selbst wenn wir jetzt eine Vollbremsung machen würden, wäre es zu spät. Es wird immer klarer: **Es gibt im bestehenden System keine Lösung.**

Ären, Zivilisationen und Imperien gehen immer zu Ende. Das ist der Lauf der Dinge und ein natürlicher, immer wiederkehrender Zyklus (siehe Kapitel »*It´s the cycles, stupid!*«).

Krise im Zeitraffer

Wir werden nicht nur monetär und wirtschaftlich Einbußen erleiden, sondern auch gesellschaftlich Schaden nehmen. Schon jetzt muss jedem klar sein, dass viele Tausende, wenn nicht sogar Millionen Menschen da draußen traumatisiert sind – teilweise schwer. Millionen Menschen haben ihren Job verloren – innerhalb von wenigen Wochen. Der Aufschwung der letzten Jahre an den US-Arbeitsmärkten wurde innerhalb weniger Wochen komplett zunichte gemacht. Unter Trump und Obama hatten 22 Millionen Menschen Arbeit gefunden – und innerhalb von vier Wochen sind knapp 25 Millionen Menschen arbeitslos geworden. Bis Dezember 2020 stellten fast 70 Millionen US-Amerikaner einen Antrag auf Arbeitslosengeld.

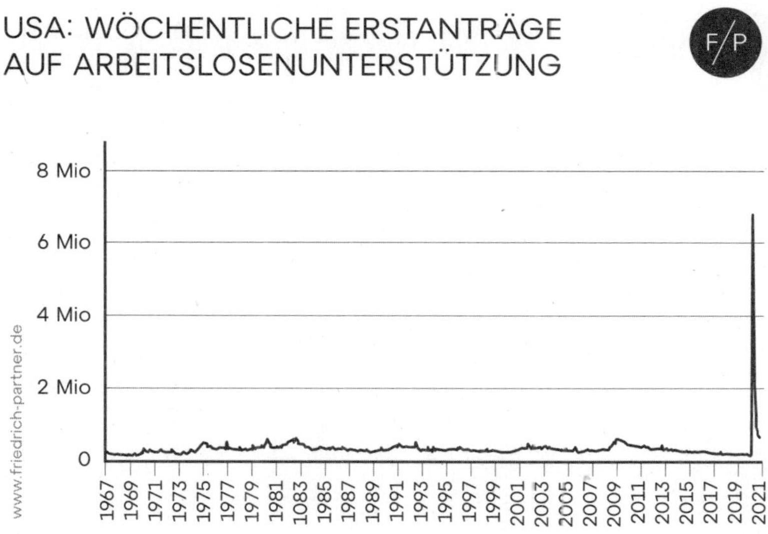

Abbildung 8

Das heißt, wir sehen hier gerade wirklich dramatische Entwicklungen in ganz kurzer, komprimierter Zeit. Das wird das bestehende System für immer verändern, auch politisch. Wir werden künftig ganz andere Strukturen in der Politik sehen. Mehr Sezessionen, Blöcke werden zerbrechen (EU), Staaten sich auflösen, Währungen scheitern (Euro), neue Staaten und neue Gesellschaftsformen entstehen. All das habe ich in meinem letzten Buch schon prognostiziert, und ich habe immer wieder aufgezeigt, dass wir diesen Paradigmenwechsel, gerade live erleben. Und dieser ist nicht zu stoppen, auch nicht mit der Geldpresse. Das sind normale Zyklen. Und jetzt kommt der aktuell bestehende Zyklus an sein Ende. Wir hatten jetzt elf Jahre lang Wachstum in der Weltwirtschaft. Seit elf Jahren, über 128 Monate, sind die USA als wichtigste Volkswirtschaft gewachsen, und das ist unnatürlich (historischer Durchschnitt 58,4 Monate). Nach vier bis fünf Jahren kommt üblicherweise eine Rezession. Da muss das System durchatmen. Die vergangene Dekade war die erste Dekade in der Geschichte der USA, in der es keine Rezession gab.[11] Es war die längste, aber auch die schwächste Expansionsphase seit 70 Jahren mit durchschnittlich nur 2,3 Prozent Wirtschaftswachstum pro Jahr. Generell ist zu bemerken, dass das Wirtschaftswachstum in den USA seit den 1970er-Jahren auf einem absteigenden Ast ist.

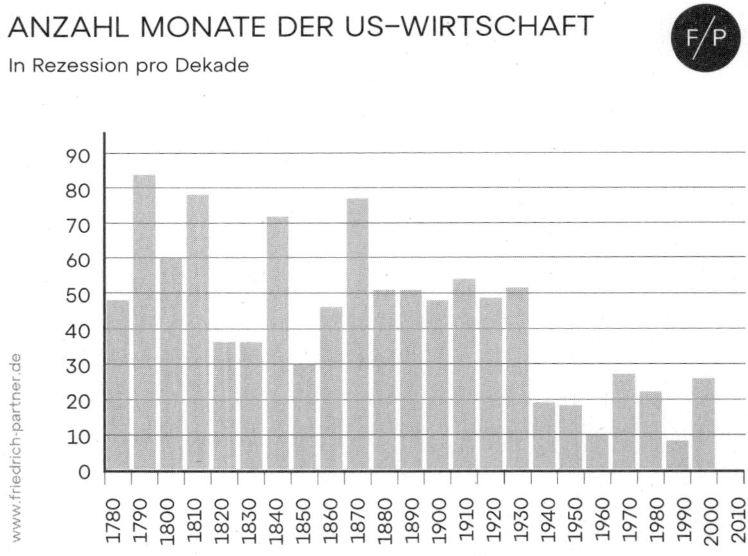

Abbildung 9

Kollateralschäden werden immer größer

Es sollte jedem klar sein, dass wir gerade versuchen, die Mathematik zu überlisten. Das wird aber nicht gelingen, sondern grandios scheitern – und leider mit Kollateralschäden einhergehen, die wir uns gar nicht ausmalen können. Meine Recherchen, Analysen, Modelle zeigen auf, dass es leider keinen Aus- oder Umweg und keine Lösung mehr gibt. Das System wird mit einem Knall enden. Man kann sich vielleicht nochmal ein, zwei Jahre erkaufen, aber das wird die Probleme nicht lösen, sondern sie lediglich in die Zukunft verschieben, wo sie sich dann zu noch größeren Problemen potenzieren. Irgendwann werden wir den Absturz erleben. Und wie gesagt: Mit jedem Tag, an dem wir in diesem System hängen bleiben, wird die Fallhöhe größer und damit der Aufprall härter. Nach wie vor gehe ich davon aus, dass wir das Ende des jetzigen Systems sehen werden. Auflösungserscheinungen sind jetzt schon weltweit zu sehen. Ob es am Ende der finale Kollaps sein wird, wie ich ihn kommen sehe, das wird sich dann herausstellen.

Wir haben gesehen, dass es ziemlich einfach ist, große Teile einzelner Volkswirtschaften quasi auf Knopfdruck herunterzufahren. Wir haben ebenfalls gesehen, dass es weit schwieriger ist, über Wochen oder gar Monate lahmgelegte Wirtschaftszweige wieder hochzufahren. Gewiss, eine Pandemie ist kein Krieg, kein Erdbeben, kein Vulkanausbruch, kein Tsunami. Sie richtet keine Sachschäden an. Keine Fabrik, kein Kaufhaus, kein Kindergarten, keine Kneipe ist kaputt. Aber Wirtschaft ist eben weit mehr als Sachvermögen. Anders als die »Hardware« jeder Ökonomie ist ihre »Software« (etwa Belegschaften, Kapital- und Organisationsstrukturen, Finanzierungs- und Lieferwege, Einkommenserwartungen oder Konsumneigungen) nicht nur viel bedeutender, sondern auch viel empfindlicher. Zahlungsunfähige Betreiber werden eben nicht per Regierungsbeschluss über Nacht wieder liquide. Einmal gekündigte Mitarbeiter lassen sich nicht mit einem Anruf oder einer WhatsApp-Nachricht (oder besser über Signal oder Threema versendeten Botschaft, zwei Nachrichtendienste, die ich Ihnen wärmstens empfehle – Big Brother is watching you) zurückbeordern. Einmal gerissene Lieferketten lassen sich nicht ruckzuck per Mail reparieren. Bildlich gesprochen: In der Corona-Krise wurde vielleicht kein Porzellan zerschlagen – aber Tonnen von Geschirr stehen am Straßenrand, weil es die Haushalte nicht mehr gibt, denen es vor Kurzem noch gehörte.

Ich halte es für unwahrscheinlich, dass das Virus »besiegt« wird oder wie durch ein Wunder verschwindet (wie offensichtlich jetzt die Grippe). Die Mutanten des Virus sind schon auf dem Vormarsch und die Regierungen der Welt übertrumpfen sich in kopflosen Entscheidungen und sind dabei, ihre Bürger dadurch zu verlieren. Klar ist nur: Ob Impfstoffentwicklung und -verteilung, Durchimpfung oder – schreckliches Wort! – »Herdenimmunität«: Bis Besserung eintritt, brauchen wir vor allem eines: Geduld. Vielleicht einige Monate, vielleicht ein Jahr, wahrscheinlich aber sogar länger. In jedem Fall wird es länger anhalten, als ganze Volkswirtschaften, ganze Branchen, erst recht einzelne Unternehmen, Selbstständige, Kurzarbeiter oder Arbeitslose im Stillstand oder in einer Art Zeitlupen-Ökonomie überdauern können. Dass die immense Liquidität, die Regierungen und Notenbanken noch einmal mobilisiert haben, den Schock komplett kuriert, ist höchst unwahrscheinlich. Ob sie ihn so weit gemildert hat, dass er bald überwunden sein wird, glaube ich auch nicht. Eher das Gegenteil ist der Fall: **volkswirtschaftliche Schadensmaximierung.** Was wir erleben, ist ein **historisches Wirtschaftsexperiment, eine gigantische Insolvenzverschleppung, die staatlich legitimiert** ist – mit offenem Ausgang. Ich finde keine überzeugenden Argumente dafür, dass das ein gutes Ende nehmen könnte. Und **auf ein ungutes Ende sollte man vorbereitet sein – monetär und mental!** Ich muss dies immer wieder erwähnen, um die Wichtigkeit zu unterstreichen! Mein Spanisch-Professor sagte immer: »Verdeutlichung durch Wiederholung«.

Ich gehe davon aus, dass es wie in allen Krisen seit Mitte der 1990er-Jahre sein wird: Mit Schulden wurde mal wieder Zeit gekauft – ein Spiel auf Zeit. Und die Lösung lange aufgestauter Probleme und Strukturdefizite wurde einmal mehr auf einen ungewissen Zeitpunkt in der Zukunft verschoben – bestenfalls bis zur nächsten Wahl. Meines Erachtens geht da nicht nur ein Krug so lange zum Brunnen, bis er bricht, sondern ganze Wagenladungen auf Pump gekaufter Krüge. Und am Ende werden nicht die Krüge brechen, sondern die Brunnen versiegen.

Die Krise begann schon vor Corona

Auslöser wie diese Pandemie beschleunigen Entwicklungen in ungeheurem Tempo, aber sie sind nicht deren Ursache. Das ist ganz wichtig zu wissen, denn es wird uns andauernd anders verkauft und propagiert.

Man muss jetzt Billionen drucken und die Schulden vergemeinschaften wegen des bösen, unsichtbaren Virus. **Nicht die Unfähigkeit und den Unwillen, Reformen durchzuführen, nicht die Inkompetenz der Politik der letzten Jahre, ja gar Jahrzehnte ist schuld an den tiefen strukturellen Problemen, die sich jetzt deutlichst zeigen – nein! –, sondern das Virus.** Die Pandemie kommt den verzweifelten Politikern wie gerufen in einem System, das ohnehin schon am Ende ist. Sie ist fast schon ein Geschenk des Himmels. Hätte es Corona nicht gegeben, hätte man die Krankheit erfinden müssen. Endlich hat die Politik einen Sündenbock, dem sie alle nicht gelösten Probleme der letzten Jahre in die Schuhe schieben kann. Unter dem Deckmantel und im Schatten der Pandemie können nun lang ersehnte Pläne durchgeführt werden, die unter normalen Umständen niemals hätten realisiert werden können.

Corona ist nicht der Grund, sondern der Auslöser

Wenn demnächst sämtliche Schulden-, Vermögens- und Finanzblasen platzen, die sich vorher über Dekaden gebildet haben, dann hat das deutlich tiefer liegende Gründe. Vieles davon habe ich in Büchern, Videos und Artikeln immer wieder aufgezeigt. Durch die permanenten, seit fast 20 Jahren verabreichten Liquiditätsspritzen der Notenbanken haben sich gigantische Blasen an den Finanzmärkten gebildet. Ja, die Nachfrage nach Wohnraum in Ballungsgebieten wäre auch gestiegen, wenn Fed, EZB & Co. bloß für die Versorgung der Märkte mit Tulpenzwiebeln zuständig wären. Aber Preisblasen, wie sie die Zocker bei Immobilien in München, Stuttgart, Berlin Mitte, Paris, New York und anderen Metropolen aufgepumpt haben, haben nichts mit normalen Angebotsmängeln zu tun. Das ist nicht zuletzt daran zu erkennen, dass in den letzten zehn Jahren quer über alle Marktsegmente Wohnhäuser hochgezogen wurden, die die Finanziers dieser Immobilien (oder deren auf Preissteigerungen wettende Käufer) überhaupt nicht vermieten. Klingt seltsam, ist aber so. Denn wenn die Immobilienpreise durch die Decke gehen, dann refinanzieren Mieter keine Investitionen. Sie produzieren dann bloß hässliche Kosten – weil sie die Wohnungen eben langsam verschleißen, und weil es schwieriger ist, sie wieder loszuwerden, als die Bude leer an den nächstgrößeren Idioten weiterzuverkaufen. Die

Zeche zahlen Normal- und sogar Gutverdiener, die sich eine adäquate Wohnung in den genannten Städten und in deren Umland kaum noch leisten können. Da ist der Markt völlig aus den Fugen geraten.

Wenn der wirtschaftliche Shutdown nicht bald endet, wenn wir weiterhin nächtliche Ausgangssperren in den wichtigsten Volkswirtschaften der Welt erleben, wie in Deutschland, den USA, Großbritannien, Frankreich oder auch Italien, wenn sich die Pleiten häufen und die Verbraucher vor lauter Sorgen um ihre Arbeitsplätze und Einkommen weiter nur das Nötigste kaufen, dann wird das genau jetzt der **größte Crash aller Zeiten**. Denn die Ungleichgewichte waren einfach schon länger da, sind seit Jahrzehnten im System verankert und wurden auch nie bereinigt, weil man nie den Mut hatte, neue Wege zu gehen.

Corona – der Spaltkeil

Machen wir uns nichts vor: Kein Thema entzündet derzeit mehr Diskussionen, spaltet stärker als das Coronavirus. Es ist vergleichbar mit der Finanz- und Euro- und Flüchtlingskrise. Die Fronten werden immer härter, und kaum noch jemand ist bereit, anderen zuzuhören und eine andere Meinung zu akzeptieren.

Dies ist generell ein Problem unserer Zeit, an dem unsere Gesellschaft krankt. Die Spaltung nimmt zu, man ist entweder für eine Sache oder dagegen, Schwarz oder Weiß, es gibt nichts mehr dazwischen. Der demokratische Diskurs ist komplett unter die Räder gekommen. Sobald jemand eine andere, vielleicht kontroverse Meinung vertritt, wird der oder die Betreffende diffamiert und stigmatisiert. Es ist kein Miteinander mehr, sondern ein Nebeneinander und leider immer mehr ein Gegeneinander. So auch bei Corona: Die einen haben Angst vor dem Virus und die anderen haben Angst um ihre Existenz oder Angst ihre Freiheitsrechte zu verlieren durch immer drastischere Maßnahmen der Regierungen. Wir sollten uns nicht spalten lassen, denn das hat noch nie zu etwas Gutem geführt. Leider wird viel Angst über die Medien und die Politik kolportiert. Für die Politik ist seit jeher eine Krise immer eine willkommene Chance, um ungeliebte Maßnahmen unter dem Deckmantel der Angst endlich durchzudrücken. Ganz nach dem Motto von Winston Churchill:

»Never let a good crisis go to waste.«

Nach dem Lockdown ist vor dem Lockdown

Gleichgültig, wie man zur Corona-Pandemie steht: Ich gehe davon aus, dass die Maßnahmen und auch das Virus uns leider noch lange erhalten bleiben. Bis zu einer Immunitätsrate in der Bevölkerung, die der der Grippe entspricht, kann es Jahre dauern. Weitere Ausbrüche pandemischen Ausmaßes sind nicht auszuschließen. Schon jetzt sind wir in der dritten Welle und bald sogar könnten Befürchtungen auf eine andauernde Welle um sich greifen. Wann es ausreichend Impfstoffe geben wird und – viel interessanter! – ob diese wirken, auch gegen Mutationen, ob sie Nebenwirkungen haben und von der Bevölkerung überhaupt angenommen werden, ist derzeit völlig offen. So offen wie die Frage, welche Einschränkungen des öffentlichen Lebens die Ausbreitung des Virus wirklich gebremst haben und welche nicht. Gewissheit herrscht einstweilen nur über das, was man den Ischgl-Faktor nennen kann: Wenn mehrere Hundert Leute, die entweder nicht wissen oder die Tatsache ignorieren, dass sie sich ein gefährliches neues Virus eingefangen haben, in schlecht klimatisierten Kneipen zusammen tanzen, herumgrölen, saufen und schwitzen, dann hat man den perfekten Seuchenherd. Mit Abstufungen gilt das auch für Karnevalssitzungen oder Gottesdienste in Gemeinden mit größerem Einzugskreis. Sehr überspitzt gesagt: Es gilt für alle längeren Zusammenkünfte vieler Menschen in geschlossenen Räumen, deren Absage für die Beteiligten bedauerlich sein mag, aber selbst über Monate, notfalls Jahre, eines gewiss nicht produziert: nennenswerten volkswirtschaftlichen Schaden. Dafür gibt es aber sozialen und seelischen Schaden – teilweise irreparabel. Im Falle der Schließung von Kindertagesstätten, Schulen und Universitäten, Geschäften, Hotels und Restaurants dagegen sehen wir jetzt schon die gewaltigen Bremsspuren. Ob der wirtschaftliche und soziale Verkehrsinfarkt tatsächlich einen Infarkt unseres Gesundheitssystems verhindert hat, ob Länder mit besonders strikten oder mit begrenzten Einschränkungen des öffentlichen Lebens besser dastehen, das wird sich erst gegen Ende des Weges zeigen.

Doch wie auch immer sich all das entwickelt – es heißt nicht, dass der große Crash dann abgeblasen ist. Ganz im Gegenteil. Dann werden wir einfach noch ein, zwei, maximal drei Jahre warten müssen. Das Einzige, was bis dahin noch passiert, ist eine Fortsetzung der Insolvenzverschleppung durch die Notenbanken, die versuchen, das System nochmals mit einem letzten und gigantischen Aufbäumen zu stützen.

Unsere Systeme sind nicht für Krisen geschaffen

Was auch immer die Realwirtschaft am Boden hält und für wie lange das geschieht – wir werden jetzt wie in einem Brennglas sehen, dass unser Finanzsystem, dass vor allem die Geldpolitik der Notenbanken eigentlich nur für Schönwetterzeiten gemacht ist. Das Ganze ist nicht krisenresistent. Der Dauerkrisenmodus nagt unentwegt am System. Immer wieder erleben wir, wie die Politik sich an ihnen abarbeitet und doch keine Lösung finden kann. Wie schon erwähnt, gibt es auch keine Lösung. Und ich will deswegen auch gar kein Politiker-Bashing betreiben, um billig Sympathien bei Ihnen, meinen Lesern, zu erhaschen, das wäre zu einfach. Denn die Probleme sind tatsächlich sehr, sehr komplex und unlösbar. Keiner von uns kann diese kilometerhohe Mauer an Problemen noch lösen. Dafür sind wir zu weit fortgeschritten. Es benötigt einen Neustart. Damit meine ich aber keinen »Great Reset« wie vom Weltwirtschaftsforum, vom Internationalen Währungsfonds und diversen NGOs suggeriert.

Und weil es im bestehenden System keine Lösung gibt, erleben wir auch seit Jahren, dass die Probleme mit immer höheren Schuldenbergen immer weiter in die Zukunft verschoben werden, was zu immer größeren Folgeschäden führt. Das beste Beispiel für das ständige Versagen ist die Europäische Union, die in jeder Krise zwar zu viel Pathos und Geld greift, aber im Endeffekt immer wieder von einer Krise zur nächsten schlittert, um dann wieder grandios zu scheitern.

Und seien wir doch mal ehrlich: Die Experten und Ökonomen sehen die Krisen nie kommen, sondern analysieren sie nur im Nachgang, anscheinend ohne daraus notwendige Lehren zu ziehen. Wir kämpfen immer noch mit den Altlasten der letzten Krise und haben diese bei Weitem noch nicht verdaut. Wenn das Wetter, wie unter dem derzeitigen externen Schock, von einer auf die andere Minute umschlägt, dann erweisen sich die aufgespannten Schutzschirme als notdürftig befestigte Plastikplanen. Einzelne Krisenherde kann dieses System isolieren und halbwegs in den Griff bekommen. Einer globalen Krise wird es nicht standhalten. In »normalen« Krisen zwingt die mehr oder weniger schnell einbrechende Nachfrage das Angebot in die Knie. Nach allgemeiner Definition stagniert oder sinkt in einer Rezession die Wirtschaftsleistung über zwei aufeinanderfolgende Quartale. Nachfrage und Angebot befinden sich dann in einer sich wechselseitig verstärkenden Abwärtsspirale. Aber das geschieht eben nicht überall, nicht binnen Tagen oder Wochen und nicht quer über alle Branchen und Sektoren gleichzeitig. **Gegenwärtig sehen wir weltweit eine einmalige Situation. Wir haben zeitgleich einen Angebots-Schock** – am besten hat man das an all den plötzlich prallvoll aber ziellos über die Weltmeere schippernden Tankern gesehen. **Und wir haben einen Nachfrage-Schock** (geschlossene Läden, die nichts verkaufen, arbeitslose oder kurzarbeitende Kunden, die kaum noch etwas kaufen können oder wollen). **Und wir haben Produktions- und Lieferketten, die in der globalisierten Welt in Rekordzeit ins Stocken geraten oder sogar komplett reißen.** Das gab es noch nie, das ist absolutes Neuland, und das kann natürlich das ganze System zum Einsturz bringen.

Momentan hängt die ganze Weltwirtschaft an einem seidenen Faden, und die Ungleichgewichte, die Fragilitäten des Systems werden offenbar. Die Risiken einer im wahrsten Sinne des Wortes grenzenlosen Globalisierung werden mit einem Schlag überdeutlich. Gegeben hat es diese Risiken schon lange. Aufgrund von Preisdifferenzen auf der vierten Nachkommastelle, aufgrund von separaten Zulieferern für Drei- und Vier-Millimeter-Schrauben, aufgrund von knappstens bemessenen Lieferfristen, aufgrund von Zahlungszielen von teils zwei Quartalen und mehr schicken Einkäufer, Händler, Logistiker oder Controller im Grunde seit den 1980er-Jahren jeden Abend ein Stoßgebet zum Himmel, dass die Sicherheitsnetze doch bitte halten mögen. Früher machte man Terminkontrakte, um solche und andere Risiken abzusichern. Seit einem Vierteljahrhundert aber ist aus der frei schwebenden Zockerei mit solchen Kontrakten eine eigene Hochrisiko-Sportart geworden. Klar, schon an den Börsen des 18. Jahrhunderts gab es Spekulanten. Aber an den Börsen des 21. Jahrhunderts gibt es *nur noch* Spekulanten. Sie spekulieren *mit allem*. Und sie tun das in Zeiteinheiten, für die man vor 30 Jahren bestenfalls in physikalischen Forschungslaboren die geeigneten Messgeräte hatte. Man kann lange darüber diskutieren, ob ein Burnout eine Modeerscheinung oder eine Krankheit ist. So oder so ist er ein Symptom dafür, dass das Tempo des heutigen Turbo-Kapitalismus nicht nur die Herzen und die Hirne der Menschen, sondern auch die Prozessoren vieler Maschinen überfordert. Bildlich gesprochen geht es diesem Kapitalismus wie den 100-Meter-Sprintern: Der Aufwand, den sie für eine Verbesserung des Weltrekords um eine hundertstel Sekunde treiben müssen, hat irgendwann jede vernünftige Relation gesprengt. Bei den Männern liegt der Weltrekord von Usain Bolt bei 9,58 Sekunden. Bereits bei der Olympiade 1968 lief mit Jim Hines erstmals ein Mann unter 10 Sekunden; dann brauchte es 15 Jahre für zwei, 20 Jahre für die drei Hundertstel Verbesserung durch Carl Lewis. Und Bolt hält seinen Rekord bereits seit über elf Jahren. Da ist quasi das Ende erreicht.

Das Ende der Globalisierung?

Die Entwicklung, die wir gerade erleben, wird, wie schon erwähnt, vieles verändern: unsere Art zu produzieren, unsere Art zu arbeiten, unsere Art einzukaufen, zu reisen – und unsere Art zu denken. Das alles wird sich nicht nur ein bisschen verändern. **Es wird sich komplett verändern!** Wir werden in einer Welt aufwachen, die nicht mehr die alte sein wird. Das muss uns bewusst werden. Das hat dieses unsichtbare Virus jetzt schon erreicht. Dass wir wirklich eine Zeitenwende erleben, einen Paradigmenwechsel. **Das könnte nämlich durchaus das Ende der Globalisierung sein.** Im Zuge epochaler Krisen sind auch schon früher weltwirtschaftliche und weltpolitische Verflechtungen gerissen, die zuvor fast alle für absolut reißfest gehalten hatten. Der Unterschied zu heute: Das Netz der Globalisierung umspannt die ganze Welt – ohne einzelne Länder oder Regionen auszusparen. Die einzelnen Fäden dieses Netzes sind feiner als je zuvor in der Geschichte. Und sie sind bis zum Zerreißen gespannt. Nicht zuletzt die Notenbanken weltweit stecken immer tiefer in einer komplexen Problematik, die sie selbst geschaffen haben: **der Problematik unbegrenzter Geldschwemmen.**

Nach der reinen Lehre steigen im klassischen Konjunkturzyklus in Phasen des Booms die Löhne und die Preise, und mit ihnen die Inflationsraten und die kurzfristigen Zinsen. Irgendwann muss dann die »Geldpolitik« auf die Bremse treten: Sie erhöht die Leitzinsen (die eher am langen Ende des Geldmarkts wirken) und verhindert damit eine Überhitzung der Konjunktur. Folge: Weil Geld teurer wird, wird allmählich weniger investiert und weniger konsumiert. Im Abschwung und in der Rezession kehren sich diese Relationen um. Löhne und Preise stagnieren, Inflation ist kein Problem, Zinsen gibt's dafür auch immer weniger. Also machen die Zentralbanken durch Zinssenkungen das Geld wieder billiger, wodurch die Investitionen und der Konsum wieder angekurbelt werden. So lernt man das schon in Sozialkunde. Weil das im Laufe der Wirtschaftsgeschichte nicht so oft passiert ist, lernt man weniger darüber, was passiert, wenn sämtliche Zinsen sich der Nulllinie nähern. Klar schien bisher nur eins zu sein: Bei 0 Prozent ist Schluss mit der Zinssenkung. Wenn's Knete für lau gibt und sie trotzdem keiner haben will, sind die Zentralbanken machtlos. Vornehmer formuliert: **Inflation lässt sich mit Geldpolitik bekämpfen, Deflation am Ende nicht.** Davon konnte etwa die Bank of Japan in den 1990er-Jahren ein Liedchen singen.

Was aber nicht im Lehrbuch der Volkswirtschaft vorkommt, ist Folgendes: Alle wichtigen Volkswirtschaften der Erde prosperieren seit über zehn Jahren. Weil es vorher eine hässliche Finanzkrise gegeben hatte, in der Kredite, Kreditspekulationen und Banken massenhaft am Abgrund standen, hatten die Zentralbanken und Regierungen weltweit Rettungsgelder wie Putzwasser auf die Straße gekippt. Das geschah, indem sie das Geld billig gemacht haben. Dann lief die Wirtschaft wieder an. Aber der Preis des Geldes wurde trotzdem nicht wieder angehoben. Auf diese Weise ließ man die normalen Sparer, die Kleinkonsumenten des Geldes, nach 2008 die Zeche der großen Mitspieler begleichen. Wohl ließen sich auch reale Investitionen günstiger finanzieren. Wer expandieren wollte, durfte sich über niedrigere Kapitalkosten freuen. Aber kein vernünftiger Unternehmer baut eben bloß deshalb zwei neue

Fabriken, kein vernünftiger Händler eröffnet doppelt so viele Filialen wie bisher, nur weil die Finanzierung über Fremdmittel praktisch nichts kostet.

Gelddrucken löst keine Krise!

Ganz anders die Spekulanten: Die nicht so gut Informierten nehmen zum Beispiel Kredite auf, um damit eine, zwei oder vielleicht auch drei Eigentumswohnungen in angesagten Vierteln angesagter Städte zu kaufen. Eine Wohnung beziehen sie: Das ist Grund zur Freude. Zwei weitere Wohnungen vermieten sie: Dank Niedrigzinsen und zeitgleich explodierenden Mieten ist auch das ein Anlass, sich zu freuen. Wehe nur, wenn die Zinsen irgendwann wieder steigen und überhitzte Immobilienmärkte implodieren. Dann drohen Überschuldung und Zwangsversteigerung. Das kann auch mit dem selbstbewohnten Eigenheim passieren!

Deshalb machen es die besser Informierten anders – und die Menschen mit deutlich mehr Geld sind fast immer besser informiert. Sie kaufen keine Wohnungen, sie lassen welche bauen – und reichen diese dann zu Fantasiepreisen an die weniger gut Informierten weiter. Noch besser machen es die extrem gut Informierten. Diejenigen, die einzig und allein mit der Droge Geld selbst handeln – was einzig mit gigantischen Mengen *fremden* Geldes möglich ist. Mit monetärem Cannabis (Staatsanleihen), mit Designer-Dope (Unternehmensanleihen), mit Kokain (Aktien) und mit Heroin (Optionen). Oder mit Crack. Das sind all die Finanzpapiere, von denen nur die Panscher wissen, was da genau drin ist. All diese Leute spielen mit dem vielen billigen Geld, das die Unternehmen auch zu Niedrigstzinsen nicht investieren wollen, das die Verbraucher in diesen Mengen schlicht nicht ausgeben können und das konservative Anleger lieber in sicheren Häfen parken.

Nun war das billige Geld ursprünglich nicht als Droge, sondern als Medikament ausgereicht worden. Es galt, »die Finanzmärkte zu beruhigen« und eine drohende Ansteckung der Realwirtschaft durch einen – im Jahre 2008 in der Tat knapp abgewendeten – Zusammenbruch des Bankensystems zu verhindern. Genauer gesagt ging es um diejenigen Banken, die »too big to fail« waren, was heißt: Gerettet wurden die Banken, deren Bilanzsummen und deren riskante Außenstände sich so enorm aufgeschwemmt hatten, dass die Weltwirtschaft ihre reihenweisen Pleiten unmöglich hätte wegstecken können.

Schon damals habe ich die Patienten, die Großbanken, heftig kritisiert. Vor allem deren Zockerbuden – scheinheilig »Investment Banking« genannt – mit ihrer immer absurderen, teils offen betrügerischen Finanzakrobatik. Diese Patienten hatten sich selbstverschuldet in ihre bedrohliche Lage gebracht. Das ist, um in der ärztlichen Metaphorik zu bleiben, jedoch kein Grund, eine intensivmedizinische Notoperation zu verweigern. Aber irgendwann muss der Patient wieder ohne Herz-Lungen-Maschine, ohne Infusionen und ohne künstliche Ernährung auskommen. In unserem Fall vor allem geht es um das Absetzen des einzigen Medikaments, das Zentralbanker verabreichen können: Zinssenkungen und eine Überflutung der Märkte mit Geld.

Aber genau das machen die Zentralbanken leider seit fast drei Dekaden. Obwohl es noch nie funktioniert hat. **In der gesamten Geschichte der Menschheit wurde noch keine Krise dadurch gelöst, dass man endlos Geld gedruckt** (oder immer weniger Gold und Silber ins Münzmetall gegossen) hat. **Münzverschlechterung und Druckerpresse erzeugen keinen Wohlstand, sondern bestenfalls eine kurzfristige Wohlstandsillusion.** Und endeten bis dato immer im Kollaps. Schon Gold- und Silbermünzen brauchten einst Vertrauen. Das gilt für Papiergeld erst recht, durch was auch immer es gedeckt sein möge. Spätestens seit dem Ende des Systems von Bretton Woods, das noch an der Illusion festhielt, der Dollar sei durch Gold gedeckt und jede andere Währung durch einen umtauschpflichtigen fixen Dollarkurs garantiert, **besteht unser Geld jedoch *nur noch* aus Nullen und Einsen.**

Schon von der täglich verfügbaren Geldmenge M1, das sind in der Eurozone rund 10 Billionen Euro, laufen als Banknoten gerade noch 1,3 Billionen, als Münzen rund 130 Milliarden um. Und weil mit dem Fünfziger in Ihrem Portemonnaie spätestens morgen schon wieder jemand anderes bezahlen wird, ist es logisch, dass die Summe aller Zahlungen ganz andere Dimensionen hat. Über die Massenzahlungssysteme, über die Zahlungen mit EC- und Kreditkarten, Überweisungen und Lastschriften abgerechnet werden, wurden 2018 im gesamten Euroraum rund 44 Milliarden Transaktionen im Gesamtwert von 34 Billionen Euro abgewickelt. Und allein über die drei größten Großbetragszahlungssysteme (vor allem über Target2) liefen Zahlungen im Gesamtwert von 489 Billionen Euro.[12] Insgesamt werden in diesem Sektor über 700 Billionen bewegt. Kurz: **Mehr als 90 Prozent des umlaufenden »Bargelds« existieren nur noch digital.** Eigentlich haben wir schon längst den »digitalen Euro«.

Das meine ich mit Nullen und Einsen. **Mit Geld, das durch nichts anderes als Vertrauen gedeckt ist.** Tägliches Vertrauen. Allein in der Eurozone von 342 Millionen Bürgern in 150 Millionen Haushalten. Von 146 Millionen Beschäftigten. Von weit über 20 Millionen Unternehmen und von 4600 Banken und Sparkassen. **Und dieses Vertrauen wird seit Jahren, aber vor allem auch aktuell, mit Füßen getreten und schändlich behandelt.** Immer neue Aufkauf-Programme der EZB führen zu immer höheren Bilanzsummen, parallel werden die Zinsen im Keller gelassen. Wenn dieses Vertrauen verloren geht oder auch nur ernsthaft beschädigt wird, dann ist der Euro morgen so viel wert wie Sesterzen, Taler oder Gulden. Na ja, die erzielen immerhin noch unter Münzsammlern teils sehr ansehnliche Preise.

Die größte Insolvenzverschleppung in der Geschichte der Menschheit

Politik und Notenbanken drucken jetzt noch mal Geld wie verrückt, um den externen Schock der Corona-Pandemie abzudämpfen. In der konkreten Situation kann ich das sogar nachvollziehen. Wäre die Geldpolitik zuvor deutlich restriktiver gewesen, hätte man nach 2008 Banken und Finanzspekulanten tatsächlich konsequent an die Leine gelegt, statt nur ein bisschen zu meckern, hätte man aus den Blasen, die heute größer sind als je zuvor, die Luft wieder herausgelassen, dann hätte ich der jetzigen Politik vermutlich nicht einmal widersprochen. Aber die geldpolitische Pressluft pumpt seit fast 30 Jahren permanent die Märkte auf. Weshalb die jetzigen – meines Erachtens finalen – Maßnahmen keine Wirkung mehr zeigen werden. **Noch mehr Schulden sind keine Lösung, sie sind nur eine weitere Verlängerung der größten Insolvenzverschleppung in der Geschichte der Menschheit.**

Wir haben jetzt einen komplett unnatürlichen Geschäftszyklus. Im normalen Konjunkturzyklus gibt es alle fünf bis sieben Jahre eine Konsolidierungsphase, in der das System durchatmet. Das ist wie in der Natur mit den Jahreszeiten. Im Herbst und Winter werfen die Bäume ihr grünes Laub ab, um wieder Kraft zu sammeln und im Frühling erneut auszutreiben. Abschwung und Rezession sind der Herbst und der Winter in der Ökonomie (siehe dazu auch Abbildung 10 auf Seite 56).

Aber seit 2008 wurde eine Rezession überhaupt nicht mehr zugelassen. Warum? Weil alle Notenbanken weltweit wussten, dass das ganze Finanzsystem zusammenbrechen würde, wenn es noch einmal eine schwere Rezession wie 2008 geben würde. Und die Politik macht aus einer ungesunden Abhängigkeit mit bei diesem fatalen Spiel auf Zeit. Die Zahl der Zombie-Unternehmen ist dabei gigantisch gewachsen. Es ist so viel billiges Geld im Markt, dass man es nicht mehr geräuschlos einsammeln kann. Die Banken haben immer noch zu viele Leichen im Keller. Und vor allem: Auch zu Nullzinsen fließt kaum Geld in die Realwirtschaft. Aus diesem Grund hatten wir auch kaum eine Inflation zu beklagen (siehe auch Kapitel *Inflation*). Der über zehnjährige Boom war zu weiten Teilen eine Scheinblüte. Und jetzt sind die Böden endgültig ausgelaugt.

Die amerikanische Notenbank hat die Bazooka herausgeholt und sagt ganz rigoros: **Wir kaufen jetzt einfach alles auf, und zwar unlimitiert. Das ist der erste Offenbarungseid.** Die EZB, die Bank of England und andere werden folgen. Sie werden früher oder später direkt Staatsanleihen kaufen, sie werden Aktien und Unternehmensanleihen kaufen, sie werden Indexfonds kaufen, wie jetzt schon in Japan und in der Schweiz. Den ersten Schritt in Richtung direkter Staatsfinanzierung hat kürzlich die Bank of England gemacht. Das werden wir auch in der Euro-Zone erleben, da kommen wir gar nicht mehr drumherum. Irgendwann werden die Notenbanken alles kaufen, alles finanzieren und dann haben wir die **Planwirtschaft der Notenbanken.** Wenn man dann aber in die Geschichtsbücher schaut, sieht man sofort, dass Planwirtschaft noch nie funktioniert hat …

Digitale Diktatur – Digitalisierung der Währungen

Um das Spiel in die Länge zu ziehen, werden die verzweifelten Notenbanken als Nächstes die Digitalisierung des Geldsystems vorantreiben. Damit erschlagen sie mehrere Fliegen mit einer Klappe:

1. Sie erhalten einen kompletten Überblick in Echtzeit zur Steuerung der monetären und fiskalischen Politik.
2. Sie erreichen einen Schutz vor Geldwäsche und kriminellen Machenschaften.
3. Sie können die Zinsen problemlos in den Minusbereich senken, ohne dass die Bürger das Geld von der Bank abheben und sich dem Negativzins entziehen können. Ein Bank Run wird damit in Zukunft unmöglich sein.
4. Jeder Kunde, jede Transaktion ist dann komplett transparent und nachvollziehbar. Eine digitale Währung kann unzählige Daten über die Zahlungsströme und das Nutzerverhalten der Bürger liefern. Der wahre feuchte Traum der Geheimdienste und der Albtraum, vor dem uns George Orwell gewarnt hat.
5. Strafzinsen oder eine Strafsteuer (Vermögensabgabe/Vermögenssteuer) können schnell und effizient eingesetzt und von jedem Konto eingezogen werden.
6. Die EZB baut ihre Befugnisse und Macht aus. Seit Jahren sagt die Notenbank, Europa sei »overbanked«, habe also zu viele Banken. Mit dem digitalen Euro wird sie sich so einiger Banken entledigen und in Zukunft dann ganz praktisch den Bürgern direkt ein EZB-Konto anbieten können, sodass sie die komplette Macht und Übersicht hat.

Eigentlich ist unser Geldsystem ja schon fast komplett digital, weil das meiste über digitale Prozesse läuft. Über Onlinebanking, Handy-Zahlungen, Plastikgeld und über Giralgeld. Natürlich versuchen die Beteiligten jetzt schon von allen Seiten, uns diese schöne neue Welt des Bezahlens schmackhaft zu machen: praktisches, hygienisches, kontaktloses Bezahlen – effizienter, günstiger, schneller.

Im Endeffekt ist der digitale Euro nichts anderes als das ungedeckte Fiatgeld-System, das zu 100 Prozent digitalisiert ist. Für uns Bürger hat es nur Nachteile, weil wir dann problemlos überwacht und enteignet werden. Es können Negativzinsen installiert werden, ohne dass wir uns davor schützen können. Denn in einem solchen Fall ist der Fluchtweg versperrt, nämlich Bargeld abzuheben, es dem Bankenkreislauf herauszunehmen und es damit legal der Überwachung und dem Zugriff der Staaten zu entziehen. Das muss jedem klar sein. Diese Entwicklung wird auf jeden Fall weltweit kommen, die Notenbanken arbeiten daran. **CBDCs** (Central Bank Digital Currencies) heißt die Maßnahme, mit der das sterbende Geldsystem in die Verlängerung bugsiert wird.

Vorreiter und Vorbild China – der ultimative Überwachungsstaat

China ist da natürlich schon einen Schritt weiter. Wenn es um Überwachung geht, steht China immer auf dem ersten Platz. Jedes autoritäre System, egal ob sozialistisch-kommunistisch oder faschistisch, braucht zum Erhalt einen feinmaschigen Überwachungsapparat, weil der Mensch immer nach Freiheit und Gerechtigkeit strebt. Für beides stehen die Extreme nicht. Um Chinas 1,3 Milliarden Bürger in Schach zu halten und zu überwachen, wird es immer notwendiger, einen immer komplexeren Überwachungsstaat zu implementieren. Dies soll beim Geld nicht anders sein, denn ein digitaler Yuan würde Chinas Überwachungsapparat extrem stärken. Eine erfolgreiche Einführung des digitalen Yuan würde die Macht über das Geld wieder in die Staatshände bringen, weg von den bekannten kommerziellen digitalen Zahlungssystemen wie WeChat Pay und Alipay. Das wäre mit vielen Vorteilen zur Festigung der kommunistischen Partei verbunden.

In keinem anderen Land der Welt wird so viel mit dem Handy bezahlt wie in China. 900 Millionen Nutzer oder mehr als 80 Prozent benutzen ihr Smartphone zum Bezahlen. Chinesische Konsumenten und Händler repräsentieren fast die Hälfte der weltweiten Nutzer der digitalen Wallets. Alibaba und Tencent sind in China führend und kontrollieren 94 Prozent des Marktes mit einem Volumen von 50 Billionen US-Dollar. Die daraus resultierenden Datenströme ermöglichen einen beispiellosen finanziellen Einblick in Echtzeit in die Geld- und

Wirtschaftslage des Landes, liefern die Rohdaten für wertvolle Analysen und erlauben Rückschlüsse auf das individuelle Konsumverhalten. Pures Datengold. Und genau diese Daten will auch die Kommunistische Partei natürlich abgreifen.

Ein von der kommunistischen Partei kontrolliertes digitales Geld, gepaart mit dem Sozialkredit-System (Social Credit Programme) ist die perfekte, perfide Lösung, um die eigenen Bürger in Schach zu halten, allzeit zu kontrollieren und sie abzustrafen, falls sie sich nicht an die kommunistischen Regeln halten. Wer dann aus der Reihe tanzt, bekommt neben dem Abzug an sozialen Kreditpunkten dann gleich noch eine Strafe aufgebrummt in Form von Abhebungslimitierungen, Strafzahlungen, die sofort abgebucht werden. Sogar zur Kontensperrung kann es kommen.

Der digitale Yuan wird bereits in der südchinesischen Sonderwirtschaftszone Shenzhen getestet und ist bereit für den landesweiten »Roll-out«, sobald die Testphase abgeschlossen ist. China erhofft sich zudem mehr Unabhängigkeit vom SWIFT-System und will mit der Digitalisierung des Yuan das globale Monopol des Dollars brechen.

SWIFT

SWIFT ist ein technisches Format, das den Nachrichtenaustausch zwischen Banken über das SWIFT-Telekommunikationsnetz ermöglicht. Das Kürzel steht für »Society for Worldwide Interbank Financial Telecommunication«, ein Verband, der bereits 1973 von internationalen Geldinstituten gegründet wurde, um die Standards der Auslandsüberweisungen zu vereinheitlichen. Die Betreibergesellschaft hat ihren Sitz im belgischen La Hulpe.

Global wird bei allen Notenbanken mit Hochdruck an digitalen Währungen gearbeitet, da die Vorteile auf der Hand liegen und sich das Geldkarussell auf diese Weise noch eine Weile weiterdrehen kann. Das wird natürlich öffentlich nicht so kommuniziert, da wird gesagt, »Wir gucken mal«, aber insgeheim wissen alle, dass dies der einzige Ausweg ist, um noch mal ein bisschen Zeit herauszuschinden.

CHANCE

Wer sich jetzt schon mental auf dieses Szenario vorbereiten kann, ist einen Schritt weiter als die breite Masse. Zudem ist es jetzt noch möglich, Geld aus dem Geld- und Bankenkreislauf herauszuziehen und es in die eigene Obhut zu bringen. Wie lange das noch der Fall ist, weiß keiner, aber das Zeitfenster wird sicherlich nicht größer. Werden Sie jetzt schon aktiv, um nicht nachher vor vollendeten Tatsachen zu stehen und handlungsunfähig zu sein.

Bargeldverbot

Bargeld ist Freiheit! Doch diese Freiheit ist seit Jahren unter Beschuss von allen Seiten. Neben den Staaten, Notenbanken und Banken sind es auch Organisationen wie die »**Better Than Cash Alliance**«, eine weltweite Vereinigung von Regierungen, Unternehmen und internationalen Organisationen, die den Übergang des Barzahlungsverkehrs zu digitaler Zahlungsweise beschleunigen wollen. Mitglieder sind – wenig überraschend! – die Kreditkartengiganten Visa und Mastercard, die Citibank, aber auch die Bill und Melinda Gates Stiftung. Spannend finde ich folgenden Fund meiner Recherche: **Die Anti-Bargeld-Allianz hat von unserer Bundesregierung deutsche Steuergelder erhalten.** Von 2016 bis 2018 waren es 500.000 Euro und seit 2019 sind es jährlich 200.000 Euro.[13] Interessant wäre zu wissen, mit welchem Hintergedanken über 1 Million Euro »gespendet« wurden.

Seit Jahren wird jede Krise genutzt, um den Menschen das Bargeld auszureden, es ihnen madig zu machen und in ein schlechtes Licht zu stellen. Wer bar bezahlt, macht sich verdächtig, denn vermeintlich verwenden nur Kriminelle Bargeld. So wird es uns immer wieder suggeriert. Die Schlagworte sind Rotlichtmilieu, Drogen, Schwarzgeld, Steuerhinterziehung oder zuletzt die Bekämpfung eines Virus. Die

Banken nehmen diese Argumente gerne auf, und dann kommt gleich der Hinweis: »Hier – so geht bargeldloses Bezahlen! E-Cash, Karte oder Smartphone hinhalten, fertig!« So sieht aktuell der Kampf, oder Krieg, wie manche es sehr drakonisch nennen, gegen das Bargeld aus. Dieser Krieg findet statt, und das Bargeld wird irgendwann sein Ende finden. Darüber haben wir ja schon gesprochen. Die Zentralbanken arbeiten mit Hochdruck an ihren digitalen Lösungen. Am digitalen Euro, Dollar oder welcher Währung auch immer, wenn die Zeit noch reicht und nicht der Crash schneller kommt. Bargeld ist aktuell die einzige Möglichkeit, das eigene Ersparte noch legal aus der Überwachung durch den Staat, aber auch aus der Überwachung durch die Banken und aus dem Bankenkreislauf herauszuziehen, ohne dass jemand weiß, was der Besitzer damit macht, wo er es investiert, wo er es womöglich auch versteckt. Und das ist natürlich vielen ein Dorn im Auge. Vor allem, wenn wir dann in die eine oder andere politische Richtung umkippen sollten, wird dieses Fluchtfenster natürlich ganz schnell geschlossen werden.

In Griechenland wurde die letzte Krise schon aktiv von der Politik genutzt und man darf nur noch bis 500 Euro in bar bezahlen. Im ebenso krisengeplagten Italien liegt die Barzahlungsgrenze bei 1000 Euro. In Deutschland darf man noch so viel in bar bezahlen, wie man möchte. Doch dies will die EU unterbinden. Mit einer Richtlinie soll die Bargeldobergrenze in der EU vereinheitlicht werden auf 10.000 Euro.[14] Wenn es so kommt, ist der Schritt nicht mehr weit, das Bargeld ganz abzuschaffen.

2.

»It´s the cycles, stupid!« – Wie man die Zukunft vorhersehen kann

»Alle menschlichen Dinge sind Kreisläufe.«

Inschrift auf einem Tempel in Athen

Oft werde ich gefragt, ob ich Hellseher sei, eine Kristallkugel besäße – oder wieso sonst so viele meiner Prognosen einträfen. Scherzhaft antworte ich immer, dass ein jeder das kann und dass ich meine Kristallkugel bei eBay gekauft habe. Ich meine das aber tatsächlich ernst: Ein jeder kann solche Prognosen machen. Es geht immer um Wahrscheinlichkeiten. Ich schaue zum Beispiel die Wirtschaftsgeschichte an, die aktuellen Daten und ganz wichtig: vor allem die Zyklen. Wer die Zyklen versteht, kann tatsächlich die Zukunft prognostizieren. Es ist eben kein Hexenwerk. Es ist Natur!

Das Universum, der Kosmos, die Erde, unser Leben und die Natur sind geprägt von Zyklen. Es gibt biologische, astronomische, mathematische, wirtschaftliche, ja selbst virologische Zyklen. Zyklen bestimmen das Leben – unser gesamtes Leben ist zyklisch: beginnend mit der Geburt über die Kindheit, die Jugend, das Erwachsenenalter – bis hin zum Ende des Lebenszyklus mit dem Alter und dem Tod. Ohne Atem- und

Herzzyklus gibt es kein Leben. Es gibt Jung und Alt. Es gibt Tag und Nacht – und dem übergeordnet ist ein Superzyklus: die Jahreszeiten. Auch bei ihnen handelt es sich um immer wiederkehrende Zyklen. Erst kommt der Frühling, das Aufwachen der Natur nach der Winterruhe und eine wahre Explosion des Lebens. Dann folgt der Sommer als Zenit, das Absterben im Herbst und schließlich die Ruhe im Winter, mit der die Natur wieder Kraft sammelt für einen neuen Zyklus, der mit der Explosion der Natur im Frühjahr wieder beginnt. So ist es jahrein, jahraus.

Ebenso ist die Wirtschaft von Zyklen geprägt: Im **Konjunkturzyklus** haben wir die boomende Phase des Aufschwungs und mit der Rezession den Abschwung. Alles vollzieht sich zyklisch – es ist ein ständiges Auf und Ab, ein Kommen und Gehen.

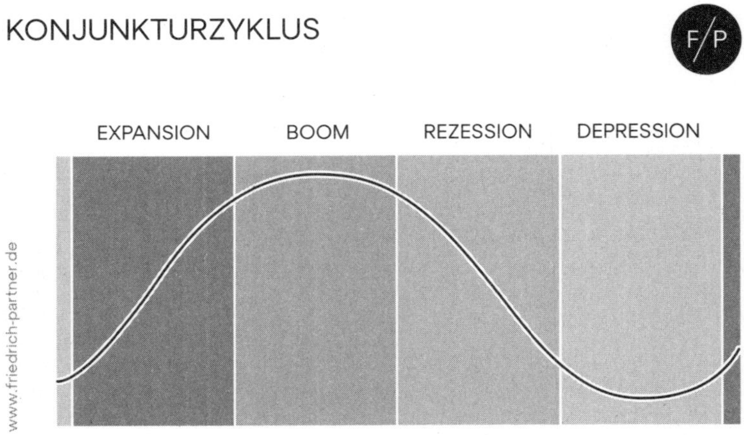

Abbildung 10

Das Wissen über Zyklen ist essenziell und der Menschheit seit Tausenden von Jahren bekannt. So haben die Etrusker Zyklen als festen Bestandteil des Lebens gesehen. Für sie bestand ein Leben aus dem Anfang, der Mitte und dem Ende. Sie nannten es das *Saeculum*. Ein Saeculum stand für etwa 90 Jahre. Es konnte in vier »Jahreszeiten« von jeweils vier Generationen mit ungefähr 22 Jahren unterteilt werden; diese Jahreszeiten stehen für Jugend (Frühling), beginnendes Erwachsenenalter (Sommer), Lebensmitte (Herbst) und Alter (Winter). Die Etrusker regierten

Italien für etwa 900 Jahre. Sie gingen davon aus, dass etwa alle 90 Jahre ein großer, schwarzer Schwan kommen würde, der das System grundlegend transformieren und einen neuen Superzyklus einläuten würde.

Der Geldzyklus – Brot und Spiele

»panem et circenses – Gib ihnen Brot und Spiele, und sie werden nicht aufbegehren.«

Juvenal, römischer Dichter und Satiriker

Auch beim Geld sehen wir seit jeher Zyklen. Egal ob wir zu den Griechen, den Römern, den Osmanen oder sonstigen Völkern zurückblicken. Das ist bis in die Neuzeit so geblieben. Immer wieder beginnt die Menschheit mit einem stabilen und wertgedeckten Geldsystem (zum Beispiel dem Goldstandard) und endet mit einer Währung, die mehr und mehr an Vertrauen und Wert verliert. **Ein stabiles und gedecktes Geldsystem ist das Fundament für eine funktionierende Gesellschaft und für ein hinreichendes Vertrauen der Bürger in das System.** Sobald dieses Vertrauen bröckelt, bröckelt auch das gesamte System. Mit der Entwertung des Geldes geht seit jeher auch der Untergang von Imperien, Reichen und Nationen einher.

Denn immer wurde mit der Zeit das stabile und gedeckte Geld nach und nach ausgehöhlt und aufgelöst. Die Gründe hierfür sind immer dieselben: **Missmanagement, Korruption, steigende Ausgaben durch Kriege und Sozialprogramme, Pandemien, Ernteausfälle und Rezessionen**. Um die Inflation in den Griff zu bekommen, wird dann das gedeckte Geldsystem immer mehr aufgeweicht. In früheren Zeiten geschah das durch Münzverschlechterung. So wurden im Römischen Reich zum Beispiel die Münzen abgefeilt oder beschnitten. Neue Münzen wurden etwa aus Legierungen mit einem höheren Kupferanteil geprägt, der Anteil an Silber und Gold wurde immer weiter reduziert. Schon damals führte die Inflation zu einer sich ausweitenden Ungleichheit zwischen den Wohlhabenden und der breiten Masse. So, wie wir es aktuell auch wieder sehen. Das Vermögen konzentriert sich in immer weniger Händen, diese Entwicklung schreitet exponentiell voran. Einige wenige werden immer reicher, die breite Masse verarmt. Dies hat dann auch das Potenzial, soziale Unruhen auszulösen. Ein jeder Herrscher und Politiker will soziale Unruhen, Revolutionen und Umstürze natürlich vermeiden, um seine privilegierte Position langfristig zu sichern. Die Mächtigen müssen dann die Sozialprogramme ausweiten und »Brot und Spiele« bieten – zur Ablenkung von den eigentlichen Problemen.

Um den »Pöbel« ruhig zu halten, werden die Transferleistungen hochgefahren, was natürlich viel Geld kostet. Deshalb steigen die Steuern. Dies war im Römischen Reich der Fall, aber in unserer Zeit ist es das Gleiche. Seit Jahren steigen die Steuern in immer neue Höhen. Ständig werden neue Abgaben erfunden, um neue Einnahmequellen zu generieren. Deutschland hat jetzt offiziell die höchste Steuerbelastung weltweit.

Wenn das Volk satt ist, dann braucht es nur noch Unterhaltung. Das ist die zweite Beruhigungspille für die breite Masse. In der Römerzeit waren das die berühmten Gladiatorenkämpfe, bei denen es kostenlos Essen und Wein gab. Über 20 Prozent der Bevölkerung im Römischen Reich waren von staatlichen Almosen abhängig. Mit der Belustigung fürs Volk wollten die Magistrate, die höchsten Amtsträger, verhindern, dass Aufstände entstehen. Durch die Spiele sicherten sie sich aber auch die Zustimmung der Bevölkerung bei den Wahlen. De facto war es nichts anderes als ein banaler Stimmenkauf.

Die einfachste und schnellste Art in der damaligen Zeit, vermögend zu werden, war eine Stellung im Staatsapparat. Denn hier konnte man sich dann durch Gefälligkeiten und Vetternwirtschaft schnell ein gutes Zubrot verdienen. All das führte zur Aushöhlung und Korrumpierung des Römischen Reiches und damit schließlich zum Ende des Imperiums.

Fällt Ihnen beim Lesen der Zeilen etwas auf? All diese Punkte sind in unsere jetzige Zeit übertragbar. Auch dieser Zyklus wiederholt sich im Laufe der Geschichte immer und immer wieder. Die Parallelen zu heute sind frappierend.

Heute sind es Aldi, Lidl und McDonald's auf der Essenseite und Amazon, Netflix und Disney auf der Entertainmentseite. Selbst das Gladiatoren-Spektakel wurde wieder aufgenommen und heißt jetzt

Global Gladiators bei RTL2 als Reality-TV-Show oder *Die Tribute von Panem* in Filmform.

Wie in der Antike bläht sich der Sozialstaat auch jetzt immer weiter auf. Diejenigen, die vom Staat abhängig sind, entweder direkt durch Anstellung oder indirekt durch Sozialprogramme und Zuschüsse, befinden sich auf einem Allzeithoch. Somit sind auch die Sozialausgaben in der Zwischenzeit auf Rekordstände gestiegen. Für 2021 sind im Bundeshaushalt 164 Milliarden Euro oder fast 40 Prozent des gesamten Haushalts für Arbeit und Soziales vorgesehen.[15]

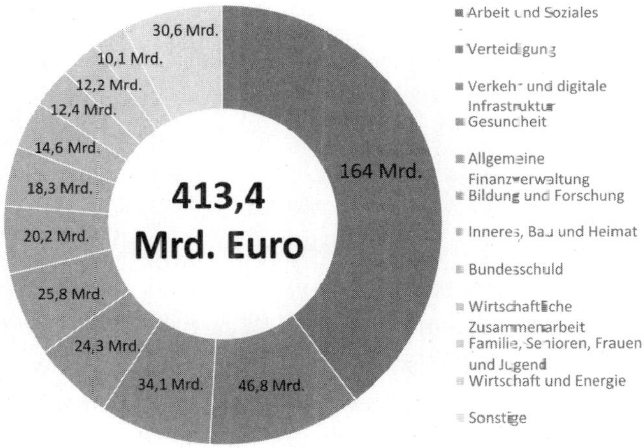

Abbildung 11

Parallel ist die Staatsquote in Deutschland enorm angestiegen: 2020 waren es 52,2 Prozent, 2021 dann schon 54 Prozent. In Frankreich und Belgien stehen wir sogar schon jenseits der 60 Prozent.

STAATSQUOTE

Die **Staatsquote** ist das Verhältnis der Staatsausgaben zum Bruttoinlandsprodukt. Je höher die Staatsquote, umso stärker ist der staatliche Einfluss der Staatsfinanzen auf die Volkswirtschaft und umgekehrt.

Der US-Wirtschaftswissenschaftler Milton Friedman hat Folgendes gesagt:

> *»Wenn eine Regierung in guter Absicht versucht, die Wirtschaft anders zu strukturieren, Moral in Gesetze zu gießen oder speziellen Interessen Vorschub zu leisten, dann sind die Kosten dafür Ineffizienz, ein Mangel an Motivation und ein Verlust der Freiheit. Eine Regierung sollte ein Schiedsrichter sein, aber kein aktiver Spieler.«*

Das kann ich nur unterstreichen. Genau das erleben wir gerade. Die Staatsquote steigt in immer neue Höhen. Der Staat stimuliert, springt in die Bresche, übernimmt immer mehr Aufgaben, kauft sogar Unternehmen oder rettet sie (Hypo Real Estate, Lufthansa, TUI, Karstadt), deckelt Mieten, bestimmt, welche Heizung ein Immobilieneigentümer einbauen muss, welche Autos die Bevölkerung fahren soll und zuletzt sogar, wann wir rausgehen und reisen dürfen und wie wir zu leben haben. **Der Eingriff des Staates wird immer größer.**

Eine hohe Staatsquote ist meines Erachtens brandgefährlich. Wenn der Staat mehrheitlich für die Stimulation der Volkswirtschaft verantwortlich ist, ist das System aus dem Ruder gelaufen. Das riecht schon verdächtig nach Sozialismus und Planwirtschaft. Beides ist zum Scheitern verurteilt.

Die Staatsschuldenlüge: 7 Billionen Euro statt 2,3 Billionen Euro

Das Problem ist: Mit immer längeren und neuen Lockdowns und dadurch verursachten Rezessionen wird die Staatsquote in der Zukunft weiter steigen müssen, um das Rad am Laufen zu halten. Dies wird auch mit einem stetig wachsenden Bürokratieapparat einhergehen. Schon jetzt ist der Staat der größte Arbeitgeber im Land mit 5 Millionen Angestellten. Davon sind 1,7 Millionen verbeamtet.[16] Aus diesem Grund ist die wahre Staatsverschuldung auch höher als die offiziell verkündeten 2,3 Billionen Euro.[17] Die implizierten, verdeckten Staatsschulden

(Schattenverschuldung) beinhalten nämlich auch die Pensionsversprechungen, und mit diesen liegen die Staatsschulden sogar bei über 7 Billionen Euro!

Die Abhängigkeit der Bürger sowohl von den Sozialprogrammen als auch von den Arbeitsstellen sichert dem System die Zustimmung der Wähler – wie einst im Römischen Reich. Das ist ein ungesundes System, welches erst durch eine Katharsis geändert werden wird. Denn keiner sägt an dem Ast, auf dem er sitzt. Der Ast muss erst verrotten, vermodern, morsch werden und von selbst abbrechen. Da sind wir gerade dabei, vieles verrottet gerade. Aus diesem Grund wäre es naiv zu glauben, dass das System selbst eine Lösung liefert. Dies war noch nie der Fall und das wird auch dieses Mal nicht eintreten. Viele Autoren und Ökonomen hegen immer noch die Hoffnung, dass sich das System von innen heraus reformieren lässt. Ganze Bücher werden dazu geschrieben. Vergebene und naive Liebesmüh!

Wer davon ausgeht, dass der aktuelle Status quo für alle Ewigkeiten in Stein gemeißelt ist und konserviert bleibt, täuscht sich gewaltig. Die Welt ist im stetigen Wandel. Ein jeder, der das ignoriert, wird ein bitteres Aufwachen erleben. Deutschland wird seinen Status und seinen Wohlstand verlieren. **Alleine die Demografie ist unterirdisch und wird nicht für blühenden Landschaften bis 2040 sorgen**. Mit dem jetzigen Parteiensystem und seinen karriereorientierten Berufspolitikern werden wir weiterhin nur den Status quo verwalten und Stillstand produzieren. Ich habe vier Bücher geschrieben, in denen ich immer wieder versucht habe, konstruktive Lösungsvorschläge vorzubringen, in der Hoffnung, die Probleme zu lösen. Wenig davon wurde tatsächlich umgesetzt und wenn, dann zumeist verschlimmbessert. Wie zum Beispiel die Finanztransaktionsteuer, aus der nichts anderes wurde als eine reine Aktiensteuer für den kleinen Anleger. Die Probleme sind aber stattdessen immer größer geworden und haben in den letzten Jahren den »Point of no return« überschritten. Das System ist unreformierbar und es gibt keine Lösung mehr innerhalb des Systems.

Das ist in etwa so, als würde man ein Krebsgeschwür im Körper an eine andere Stelle transplantieren, es überdecken oder nur teilweise entfernen. So etwas ist wenig hilfreich. Das Karzinom ist dann immer noch da. Man muss das Grundübel anpacken und das Krebsgeschwür komplett entfernen.

Also sparen Sie sich die Zeit und die Energie, herumzudoktern, um ein scheiterndes und sterbendes System am Leben zu erhalten, orientieren Sie sich nach vorne und planen Sie jetzt schon Ihr Leben im nächsten System. Um darauf optimal vorbereitet zu sein, müssen Sie sich mental, aber auch monetär vorbereiten. Hierbei möchte ich Ihnen helfen! Dieser Transformationsprozess wird hart, er wird wehtun und er wird einhergehen mit großen Verwerfungen und Kollateralschäden auf allen Ebenen!

Geld regiert die Welt – politische Korruption

Dass Berufspolitiker nicht immer uneigennützig und altruistisch handeln, haben die letzten Jahre leider oft gezeigt. Mächtige Lobbyvereine und Industrieinteressen bestimmen, wo es langgeht. Zwischen Wirtschaft und Politikbetrieb ist eine goldene Drehtüre entstanden. Gehorsame und »verdiente« Politiker werden mit lukrativen Aufsichtsratsposten versehen oder andere Positionen werden ihnen zugeschachert. **Die Negativliste ist ellenlang und reicht von Casablanca bis nach Istanbul: Gerhard Schröder (Gazprom), Sigmar Gabriel (Deutsche Bank), Philipp Rösler (Weltwirtschaftsforum), Ronald Pofalla (Deutsche Bahn), Robert Koch (UBS/Bilfinger Berger), Stefan Mappus (Merck).** Besonders brisant ist der Fall von Daniel Bahr, dem ehemaligen Gesundheitsminister. Er wechselte nach seiner Amtszeit die Fronten und ging zur Allianz in den Bereich »Private Krankenversicherung«. Ebenso geschmacklos und unanständig war der Wechsel des Initiators und Namensgebers der »Riester Rente«, Walter Riester, nach seiner politischen Laufbahn. Er nahm einen hochdotierten Aufsichtsratsposten bei der Union Investment ein und hielt Vorträge für Carsten Maschmeyers skandalträchtige Finanzbude AWD. Transparency International bezeichnet Walter Riester als ein besonderes Beispiel für politische Korruption.[18]

Gedeckte Geldsysteme werden ersetzt durch ein ungedecktes Geldsystem

In unserem Geldsystem gibt es ebensolche Zyklen. Die Notenbanken sind gefangen in einem Abwärtszyklus. Jedes Mal, wenn eine Krise erscheint, reagieren sie mit dem immer gleichen Muster, nämlich Geld zu drucken und die Zinsen zu senken. Damit kreieren sie immer neue, noch größere Krisen. Denn jedes Mal muss mehr Geld ins System gedruckt werden und die Zinsen tiefer sinken. Das ist ungefähr so, als wenn jeder Sommer immer heißer werden würde und jeder Winter immer kälter. Irgendwann wäre ein Leben nicht mehr möglich.

Diese stetige Eskalation erleben wir gerade auch in unserem Geld- und Finanzsystem. Irgendwann werden wir die Grenze des Ertragbaren erreichen. Ein solcher Zyklus, man kann es auch Abwärtsspirale nennen, führt ins Verderben. Diese Entwicklung verläuft exponentiell. Und wir alle wissen: Exponentielles Wachstum ist zum Scheitern verurteilt. Es entstehen immer wieder neue Spekulationsblasen, und Teil eines solchen Systems ist auch die Umverteilung von Vermögen von unten, der Mitte und oben nach ganz, ganz oben. Das heißt, die Kluft zwischen Arm und Reich wird immer größer. Dadurch werden die Superreichen immer reicher und die Fleißigen werden immer ärmer. So auch der Untertitel meines ersten Buches (*Der größte Raubzug aller Zeiten: Warum die Fleißigen immer ärmer und die Reichen immer reicher werden*). Zuletzt besaßen 20 Superreiche so viel Vermögen wie die Hälfte der Menschheit (3,8 Milliarden Menschen). Das ist der sogenannte Cantillon-Effekt.

CANTILLON-EFFEKT

Richard Cantillon war ein irischer Ökonom, der sich Gedanken um den Geldkreislauf und die Geldschöpfung machte. Schon 1755 veröffentlichte er sein Werk *Abhandlung über die Natur des Handels im Allgemeinen*. Darin beschrieb er erstmals einen wichtigen Zyklus: Eine Erhöhung der Geldmenge durch die (Giral-)Geldschöpfung wird nicht in allen Bereichen gleichmäßig und gerecht verteilt, sondern Bereiche, die dem Quell nahestehen, profitieren zuerst und übermäßig davon (Staat, Finanzsektor, Unternehmen usw.). Verlierer sind diejenigen, bei denen das Geld erst spät oder gar nicht ankommt, weil sie durch eine steigende Inflation (Kaufkraftverlust) benachteiligt werden. Aktuell ist das zu sehen bei den Immobilien- und Aktienmärkten sowie bei anderen Vermögenspreisblasen. Diese Schichten erhalten auch keine günstigen Kredite, da sie im Gegensatz zu den Vermögenden keine Sicherheiten haben und ihr Vermögen daher nicht günstig hebeln können, um am Spekulationsboom teilzuhaben. Dagegen können sich Vermögende und diejenigen, die nahe am Schweinetrog sitzen, mit dem Kredithebel immer mehr Werte aneignen und schaffen. Aus diesem Grund sind die Vermögenden in den letzten Jahren seit der Finanzkrise 2008 mit jedem Rettungspaket noch wohlhabender geworden. Zuletzt in der Corona-Krise haben sich die Vermögen der Milliardäre auf geradezu obszöne Weise in relativ kurzer Zeit nach oben entwickelt. Die Übersetzung von Cantillons Originaltext lautet so:

> *»Wenn die Vermehrung des Bargeldes von Gold- oder Silberminen ausgeht, die sich in einem Staate befinden, so werden der Eigentümer dieser Minen, die Unternehmer, die Schmelzer, die Raffinierer und überhaupt alle jene, die dort arbeiten, jedenfalls ihre Ausgaben entsprechend ihren Gewinnen erhöhen. Sie werden in ihren Haushalten mehr Fleisch und mehr Wein oder Bier verbrauchen als früher, sie werden sich daran gewöhnen, bessere Kleidung und schönere Wäsche*

zu tragen, besser eingerichtete Häuser und andere erlesenere Bequemlichkeiten des Lebens zu besitzen. Sie werden daher einigen Handwerkern Beschäftigung geben, die vorher nicht so viel Arbeit hatten und die nun aus dem gleichen Grund auch ihre Ausgaben erhöhen werden; alle diese Vermehrungen der Ausgaben für Fleisch, Wein, Wolle usw. vermindern notwendig den Anteil der anderen Bewohner des Staates, die zunächst nicht an den Reichtümern der fraglichen Minen teilhaben. Das Feilschen auf dem Markte oder die Nachfrage nach Fleisch, Wein, Wolle usw., die stärker ist als gewöhnlich, wird jedenfalls deren Preise in die Höhe treiben. Diese hohen Preise werden die Pächter veranlassen, in einem anderen Jahre mehr Boden zur Erzeugung dieser Dinge zu verwenden; dieselben Pächter werden aus dieser Erhöhung der Preise Gewinn ziehen und werden wie die anderen die Ausgaben für ihre Familien erhöhen. Diejenigen, die unter dieser Teuerung und unter dem erhöhten Konsum leiden werden, werden also zunächst die Grundeigentümer während der Laufzeit ihrer Pachtverträge, dann ihre Diener und alle Arbeiter oder mit festen Gehältern Angestellte sein, die davon ihre Familie erhalten. Alle diese müssen ihre Ausgaben entsprechend dem neuen Verbrauch einschränken, und dies wird eine große Zahl von ihnen zwingen, den Staat zu verlassen, um anderswo ihr Glück zu suchen. Die Eigentümer werden viele von ihnen entlassen und es wird dazu kommen, dass die Übrigen eine Lohnerhöhung verlangen werden, um leben zu können, wie sie es gewohnt waren. Das ist ungefähr die Weise, in der eine beträchtliche Vermehrung des Geldes aus Minen den Konsum erhöht und unter Verminderung der Einwohnerzahl größere Ausgaben jener, die zurückbleiben, zur Folge hat.«

Diese Umverteilung, die Preisblasen und Gelddruckorgien sind anscheinend immer wiederkehrende Zyklen mit immer demselben Ausgang. Vor genau 100 Jahren erlebte die Welt nach dem ersten Weltkrieg die goldenen Zwanzigerjahre. Durch eine zügellose Notenbankpolitik wurden einige wenige unendlich reich und es gab die größte Kluft zwischen Arm und Reich in der Geschichte der Menschheit. Während die breite Masse verarmte, wurden Rockefellers, Vanderbilts, Carnegies und J.P. Morgan immer reicher. Dies führte zu Unmut in der Gesellschaft, der sich in der Wahl von immer extremeren populistischen Parteien ausdrückte. Der Aufstieg der Faschisten in Deutschland, Spanien und Italien war das Ergebnis – und wir alle wissen, wie schrecklich diese Entwicklung endete.

Was wir jetzt sehen werden, ist der größte Vermögenstransfer in der Geschichte der Menschheit. Die Papiergeldwährungen werden entwertet werden und limitierte Werte enorm steigen.

Sound Money – gesundes, stabiles und gedecktes Geld

Was lernen wir aus alldem? Ein gesundes, stabiles und gedecktes Geld (Sound Money) führt zu stabilen Verhältnissen, Strukturen und Vertrauen! **Vertrauen ist die wichtigste Währung** in einer Gesellschaft und im Zwischenmenschlichen. Wenn dieses Vertrauen erodiert, wanken die Fundamente des ganzen Systems. Das sehen wir in der Geschichte der Menschheit immer und immer wieder. Aus diesem Grund ist es essenziell, Geld zu haben, in das die Menschen ihr Vertrauen setzen.

Bis dato war der Wertanker und Vertrauensspender im Geldsystem zumeist **Gold und Silber**. Dies hat immer funktioniert, und alle einigten sich darauf, dass diese beiden seltenen Edelmetalle Vertrauen speichern. Dieses Vertrauen hat immer nur der Mensch untergraben. Durch Inkompetenz oder Gier wurde das stabile Geldsystem aufgebrochen und das Vertrauen damit beschädigt. Ein gutes Beispiel, wie sich Länder mit gutem Geld einerseits und schlechtem Geld andererseits entwickeln, ist das Römische Reich. Das Römische Reich hatte ab 27 v. Chr. die Goldmünze Aureus (»aurum« ist das lateinische Wort für »Gold«). Der Aureus verlor im dritten Jahrhundert durch Beimischung von Kupfer und anderen Legierungsmetallen massiv an Feingehalt. Somit sanken auch der Wert und schlussendlich auch das Wichtigste: **das Vertrauen in die Werthaltigkeit!** (Dasselbe erleben wir momentan mit unserem Papiergeldsystem, dem US-Dollar, dem Euro und so weiter.

Die Notenbanken drucken sich aus jeder Krise heraus und haben so viel Geld wie noch nie produziert.) Um das Vertrauen wieder herzustellen, wurde dann 309 n. Chr. die Goldmünze Solidus (der Name ist Programm) durch Kaiser Augustus eingeführt. Das war im Übrigen ein Produkt »Made in Germany«. Die Münze wurde nämlich in Trier geprägt. Hier residierte Kaiser Augustus. Also genoss Deutschland offenbar schon damals einen vertrauenswürdigen Ruf.

395 n. Chr., nach dem Tod von Theodosius dem Großen, wurde das Römische Reich in eine westliche und eine östliche Hälfte aufgeteilt. Während die westliche Hälfte Roms wieder das gedeckte Geldsystem aufbrach, Münzverschlechterung betrieb und Inflation kreierte, lernte das Oströmische Reich aus den bisherigen Fehlern und hielt strikt am goldgedeckten System fest. Der Untergang Roms ließ dann nicht lange auf sich warten und das Weströmische Reich zerbrach 476 n. Chr.

Die Goldmünze Solidus war auch danach noch in Byzanz für weitere 1000 Jahre, von 476 bis 1453 n. Chr. der Goldstandard. Seine Kaufkraft in der Spätantike war allseits bekannt und sehr hoch. Das byzantinische Reich endete erst mit der Eroberung von Konstantinopel durch die Osmanen im Jahr 1453 n. Chr. Und hier schließt sich der Kreis: Denn die Eroberung von Konstantinopel hat auch etwas mit dem neuen digitalen Gold Bitcoin zu tun. Dazu aber dann mehr in meinem nächsten Buch ***Die größte Revolution aller Zeiten.***

Gutes Geld verdrängt schlechtes Geld – Gresham'sches Gesetz

»Das Bessere ist der Feind des Guten.«

Voltaire

Wenn die Menschen das Vertrauen in das Geld verlieren, suchen sie immer nach Alternativen; auch das zeigt uns die Vergangenheit. Dies wird auch durch das Gresham'sche Gesetz bestätigt, welches der englische Händler Thomas Gresham schon im 16. Jahrhundert formulierte:

> *»Wenn eine Regierung eine Geldsorte gegenüber einer anderen Geldsorte gesetzlich unterbewertet, wird die unterbewertete Geldsorte das Land verlassen oder durch Hortung aus dem Umlauf verschwinden; die überbewertete Geldsorte hingegen wird den Geldumlauf dominieren.«*

Das bedeutet: Der Mensch bevorzugt das minderwertige gegenüber dem höherwertigen Zahlungsmittel und tauscht es aus. Dies macht er wirtschaftshistorisch schon seit jeher. Beispiele gibt es in der Geschichte der Menschheit zu Genüge:

So hatten die 25-Cent-Münzen (»Quarters«) der USA von 1932 bis 1964 einen Silbergehalt von 90 Prozent. Er wurde dann 1965 durch eine Münzreform auf 40 Prozent reduziert und 1970 schließlich durch eine Kupfer-Nickel-Legierung komplett ersetzt. Dies führte dazu, dass die ursprünglichen, wertvolleren Silbermünzen aus dem Geldkreislauf verschwanden, weil die Menschen sie lieber behielten und die wertloseren Kupfer-Nickel-Münzen ausgaben. Die »Quarters«, die vor 1970, und vor allem vor 1965 produziert worden waren, wurden ein beliebtes Sammelobjekt, das die Bürger massiv horteten – bis heute! Durch den Silbergehalt bewahrten sie nicht nur ihre Kaufkraft, sondern sie stiegen sogar noch im Wert. Diese alten Münzen kosten heute ein Vielfaches ihres nominalen aufgedruckten Wertes. Der Materialwert ist weitaus höher und entwickelt sich heute mehrheitlich parallel zum Silberpreis. Es geht los ab 5 Euro, seltene Münzen kosten sogar Hunderte, wenn nicht Tausende von Euro.

Die Umkehrung des Gresham'schen Gesetzes heißt **Thiers'sches Gesetz**. Es wurde vom Ökonomen Peter Bernholz nach dem französischen Politiker und Historikers Adolphe Thiers so bezeichnet. Es besagt: Wenn das staatliche System versagt, greifen die Menschen auf alternative Währungen zurück; das zeigt die Vergangenheit. So waren und sind in vielen Ländern bis heute nicht die einheimischen Währungen das allgemein akzeptierte Tauschmittel, sondern der US-Dollar als Weltleitwährung. Im Jugoslawien der 1990er-Jahre waren es die Deutsche Mark oder Zigaretten, in Argentinien während des Staatsbankrottes 2001 war es neben dem US-Dollar auch noch physisches Gold.

Aktuell sehen wir in Venezuela und der Türkei, dass viele Menschen neben Gold und US-Dollar auch auf Bitcoin zurückgreifen, allerdings nicht als Währung, sondern um ihre Werte zu speichern oder außerhalb des Landes zu bringen.

Selbst bei den Nachrichten funktioniert Gresham: Schlechte Nachrichten verkaufen sich immer besser als gute Nachrichten. Hier möchte ich auch gerne mal die unbegründete Kritik aufnehmen, ich würde Crash-Bücher nur schreiben, weil diese sich besser verkauften. Zwar stimmt es: Ich schreibe Crash-Bücher. Aber das tue ich nicht wegen der besseren Verkaufschancen. Der kritische Grundton meiner Bücher entspricht meiner Überzeugung, dass der größte Crash aller Zeiten kommen wird, dass wir eben nicht die Mathematik überlisten können und mit bloßem Gelddrucken alle Krisen lösen können. Dabei hatte ich nie die Intention, mehr Bücher zu verkaufen. Der Markt entscheidet, welche Bücher die Menschen kaufen. Allerdings ist es tatsächlich so, dass Bücher mit positiverem Titel, wie jetzt zum Beispiel diese Publikation, sich wahrscheinlich schlechter verkaufen werden. Da ich aber felsenfest davon überzeugt bin, dass wir aktuell vor der größten Chance aller Zeiten stehen, ist mir dieses Buch eine genauso große Herzensangelegenheit wie die Bücher zuvor. Wir können gerne die Empirie heranziehen, um zu entscheiden, ob sich schlechte Nachrichten letztlich besser verkaufen als gute. Ich halte Sie auf dem Laufenden beziehungsweise Sie werden selbst auf den Bestsellerlisten sehen, was letztlich am Markt besser »zieht«.

An dieser Stelle drängt sich ein Vergleich auf: Wenn Sie die Wahl haben zwischen einem Porsche und einem Fiat, die beide das Gleiche kosten, dann werden Sie sich für das bessere Auto entscheiden. In diesem Fall wird es der schwäbische Sportwagen sein. Oder anders ausgedrückt: **Qualität setzt sich langfristig immer durch!**

Aus diesem Grund flüchtet die Menschheit immer wieder in Sachwerte, um einen Wertanker zum Schutz vor Entwertung durch Enteignung und Inflation zu besitzen. Deshalb werden bis heute Gold, Silber und andere Sachwerte gehalten, und deshalb gibt es jetzt auch einen Zulauf auf Bitcoin. Bitcoin hat sich als Wertspeicher etabliert und bis dato nicht als Währung. Bitcoins werden kaum für Bezahlungen verwendet, sondern sie werden schlichtweg gehortet. »**Hodl**«, wie der überzeugte

Bitcoiner zu sagen pflegt. Einfach halten. Deswegen liegt auch ein Großteil (> 60 Prozent) der Bitcoins seit Jahren ohne Bewegung im elektronischen Geldbeutel (»Wallet«) überzeugter Bitcoin-Anhänger. Weil Papiergeld immer wieder entwertet und inflationiert wurde.

Voltaire habe ich schon am Anfang dieses Kapitel zitiert – hier soll er noch einmal zu Wort kommen:

»Papiergeld kehrt früher oder später zu seinem inneren Wert zurück – Null!«

Es scheint, als wäre Voltaire ein großartiger Ökonom gewesen. Denn er hat das Geldsystem schon früh verstanden. Aber warum lernt die breite Masse nicht aus der Vergangenheit? Wieso lernen wir nichts daraus? Wieso machen wir immer wieder dieselben Fehler und erkennen die Zyklen, die sich immer wieder wiederholen, nicht? Darauf gehe ich auf den folgenden Seiten ein.

Warum lernen Menschen nicht aus der Vergangenheit?

»Die Geschichte wiederholt sich nicht, aber sie reimt sich.«

Mark Twain

Wer sich Zyklen anschaut, wird auch verstehen, warum die Menschheit nicht aus der Vergangenheit lernt. Denn nach 90 Jahren ist niemand mehr da, der aus eigenem Erleben von dieser Transformation aus erster Hand berichten kann und die Folgegenerationen davor schützt, immer wieder die gleichen Fehler zu begehen. Das wertvolle Wissen gerät schlichtweg in Vergessenheit. Auch wenn Bücher darüber berichten. Der Mensch denkt jedes Mal: »**This time is different« (»Dieses Mal ist es anders«) – aber das ist es eben nicht! Auch dieses Mal nicht!**

Es gibt verschiedene Theorien, die die Zyklentheorie untermauern. Ganz berühmt sind die folgenden.

Schuldenzyklus

»Es gibt zwei Möglichkeiten, eine Gesellschaft zu besiegen und zu versklaven: Mit dem Schwert oder mit Verschuldung.«

John Adams

Der kurze Schuldenzyklus dauert im Schnitt fünf bis acht Jahre, der lange Superschuldenzyklus 50 bis 75 Jahre. Im langen Zyklus steigen die Schulden über lange Zeiträume schneller als die Einkommen. Die Zinsen und Tilgungen wachsen immer stärker, was zur Kürzung von Ausgaben führt. Da die Ausgaben einer Person das Einkommen einer anderen Person sind, beginnen die Einkommen zu sinken. Die Kreditwürdigkeit des Einzelnen nimmt ab und die Kreditaufnahme geht zurück. Die Abwärtsspirale ist im vollen Gange, die Finanzkrisen brechen aus und der Zyklus kommt zu einem Ende. Wenn der lange Zyklus zum Ende kommt, geht dies immer einher mit großen Verwerfungen und einer Neuordnung der Schulden sowie einem neuen Geldsystem.

Sehr gut beschrieben hat den Schuldenzyklus der Milliardär und Gründer einer der größten Hedgefonds der Welt (Bridgewater Associates), Ray Dalio. In seinem Buch *Principles for Navigating Big Debt Crises* beschreibt er anschaulich die Schuldenzyklen (siehe Abbildung 12). Diese dauern nach seiner Recherche in der Regel zwischen 50 und 75 Jahren und können bis ins Alte Testament nachgewiesen werden.

SCHULDENERLASS

Seit Tausenden von Jahren wird ein Schuldenzyklus mit einem Schuldenerlass beendet. Im Alten Testament war dies im Jahr nach dem siebten Sabbatjahr (Jubeljahr/Erlassjahr). Somit wurden alle 50 Jahre die Schulden erlassen. Auch in der Neuzeit ist der Schuldenerlass gang und gäbe. So wurde Deutschland im Februar 1953 die

Hälfte der Schulden in Höhe von 29,7 Milliarden D-Mark erlassen. 2005 gab es einen Schuldenerlass der G-8-Staaten für etliche afrikanische Staaten, und in Europa gab es 2012 und 2016 (in Form einer Umschuldung) den Schuldenerlass für das zahlungsunfähige Griechenland. (Hinweis: Die Schulden Griechenlands sind aktuell wieder auf Rekordniveau und der Schuldenerlass ist verpufft. Als Mitglied der Euro-Zone wird Griechenland niemals gesunden!) Ich gehe von einem großen Schuldenerlass in Zukunft aus. Für alle!

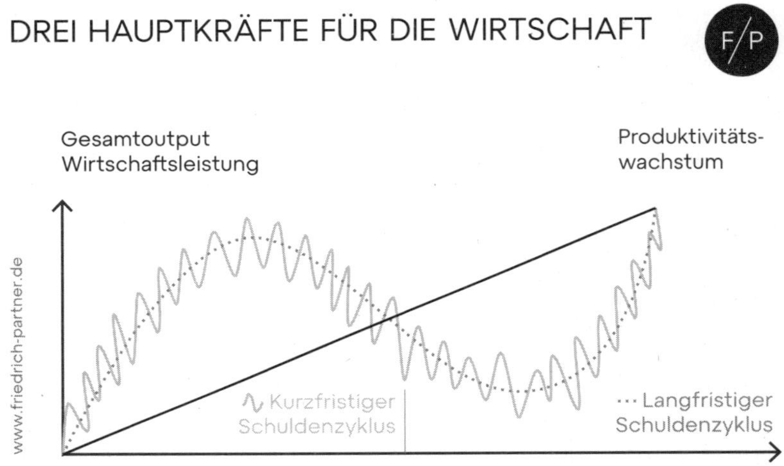

Abbildung 12

Der Schuldenzyklus endet immer mit einem großen Crash. Angekündigt wird dieser von einer steigenden Inflation und steigenden Rohstoffpreisen. Der letzte Schuldenzyklus endete mit dem Ausbruch des Zweiten Weltkriegs. Danach startete 1945 der aktuell laufende Zyklus. Er ist jetzt im 76. Jahr und damit einer der längsten der Geschichte.

Kommen wir nun als Nächstes zum Machtzyklus.

Machtzyklus

»Macht korrumpiert, absolute Macht korrumpiert absolut.«

Lord Acton, englischer Historiker und Publizist

Wer sich die Anzahl der Imperien auf Wikipedia anschaut, muss ziemlich lange nach unten scrollen, bis die Liste endet. Imperien kommen und gehen. Einige Imperien bestehen für Hunderte von Jahren, andere doch viel kürzer. Das berühmte Imperium Romanum und das byzantinische Imperium hatten beide über 1000 Jahre Bestand. Im Schnitt vergehen im Lebenszyklus eines Imperiums zirka 100 Jahre vom Aufstieg bis zum Niedergang. Gemeinsam war allen Imperien stets am Anfang ein gedecktes Geldsystem und die Dominanz ihres Geldes gegenüber anderen Währungen. Ein Imperium hatte sozusagen die Weltleitwährung inne, ob es nun die Römer waren mit ihrem Denar, Aureus und Solidus, die Byzantiner mit dem Solidus, die Spanier mit dem Real oder die Briten mit dem Pfund. Aktuell sind es die US-Amerikaner mit dem Dollar. Aber wir sehen allmählich bereits den Wechsel zur nächsten Supermacht heraufziehen – voraussichtlich China. Alle Machtzentren begannen mit einem gedeckten Geldsystem und endeten mit einem ungedeckten. Wenn das Vertrauen in das Geld verloren geht, wird auch das Ende des Systems eingeläutet, weil das Vertrauen der Menschen in die Elite verloren geht.

Ray Dalio nennt dies den **»Big Cycle«, den großen Zyklus.** Sobald die neue Wirtschaftsmacht etabliert ist, folgt eine Zeit von Prosperität und Frieden. Die Wirtschaftsmächte sind dominierend und stellen die Weltleitwährung. Deren Gesellschaft gewöhnt sich an stetig wachsenden Wohlstand und verschuldet sich daher immer mehr. Dies führt zu Konsum auf Pump, zu einer Schuldenblase und einem Aufblähen des Bankensektors sowie zu einer Inflation bei Vermögenswerten. Die Zinslast steigt, das Wachstum schwächt sich ab, die Ungerechtigkeit nimmt zu, die Schere zwischen Arm und Reich wird stetig größer, was zu sozialen Spannungen führt. Transferleistungen nehmen zu, Sozialkosten explodieren, die Notenbanken erhöhen die Geldmenge, die wahre Inflation steigt, und darauf antwortet die Notenbank mit noch mehr Gelddrucken. Es entstehen weitere Exzesse und Spekulationsblasen, die schließlich zum Platzen der Blase führen. Soziale Unruhen und sogar Krieg können das Resultat sein.

MACHTWECHSEL

F/P

JAHR	EXISTIERENDE MACHT	AUFSTEIGENDE MACHT	KONFLIKT
Frühes 16. Jh	Frankreich	Habsburger	Krieg
16. / 17. Jh	Habsburger	Osman. Reich	Krieg
17. Jh	Habsburger	Schweden	Krieg
17. Jh	Niederlande	England	Krieg
17. / 18. Jh	Frankreich	UK	Krieg
17. / 18. Jh	UK	Frankreich	Krieg
Mitte 19. Jh	UK & Frankreich	Russland	Krieg
1870–1871	Frankreich	Deutschland	Krieg
1894–1905	Russland & China	Japan	Krieg
Frühes 20. Jh	UK	USA	kein Krieg
1914–1918	Russland, UK, Frankreich	Deutschland	Krieg
1939–1945	Sowjetunion, UK, Frankreich	Deutschland	Krieg
1940–1945	USA	Japan	Krieg
1970–1980	Sowjetunion	Japan	kein Krieg
1940–1980	USA	Sowjetunion	kein Krieg
1990–jetzt	UK & Frankreich	Deutschland	kein Krieg
jetzt–?	USA	China	?

www.friedrich-partner.de

Abbildung 13

Den Machtzyklus hat Dalio in Abbildung 14 gut aufgeschlüsselt. Parallel sind neue Länder als Konkurrenten aufgestiegen und wollen das Ruder übernehmen. Sie machen der existierenden Nummer 1 den Platz streitig und wollen auch das mächtige Privileg der Leitwährung an sich reißen.

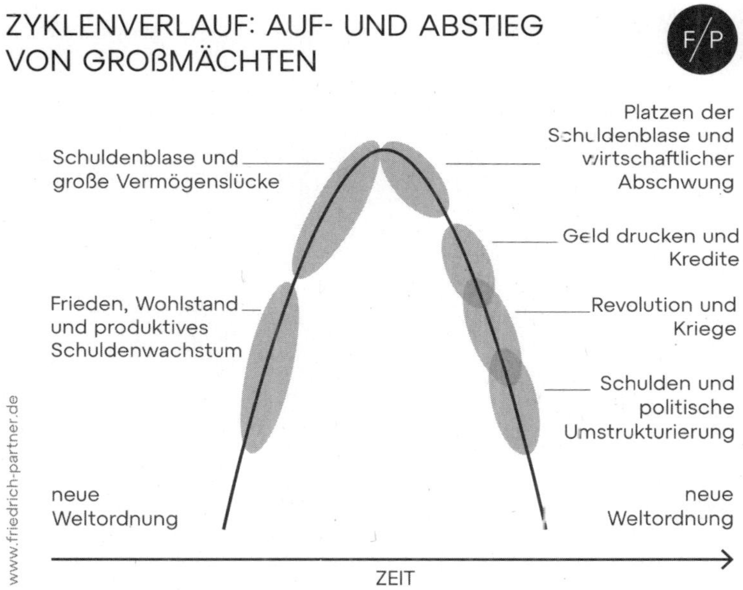

Abbildung 14

In Abbildung 15 sehen wir die Wirtschaftsmächte der letzten 500 Jahre in ihrem Auf- und Abstieg. Zuerst wurde China von den Niederlanden abgelöst, dann die Niederlande von Großbritannien und schließlich Großbritannien von den USA. Der Machtwechsel ging zumeist mit einem oder mehreren Kriegen einher. Die Gefahr besteht durchaus auch heute noch. Einige Theorien gehen davon aus und ziehen die Vergangenheit als Blaupause für die Zukunftsprognose heran. Da war es tatsächlich so, dass große Paradigmenwechsel durch einen Krieg eingeläutet oder von einem Krieg begleitet wurden. Auf eine dieser Theorien, die in dem Buch *The Fourth Turning* von William Strauss und

Neil Howe publiziert wurde, werde ich später in diesem Kapitel noch zu sprechen kommen.

MACHTWECHSEL VON
WIRTSCHAFTSMÄCHTEN

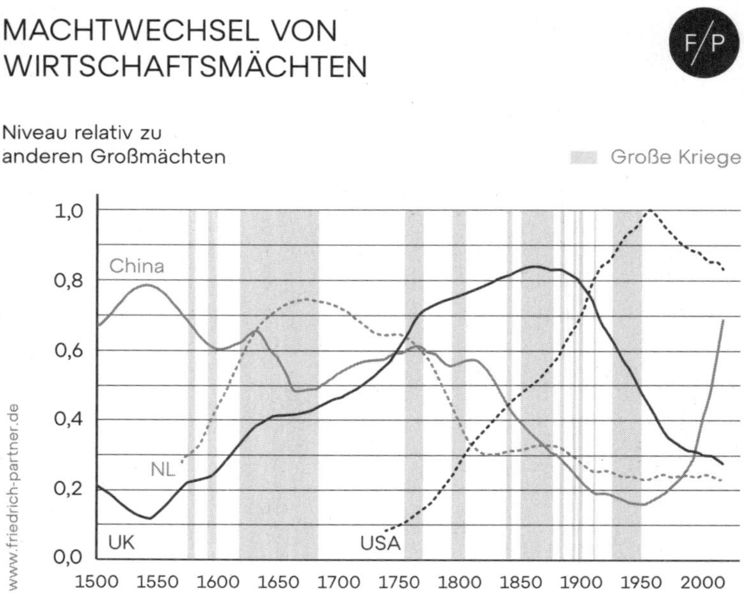

Abbildung 15

Investmentzyklus und Investmentampel

Auch beim Investieren bestimmen Zyklen die Zukunft. In der Honorarberatung schaue ich mir an, wo die einzelnen Assetklassen im Zyklus stehen. Dazu habe ich über die Jahre eine Investmentampel (siehe Abbildung 16) entwickelt, um sofort zu erkennen, an welcher Stelle sich die Vermögenswerte momentan befinden. Grün (hier Dunkelgrau) steht für günstig, also Kaufen, Orange (Mittelgrau) steht für Halten beziehungsweise Abbauen im abnehmenden Zyklus und Rot (Hellgrau) steht für überteuert, und damit für Verkaufen.

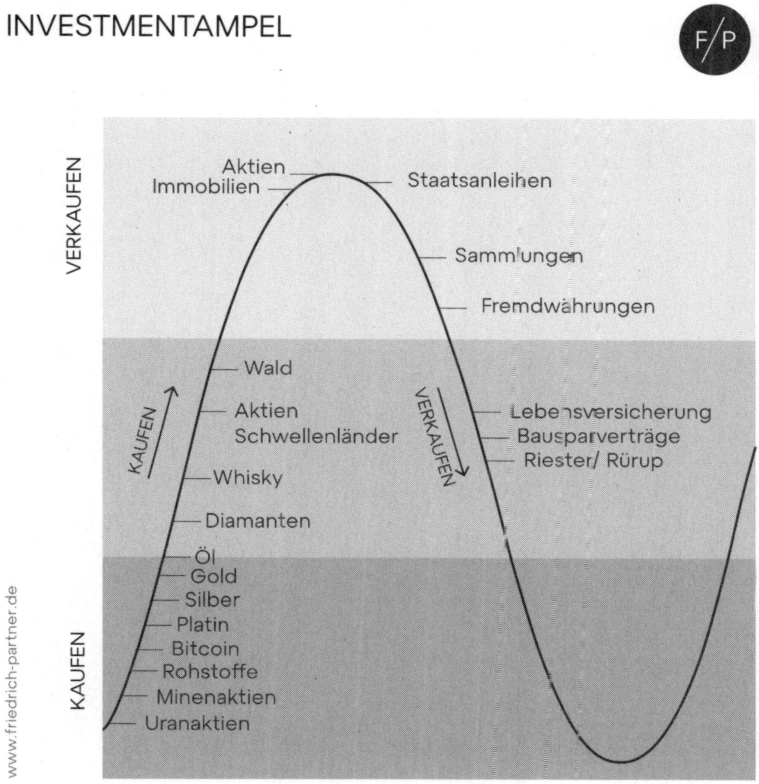

Abbildung 16

Die Stufen einer Finanzblase

Sehr hilfreich für die Orientierung ist Abbildung 17, die die typischen Stufen einer Finanzblase zeigt. Es ist immer das gleiche Spiel. Sie können selbst einordnen, wo wir uns Ihrer Meinung nach im Zyklus befinden und wie Sie sich optimal aufstellen. Dieser Chart ist anwendbar für jeden Vermögenswert – gleichgültig, ob es sich um Aktien, Immobilien, Bitcoin oder Gold handelt.

DIE STUFEN EINER FINANZBLASE

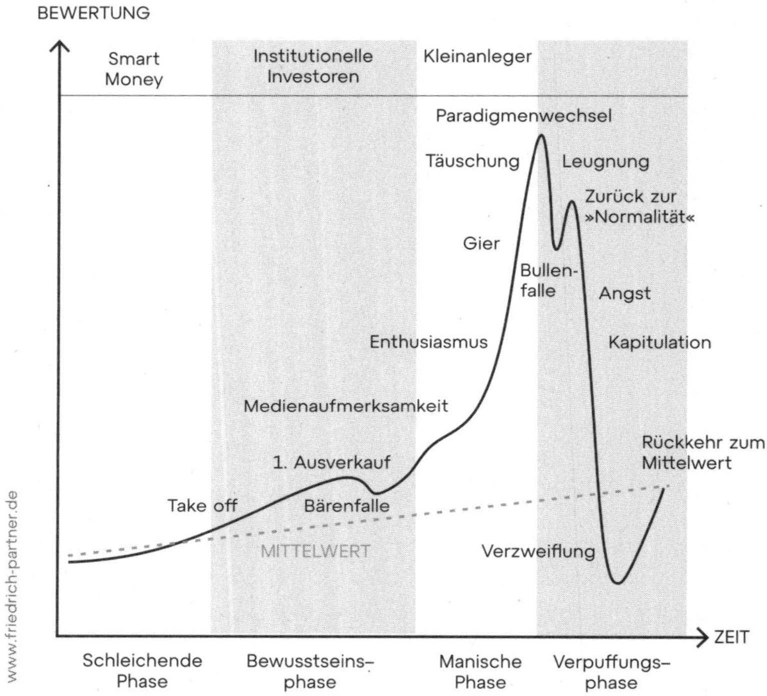

Abbildung 17

Die Everything-Bubble

Was hat die Immobilienblase, die zum großen Crash 2008 geführt hat, eigentlich ausgelöst? Es war das fatale Spiel, die perfide Politik der Notenbanken: Billiges Geld und niedrige Zinsen. Fahrlässig finde ich es, wenn vermeintliche Experten oder Ökonomen dazu raten, weiterhin Schulden zu machen, weiterhin Geld zu drucken, um diese bestehende Krise, in der wir jetzt gerade sind, zu lösen. Das hat in der Vergangenheit noch nie funktioniert.

Die Ökonomen aber auch Notenbanker haben noch nie eine Krise vorhergesehen, sondern ihr Entstehen immer nur im Rückspiegel betrachtet und erklärt. Sie denken in linearen Notenbankmodellen. Aber solche exogenen Schocks kommen immer überraschend und sind nicht vorgesehen in den Modellen, die aus den Elfenbeintürmen des Wissens stammen. Man müsste sich ehrlich eingestehen, dass die komplexen Modelle in diesem sehr fragilen System nicht funktionieren, weil sie nur auf eine perfekt funktionierende Wirtschaft ausgerichtet sind. Aber perfekt ist unsere Wirtschaft bei Weitem nicht. Sie ist hoch anfällig. Das haben wir besonders deutlich in der Corona-Krise gesehen bei den Lieferketten einer Just-in-time-Produktion. Die Notenbanken haben immer nur eines gemacht, wenn eine Krise kam: Sie haben Geld gedruckt und die Zinsen gesenkt. Und das war das erste Mal so in den 1990er-Jahren mit Alan Greenspan. Viele Menschen konnten sich dann auf einmal billig verschulden, haben an den Aktienmärkten gezockt. Es entstand die erste große Blase am Neuen Markt, nämlich die Nasdaq-Bubble. Dann platzte diese Blase. **Jede Blase platzt.** Daraufhin haben die Notenbanken die Zinsen gesenkt und die Geldschleusen geöffnet, um die alte Krise zu lösen, die Folgen abzufedern – und lösten sofort die nächste Krise aus: die große Finanzkrise 2008. Dasselbe Problem: billiges Geld, niedrige Zinsen. Nur dass statt mit Tech-Aktien mit Immobilien gezockt wurde. Nachdem auch diese Blase geplatzt war, senkten die Notenbanken die Zinsen gar auf ein historisches Tief (Null- und gar Minuszinsen) und erzeugten noch mehr Geld. Es gab eine neue Finanzmarktblase. Jetzt haben wir eine Immobilienblase, wir haben eine Aktienmarktblase, wir haben eine Staatsanleihenblase, wir haben die **Everything-Bubble.**

Die finale Blase – was spricht alles für einen Crash?

Aktienblase, Immobilienblase, Anleihenblase und jetzt kommt die Rohstoffblase. Sie alle eint, dass sie aktuell auf einem historischen Hoch sind. Diese Hochs existieren erstmalig parallel. Zuvor waren es immer Aktien- und Immobilienblasen, die Hand in Hand gingen – so wie in Japan 1989 und in den USA und Europa 2008. Nach jeder geplatzten Blase wurde mehr Geld ins System gepumpt, um die Insolvenzverschleppung voranzutreiben und den Crash zu vermeiden. Dadurch stieg von Krise zu Krise die Dynamik und Wucht der jeweils nächsten Krise. Jetzt befinden wir uns historisch in einer einmaligen Situation:

Wir sehen alle drei Assetkategorien in einer finalen Blase, und dazu kommt jetzt noch die Rohstoffblase. Wir sollten uns auf etwas Epochales einstellen: **auf den größten Crash aller Zeiten.**

Der Crash-Indikator

Nach allen Parametern sind die Aktienmärkte überbewertet. Nehmen wir zum Beispiel den Buffett-Indikator – benannt nach dem berühmten Investor Warren Buffett (siehe Abbildung 18). Dabei wird der Gesamtwert aller Aktien in einem Markt durch das BIP geteilt. Für die USA ist dies zum Beispiel das Verhältnis des Wilshire-5000-Index zum Bruttoinlandsprodukt.

Auf diesem Weg lässt sich die Bewertung des Aktienmarkts mit dem Wachstum der Wirtschaft vergleichen. Im Durchschnitt liegt der Buffett-Indikator bei zirka 75 Prozent. Unter 50 Prozent gelten die Aktien als sehr günstig und unterbewertet. Wenn der Indikator auf über 100 Prozent steigt, sind die Aktienmärkte hoch bewertet.

Während der Internetblase im Jahr 2000 standen wir im Hoch bei 136,9 Prozent und vor der Immobilienblase im Jahr 2008 bei 105,2 Prozent. Das historische Hoch bis dato stammt aus dem Jahr 1929 vor der großen Depression mit 101 Prozent. **Aktuell stehen wir bei atemberaubenden 185 Prozent!** Weltweit stieg die Marktkapitalisierung der Aktienmärkte trotz Corona auf 105 Billionen Dollar. Das BIP der Welt liegt bei zirka 85 Billionen Dollar, was ein Verhältnis von 123,5 Prozent ergibt!

Dies alles spricht dafür, dass eine Korrektur am Aktienmarkt bevorsteht. Allerdings steht der Indikator jetzt schon recht lange über 100 Prozent und steigt in immer neue Höhen. Grund dafür ist das massive weltweite Eingreifen der Notenbanken in die Finanzmärkte durch ihre Aufkaufprogramme. Auch das Umfeld niedriger Zinsen und das sinkende BIP spielen ganz klar eine Rolle. Dies alles verzerrt den Indikator (und auch andere), sodass der neue Durchschnitt nicht mehr bei 75 Prozent stehen dürfte, sondern wohl eher bei 100 Prozent. Zudem hat sich der Indikator 2020 drastisch nach oben bewegt. Durch die Corona-Krise und die Lockdowns ist das Wirtschaftswachstum in den USA 2020 gesunken, aber die Aktienmärkte sind immer weiter in neue Höhen gestiegen, angetrieben durch die viele Liquidität und den

Anlagenotstand. Nichtsdestotrotz hält Warren Buffett am Indikator fest und orientiert sich daran. Er hält momentan die höchste Cashquote aller Zeiten (über 150 Milliarden Dollar) und erwartet wohl eine deutliche Aktienkorrektur, um dann wieder günstiger einsteigen zu können.

BUFFETT-INDIKATOR MIT NEUEM REKORDWERT

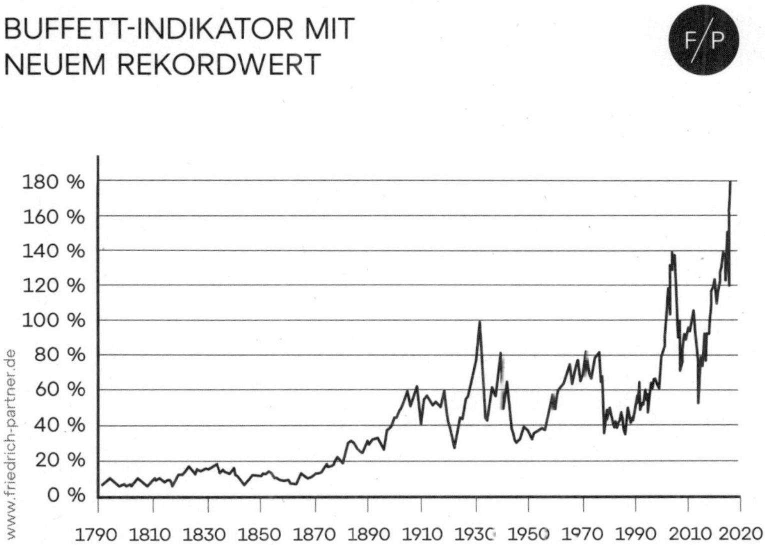

Abbildung 18

Die Reise nach Jerusalem

»Wenn die Musik in Bezug auf die Liquidität stoppt, werden die Dinge kompliziert. Aber solange die Musik spielt, muss man aufstehen und tanzen. Wir tanzen immer noch.«

Chuck Prince, Ex-Vorstand der Citigroup 2007, ein Jahr, bevor die Bank mit Milliarden durch den Staat gerettet werden musste

Sicherlich kennt jeder das spannende Kinderspiel. Man rennt um die Stühle, solange die Musik spielt, und sobald die Musik stoppt, sucht sich jeder einen freien Platz. Derjenige, der keinen freien Stuhl mehr findet, ist raus und hat verloren. Je weniger Stühle vorhanden sind, desto schneller rennen die Kinder, und es wird immer hektischer. So könnte man das Geschehen an den Börsen momentan auch bewerten. Je höher die Märkte steigen, umso hektischer wird das Treiben. Diese panikartigen Käufe werden mit dem Modebegriff »Melt-up« bezeichnet, und die Kurse steigen immer schneller. Es ist wirklich wie bei der »Reise nach Jerusalem«: Solange die Musik spielt, ist alles gut, aber wenn sie stoppt, ist die Frage, ob man noch einen Käufer findet.

Dies spiegelt auch ein weiterer Indikator wider, auf den ich gerne schaue, um die Bewertung der Aktienmärkte zu beurteilen. Es handelt sich hierbei um das Volumen der sogenannten »Margin Debts« (Wertpapierkäufe auf Kredit): Marktteilnehmer können bestehende Aktien- und sonstige Wertpapierpositionen als Sicherheit für weitere Kredite verwenden, mit denen sie dann gehebelt werden und ohne großen Einsatz von Eigenkapital spekulieren.

Wenn die Aktien steigen und die Anleger zuversichtlich sind, leihen sie sich Geld. Je stärker die Kurse steigen, desto selbstischerer werden die Anleger und sie leihen sich immer mehr Geld, um immer mehr Aktien zu kaufen. Dadurch können sie immer größere Kredite mit ihren Aktien als Sicherheit aufnehmen, weil deren Wert gestiegen ist. Und dieses zusätzliche geliehene Geld jazzt dann die Aktien immer weiter hoch, erzeugt dadurch mehr Kaufdruck, und die Preise steigen weiter an. Diese Hebelwirkung kann aber auch ein Beschleuniger auf dem Weg nach unten sein, wenn die Aktienkurse bereits fallen und die Banken »Margin Calls« an ihre Kunden ausgeben, sprich fordern, dass Aktien verkauft werden müssen, um die Kredite schnellstens zurückzuzahlen.

Das Vorhandensein von »Margin Debts« zeigt zuverlässig Spekulationsblasen an. Solche Margin Debts erreichen ihr Hoch stets einige Monate, bevor dann die Blase an den Aktienmärkten endgültig platzt. 1973 stieg der Börsenmarkt noch zwei weitere Monate, bevor eine fast 50-prozentige Korrektur einsetzte. Im Jahr 2000 war dies sechs Monate vor dem Crash an den Börsen der Fall und 2008 vier Monate zuvor.

Außer Rand und Band

Heute stehen wir auf einem neuen Rekordniveau – noch nie wurde mehr mit Aktien auf Pump spekuliert. Das Volumen beläuft sich nun auf 778 Milliarden Dollar und beträgt damit doppelt so viel wie während der Finanzkrise 2008. Beachtlich: **Seit dem Beginn der Pandemie im März 2020 sind die »Margin Debts« in den USA um 300 Milliarden Dollar und damit um 62 Prozent gestiegen.** Dies ist in der Vergangenheit bisher nur viermal in ähnlicher Weise geschehen und wurde immer mit einem Crash beendet. Meiner Ansicht nach zeigt der folgende Chart sehr schön an, wie weit sich der Markt von der Realität entfernt hat.

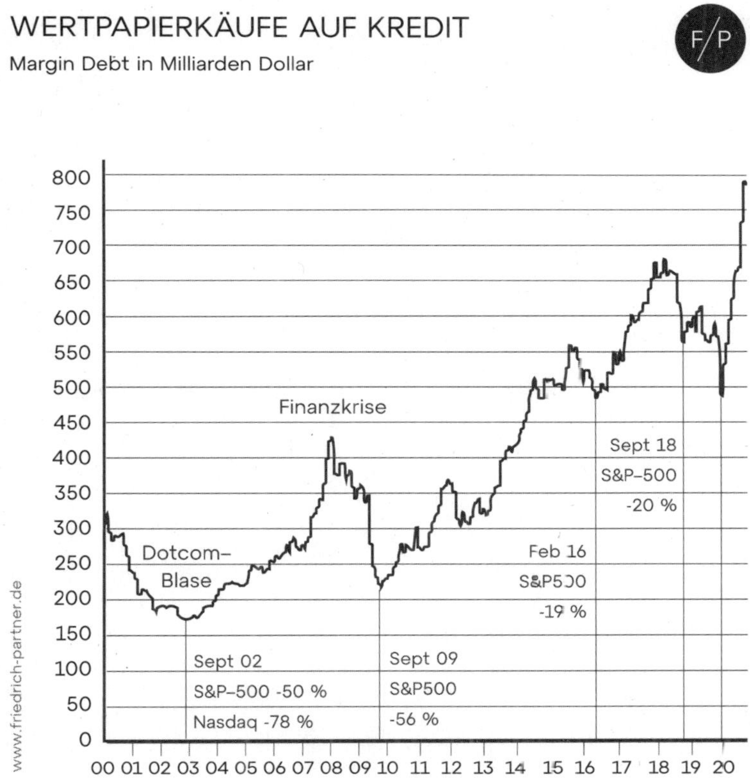

Abbildung 19

Wenn die Märkte kippen und in die andere Richtung drehen, müssen die Marktteilnehmer ihre Position liquidieren, um den »Margin Call« zu erfüllen. Dann kann es ganz schnell zu einer Abverkaufswelle kommen, die die Märkte weiter nach unten zieht. So wie es eine Aufwärtsspirale gibt, kann es auch den Sog nach unten geben. Gegenargumente können das gestiegene Volumen an den Aktienmärkten sein wie auch natürlich die niedrigen Zinsen. Nichtsdestotrotz zeigt der Chart zur Höhe der »Margin Debts« doch auf, dass die Märkte aktuell außer Rand und Band sind und dass eine Korrektur überfällig ist.

Apropos Volumen. Auch das ist ein weiterer Warnhinweis, dass sich die Finanzmärkte komplett von der Realität abgekoppelt haben: Das Handelsvolumen an den Finanzmärkten ist inzwischen sechs Mal höher als das BIP der USA.

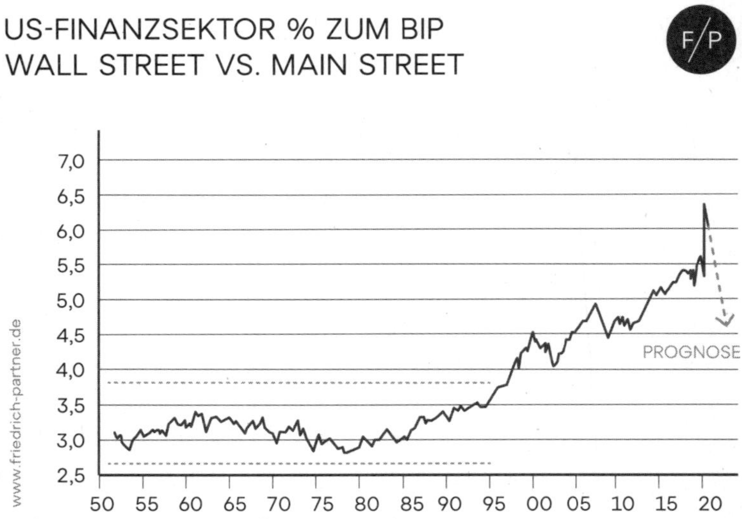

Abbildung 20

Die Zinsen sprechen ebenfalls dafür, dass wir nun am Ende des aktuellen Superzyklus sind. In den 1930er-Jahren waren die Zinsen in den USA bei 0,63 Prozent. Bis Ende der 1970er-Jahre stiegen sie dann auf über 20 Prozent und befinden sich nun auf einem historischen Tief von 0 Prozent.

»This time is different« – Das ist es eben nicht!

Was für eine absurde Phase: Während die Welt im Lockdown war, Geschäfte und ganze Volkswirtschaften geschlossen waren, die Arbeitslosenzahlen stiegen und die Weltwirtschaft um rund 3,5 Prozent einbrach, sind die Börsenkurse nur kurz in die Knie gegangen, um dann wieder rasant neue Rekordhochs zu erklimmen. Die Marktkapitalisierung der börsennotierten Unternehmen stieg um 25 Prozent beziehungsweise um 20 Billionen Dollar. Sie hat erstmals die magische Grenze von 110 Billionen Dollar überschritten – und Gleiches gilt für die Staatsanleihen.

Durch die unendliche Liquidität der Zentralbanken werden die Vermögenspreisblasen weiter aufgebläht, und wir werden einen sogenannten Melt-up nicht vermeiden können. Obwohl wir den größten wirtschaftlichen Kollaps seit dem Jahr 1929 sehen, steigen die Aktienmärkte immer weiter. Sie scheinen sich komplett von der Realität verabschiedet zu haben. Solange die Notenbanken ihre Geldschleusen offenlassen, wird dies auch weiterhin so bleiben. Das klingt unglaublich, ist aber so. Allerdings ist die Vorstellung ewig weiterwachsender Aktienmärkte eine Illusion. Ich erwarte, dass die Technologieblase (FAANG) korrigiert und dass damit auch der Gesamtmarkt zurückgehen wird. Die völlig überteuerten Tech-Aktien sind jetzt höher bewertet als während der Internetblase im Jahr 2000. Der folgende Chart zeigt dies schön auf:

Alte und neue Volkswirtschaft
nachlaufende KGVs
bis Anfang April 2000

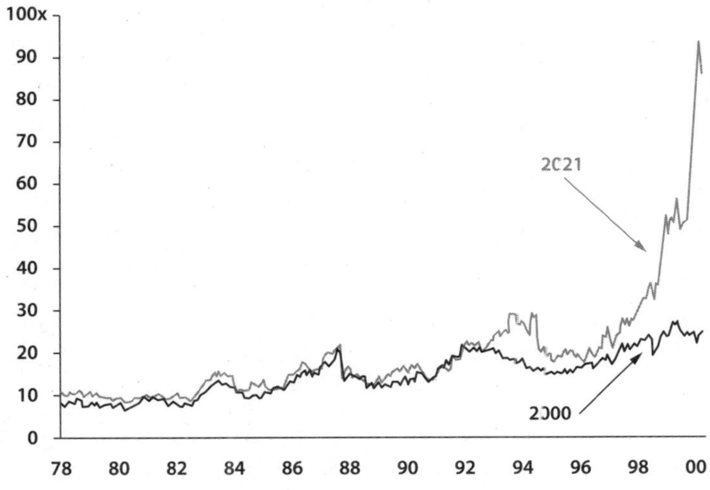

Abbildung 21

Ein Auswuchs der irrationalen Übertreibung ist die Bewertung von Tesla. Die Marktkapitalisierung des Elektroautobauers ist bei fast 700 Milliarden Dollar angekommen und liegt damit höher als der Börsenwert aller Autobauer der Welt zusammen. Tesla macht einen Umsatz von 28 Milliarden Dollar, die anderen Autobauer dagegen von 1,3 Billionen Dollar. Zudem verkauft Tesla nur ein Sechsundvierzigstel von dem, was die Mitbewerber an Autos absetzen. Fantasie hin oder her: Aber das schreit nach einer Korrektur.

Sollte man dagegen wetten? Wer mutig und liquide ist, kann das tun. Ansonsten empfiehlt es sich, einen Stop-Loss zu setzen, Gewinne auch mal mitzunehmen und das eigene Geld umschichten. Generell gehe ich von einer Trendwende aus: Ein Wechsel von spekulativen Growth-Aktien hin zu Value-Aktien, die in den letzten Jahren underperformt haben. Auslöser für die erwartete Korrektur könnten folgende Punkte sein:

Die USA sind momentan das Zünglein an der Waage. Hier gibt es einige Variablen, die das Fass zum Überlaufen bringen können. Die Spaltung in der größten Volkswirtschaft der Welt war noch nie so groß wie aktuell.

Weiteres Crashpotenzial hat die Pandemie: Wenn die Impfungen zu langsam voranschreiten, der Impfstoff nicht hilft oder massive Nebenwirkungen entwickelt, könnte jede Euphorie an den Aktienmärkten rasch enden. Oder der Virus mutiert zu COVID-21 und die Lockdowns werden verlängert. Das hätte eine noch heftigere Rezession zur Folge – und würde damit auch einen Aktiencrash nach sich ziehen.

Eine andere Baustelle ist die Mutter aller Finanzmarktblasen: Der 40-jährige Bullenmarkt bei den Staatsanleihen nähert sich seinem Ende und könnte schon 2021 implodieren. 2021 läuft ein Rekordvolumen an Staatsanleihen aus und wird fällig. Die Frage ist, wie die Staaten ihre Schulden refinanzieren möchten und wer die neu emittierten niedrig oder sogar negativ verzinsten Anleihen der Länder kauft. Das Volumen ist so hoch wie noch nie. Es beträgt 18 Billionen Dollar, das sind knapp 25 Prozent des weltweiten BIP.

Wenn die Staatsanleihenblase platzt, geht dies mit großen Verwerfungen an den Kapitalmärkten einher. Ich erwarte, dass wir nach einer Deflation eine deutliche Inflation sehen werden und dass dies das

Zeitalter der Sachwerte einläutet. Ich gehe weiter von einem schwächelnden US-Dollar aus.

Tobin'sches Q

Keine Sorge, das hat jetzt nichts mit James Bond oder der QAnon-Bewegung zu tun, sondern mit dem US-amerikanischen Wirtschaftswissenschaftler und Nobelpreisträger James Tobin. Er hat das Marktwert-Buchwert-Verhältnis entwickelt, bei dem ein Wert kleiner 1 eine Unterbewertung und ein Wert größer 1 eine Überbewertung aufzeigt. Die Formel von Tobins Q lautet: Marktwert geteilt durch Buchwert.

Bei der Berechnung müssen alle Daten in den jeweiligen Werten enthalten sein. Nur wenn alle Vermögensgegenstände im Buchwert enthalten sind, ist der Quotient aussagekräftig und kann korrekt berechnet werden.

Abbildung 22

Mithilfe des Quotienten lässt sich leicht erkennen, ob der Wert einer Firma unter- oder überbewertet ist. Beläuft sich der Quotient auf unter 1, ist der Buchwert demnach größer als der Marktwert. Das Unternehmen hat also mehr Vermögensgegenstände, als sein Börsenwert widerspiegelt. Umgekehrt bedeutet ein Wert über 1, dass das Unternehmen überbewertet ist. Die Summe seiner Teile ist demnach weniger wert als das Unternehmen als Ganzes. Aktuell stehen wir auf einem absoluten Rekordhoch.

Nicht unerwähnt bleiben soll auch ein weiterer Nobelpreisträger und sein Indikator: Robert Shiller mit seinem **Shiller-KGV**. Dieser misst über mehrere Wirtschaftszyklen hinweg das zyklusbereinigte Kurs-Gewinn-Verhältnis von Unternehmen. Aktuell steht dieser Indikator auf seinem zweithöchsten Stand (das Hoch war 2008) und signalisiert ebenso eine deutliche Überbewertung der Aktienmärkte.

SPAC(o)s sind zurück

Ein vorletztes Indiz, das ich vorstellen möchte, ist der Markt für Neuemissionen mit sogenannten SPACs (Special Purpose Acquisition Companies) in den USA. Sie signalisieren, dass das Geld billig und die Risikobereitschaft hoch ist. Beides ist immer ein Indiz für das Ende einer Spekulationswelle. SPACs sind Zweckgesellschaften, die nur gegründet werden, um Kapital über einen Börsengang einzusammeln, um andere Firmen an die Börse zu bringen. Um welche Firmen es sich dabei handelt, ist vorab meist nicht definiert und unbekannt. Man investiert in eine Blackbox. Ein SPAC betreibt selbst kein operatives Geschäft, sondern bietet einen Börsenmantel mit liquiden Mitteln und sucht dann Firmen, die mithilfe dieses Mantels an die Börse wollen. Dieser Markt boomt wie zuletzt vor der Finanzkrise 2008. Mit einem SPAC-Mantel können Firmen das langwierige und kostspielige Börsengangprozedere umgehen. SPACs sind mit Vorsicht zu genießen. Meist steckt hinter dem hastigen Börsengang ein enormer Kapitalbedarf, kein nachhaltiges Geschäftskonzept oder das Ausnutzen eines temporären Trends. Ein berühmter und schon gescheiterter SPAC-Börsengang war Nikola Motor. 2014 wurden zwölf SPACs mit einem Volumen von 1,8 Milliarden Dollar an die Börse gebracht. Seitdem stiegen die SPAC-Börsengänge stetig weiter an. 2020 war ein Rekordjahr für die SPACs. Es wurden mehr

SPAC-Emissionen an den Markt gebracht als normale Börsengänge und mehr als je zuvor: insgesamt 248 SPACs mit einem Kapital von 83,3 Milliarden Dollar. Im Januar 2021 wuchs der Markt so stark wie in den Jahren 2014 bis 2017 zusammen. 70 neue SPACs kamen an die Börse. Auch in Deutschland machen sich die ersten SPACs breit.

Als krönenden Abschluss möchte ich die rasant steigende Anzahl von Zombie-Firmen nennen und Ihnen Herrn Minsky vorstellen.

Der Minsky Moment: Stabilität erzeugt Instabilität

Hyman P. Minsky war ein relativ unbeachteter Ökonom, dessen wichtigste These erst zehn Jahre nach seinem Tod für Verblüffung sorgte, weil er damit den Ablauf der großen Finanzkrise von 2008 in seiner Analyse auf den Punkt richtig beschrieben hatte.

Minsky war ebenfalls ein Vertreter der Naturwissenschaften und wusste, dass Übertreibungen durch die Zyklen und Schwerkraft wieder auf den Boden der Tatsachen zurückgeholt werden und die Wirtschaft einen Gleichgewichtszustand anstrebt.

Seiner Meinung nach wird ein Finanzsystem im Laufe eines Aufschwungs automatisch instabil, weil immer fahrlässiger Kredite vergeben werden, es neigt dadurch zu Spekulationsblasen, die dann schließlich in einem lauten Knall platzen und Krisen erzeugen.

Der Markt der lebenden Toten

Hier komme ich nun zurück zu den lebenden Toden in der Wirtschaft, zu den Zombie-Firmen, die ich eingangs erwähnt habe. Einer meiner Lieblingszombiefilme heißt »Braindead« (Gehirntot), und das könnte die aktuelle Situation beschreiben. Weltweit geht die Notenbank der Notenbanken, die BIS in Basel, von 15 Prozent Zombie-Firmen aus – Tendenz steigend.[19] Seit Corona sogar stark steigend.[20] In den USA spricht man gar von 20 Prozent aller Unternehmen, die zu den Untoten gezählt werden. Ihre Schuldenuhr zeigt 2,6 Billionen Dollar an.[21] In Deutschland soll es laut Creditrefom aktuell 550.000 dieser Zombies geben, durch Corona werden aber bis zu 800.000 befürchtet.[22] Zombies sind Firmen, die hoch verschuldet sind und mit ihrem Kerngeschäft nicht in der Lage sind, die Zinsen von Krediten zu zahlen, ganz zu schweigen von der Tilgung. Unter normalen Umständen würden diese Unternehmen kein Geld mehr erhalten und sind momentan nur noch am Leben, weil das Geld fast kostenlos ist. Das ist laut Minsky ein weiteres Anzeichen für das Endstadium eines Zyklus.

Seine These in kurz lautet: **Banken sind im Kapitalismus von sich aus ruinös und vergeben in langen Wachstumszyklen immer fahrlässiger Geld, was erst zu Spekulationsblasen führt und dann schließlich zu deren Platzen, was wiederum eine Finanzkrise auslöst.**

In der Langfassung: Je länger die Wirtschaft wächst, umso instabiler wird das gesamte System. Banken, Unternehmen und Konsumenten verlieren das Gefühl für Risiko und beginnen, von der Gier getrieben, sich immer leichtfertiger zu verschulden. Das Narrativ lautet: »Wir wachsen schon so lange und durch die Technik und den Fortschritt werden wir immer weiter wachsen. Es wird keine Rezessionen mehr geben, dieses Mal ist alles anders, es gibt keine Konjunkturzyklen mehr.« Minsky erkannte drei Typen von Schuldnern. Auch hier die Kurzfassung: Diejenigen, die in der Lage sind, ihre Kredite zu bedienen und zurückzuzahlen, neben denjenigen, die zwar Zinsen zahlen, aber ihre Kredite nicht tilgen können und damit auf eine stete Verlängerung ihrer Darlehen angewiesen sind. Und zu guter Letzt diejenigen, die erst im Konjunkturboom auftreten, die zu arm sind und weder Tilgen noch Zinsen stemmen können. Im Detail:

1.) Nachhaltige, solide Finanzierungen: Der Kreditnehmer kann problemlos Tilgung und Zinsen bezahlen.
- → Relative Unabhängigkeit vom Marktgeschehen und der Notenbankpolitik.

2.) Spekulative Finanzierungen: Der Gläubiger kann zwar die Zinsen stemmen, aber nicht die Rückzahlung der Kreditraten. Der Gläubiger ist auf liquide Finanzmärkte angewiesen, die eine laufende Refinanzierung sicherstellen. Dies geht nur so lange gut, solange das Geld billig ist und die Banken beinahe risikolos Kredite vergeben, und zwar an jeden. Dies sind unter anderem die sogenannten

Zombie-Unternehmen, die unter normalen Marktbedingungen keine Kredite mehr erhalten und pleitegehen würden.

→ Hohe Abhängigkeit vom Marktgeschehen und der Notenbankpolitik

3.) Ponzi-Finanzierung oder Schneeballsystem:

PONZI

Benannt nach Charles Ponzi, einem Betrüger aus Boston, der in den 1920er-Jahren mit einem betrügerischen Schneeballsystem viel Geld ergaunert hatte. Ein Ponzi-Programm ist eine Form des Betrugs, der Anleger anlockt und früheren Anlegern mit Mitteln neuerer Anleger Gewinne zahlt. Das System lässt die Opfer glauben, dass Gewinne aus legitimen Geschäftstätigkeiten stammen, und sie wissen nicht, dass andere Investoren die Geldquelle sind. Ohne neue Einzahler kollabiert das System. Dies ist mathematisch limitiert (siehe auch Infobox *»Exponentielles Wachstum«* auf Seite 22/23).

Einer der bekanntesten Fälle ist der Finanzbetrüger Bernard Madoff. Mit seinem Pyramidensystem erleichterte er 4800 Menschen um 65 Milliarden Dollar. In Deutschland hatten wir FlowTex (3,3 Milliarden Euro), Prokon (500 Millionen Euro) und S&K (240 Millionen Euro).

Der Kreditnehmer kann weder die Kredite zurückzahlen noch die Zinszahlungen. Dies führt zur Zombifizierung und Fehlallokation von Kapital. Es wird darauf spekuliert, dass die Preise der kreditfinanzierten Assets (im Falle der Subprime-Krise die Immobilienpreise) ansteigen, um somit die Schulden zu tilgen. In einer Aufschwungphase nimmt die Zahl der Ponzi-Finanzierungen erfahrungsgemäß zu, da die Gewinnerwartungen steigen. Die Risikobereitschaft steigt parallel immer weiter an, die Risiken werden unterschätzt oder gar ignoriert und die Renditen immer mehr überschätzt. Die

Gesamtverschuldung erreicht immer neue Höhen und immer mehr Marktteilnehmer tendieren zu spekulativen Finanzierungen.

→ Komplette Abhängigkeit vom Marktgeschehen und der Notenbankpolitik

Trotz boomender Märkte kommt immer ein plötzlicher Kipppunkt im System (Kurswechsel in der Notenbankpolitik, exogener Schock etc.), der dann eine große Finanzkrise initiiert. Urplötzlich bleiben die Gewinne hinter den Erwartungen zurück; die Vermögenspreise fallen und die Kreditnehmer können die Kredite nicht mehr bedienen. Das ist der **Minsky Moment oder Minsky Kollaps**.

The Fourth Turning – die Vier-Generationen-Theorie (Strauss-Howe Generationen-Theorie)

»History is seasonal, and winter is coming.«

William Strauss

Das 1997 veröffentlichte Buch *The Fourth Turning* von William Strauss und Neil Howe hatte ich schon vor Jahren auf Empfehlung gekauft und zunächst mit der Lektüre angefangen, es aber nie zu Ende gelesen. Erst als mein Head of Strategy, Florian Kössler, mich nochmals darauf ansprach, führte ich es mir dann zu Gemüte. In dem beeindruckenden Werk beschreiben beide Autoren die Geschichte der Welt im Wandel von vier immer wiederkehrenden Generationszyklen und dem Einfluss auf Wirtschaft, Politik, Kultur und Gesellschaft.

Ihre Theorie der vier Generationenzyklen stammt aus ihrem ersten gemeinsamen Buch *Generations*. Sie erkannten einen großen Superzyklus von etwa 80 bis 90 Jahren, durch den wir alle immer wieder gehen – ähnlich dem »Saeculum« der Etrusker. Der große Superzyklus ist unterteilt in vier kleinere Zyklen. Diese vier Lebenszyklen sind an die vier Jahreszeiten angelehnt. Nach der Theorie von Strauss und Howe sind historische Ereignisse mit wiederkehrenden Generationspersönlichkeiten (Archetypen) verbunden. Jede Generationenpersönlichkeit löst eine neue Ära (turning = Wende genannt) aus, die etwa 20 bis 25 Jahre dauert und in der ein neues soziales, politisches und wirtschaftliches Klima (eine Stimmung) herrscht.

Jeder Superzyklus endet immer mit dem »Fourth Turning«, der vierten Wende, der Transformation, dem Winter, der alles Bestehende beendet und umwirft. Wie in der berühmten HBO-Serie *Game of Thrones* heißt es auch bei William Strauss und Neil Howe **»Winter is coming«**. Das bedeutet in der Serie nichts Gutes und auch bei den beiden Autoren nicht. Der Winter ist eine kalte, unwirtliche Zeit, aber vor allem kommen die Zombies und mit ihnen kommt ein unvermeidbarer Kampf um Leben und Tod. Bei den beiden Autoren handelt es sich um eine einmalige Krise, die jede Generation durchmacht und die leider zumeist mit einem Krieg einhergeht. Sie prognostizierten den nächsten Winter von 2005 bis 2025. Mit meiner Prognose des großen Knalls bis 2023 liege ich also gar nicht so falsch.

Auf die USA bezogen waren die Wendepunkte (Winter) in der Vergangenheit:

- die amerikanische Revolution (1767 bis 1791)
- der amerikanische Bürgerkrieg (1843 bis 1864)
- die große Depression und der Zweite Weltkrieg (1925 bis 1945).

Obwohl das Buch sich vor allem auf die Vergangenheit und Zukunft der USA bezieht, ist es doch allgemein anwendbar. Die westlichen Länder sind kulturell und wirtschaftlich so miteinander verwoben, dass keine der Volkswirtschaften sich von den Entwicklungen absondern kann. In jeden einzelnen Generationszyklus, der ungefähr 20 Jahre umfasst, wird eine neue Generation hineingeboren, die dann prägend für die jeweilige Epoche ist. Auch diese haben die beiden Autoren mit Namen versehen. Hier die Einstufungen:

- Frühling; Hoch (High); Prophet (The Prophet)
- Sommer; Erwachen (Awakening); Nomade (The Nomad)
- Herbst; Auflösung (Unraveling): Held (The Hero)
- Winter; Krise (Crisis); Künstler (The Artist)

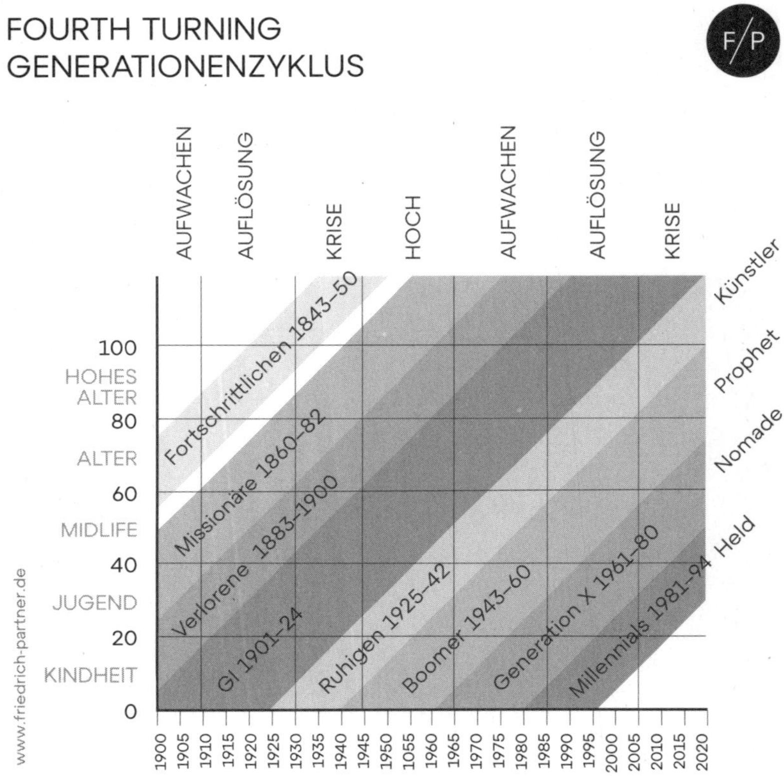

Abbildung 23

Im Folgenden möchte ich anhand der Theorie die letzten Zyklen aufzeigen und charakterisieren, um Ihnen diese zu verdeutlichen.

Der Frühling (das Hoch) 1945 bis 1965

Nach dem letzten Winter (Zweiter Weltkrieg) begann der neue Frühling (das Hoch). Nach jeder Krise kommt immer ein solches neues Hoch. Die Menschen sind der Krise überdrüssig und es werden die Lehren daraus gezogen. Die Gemeinschaft, das Miteinander, der Wunsch nach Frieden, einem ruhigen und zufriedenen Leben im Wohlstand tritt wieder in den Vordergrund. Daraus resultiert eine neue zivile Ordnung (Weltordnung) voller Hoffnung und Optimismus. Der Wunsch nach Stabilität und Wohlstand ist groß und die Gesellschaft rauft sich zusammen.

Alle vereint das eine, gleiche Ziel (Frieden und Wohlstand). Staaten und Strukturen werden aufgebaut. Beispielhaft hierfür waren nach dem Zweiten Weltkrieg die Gründung der Vereinten Nationen, der EU, der Weltgesundheitsorganisation WHO sowie der NATO. Die Familie trat in den Fokus, es wurden viele Kinder geboren. Die Generation, die daraus entstand, waren die Babyboomer, die als Propheten galten und den Frühling mit ihren Visionen prägten. Kinder wurden in der Erziehung vernachlässigt, der Aufbau stand im Vordergrund. Kriege sind in dieser Phase unwahrscheinlich, Frieden gilt als das höchste Gut. Zu lebendig sind noch die Erinnerungen an die Schrecken des gerade erst zu Ende gegangenen Krieges.

Der Sommer (das Aufwachen) 1965 bis 1985

Die nächste Phase ist das Aufwachen, das geprägt ist von Nomaden, die dann das neue System in die Welt heraustragen. Diese Generation kennt die Krise nur aus Erzählungen ihrer Eltern und Großeltern, sie betrachtet den Wohlstand und Frieden als selbstverständlich und stellt den Status quo infrage. Auch die eigenen Eltern werden infrage gestellt, die Generation der Nachkommen fühlt sich moralisch überlegen und macht den Eltern Vorwürfe (»Wie konntet ihr nur?«). Die Gemeinschaft verliert an Wichtigkeit und das Individuelle rückt stärker in den Mittelpunkt. Das Soziale, die Sinnfrage und die Spiritualität nehmen zu. Diese Wendung wird von der älteren Generation zu Anfang ignoriert oder kleingeredet.

So war es auch zwischen 1965 und 1985. Die rebellische Musik, die langen Haare und wilden Klamotten – all das wurde von der vorherigen Generation als temporärer Aussetzer eingestuft (»Die müssen nur arbeiten, dann haben sie keine Zeit für solche Spinnereien«). Selbst die Studentenproteste Ende der 1960er-Jahre wurden noch abgewiegelt. Erst als die Gewalt immer mehr eskalierte und es zu Terroranschlägen kam, war die Gesellschaft alarmiert. Der Bruch zwischen den Generationen war nicht mehr wegzudiskutieren und die Wende im vollen Gange.

Der Herbst (die Auflösung) 1985 bis 2005

Der Herbst bricht an mit der Auflösung des alten Systems und den ersten Brüchen im neuen System. Diese Entwicklung, die durch die vorherige Generation eingeläutet wurde, ist nicht mehr zu stoppen. Es gibt kein Zurück mehr. Charakteristisch hierfür ist die Generation der Millennials, die Helden. Sie haben das beste Zeitfenster erwischt. Sie sind frei und doch behütet aufgewachsen. Das Individuelle, die Selbstfindung gerät immer mehr in den Fokus. Das »Wir«, die Gemeinschaft, verliert an Bedeutung, das »Ich« ist Dreh- und Angelpunkt. Der Abstieg und die Verrohung der Gesellschaft beginnt. Die Menschen leben nebeneinanderher, statt miteinander. Große Debatten über Wertvorstellungen und Moral bestimmen die Gesellschaft. Man lebt über seine Verhältnisse – nicht nur mit Blick auf die eigenen wirtschaftlichen Verhältnisse, sondern auch in Bezug auf die Umwelt. Konsum wird immer wichtiger, weil die innere Leere gefüllt werden muss. Die Politik hat keine Visionen. Man ist saturiert und selbstzufrieden. Diese Wende bildet das Fundament der kommenden Krise, der nächsten und letzten Wende im Saeculum.

Der Winter (die Krise) 2005 bis 2025

Der Winter und damit die Krise löst den Herbst ab, und jetzt werden die Artisten geboren. Das heißt, Kreativität wird die Zukunft prägen, die dann auch nach dem Zusammenbruch des Systems für neue Visionen und den Aufbau benötigt wird. Die Erziehung ist gekennzeichnet durch einen übertriebenen Schutz der Kinder (Helikoptereltern). Die Krise beginnt mit einem Ereignis, das viele Menschen in ihrem Innersten erschüttert, an den Grundfesten des Systems rüttelt und die Gesellschaft als Ganzes bedroht. Gesetze werden verabschiedet, die früher undenkbar waren. Der Staat wird immer drastischer in seinen Maßnahmen (kommt Ihnen das bekannt vor?).

Das Vertrauen in das System, in die Politik und die Institutionen wankt immer mehr. Die Sehnsucht nach einfachen Lösungen und nach einem guten, einfachen Leben nehmen wieder zu. Die Bereitschaft, eine gemeinsame Lösung herbeizuführen, steigt mit jeder weiteren Krise. Die Gemeinschaft wird wieder wichtiger. Im Rückblick kann man die große Finanzkrise von 2008, die Flüchtlingskrise und vor allem die Corona-Pandemie als Krisenpunkte festmachen.

Der Winter, die »vierte Wende«, ist unterteilt in fünf Stufen:

- **Der Funke (The Spark)**
- **Der Bruch (The Disruption)**
- **Der Kollaps (The Collapse)**
- **Der Höhepunkt (The Climax)**
- **Der Neubeginn (A New Beginning)**

Die folgenden Punkte habe ich versehen mit Originalauszügen aus dem Buch von Howe/Strauss (in kursiv). Ich wiederhole, das Buch ist von 1997. Sie werden gleich bemerken, warum ich das nochmals hervorhebe.

1.) Der Funke

Den Auslöser der vierten Wende beschreiben die Autoren folgendermaßen:

»Ein Funke wird eine neue Stimmung erzeugen. Die CDC (Centers for Disease Control and Prevention) kündigt die Verbreitung eines neuen übertragbaren Virus an. Der Kongress erlässt Quarantänemaßnahmen. Bürgermeister widersetzen sich. Banden in den Städten bekämpfen sich gegenseitig. Der Präsident fordert dazu auf, das Kriegsrecht auszurufen.«

2.) Der Bruch

In der zweiten Stufe geht es darum, dass das Vertrauen in das alte System erodiert. Das Coronavirus, die sozialen Unruhen, all das sind nur die Auslöser. Jede »vierte Wende« ging immer einher mit einem Vertrauensbruch. Dieser Vertrauensbruch ist notwendig, um das neue System zu etablieren – ganz nach dem Ökonomen Josef Schumpeter und seiner Theorie der schöpferischen Zerstörung. Erst wenn das Alte verschwindet, kann Neues entstehen. Im Buch heißt es:

»Die neue Stimmung und die massiven Probleme, die sie mit sich bringt, werden einen natürlichen Endpunkt für den Rückgang des bürgerlichen Vertrauens in das System darstellen. Schon in den Jahren vor der Krise sind die Befürchtungen über die Schwäche des Gesellschaftsvertrages (Systems) unterschwellig da gewesen und haben mit der Zeit zugenommen. Während die Krise sich entwickelt, werden diese Ängste entblößt und rasant an die Oberfläche kommen. Menschen, die einigen Dingen schon misstrauen, werden das Gefühl haben, um zu überleben ist es erforderlich, immer mehr Dingen zu misstrauen. Dieses Verhalten könnte zu einer plötzlichen Abwärtsspirale führen, zu einer Implosion des gesellschaftlichen Vertrauens.«

3.) Der Kollaps

Die dritte Stufe verdeutlicht, warum es so wichtig ist, sich jetzt um die eigenen Finanzen zu kümmern.

»Irgendwann wird Amerikas kurzfristige Krisenpsychologie von den langfristigen Auflösungserscheinungen eingeholt werden. Dies könnte zu einer starken Abwertung führen, einem starken Preisrutsch und zu einer Entwertung der meisten Finanz- und Sachwertanlagen. Wenn Vermögenswerte abgewertet werden, löst sich das Vertrauen weiter auf, was dazu führt, dass Vermögenswerte noch weiter abgewertet werden – und so weiter. Viele Amerikaner werden dann nicht mehr wissen, wo ihre Ersparnisse geblieben sind, wer ihr Arbeitgeber ist, wie hoch ihre Rente ist oder wie ihre Regierung arbeitet. Die Ära hat die Finanzwelt ausgebeutet und gefangen zurücklassen; Schuldner wissen nicht, bei wem sie Schulden haben, Hausbesitzer nicht, wem die Hypotheken gehören, und Aktionäre nicht, wer die Unternehmen leitet, deren Aktien sie halten und umgekehrt. In Kürze wird Amerikas alte bürgerliche Ordnung irreparabel ruiniert sein.

Die Menschen werden sich fühlen, als wäre ein Magnet über das Diskettenlaufwerk der Gesellschaft gezogen worden, der den Gesellschaftsvertrag gelöscht hat, alte Geschäfte ausgetilgt und die Bücher von nicht einhaltbaren Versprechungen befreit hat, die zu geben sich die Menschen einst befugt gefühlt hatten.«

4.) Der Höhepunkt

»Aus diesem Tiefpunkt und aus diesen Gefahren werden die Voraussetzungen für einen neuen Gesellschaftsvertrag und eine neue bürgerliche Ordnung entstehen. Dieser Kampf könnte friedlich oder gewalttätig sein und staatliche und private Armen einbeziehen. Entscheidende Ereignisse werden eintreten – Ereignisse, die so mächtig und einzigartig sind, dass sie jenseits der wildesten Vorstellungen von heute liegen. So werden die Amerikaner den großen alten Mythos der Ekpyrosis (Weltenbrand) nachspielen. So werden wir unser nächstes Rendezvous mit dem Schicksal haben. Bewaffnete Konfrontationen finden normalerweise am Höhepunkt der Krise statt. Wenn es zu einer Konfrontation kommt, wird dies wahrscheinlich zu einem Krieg führen. Dies kann jede Art von Krieg sein: ein Klassenkrieg, ein Bürgerkrieg, ein Krieg gegen Terroristen oder ein Krieg zwischen Supermächten.«

5.) Der Neubeginn

»Die Wirtschaft wird sich mit der Zeit erholen. Im Vergleich zu heute wird sie weniger global abhängig sein, mit kleineren Händlern und Kapitalströmen. Zu diesem Krisenhöhepunkt wird eine große Wende auftauchen, das Wunder der menschlichen Geschichte, in der das Vertrauen wiedergeboren wird. In einem Moment maximaler

Gefahr wird dieser Samen implementiert und ein neuer Gesellschaftsvertrag wird Wurzeln schlagen. Für eine kurze Zeit wird das amerikanische Firmament auf eine Weise formbar sein, die die heutige Denkweise ins Wanken bringt. Der Krisenhöhepunkt wird in das öffentliche Gedächtnis fallen, ein bewegender Moment für alle, die sich persönlich mit Herzklopfen daran erinnern werden, ein Dreh- und Angelpunkt für diejenigen, die in der Folgezeit geboren werden, ein Punkt, der zum Mythos in der Legende für spätere Generationen wird.«

Laut Strauss und Howe werden diese fünf Stufen erst 2025 beendet sein, wenn wir in die nächste erste Wende und den Beginn einer neuen Weltordnung eintreten. Die beiden Autoren veröffentlichten ihr Buch zu einem denkbar ungünstigen Zeitpunkt, nämlich auf dem Höhepunkt der Dotcom-Blase. Während dieser Boomphase lehnten die meisten ihre Arbeit ab, weil es am Aktienmarkt und in der Realwirtschaft vermeintlich wie am Schnürchen lief.

Wie ich empfehlen die beiden Autoren, keine Schulden zu haben, liquide zu sein und gute Investments zu besitzen (Sachwerte). Die neue Währung wird Vertrauen, Partnerschaft, Selbstlosigkeit und Menschlichkeit sein. Persönliche Beziehungen werden wichtig, und die Gesellschaft wird wieder an Wert gewinnen. Wir werden in ein menschliches und goldenes Zeitalter treten. Vertrauen in die Währung wird ebenso eingefordert werden, aus diesem Grund wird Bitcoin so essenziell sein, da er als Währungssystem nicht auf Zentralbanken oder Menschen angewiesen ist. Lesen Sie hierzu bitte das Kapitel zu *Bitcoin*.

In der Revolution steckt die Evolution!

Was lernen wir daraus? Die Zyklen sind immer wiederkehrend. Noch kann man sich darauf vorbereiten. Wenn sich schon die Politik und die Gesellschaft nicht auf die kommende Krise vorbereiten, sollte der Einzelne es tun. Jeder Einzelne sollte sich vorbereiten – sowohl auf die Krise als auch auf den Neubeginn. Das ist meine Intention mit diesem Buch. Bereiten Sie sich vor! Noch ist Zeit. Darin verbergen sich auch große Chancen. Wenn Sie mental, aber auch monetär auf diese Entwicklung vorbereitet sind, werden Sie nicht auf die Nase fallen. Sie werden die Nachrichten entspannter anschauen und die chaotischen Ereignisse fast schon erwarten. Leider wird es auch erst einmal schlimmer, bevor es besser wird. Howe und Strauss gehen davon aus, dass nach 2025 der Zyklus wieder von vorn beginnt mit einem neuen Hoch.

Das ist ein in unserer Lebenszeit einmaliges Ereignis und deswegen ist es sinnvoll, jetzt die Weichen zu stellen.

Evolutionen in der Geschichte der Menschheit werden zumeist durch Revolutionen ausgelöst – ob es nun technische Revolutionen sind oder tatsächliche Revolutionen. Ein goldenes Zeitalter für uns als Menschen kann beginnen. Der größte Vermögenstransfer geht damit einher. Sie können eigenmächtig bestimmen, mit welchem Startkapital Sie in die nächste Wende starten. Jetzt werden für die nächsten Generationen Vermögen gesichert oder geschaffen oder verloren. Es liegt an Ihnen.

Hierzu passend das Zitat von Otto von Bismarck, der ebenso das Vier-Generationenmodell erkannt hat:

»Die erste Generation schafft Vermögen,
die zweite verwaltet Vermögen,
die dritte studiert Kunstgeschichte,
und die vierte verkommt.«

Der Superzyklus: Die langen Wellen der Konjunktur

Kondratjews und Schumpeters Theorie der Wirtschaftszyklen

von Enrik Lauer, mit Ergänzungen von Marc Friedrich

Zum Abschluss kommt ein weiterer wichtiger Zyklus, der mir und meinem Mitstreiter für dieses Kapitel und lieben Freund Enrik Lauer am Herzen liegt. Die Kondratjew Zyklen. Benannt nach seinem Schöpfer Nikolai Kondratjew durch den Ökonomen Joseph Schumpeter, der wiederum vor allem für seine Theorie der »Schöpferischen Zerstörung« bekannt ist.

WAS SIND KONDRATJEW-ZYKLEN?
(VON MARC FRIEDRICH)

Der sowjetische Wirtschaftswissenschaftler Nikolai Kondratjew entwickelte die Theorie der langen Wellen, die durch einen Paradigmenwechsel ausgelöst werden. Diese Wellen sind Wirtschaftszyklen mit einer Dauer von 40 bis 60 Jahren (Superzyklus). Sie werden von bahnbrechenden Innovationen, den Basisinnovationen, ausgelöst und führen zu einem langen Aufschwung in der Wirtschaft. Am Anfang wird viel Geld in die neue Basisinnovation investiert, aus der sich ein Aufschwung entwickelt, der in zunehmenden Wohlstand mündet. Sobald sich die Innovation durchgesetzt hat, nehmen die Investitionen deutlich ab und der Abschwung wird eingeleitet – parallel wird aber die nächste Innovation schon vorbereitet.

Wie Basistechnologien strategische Knappheiten überwinden

Ohne ein Grundverständnis dieser Theorie lässt sich nicht begreifen, warum Krisen oder Crashs nicht nur etwas mit staatlichen und privaten Schuldenorgien, mit Nullzinspolitik und der Geldüberflutung der Weltwirtschaft durch die Zentralbanken, mit Finanzmarkt- und Immobilienblasen zu tun haben. Derlei Entwicklungen sind letztlich nur Symptome tiefer liegender Tendenzen. Es handelt sich bei besagten »langen Wellen« gerade nicht um bildreich herbeigedichtete, sondern um grundlegende und langfristige *realwirtschaftliche (!)* Zyklen. Da geht es nicht um Jahreszeiten oder Menschenalter, um Aufstieg und Fall irgendwelcher Mächte, sondern um Technik, Maschinerie und Infrastruktur. Auch wenn Nikolai Kondratjew kein »marxistisch-leninistischer« Dogmatiker war, weshalb Stalin ihn im Zuge seiner Schauprozesse ermorden ließ, blieb er vom Grundsatz her »Materialist«. Die Leitfrage lautet daher: Welche »Produktivkräfte« haben die kapitalistischen »Produktionsverhältnisse« seit etwa 1750 angetrieben? Am Ende wird klar werden: **Die gegenwärtige Krise ist der Tiefpunkt der fünften »langen Welle« der Konjunktur.**

Wie immer, wenn es um langfristige Entwicklungen geht, ist es fast unmöglich, exakte Termine in den Kalender einzutragen. Ja, es kann sein, dass das alles noch ein paar Jahre lang gut geht. Aber das ist wie mit einem feuchten Keller: Wenn Sie eine nötige Kernsanierung zu lange vor sich herschieben, wird es umso teurer. Wenn Sie keine Instandhaltungsrücklage gebildet haben, besteht die Gefahr, dass Sie einen ruinös teuren Kredit aufnehmen müssen. Außerdem gilt stets die goldene Wahrheit des Stürmers Jürgen Wegmann: »Zuerst hatten wir kein Glück, und dann kam auch noch Pech dazu.« Das heißt: Zeitgleich mit Ihrem bröselnden Fundament wird auch Ihr Auto den Geist aufgeben. Kondratjew wäre demnach so eine Art theoretischer Instandhaltungsrücklage, mit deren Hilfe wir zumindest etwas klarer in die Zukunft sehen können als mit den Operngläsern üblicher Konjunkturprognostik.

»Die langen Wellen der Konjunktur« – unter eben diesem Titel veröffentlichte besagter russische Ökonom Nikolai Kondratjew 1926 einen damals vielbeachteten Aufsatz.[23] **Seine zentrale These: Die normalen**

Konjunkturzyklen von zirka fünf bis sieben Jahren würden von längeren Wellen überlagert, die sich über 40 bis 60 Jahre erstreckten. Kondratjew hatte englische, amerikanische, französische und deutsche Daten zur Entwicklung von Löhnen, Preisen, Zinsen, Aktienkursen und Außenhandel seit den 1870er-Jahren ausgewertet. Dabei machte er zweieinhalb solcher Zyklen aus – und prognostizierte ein Auslaufen der dritten Welle für das Ende der 1920er-Jahre. Der Börsencrash von 1929 und die folgende Weltwirtschaftskrise bestätigten seine Vorhersage.

1939 prägte der aus Österreich stammende Harvard-Ökonom Joseph Schumpeter dann in seinem voluminösen Werk *Business Cycles*[24] für diese langen Konjunkturwellen den Begriff der »Kondratjew-Zyklen«. Schumpeter formulierte zudem einen Erklärungsansatz für Kondratjews rein statistische Beobachtungen: **Grundlegende technische Innovationen bilden die Basis für diese langen Wellen, die stets mit fundamentalen Umwälzungen der Produktion und der Betriebsorganisation einhergehen.** Solche sogenannten »Basisinnovationen« seien jedoch nicht etwa die Ursache, sondern selbst bereits eine Folge besagter langer Wellen. **Ihr eigentlicher Ausgangspunkt sind strategische Knappheiten**, die gegen Ende eines Zyklus das gesamte Gefüge der Wirtschaft aus dem Gleichgewicht bringen. Da wird nicht irgendetwas knapp, was viele gerne hätten. Sondern es wird etwas knapp, was letztlich alle Unternehmen entweder direkt oder indirekt benötigen. Anders gesagt: **Es geht nicht um Güterknappheit im Allgemeinen, sondern um *Knappheiten zentraler, strategischer Produktionsfaktoren*.**

Möglichkeit eins: Ein solcher zentraler Produktionsfaktor steht *stofflich* nicht mehr in ausreichender Menge zur Verfügung. Zunächst verteuert er sich stark, aber irgendwann versiegt der Materialfluss. Aus diesem Grund hat vor rund 300 Jahren ein Ökonom, der kursächsische Oberberghauptmann Hans Carl von Carlowitz (1645-1714), den Begriff der Nachhaltigkeit geprägt. Europas Wälder wurden wie immer ohne Rücksicht auf Verluste abgeholzt. Aber Carlowitz plädierte deswegen nicht fürs Waldbaden. Er zeigte nur, warum die rigorose Abholzung volkswirtschaftlicher Wahnsinn ist. Heute treiben wir einerseits Raubbau an vielen Rohstoffen, andererseits an den meisten unserer natürlichen Lebensgrundlagen (Luft, Wasser, Boden). Die Debatten zum Ende des fossilen Zeitalters, zu den

Umweltfolgen des Frackings, gar zum Thema Klimawandel lasse ich hier ausfallen. So oder so werden die Ölreserven nicht nächstes Jahr erschöpft sein, und Grönlands Gletscher werden das Jahr 2050 hoffentlich noch erleben. Trotzdem wird Erdöl langsam ein zu wertvoller Rohstoff, um ihn hauptsächlich durch den Auspuff von Millionen Autos zu jagen.

Möglichkeit zwei: Für gesamte Volkswirtschaften unverzichtbare *strukturelle Ressourcen* werden knapp, sie stehen auf dem Markt nicht ständig allen potenziellen Nachfragern zur Verfügung. Transportkapazitäten und Infrastrukturleistungen, aber auch Arbeitskraft (»Fachkräftemangel«) oder Dienstleistungsangebote können so knapp und damit so teuer werden, dass selbst minimale Renditen gefährdet sind. **Eine der wichtigsten strukturellen Knappheiten in Hochphasen ist Kapitalknappheit. Dafür erkennt man fundamentale Krisen frühzeitig daran, dass es weit mehr Kapital als sinnvolle, rentable Möglichkeiten der Kapitalanlage gibt. Sichtbarstes Symptom: Finanzblasen aller Art.**

Möglichkeit drei: Es entstehen – sei es technisch, sozial, kulturell oder ökologisch bedingt – völlig *neue Bedürfnisse*. Durch bloße Verbesserung vorhandener Technologien oder durch effizientere Produktion können diese nicht mehr befriedigt werden. Die Textilfabrik, die einst mit 20 Webstühlen anfing, kam mit zwei Dampfmaschinen aus. Für 200 Webstühle braucht der Laden 20 Stück. Irgendwann wird das erstens auf dem Werksgelände zu riskant und zweitens – viel schlimmer – unrentabel. Lösung: eine neue, effizientere Technik zur Energieversorgung. Oder: Sehr haltbare (und daher relativ teure) Konsumgüter werden für deren Anbieter irgendwann zum Problem. Mit hochwertigen Hölzern, mit Glas und Metall ist größere Produktvielfalt bei sinkenden Herstellkosten und schnellerem (ergo den Absatz fördernden) Verschleiß nicht mehr zu machen. Die Lösung: zunächst der Stahl, später die Kunststoffe. Drittes Beispiel: Je vielfältiger und komplexer die industrielle Produktion wird, desto komplexer wird deren Verwaltung und Logistik. Irgendwann ist der Punkt erreicht, an dem man diese Komplexität mit Stift und Papier, mit Aktenordnern, Schreibmaschinen und Telefonen in vertretbarer Zeit (ergo: vertretbaren Kosten) nicht mehr bewältigen kann. Lösung: »Elektronische Datenverarbeitung«, »IT«, »Digitalisierung«, schließlich »Industrie 4.0«.

Rationalisiert wird seit 1750 permanent. Doch irgendwann haben alle Firmen den Produktivitätsfortschritt hinter sich. Alle wesentlichen Produktionsfaktoren und Technologien, alle auf ihnen basierenden Produkte sind ausgereift. Alle gängigen Konsumgüter sind zu billigen Massenprodukten geworden und werfen nur noch magere Gewinne ab. Wettbewerb funktioniert fast nur noch über den Preis – bis die Kampfpreise den Entstehungskosten allzu nahekommen. Die nichtindustrielle Parallelveranstaltung zu dieser Entwicklung bleibt von der Logik ebenfalls nicht verschont: Auch die immens wachsende Zahl an Dienstleistungen wird immer kostengünstiger. Noch besser: Deren Anbieter wälzen die Arbeit auf den Endkunden ab. Vom Geldautomaten zum Onlinebanking, vom Fahrkartenschalter zur Ticket-App usw. Hier hat die Digitalisierung besonders stark geholfen – zuerst beim Rationalisieren, dann bei der Kommerzialisierung des Datenabfalls der Selbstbedienung.

Apropos »Dienstleistungsgesellschaft«: Möglicherweise ist diese ein Missverständnis. Schon 1981 hat der Oxford-Ökonom Jonathan Gershuny nachgewiesen, dass die Nachfrage nach klassischen personennahen Dienstleistungen (Frisör, Gastronomie, Handwerk etc.) in den 1970er- bis 1990er-Jahren gar nicht nennenswert gestiegen ist. Wie sollte sie das auch, wenn die Bevölkerung, deren Haare oder deren Appetit nicht dynamisch wachsen? Passiert ist dafür etwas anderes: Die Leute kauften immer mehr und immer preisgünstigere Industrieprodukte wie zum Beispiel Wasch- und Spülmaschinen, Espresso-Automaten und Unterhaltungselektronik. Möbel, die sie selbst zusammenbauen. Baumarktartikel, die sie selbst an Wände, Decken und auf Böden bringen. Heißt: Wir alle kaufen Sachen, um Dienstleistungen zu erledigen, für die früher entweder »Hausfrauen« zuständig waren (deren Einkommen »Alleinverdiener« darum mitverdienen können mussten) oder die kommerziell angeboten wurden. Dazu kommen Systemgastronomie, Take-away, Amazon, eBay & Co. Kurzum: Immer klarer entpuppt die Dienstleistungsgesellschaft sich als »Selbstbedienungsgesellschaft«[25]. Zu ganz ähnlichen Ergebnissen kam 2008 der Kölner Wirtschafts- und Sozialwissenschaftler und ATTAC-Aktivist Boris Loheide für Deutschland.[26]

Und tatsächlich: Wer seinen Tages- und Wochenplan im Kopf durchgeht, wird schnell merken, dass »die Wirtschaft« nicht nur Arbeitsplätze schafft und Konsumgelüste bedient, sondern zu ziemlich großen Teilen eine reine Do-it-yourself-Veranstaltung ist. Auch diese lange Welle wirtschaftlicher Entwicklung wird jedoch auslaufen, jedenfalls was ihre Rationalisierungsvorteile anbetrifft. In Teilen findet der Rückbau längst statt. Das geschieht in Form einer poppig verpackten Renaissance des lausig bezahlten Dienstbotenwesens (Fahr- und Lieferdienste, Putzservice-Portale & Co). Womöglich hat der wieder aufkeimende Konflikt zwischen Stadt und Land, Ballungsräumen und Provinz auch damit zu tun. Abseits der Städte war es für die Menschen immer Alltag, vieles selbst zu machen. Jetzt sehen sie, nicht zuletzt in der Werbung, was urbane Hipster sich so alles bringen lassen, während sie davon schwärmen, wie prima man in der Stadt ohne Auto auskomme. Man wird sehen, ob all das nur Trends sind – oder auch Teile einer langen Welle.

Je länger ein Kondratjew-Zyklus andauert, desto schmaler werden die Produktivitätsreserven der vorherrschenden Basistechnologie, und desto schmaler werden die Renditen. Nur ein Technologiesprung – an dem hinter den Kulissen irgendwo schon gearbeitet wird – kann dann die strategische Knappheit beseitigen und einen neuen Wachstumsschub auslösen. Leider weiß man lange Zeit nicht, mit welchen Technologien dieser Sprung stattfinden soll.

Rezessionen, im Schnitt etwa alle sieben Jahre, gehören zum Kapitalismus wie das Salz zum Meer. Irgendwo entstehen eben immer Schieflagen: bei der Einschätzung von Marktchancen, bei Rohstoff-, Waren- und Kapitalflüssen, bei Entscheidungen über technische oder organisatorische Anpassungen. Volkswirte bezeichnen das vornehm als »Informationsasymmetrien«. In den Flaschenhälsen *strategischer* Knappheiten kommt es dagegen zum Infarkt. Dann fällt der Strom, bildlich gesprochen, komplett aus. Das heißt: **Wenn die Basistechnologien eines Zyklus ihren Grenznutzen erreichen, dann sind große und wesentliche Teile des Kapitalstocks und der Infrastruktur fällig.**

Die nötigen Anpassungsleistungen bringen das ganze System an den Rand seiner Reaktionsmöglichkeiten. Ganze Maschinenparks kompletter Branchen müssen umgestellt oder erneuert werden. Unternehmen müssen ihre strategische Planung, ihre Produktionsprozesse und ihre Organisationsstrukturen völlig neu ausrichten. Ganze Berufsgruppen werden – nicht über Nacht, aber ziemlich rasch – arbeitslos oder müssen neu qualifiziert werden. Bisweilen verschwinden komplette Wirtschaftszweige. Neben Hardware und Humankapital müssen parallel die Märkte umgekrempelt werden, insbesondere die Kapitalmärkte. Es geht nicht mehr um einzelne Investitionsentscheidungen, es geht um die Struktur des Kapitals insgesamt. Kein Wunder, dass dessen Dammbauer in Dauerpanik geraten. Sie haben es nicht mehr mit normalem Wellengang zu tun, sondern mit überaus starken Tiefenströmungen. Wenn diese auf die Küste schlagen, bilden sich Tsunamis. Schumpeter spricht – uneingeschränkt euphorisch – von der »schöpferischen Kraft der Zerstörung«. Entsprechend viel Kraft kosten die ökonomischen, sozialen, politischen und kulturellen Aufräumarbeiten, wenn eine lange Welle ausgelaufen ist. Das jedenfalls lehren die bislang hinter uns liegenden **fünf Kondratjew-Zyklen** der Moderne.

Kondratjew I bis V im Schnelldurchgang

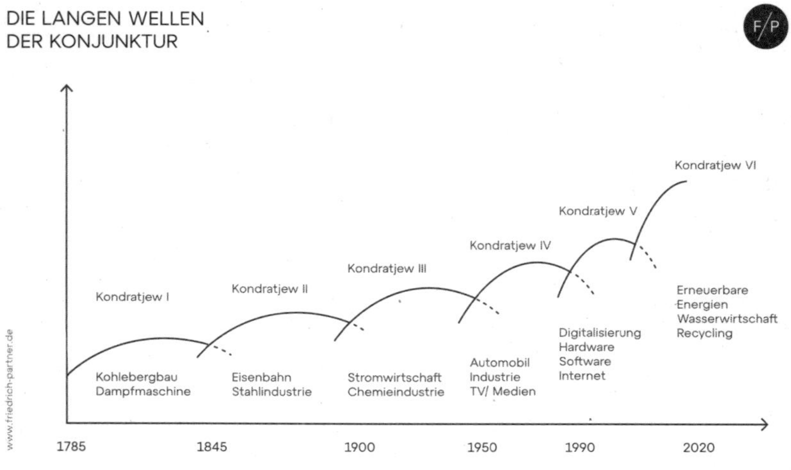

Abbildung 24

Zyklus I: Dampfmaschine und Kohlebergbau. Der bis heute längste Kondratjew-Zyklus erstreckte sich vom letzten Drittel des 18. etwa bis zur Mitte des 19. Jahrhunderts. Die treibende Basistechnologie war die Dampfmaschine, die die Mechanisierung weiter Teile der Industrie ermöglichte, zunächst vor allem des Bergbaus und dann der Textilindustrie. Getrieben wurde die Entwicklung von einer schon länger virulenten »Knappheit« an menschlicher Muskelkraft. Als erster strategischer Sektor der Wirtschaft war der Bergbau mit dem Einsatz von Menschen und Tieren, mit Wind- und Wasserkraft nicht mehr zu bewältigen. Dazu kam, dass im Mutterland der Industriegesellschaft, in England, die Landwirtschaft früher als auf dem Kontinent kapitalisiert und rationalisiert worden war. Dadurch war die Ernährungslage besser, die Einkommen lagen höher als im europäischen Durchschnitt, der Einsatz von Maschinen mithin sehr lohnend. »Rationalisierung« ist seitdem die Dauerübung aller Unternehmen.

Die Dampfmaschine schuf die Basis für eine bis dato unvorstellbare Ablösung der Handarbeit als Hauptfaktor allen Wirtschaftens. Zugleich waren Kohle und Dampf – nach der Zähmung des Feuers und dem Beginn von Ackerbau, Viehzucht und Sesshaftigkeit – der Startschuss zum dritten Quantensprung in der Geschichte der Zivilisation: dem Sprung ins fossile Zeitalter. Von dessen Ende reden längst nicht mehr nur fusselbärtige grüne Fundis.

Zyklus II: Eisenbahn und Stahl. Die zentralen Knappheiten des zweiten Zyklus, dem von etwa 1840 bis 1890 währenden Eisenbahnzeitalter, hatten sich im Verlauf des ersten bereits abgezeichnet. Strukturell knapp wurden die Kapazitäten für den Rohstoff- und Warentransport. Wieder stand die Kohle am Beginn des Fortschritts: Jetzt nicht mehr, weil ihre Förderung schwierig, sondern weil sie so erfolgreich war. Die in England schon zur Mitte des 19. Jahrhunderts exponentiell wachsenden Fördermengen sprengten die Kapazitäten von Küstenschiffen und Pferdewagen, bevor auch die explodierende Anzahl an Fabriken ihre Produkte nicht mehr schnell genug zu ihren industriellen Abnehmern, in die Exporthäfen und in die schnell wachsenden Großstädte bekamen.

Doch Lokomotiven, Waggons und Gleise allein machen noch keine Eisenbahn. **Die eigentliche Systemrevolution war der Aufbau ganzer Eisenbahnnetze. So ist es meist bei ökonomischen Umwälzungen: Ein Großteil ihrer technischen Voraussetzungen wurde lange im Voraus entwickelt und auch schon genutzt. Das qualitativ Neue entsteht erst durch Kombination bekannter Techniken in ganz neuen Arten der Organisation.**

Hier mussten so immense Mengen von Kapital aufgebracht werden, dass dies die Möglichkeiten einzelner Investoren überstieg. **Auf diese Weise wurde die Eisenbahn zur Mutter des modernen Industriekapitals: der Aktiengesellschaft.** Zusammen mit der sich ebenfalls rasant entwickelnden Dampfschifffahrt trieb sie die Entwicklung der **Stahlindustrie** voran, die dann wiederum den **Schwermaschinenbau** antrieb. So brachte eine einzige strategische Knappheit – diejenige an Transportkapazitäten – in wenigen Jahrzehnten hervor, was in unseren Köpfen bis heute das Bild der Industriegesellschaft prägt. Dies geschah nicht zuletzt, weil die Erfindung des Stahls eine nicht minder dramatische strategische Knappheit beseitigte: die an hochgradig strapazierfähigen und industriell verarbeitbaren Werkstoffen. **Stahl** konnte zu massiven Bauteilen gegossen, geformt, gezogen und zu Blechen aller Art und Dicke gewalzt werden. Damit besaß die menschliche Zivilisation – nach Holz, Stein und Eisenerz – einen massenhaft herstellbaren Werkstoff, der nun nicht mehr unmittelbar der Natur entnommen war. Eisenbahn, Schiffbau, Schwerindustrie, Automobile, Großstädte: Ohne **das in jedem Wortsinne tragende Element der Neuzeit** würde es das alles nicht geben. Deshalb ist die Stahlindustrie ja auch nicht verschwunden, sondern sie produziert bloß woanders billiger. So ist das eben mit einstigen Basistechnologien. Irgendwann beherrscht sie jeder. Und irgendwo findet sich immer einer, der es preisgünstiger kann.

Zyklus III: Elektrizität und Kunststoff. In England war schon in der zweiten Hälfte des 18. Jahrhunderts weniger als die Hälfte der Menschen in der Landwirtschaft tätig. Auf dem Kontinent zog sich, ausgehend von Frankreich, die Entwicklung zur Industriegesellschaft bis zum Ende des 19. Jahrhunderts hin. Ackerbau und Viehzucht waren zudem kaum mechanisiert. So blieb die bäuerliche Selbstversorgung in der ersten Phase der Industriegesellschaft eine Säule vieler Volkswirtschaften. Gleichwohl konzentrierte sich mit der Industrie ein immer größerer Teil der Bevölkerung in den Städten. Unternehmen wuchsen zu Konzernen; Fabriken wurden zu großen Werken mit Hunderten oder Tausenden von Beschäftigten.

Beides führte zur nächsten Knappheit: **Energieknappheit.** Nicht, weil plötzlich Kohle knapp gewesen wäre. Das Energieproblem war jetzt infrastruktureller Natur. Die Dampfmaschine war ein dezentraler Energieversorger, jeder einzelne Betrieb musste seine Prozessenergie vor Ort erzeugen. Irgendwann hielt diese alte Technologie mit dem Energiebedarf der Fabriken nicht mehr mit. Es fehlte nicht einfach nur an *mehr* Energie. Es fehlte vielmehr an *anderer* Energie – verlässlicher, flexibler, unabhängig von eigener maschineller Erzeugung. Im heutigen Managementjargon würde man sagen, dass die Industrie damals ihre Energieversorgung »outsourcen« musste.

Das Wachstum der Städte verschärfte das Problem. Je dichter die Besiedlung, desto gefährlicher wurden Holz- und Kohleöfen – und vor allem die Gasbeleuchtung der Häuser. **Die Elektrizität löste das Problem. Deshalb bildeten Großkraftwerke mit angeschlossenen Hochspannungsnetzen die infrastrukturelle Basis des dritten Kondratjew-Zyklus.** Die neue Form der Energie ließ sich – nach der Erfindung des Transformators und dem Sieg des Wechselstroms im US-amerikanischen »Stromkrieg« der Jahre um 1890 – zentralisiert und damit kostengünstig und homogen produzieren, bevor sie großräumig verteilt und beim Abnehmer auf die benötigte Spannung heruntertransformiert wurde. Umfang, Skalierbarkeit und Schwankungen im Verbrauch von Energie hingen nun nicht mehr von der Art ihrer Erzeugung ab. **Energie wurde für den einzelnen Unternehmer vom aufwändigen Investitionsgut zum preisgünstigen und leicht kalkulierbaren Verbrauchsgut.**

Hinter der Steckdose wurden dafür gigantische Investitionen nötig. Da der Aufbau paralleler Stromnetze ziemlicher Unsinn gewesen wäre (so viel hatte man von der Eisenbahn gelernt), verwandelten sich die neuen Wunderkinder des AG-Kapitalismus allerdings schon bald in schwer kontrollierbare, eigensüchtige Bälger: in riesige Monopole.

Mit der Zentralisierung wesentlicher Anteile der Energieversorgung in Form zunächst regionaler, dann nationaler, schließlich grenzüberschreitender Stromnetze handelte sich die Industriegesellschaft zudem ein Thema ein, mit dem sie sich gegen Ende des fossilen Zeitalters ganz neu beschäftigen muss: das Thema der viel berufenen »Grundlast«. Der Begriff wird stets beschworen, wenn es um die tatsächlichen oder auch nur vermeintlichen Nachteile »erneuerbarer«[27] Energien geht.

Richtig ist an der ganzen Sache nur dreierlei. Erstens: Der Energiebedarf in einem beliebigen Wirtschaftsraum sinkt niemals auf null. Zweitens: Dieser Energiebedarf schwankt im Tages-, im Wochen- und im Jahreslauf erheblich. Drittens: Auch wenn die Sonne nachts bekanntlich nicht scheint, sind längere, über mehr als 48 Stunden anhaltende sogenannte Dunkelflauten in Deutschland ziemlich selten. Bezogen auf Europa insgesamt treten sie im Schnitt 0,2-mal pro Jahr auf. So jedenfalls die Fake News des Deutschen Wetterdienstes.[28] Der ganze Rest der Debatte hängt an Themen wie dem der Weiterentwicklung von Speichertechniken, intelligenter Steuerung der Energiepreise und damit des Verbrauchs, Ausbau der Geothermie und gegebenenfalls noch der Vorhaltung von Gaskraftwerken für absolute Spitzenlasten. Im Detail alles kompliziert. Aber lösbar. Im Übrigen werden weder der Umfang unseres Energieverbrauchs noch dessen Aufteilung nach Sektoren (Industrie und Verkehr je 30 Prozent, Haushalte 25 Prozent, Gewerbe, Handel und Dienstleistungen 15 Prozent) im Alten Testament vorgeschrieben. Kurz: »Grundlast« ist ein Begriff aus der langsam aber sicher versinkenden Welt großer Industriekomplexe und Energiekonzerne.

Die Elektrifizierung der Wirtschaft trieb dafür die Ausweitung und die Differenzierung der Produktpaletten voran – nicht zuletzt die Entwicklung zahlreicher elektrischer Geräte für den privaten Gebrauch. Edisons neue Glühbirnen verbrauchten nämlich schlicht zu wenig Strom. Nur neue Geräte konnten neue Umsätze generieren. Kein Wunder, dass die *General Electric Company* – die einzige von 1896 bis heute ununterbrochen im Dow Jones gelistete Firma – nicht mit Leuchtmitteln zum Giganten wurde.

Die Masse neuer Konsumgüter bescherte der Industrie jedoch erneut ein bekanntes Problem. Es drohte **Materialknappheit**. Die passende

Lösung **wurde** dann vor allem in der Schlussphase des dritten Zyklus **zur Triebkraft der Entwicklung einer neuen Basisindustrie: der Chemieindustrie.** Bis heute liefern polymere Kunststoffe eine beinahe beliebige Vielfalt an Werkstoffen, und zwar in solchen Mengen, dass das Problem nicht mehr deren Herstellung, sondern deren Wiederverwertung oder Entsorgung ist. **Die Ära des Plastiks ist bis heute die eigentliche Ära von Massenproduktion und Massenkonsum.** Ja, Deutschland hat immer noch eine auch international starke Chemieindustrie. Die Werkstoffforschung wird auch weiterhin Fortschritte machen. Aber hier gibt es keine strategischen Knappheiten mehr. Deshalb hat die Chemie ihre Rolle als Leitindustrie mit dem Ende des dritten Kondratjew-Zyklus verloren. Dazu passt, dass die chemische Industrie die mit Abstand energiehungrigste Branche ist. Fast ein Drittel des industriellen Energieverbrauchs geht auf ihre Kappe, die Hälfte der eingesetzten Energieträger, meist Erdöl, wird dabei zudem stofflich, nicht energetisch genutzt. **Ein großes Thema für die Zukunft ist** jedoch **nicht die Produktion von noch mehr Werkstoffen, sondern deren möglichst komplettes Recycling.** Wir kommen darauf zurück im Zyklus VI.

Zyklus IV: Auto und Fernsehen. Mit der Weltwirtschaftskrise der 1930er-Jahre endete Zyklus III. Auf die dramatische Depression folgte eine ungewöhnlich lange Phase der Stagnation. Auch wenn Vergleiche zu 1929 derzeit beliebt sind – aufgrund der vollkommen anderen wirtschaftlichen, sozialen und politischen Rahmenbedingungen halte ich sie für Unsinn. Derlei Katastrophenrhetorik trübt bloß den Blick. Denn die eigentlich interessante Parallele zu damals übersieht man bei dieser Betrachtung. Das ökonomische Kernproblem war ein ähnliches wie heute: **Nie zuvor hatten derart riesige Mengen an Kapital in überreifen Industrien gesteckt. Große Teile des Kapitalstocks waren weitgehend immobil geworden.** Nur in den industriell besonders fortgeschrittenen USA gab es eine erste plausible Antwort auf die Frage, was als Nächstes kommen soll: das Auto für alle. In England oder Frankreich (um vom übrigen Europa zu schweigen) sah dagegen kaum jemand das volkswirtschaftliche Potenzial des Pkw. Im Land seiner Erfinder blieb die Idee des »Volkswagens« reine Propaganda. Die Nazis ließen Kübelwagen statt Käfer bauen.

Das Problem am Ende der Elektrifizierungsära: Fast alle waren ans Stromnetz angeschlossen. Klar, man muss deswegen keine Kraftwerke abreißen. Aber eben nur noch neue bauen, wenn alte kaputtgehen. Auch das ist eine Lehre Kondratjews/Schumpeters: **Ist eine Basistechnologie erst ausgereizt, bringen weitere Investitionen nur noch minimalen bis keinen zusätzlichen Nutzen – und das auch noch zu überproportional steigenden Kosten. Ist die fragliche Technologie zudem im Bereich der Infrastruktur angesiedelt, dann muss die Krise am Ende des Zyklus umso heftiger ausfallen.** Denn die ausgereizte Produktivkraft bindet dann ungleich mehr Kapital, als das am Ende von Zyklen der Fall ist, die auf stärker dezentral finanzierten Technologien beruhen.

Die strategische Knappheit, die der automobilindustrielle Komplex nach dem Krieg überwand, herrschte im Bereich der Mobilität. Das lag weniger an einer mangelhaft befriedigten »Freude am Fahren« oder anderer emotionaler Mehrwerte des Autos. Im Kern ging es um die Lösung ökonomischer Allokationsprobleme. Es ging um die Beweglichkeit von Millionen Arbeitern und Angestellten, die nicht mehr in muffigen Mietskasernen, sondern großteils im Umland der Städte wohnten, mehr oder weniger weit weg von Fabriken und Firmenzentralen. Und die vieles nicht mehr um die Ecke, sondern auf der grünen Wiese oder mitten in der City einkaufen wollten. Kurz: **Die sprichwörtliche »nivellierte Mittelschichtgesellschaft« benötigte möglichst flexible Transportkapazitäten. Erst individuelle Mobilität machte im motorisierten Kapitalismus alles zum richtigen Zeitpunkt am richtigen Ort verfügbar.**

Der Preis dafür war allerdings nicht klein. Die automobile Gesellschaft hat sich nämlich über die letzten 60 Jahre eine Raumordnung geschaffen, deren Umbau gewaltige Anstrengungen erfordern wird. Immer deutlicher zeichnet sich ab, dass unsere weitgehend konsequente Trennung von Wohn-, Industrie- und Gewerbegebieten, von Büros und Handel in Groß- und Mittelstädten, hochgeklappten Bürgersteigen in der Peripherie, dass das zu dieser Raumordnung gehörende Hin- und Herpendeln und die dazu erforderliche Verkehrsinfrastruktur langfristig keine Zukunft mehr hat. Nicht, dass kein Mensch und keine Ware mehr mit irgendwelchen Verkehrsmitteln durch die Welt bewegt werden würden. Produkte, Produzenten und sogar Konsumenten müssen auch in Zukunft transportiert werden. Doch im Zeitalter der Digitalisierung hat physische Mobilität ihren Grenznutzen erreicht. Salopp gesagt: Mehr Bewegung macht die Sachen nicht mehr billiger, schon gar nicht, wenn man deren externe Kosten (Umwelt, Klima, Wasser, Landschaftsverbrauch etc.) realistisch einpreist.

Schon längst hat fast jeder europäische und nordamerikanische Haushalt mindestens ein Auto. In der Logistikbranche herrscht gnadenloser Preiskampf. Egal, ob Sie Waren oder Menschen transportieren wollen, strategische Knappheiten gibt es hier schon lange nicht mehr. Genau das ist leider ein Riesenproblem für eine kapitalintensive Industrie, an der in Deutschland zwar nicht »jeder siebte Arbeitsplatz« hängt (nur gut 4 Prozent der rund 44 Millionen Beschäftigten bauen hierzulande Autos oder Autoteile), aber immerhin jeder fünfte Euro der Wertschöpfung im verarbeitenden Gewerbe.

Die Frage ist nicht, ob in Zukunft noch Autos gebaut werden (mit Sicherheit) oder ob diese alle von einem Elektromotor angetrieben werden (wahrscheinlich nicht). Die Frage ist auch nicht, ob wir in Zukunft weniger fliegen (wahrscheinlich, und mit Sicherheit schon sehr bald nicht mehr im Inland) oder mehr mit dem Zug fahren (gut möglich). Ob die Stadt der Zukunft den Radfahrern, den Öffis, den Uberisten oder den Stubenhockern gehören wird (ihnen allen und noch anderen, Mischung offen), ist ebenfalls nicht von zentralem Belang, ebenso wenig wie die Frage, ob unsere Kinder oder unsere Enkel mit Gefährten wie in Luc Bessons *The Fifth Element* oder mit den E-Helikoptern dubaischer Scheichs unterwegs sein werden. Die Frage ist nur, wie viel Mobilität wir in Zukunft brauchen und wollen – und welche zahlreichen Technologien uns diese Mobilität ermöglichen werden. Ich habe da keine Prognose – außer der, dass es eine buntere Mischung sein wird als heute. Aber selbst als alter Linker finde ich, dass wir die Details »dem Markt« überlassen dürfen.

Ich schwöre: Ich bin kein Feind des Autos. Schon deshalb nicht, weil ich in einem 100-Einwohner-Dorf 70 Kilometer nördlich von Berlin wohne und auch der nächste Supermarkt 8 Kilometer weg ist. Aber wenn die Bonnie-Situation des Corona-Jahres, ohne all die kulturellen, kulinarischen und kommerziellen Lockungen der Großstadt, ohne das Knuddeln von Freunden, für nichts gut war – ich weiß jetzt immerhin sehr viel besser, warum ich für Sitzungen aller Art nicht automatisch nach Hamburg, Düsseldorf oder München gondeln muss. Warum ich nicht für *jedes* Coaching und für *jede* Doppelstunde Sprachkurs (meine »Zweitberufe«) mit Teilnehmern im gleichen Büro oder Klassenraum sitzen muss. Die Zukunft wird weisen, welche Anteile ihres Geldes die Menschen verdienen (und wieder ausgeben) werden, ohne ihre Wohnungen zu verlassen. Der Trend: Niemals wird ein Broterwerb ganz ohne Mobilität möglich sein. Aber immer öfter wird es eben doch ohne Automobil oder sonstige Verkehrsmittel gehen.

Wenn Sie kurz zu Abbildung 24 auf Seite 108 zurückblättern, dann wissen Sie, dass an dieser Stelle (den demnächst folgenden eingerechnet) noch zwei Kondratjew-Zyklen fehlen. Das ist für Deutschlands Leitindustrien eine doppelt bis dreifach schlechte Nachricht. Auto: ein Zyklus drüber. Chemie: zwei Zyklen. Gut, unser Maschinenbau ist innovativ und hoch spezialisiert – hängt jedoch zu 70 Prozent am Export. Heißt: Wir beliefern die ganze Welt mit den Maschinen zur Herstellung all dessen, was wir selbst nicht mehr herstellen. Im internationalen Vergleich ist der Anteil des industriellen Sektors in Deutschland zudem hoch: Ein rundes Viertel der Beschäftigten ist dort tätig, und ebenfalls etwa ein Viertel der Bruttowertschöpfung wird dort erbracht. Auch ein großer Anteil der Dienstleistungen ist, wie man so schön sagt, »industrienah«. Aber liebe Güte: 1950 arbeiteten noch über 20 Prozent der Leute in der Landwirtschaft. Vor der westdeutschen »Wirtschaftskrise« 1966/67 (BIP minus 0,2 Prozent, Arbeitslosenquote 2,2 Prozent, hihi) waren fast 50 Prozent der Werktätigen Industriearbeiter. **Würde ausgerechnet die Autoindustrie von den oft brutalen Strukturwandeln des Kapitalismus verschont, dann wäre das eher eine kuriose Ausnahme.** Eine Katastrophe ist so etwas, ohne Frage, zumeist für die betroffenen Menschen. Das ist eine ernste Folge der extremen Dynamik unserer Wirtschaftsform: Die vorindustrielle Welt hatte sich einst in der Lebensspanne eines Menschen, im Zyklus ganzer Generationen nur wenig verändert. Heute sieht sie am Tage deines Schulabschlusses ganz anders aus als am Tage deiner Einschulung; dein erlernter Beruf kann schon nach einigen Jahren verschwunden sein; nicht nur der Karstadt, in dem du deinen ersten Anzug gekauft hast, ist weg; es gibt praktisch keine Kaufhäuser mehr – und so weiter. Alles sehr ärgerlich. Aber gibt es brauchbare Vorschläge, wie sich so etwas auf Dauer verhindern ließe?

Aus der Perspektive alltäglicher Erfahrung dürfte es kaum erstaunen, wenn ich nach dem Auto übers **Fernsehen** rede. Auch Kulturhistoriker werden mir zustimmen, wenn ich feststelle, dass es zumindest vor dem Internet-Boom die Weltsicht der Weltgesellschaft am stärksten geprägt hat. Aber was hat das mit Kondratjews langen Wellen der Konjunktur zu tun? Für welche strategische Knappheit soll bitteschön die Glotze die Lösung gewesen sein? Wäre der Kapitalismus ohne TV etwa an riesigem Unterhaltungsmangel gescheitert?

Dass das Fernsehen eine Basistechnologie sei, neben dem Auto die zweite des vierten Zyklus, das liest man selbst in der einschlägigen Fachliteratur kaum. Und doch hat es nicht nur Informationsgewohnheiten und Freizeitverhalten dramatisch verändert. Das Fernsehen beeinflusst vor allem unseren Konsum. Dafür wurde es zwar technisch (wie so oft: in Deutschland) nicht erfunden, aber, ausgehend von den USA, zum Massenmedium der zweiten Hälfte des 20. Jahrhunderts befördert. **Sehr vereinfacht gesagt: Fernsehen gibt es nur wegen der Werbung. Und Werbung gab und gibt es in der heute bis zum Erbrechen ausgereizten Menge, weil der Konsumkapitalismus um 1950 auf eine strategische Knappheit stieß, die es in der Geschichte der Menschheit nie zuvor gegeben hatte: eine Knappheit an Nachfrage.**

Knappheit hatte in der Wirtschafts- und Kulturgeschichte der Menschheit vom Anbeginn bis zur Mitte des 20. Jahrhunderts immer bedeutet: zu wenig *Angebot*. Ob Nahrung, Rohstoffe oder Gebrauchsgüter – all das war meistens real knapp. Doch der Mangel ist längst überwunden. Keine Frage, eine ungerechte Verteilung von Wohlstand und Zugriffschancen auf Ressourcen gibt es immer noch. Aber die Fähigkeit der Marktwirtschaft, Güter und Dienstleistungen *anzubieten*, übersteigt seit einem halben Jahrhundert unsere Fähigkeit, diese Güter und Dienstleistungen auch zu *verbrauchen*. **Nicht allein die Kaufkraft,**

vor allem die Kauflust wurde zum Flaschenhals der Ökonomie. Permanent um die Aufmerksamkeit und die Zahlungsbereitschaft der Konsumenten zu werben, ist deshalb keine lästige Begleitmusik. **Werbung in jeder erdenklichen Form ist eine entscheidende Systemvoraussetzung des modernen Kapitalismus.**

Zyklus V: PC, Software, Netzwerke – Google ist bald Old Economy. Betrachtet man diese Techniken als Basisinnovationen zur Überwindung einer zentralen Knappheit, dann purzeln die Legosteine der Internet-Revolution schnell durcheinander. So neu, wie viele gern tun, ist das nämlich alles nicht. Es spielt keine große Rolle, welches X.0 Sie hinter »Digitalisierung«, »Web« oder »Industrie« setzen. Es gibt einen sehr präzisen Grund, warum uns allen das Wort zu den Ohren herauskommt: **»Die Digitalisierung« begann nach dem Ende des Nachkriegs-Booms Mitte der 1970er-Jahre. Momentan rollt diese lange Welle der Konjunktur vor unser aller Augen aus. Was uns seit Ende der 1990er-Jahre ständig als Revolution verkauft wird, ist nur die Endphase einer systemischen Evolution.**

Bis auf die Dampfmaschine haben alle Basisinnovationen seit Beginn des Industriezeitalters bis heute überlebt. Sie wurden und werden technisch weiterentwickelt, organisatorisch und infrastrukturell angepasst und in einer wachsenden Anzahl von Volkswirtschaften genutzt. Die mit ihrer Hilfe entwickelten Produkte werden in immer größerer Vielfalt und Menge sowie in immer schnelleren Rhythmen an den Verbraucher gebracht. Gegen Ende des vierten Kondratjew-Zyklus wurde darum erstmals in einer breiteren westlichen Öffentlichkeit von einer »Überflussgesellschaft«, seitens radikalerer Kritiker gar von »Konsumterror« gesprochen. Heute bezeichnen viele Leute »Shopping« als ihr Lieblingshobby. Folglich wird der Kampf um unsere Konsumbudgets, wird das Ringen um die knappe Ressource Aufmerksamkeit irgendwie weitergehen. Und auch in Zukunft wird es Bahnverkehr, Stahlindustrie, Elektrizität, Kunststoffe, Autos, Massenmedien sowie Nachfolgegeräte für Tablets oder Smartphones geben. In vielen Büros wird vermutlich noch in 20 Jahren mit Werkzeugen wie Word, Excel oder Datenbanken von SAP gearbeitet. Und die Sortimente des Handels werden uns Kunden auch immer wieder mit unfassbaren Neuheiten zu locken versuchen. Aber all das hat mit Basisinnovation eben ungefähr so viel zu tun wie die regelmäßig ausgerufene Revolution der Rasiertechnik.

Aus diesem Grund ist es denn auch nebensächlich, ob Werbung künftig komplett oder nur teilweise in anderen elektronischen Medien als dem Fernsehen stattfinden wird. Oder ob sich alle ans Netz geknüpften Hoffnungen auf das Ende der hässlichen Streuverluste traditioneller Werbung erfüllen werden. **Nahezu alles spricht für etwas viel Grundsätzlicheres: dass Werbung im Grunde nicht mehr viel bringt. Und dass das Web in diesem Punkt bloß ein TV 2.0 ist. Die strategische Knappheit an Nachfrage hat längst eine neue Form: die der Knappheit an Aufmerksamkeit.**[29] **Für Investitionen in Werbung, die besonders dringend Aufmerksamkeit braucht, bedeutet das, dass ihr Grenznutzen praktisch erreicht ist.** Platt gesagt bedeutet dies: Unternehmen müssen immer mehr Geld dafür ausgeben. Doch sie bekommen dafür immer weniger Aufmerksamkeit und generieren damit zudem auch immer weniger zusätzliche Nachfrage, ergo zusätzlichen Umsatz. **Prime(time) doesn't pay!**

Wenn es noch eines Beweises bedürfte, dass nicht nur das lineare Massenmedium Fernsehen seinen Grenznutzen erreicht hat, sondern mit ihm auch seine Funktion, Werbung mit »Programm« zu garnieren, dann sind es kommerziell erfolgreiche Produkte wie die zahlreichen Geräte mit Time-Shift-Funktion und kommerziell überaus erfolgreiche Dienstleistungen wie die Streaming-Dienste. Oder die meist in Kombi mit Virensoftware gelieferten Adblocker für Ihren Internet-Browser. Ja, Werbung ist zum Virus geworden! Sie macht einfach nur noch krank.

Die Anbieter von Unterhaltung wie von Information haben das übrigens längst begriffen. Sie verlangen darum endlich Geld für ihre eigentliche Ware, statt deren Preis auf dem Umweg über Werbeetats für Waschmittel, Parfums oder Klamotten auf uns Verbraucher abzuwälzen. Dass das bei Information – vor allem bezogen auf deren Qualität, Seriosität, Glaubwürdigkeit oder Ausgewogenheit – nicht nur von Vorteil ist, steht auf einem anderen Blatt. Auf einem dritten Blatt steht, dass die Networks der vierten Generation (Google, Facebook, YouTube, Twitter & Co.) sogar noch drei Lektionen werden lernen müssen.

Erstens, dass Werbung zunehmend wertlos ist – und Unternehmen deshalb sie nicht in alle Ewigkeit teuer bezahlen werden, nicht einmal für das Versprechen, »Streuverluste« durch raffinierte Algorithmen zu minimieren. Zweitens, dass geprüfte Informationen äußerst wertvoll sind – weshalb Individuen umso mehr bereit sein werden, dafür Geld auszugeben, je mehr sie einem Anbieter vertrauen. Drittens, dass der Handel mit Daten erst dann richtiger Handel ist, wenn man deren *Lieferanten* mit Geld statt mit dem Zugriff auf Programme überwiegend fragwürdiger Drittanbieter bezahlt.

Von den zehn »wertvollsten« börsennotierten Firmen der Welt sind sieben Digitalkonzerne. Allein die Marktkapitalisierung der Top Five liegt bei über 4 Billionen Dollar. Alle im DAX notierten Unternehmen bringen es mit Ach und Krach auf 1 Billion. Heißt: Die Aktien von Microsoft, Amazon, Apple, Alphabet/Google und Facebook sind viermal so viel wert wie die der Crème de la Crème der deutschen Wirtschaft – und sie bringen immer noch fast das Dreifache des DAX-100 auf die Waage. Keine Übertreibung: **Fünf »Digitalkonzerne« könnten praktisch die gesamte Deutschland AG schlucken. Wer sich davor fürchten muss? Auch wenn Sie es vielleicht nicht glauben: die Digitalkonzerne! Weil sie nur Massenmedien mit Rückkanal sind.**

Was war noch das Problem am Ende einer langen Welle der Konjunktur? Richtig: dass viel zu viel Kapital in reifen Industrien steckt. Google soll reif sein? Ja, die Firma ist fast 22 Jahre alt, sozusagen einen halben Kondratjew-Zyklus, und Google ist nur vier Jahre jünger als Amazon. Facebook ist nur der kleine Bruder, gegründet 2004. Und Twitter, Instagram, TikTok, Clubhouse? Ach, na ja. Gestern hat in Gütersloh auch ein neuer Grieche aufgemacht. **Warten Sie's ab: Google wird schon sehr bald Old Economy sein!**

Jetzt habe ich die Geschichte des »fünften Kondratjew-Zyklus« quasi vom Ende her erzählt. Im Buch *Kapitalfehler* hatte ich Geschichte und Vorgeschichte des Digitalisierungszyklus ausführlicher beschrieben: Wie noch im Zweiten Weltkrieg alles mit Forschung rund um Nachrichtentechnik und Kryptografie begann. Warum die konsequente Trennung von Hardware und Software der erste große Sprung zur flächendeckenden Digitalisierung war. Warum IBM-Großrechner ebenso wie PCs und Mobilfunk, warum Fortran ebenso wie HTML und der neuste heiße Scheiß im Web, warum komplexe relationale Datenbanken ebenso wie banale Apps zum selben Kondratjew-Zyklus gehören. Er begann um das Jahr 1980, wenngleich die Vorgeschichte der Informationstechnik im Vergleich zu anderen strategischen Sprüngen besonders lang ist. Wer Gefallen an singulären Ereignissen findet, der mag die Präsentation des ersten IBM-PC am 12. August 1981 zum Startschuss dieser langen Welle der Konjunktur erklären.

Die entscheidende Frage ist, warum der Zyklus gegenwärtig nach rund 40 Jahren endet – und nicht nach 20 Jahren auf seinem Höhepunkt ist. Die Antwort lautet: **Nicht Information ist knapp. Knapp werden unsere psychischen ebenso wie unsere technischen Kapazitäten, aus diesen Informationen noch etwas Sinnvolles zu machen. Oder, noch grundsätzlicher: Uns wird die Zeit knapp.** Es ist paradox: Je mehr die Lebenserwartung steigt, je mehr unsere (gewerbliche) Arbeitszeit relativ dazu sinkt, desto mehr Zeit geht fürs Organisieren und Informieren drauf. Möglicherweise sind darum Vergleichsportale eine der letzten Zuckungen des Digitalzyklus.

Keine Frage: Wir können Produktion und Logistik, wir können überhaupt alle Wertschöpfungsketten stets noch weiter und noch effizienter digitalisieren. Die Fabrik, in der eine Handvoll hochqualifizierter Ingenieure und IT-Experten nur noch die Netzwerke und Datenbanken wartet, die ihrerseits die gesamte Maschinerie, die Beschaffung, die Lagerung, den Abfluss der Endprodukte und alle damit verbundenen monetären Transaktionen steuern, sie ist keine Utopie mehr. Nur: Spätestens wenn außer dem Vorstand alle anderen Menschen wegrationalisiert worden sind, ist eben Schluss mit Sparprogrammen. Ebenso können wir Büros, Verwaltungen und ganz gewiss unser Bildungswesen noch besser digitalisieren. Wir können nach unseren Autos und unseren Zentralheizungen Kühlschränke und elektrische Zahnbürsten mit dem Netz verbinden. Aber das sind, wenn überhaupt, bestenfalls stinknormale punktuelle Verbesserungen, keine strategischen Sprünge der Entwicklung mehr. Die Putzzeit und den Druck der Zahnbürste per App regulieren? Klar, das geht. Die Daten dazu, wie oft und wie gut ich meine Zähne putze, gleich an meinen Zahnarzt und meine

Krankenkasse übertragen? Das geht auch. Aber will ich das wirklich? Und will ich wirklich ständig Bier im Kühlschrank haben? Kurz gesagt: Jenseits der inzwischen sprichwörtlichen »Industrie 4.0« – da entscheiden wie gehabt technisch und betriebswirtschaftlich ausgebuffte Profis über die Rentabilität von Rationalisierungsschritten – sehen wir am Ende des Digitalisierungszyklus nur noch Scheininnovationen. Und natürlich Daten, Daten, Daten, die darauf warten, vom achtlos weggeworfenen digitalen Abfall zum marktkonform bewerteten und für jedermann handelbaren Gut heranzureifen.

Die Antwort, welche Knappheit den fünften Kondratjew-Zyklus vor gut 40 Jahren lostrat, klingt von heute aus gesehen fast banal: Es war strukturelle Informationsknappheit. Strukturell, weil es nicht an (grundsätzlich nie begrenzbaren) Informationen an sich fehlte, sondern an geeigneten Kanälen zur Verbreitung all dessen, was man plötzlich wissen musste. Im analogen Zeitalter flossen die relevanten Informationen hauptsächlich hierarchisch-zentralistisch: von oben nach unten, vom Sender zum Empfänger. **Die zentrale Leistung aller digitalen Techniken ist dagegen die Flexibilisierung und die Dezentralisierung sämtlicher Informationsflüsse. Diese war nötig, weil Mitte der 1970er-Jahre das Zeitalter der industriellen Massenproduktion endete.** Firmen fächerten ihre Produktpaletten in eine nahezu unbegrenzte Variantenvielfalt auf. Zusammen mit den Produkten wurden Produktion und Produktionsorganisation immer komplexer. Die Unternehmen verkürzten deshalb ihre internen Wertschöpfungsketten und gliederten aus, was immer sich ausgliedern ließ. Der Grad der Arbeitsteilung erreichte nie zuvor gekannte Ausmaße – und zwar weltweit. Was die zunehmende Komplexität von Unternehmensabläufen nicht schaffte, das besorgte das Tempo des wissenschaftlich-technischen Wandels. Hierarchisches Management stieß hier ebenso an Grenzen wie traditionelle analoge Kommunikation durch Anrufe, Akten und Abteilungsleiterrunden. Immer mehr Entscheidungen mussten auf der »Arbeitsebene« der Spezialisten getroffen werden. Sämtliche Mitarbeiter brauchten immer weniger Weisungen, dafür viel mehr detaillierte Information. Information, die intern zudem jederzeit allen Berechtigten zur Verfügung stehen sollte und die nicht in Form von Akten ständig gesucht, herumgeschleppt oder verschickt werden musste. Darum heißt die IT ja auch so. Ähnliches gilt für die Kommunikation in Unternehmen und mit Lieferanten oder Kunden. Auf Papier: viel zu langsam. In mündlicher oder fernmündlicher Interaktion: viel zu flüchtig. Digitalisierung, das bedeutet Daten (ergo Information) in Echtzeit und mit lückenloser Dokumentation.

Dass das alles schwer nach Schulaufsatz klingt, zeigt an, warum bei diesem Thema im Prinzip nichts mehr zu holen ist. Basistechnologien übernehmen von ihren Vorgängern nicht deren Funktionalität, sondern deren Rolle als Triebkraft des Produktivitätsfortschritts – und damit des wirtschaftlichen Fortschritts überhaupt. Genau diese treibende Rolle – nicht ihre Funktion, nicht ihre gesellschaftliche Bedeutung (!) – verliert gegenwärtig die Informations- und Kommunikationstechnik. Weder einzelne Unternehmen noch Volkswirtschaften insgesamt werden künftig noch strategische Vorteile aus dem Einsatz dieser Technologien ziehen können. Der vielbeschworene Netzwerkeffekt, demzufolge der Wert eines Netzes sich mit jedem Teilnehmer exponentiell erhöht, verliert nun einmal seine Wirkung, wenn alle (Menschen, Maschinen, Unternehmen, Organisationen, Länder) im Netz sind.

»Das Internet« ist kein Neuland. Alle Kontinente, selbst die Pole der digitalen Welt, sind entdeckt, einschließlich der Bodenschätze darunter. Dass noch nicht jeder am Nordpol war und sich das Bohren nach Öl in der Antarktis vermutlich niemals rentieren wird, ändert daran gar nichts.

Zyklus VI: Der nächste Superzyklus – Recycling-Kapitalismus (von Marc Friedrich). Viele denken, die nächste große Basisinnovation, der Treiber für den sechsten Kondratjew-Zyklus, sei die künstliche Intelligenz. Andere gehen davon aus, dass es die Nano- oder Biotechnologie ist. Oder doch das Internet der Dinge und Gesundheit? All das wird sich sicherlich weiterentwickeln und wichtig sein, aber meiner Meinung nach wird etwas ganz anderes und viel Banaleres der Antriebsmotor für den nächsten Superzyklus sein: **Rohstoffe!** Denn ohne Rohstoffe sind alle anderen Innovationen, Branchen und Entwicklungen nicht möglich. Rohstoffe sind das Fundament für alles. Sie sind essenziell für unsere Entwicklung! **Ohne Rohstoffe kein Wachstum, keine Innovation, kein Antrieb, kein Fortschritt.** Wir brauchen Öl, Erze, Gase und Kohle, um Energie zu gewinnen, um weitere Rohstoffe zu bergen und um damit weitere Fortschritte zu erreichen. In den nächsten Jahrzehnten werden wir an die natürlichen Grenzen einiger Rohstoffe kommen, die aber notwendig sind, um den Wirtschaftsmotor zu schmieren. Hier wird die Menschheit neue Ressourcen finden, die bestehenden optimieren und vor allem recyceln. Noch viel wichtiger aber ist der Rohstoff, den jeder Mensch täglich konsumieren muss, weil ohne ihn kein Leben möglich ist: **Trinkwasser!** Wir können tage-, ja sogar wochenlang ohne Nahrung auskommen, aber nur wenige Tage ohne das blaue Gold. Wasser ist Leben und Wasser ist rar. Nur 2,5 Prozent allen Wassers auf der Erde ist Süßwasser. Davon ist der Großteil im ewigen Eis oder tief in der Erde als Grundwasser gespeichert. Lediglich 0,3 Prozent sind für uns knapp 8 Milliarden Menschen momentan zugänglich. Der Verbrauch der wertvollen Ressource Wasser sowie die Verunreinigung von Süßwasser ist weltweit auf dem Vormarsch. Die Gewinnung von Wasser sowie die Wiederaufbereitung von Wasser wird in Zukunft ein Megamarkt werden.

Parallel werden wir uns, sofern wir keine Alientechnologie finden, notgedrungen um weitere Energiequellen kümmern müssen. Diese werden vor allem aus nachhaltigen und erneuerbaren Quellen stammen – also Wasser, Wind, Sonne, aber auch Kernkraft. Der technologische Fortschritt wird uns in diesem Bereich ebenfalls neue Türen öffnen und Möglichkeiten aufzeigen.

Fakt ist: In den letzten 100 Jahren hat die Menschheit mehr Rohstoffe verbraucht als in den 300.000 Jahren zuvor. Es hat den Menschen viel Zeit gekostet, alle Elemente und Rohstoffe zu finden, der Verbrauch derselben ging dafür aber ratzfatz. So hat China in drei Jahren mehr Beton verbaut als die USA in den vergangenen 120 Jahren![30] Da wundert es niemanden mehr, dass Sand inzwischen zur Mangelware geworden ist.[31] Sand ist nach Wasser der zweitwichtigste Rohstoff, denn ohne Sand gibt es keinen Beton. Nach Jahrzehnten des uferlosen Verbrauchs limitierter Rohstoffe wird es Zeit umzudenken. Meiner Ansicht nach wird der nächste Zyklus davon geprägt sein, rare

Rohstoffe effizient zu nutzen und vor allem zu recyceln, um sie wieder einsetzen zu können. In diesem Jahrhundert werden mehrere Rohstoffe endgültig verbraucht und erschöpft sein. Dies wird uns zwingen, neue innovative Wege zu gehen. Entweder finden wir adäquaten Ersatz (Substitutionsgüter), oder wir verwenden die Rohstoffe effizienter, verwerten und recyceln sie, oder wir verzichten darauf. Da die Menschheit durchaus erfindungsreich ist, fällt der Verzicht weg, und es wird eine Mischung aus Option eins und zwei. Es gibt allerdings etliche Rohstoffe, die nach heutigem Wissensstand nicht ersetzbar sind, wie zum Beispiel Phosphor, Chrom, Platin oder Indium. Aber wer weiß, was die Zukunft bringt. Wenn sich eine Türe schließt, öffnet sich immer eine andere.

OFT HÖRT MAN VON RESERVEN ODER RESSOURCEN. WAS IST DER UNTERSCHIED?

Reserven sind Vorkommen, die nach heutigem Stand der Technik wirtschaftlich abbaubar sind.

Ressourcen hingegen sind Vorkommen, die zwar vorhanden sind, aber aktuell noch nicht wirtschaftlich gefördert werden können. Dies kann sich natürlich in der Zukunft ändern.

Die Daten darüber, wann welcher Rohstoff zur Neige geht, variieren stark. Die Steinkohle ist wohl noch für 150 Jahre vorrätig, die Braunkohle soll uns sogar noch 300 Jahre reichen. Während immer wieder das Ende des Öls ausgerufen wurde (Peak Oil), fahren wir immer noch mit Benzin durch die Weltgeschichte, und in einigen Wüstenstaaten werden mit dem wertlosen schmierigen Zeugs staubige Pisten besprenkelt, damit die dicken Limousinen der Wüstenbewohner nicht so dreckig werden. Auch die Hysterie erreicht die Menschen immer in Zyklen. War es in den 1980er-Jahren das Waldsterben, zu dem prognostiziert wurde, dass es durch den sauren Regen im Jahr 2000 keinen einzigen Baum mehr in Deutschland geben werde, hat Deutschland gerade mehr Waldfläche als jemals zuvor. Ebenso nicht eingetroffen ist, Gott sei Dank, Al Gores Prognose aus dem Film *Die unbequeme Wahrheit*. Danach wären die Pole jetzt schon komplett abgeschmolzen und der Meeresspiegel wäre um sechs Meter höher. Nicht nur das ewige Eis wäre verschwunden, sondern auch New York, New Orleans, die Niederlande – und mit ihnen andere Küstenregionen. So richtig scheint Al Gore nicht von seiner Prognose überzeugt gewesen zu sein. Sonst hätte er sich sicherlich nicht im Jahr 2010 ein edles Strandanwesen mit Meerblick im noblen Montecito in Kalifornien für 8,9 Millionen Dollar gekauft.[32]

Manchmal hat es den Anschein, als müsste immer eine neue Sau durchs Dorf getrieben werden.

Auch wenn ich jetzt Gefahr laufe, abzuschweifen, so ist es doch in vielen Bereichen so, dass immer wieder Panik geschürt wird, die sich dann als haltlos erweist. Zumeist stecken hinter der Panikmache durchaus Eigeninteressen. Wurde uns jahrelang eingetrichtert, dass Eier gesundheitsschädlich seien wegen des enthaltenen Cholesterins, so sind sie jetzt auf einmal sogar gesund, und der Verzehr von ein bis zwei Eiern täglich wird sogar empfohlen. Dann war irgendwann das Fett der Gesundheit abträglich, und es gab nur noch Light-Produkte. Butter wurde verteufelt und man empfahl, die ekelhaft schmeckende künstliche Margarine zu »fressen« (»Du darfst«). Heutzutage ist Fett rehabilitiert. Seien Sie immer kritisch und hinterfragen Sie alles, gerade in diesen Zeiten! Hören Sie auf Ihr Bauchgefühl und folgen Sie Ihrem gesunden Menschenverstand. Seien Sie auch kritisch gegenüber diesem Buch!

Aber zurück zum Thema:

Durch technische Innovation werden die Menschen in Zukunft zwar immer neue Rohstoffquellen finden, die auch wirtschaftlich gefördert werden können. Sinkende Kosten und steigende Preise schaffen hierfür die wirtschaftlichen Voraussetzungen – vielleicht eines Tages auch im Universum. Es gibt schon die ersten Unternehmen, die Space Mining anbieten wollen. Nichtsdestotrotz wird die Knappheit immer mehr Thema werden und die Wiederverwendung essenziell.

Die Reichweite der Öl- und Gasvorräte ergibt sich aus der Division eben dieser Vorräte durch den derzeitigen Verbrauch auf der Welt.

Daraus resultiert eine Reichweite von 140 Jahren für Erdöl und von 260 Jahren für Erdgas.

Gleichgültig ob es sich um Erze, Wasser oder Plastik handelt: Alles wird rarer und teilweise vollständig verbraucht. Ein weiteres gigantisches Problem der Menschheit ist Müll. Wir ersticken im Müll. Ganze Landstriche sind zu Deponien verkommen, ganze Flüsse schwemmen mehr Müll mit als Fische, und manche Müllberge sehen auf Google Maps schon wie Gebirgsketten aus. Schon jetzt leben viele Millionen Menschen von Müll. Noch gehen aber zu viele wertvolle und endliche Materialien und Rohstoffe verloren. Das wird sich ändern! Durch die kommende Krise wird ein großes Umdenken stattfinden. Wir werden erkennen, wie wichtig und wie mächtig die Natur ist, wie klein und unwichtig wir sind. Und wir werden wieder mehr Verbundenheit und Demut gegenüber dem Leben und der Mutter Natur zeigen. Daher wird in Zukunft Müll zu Gold, zum wertvollen Rohstoff. Das Ziel wird sein, einen geschlossenen Kreislauf zu generieren, ein Perpetuum mobile. Ein Beispiel ist fast schon Aluminium, welches heute in Europa zu 75 Prozent recycelt wird. In Deutschland steuern wir sogar auf 100 Prozent zu. Das wird künftig gang und gäbe sein.

So einfach und banal es auch klingen mag: Aber schnöde Rohstoffe, Recycling und Energie sind der nächste Superzyklus!

Wenn irgendwann kein Öl mehr da sein sollte, wird es auch kein Plastik mehr geben. Und dennoch wird eine schier unendliche Quelle an Plastik geben: die Weltmeere. Traurig aber wahr. Schon ab 2050 soll es mehr Plastik in den Ozeanen geben als Fische. So eine Alditüte auf dem Grill, bestimmt nahrhaft und lecker ...

3.

Ausblick – Was auf uns zukommt

Inflation (ist Diebstahl!)

»Die Menschen müssen verstehen,
dass man nicht ein wenig Inflation haben kann,
weil ein wenig Inflation immer zu mehr Inflation führt und
höhere Inflation unweigerlich zu noch höherer Inflation.«

Friedrich August von Hayek, österreichischer Ökonom

»Das ist aber inflationär«, »Verwenden Sie den Begriff nicht so inflationär«, »Die Inflation kommt!« – so oder so ähnlich haben Sie alle bestimmt schon einmal den Begriff »Inflation« gehört. Bei uns Deutschen ist dieser Begriff gedanklich unwillkürlich mit der schrecklichen **Hyperinflation** der Weimarer Republik verbunden. Wir sehen dann Schubkarren voll Geld vor unserem inneren Auge.

»Iss und trink, solang dir´s schmeckt,
Schon zweimal ist uns Geld verreckt.«

Deutsches Sprichwort

Was aber bedeutet eigentlich Inflation? Der Begriff kommt aus dem Lateinischen (inflatio) und bedeutet Aufblähen. Schon in der Antike machten die Menschen Erfahrungen mit der Inflation. Die Inflation ist eine anhaltende allgemeine Erhöhung des Preisniveaus und damit ein Rückgang der Kaufkraft einer Währung. Also eine Entwertung, eine Enteignung, oftmals auch als versteckte Steuer eingestuft.

Die EZB beschreibt die Inflation folgendermaßen: *»In einer Marktwirtschaft können sich die Preise für Waren und Dienstleistungen jederzeit ändern – einige Preise steigen, während andere fallen. Erhöhen sich die Güterpreise allgemein, und nicht nur die Preise einzelner Produkte, so spricht man von ›Inflation‹. Ist dies der Fall, so kann man für einen Euro weniger kaufen oder anders ausgedrückt: Ein Euro ist dann weniger wert als zuvor.«*[33]

Die Europäische Zentralbank betont immer wieder, dass die Wahrung der **Preisniveaustabilität** ihr oberstes Ziel und ihr wichtigster Auftrag ist. Hierfür strebt sie eine Inflationsrate von 2 Prozent pro Jahr an. Für mich ist dies seit jeher paradox, denn das bedeutet nichts anderes, als dass wir alle jedes Jahr effektiv 2 Prozent Kaufkraft verlieren. Da die Löhne aber nicht gleichermaßen steigen, ist das ein Minusgeschäft für uns alle. So ist schon der Name »Preisniveaustabilität« irreführend. Stabil ist hier gar nichts. Eigentlich handelt es sich um eine reine Augenwischerei und eine Mogelpackung, für die wir alle zahlen müssen. Denn für uns Verbraucher und Bürger wären 0 Prozent oder sogar eine leichte Deflation (fallende Preise) das Beste. Aber um uns geht es bei der Geldpolitik der EZB leider nicht.

Frage an Sie, werter Leser: Bei 2 Prozent Inflation pro Jahr, wie lange dauert es, bis das Vermögen halbiert wird? Die meisten werden sagen: »Ganz klar. 25 Jahre. 25 Jahre mal 2 Prozent = 50 Prozent. Die Hälfte.«

Das ist falsch!

In Abbildung 25 sehen Sie, was 2 Prozent Inflation pro Jahr, die von den Notenbanken ausgegebene Zielgröße, um die angestrebte »Preisniveaustabilität« zu erreichen, für die Kaufkraft bedeutet.

Wie drastisch die Auswirkung einer nur leicht höheren Inflation aussieht, ist deutlich ersichtlich, wenn man nur einen Prozentpunkt mehr pro Jahr annimmt, also 3 Prozent Inflation pro Jahr. Auch das sehen Sie in der folgenden Tabelle:

KAUFKRAFTVERLUST IM VERGLEICH BEI ERHÖHTER INFLATION

F/P

ZEIT	KAUFKRAFTVERLUST NORMALE INFLATION 2 % P.A.	KAUFKRAFTVERLUST ERHÖHTE INFLATION 3 % P.A.
nach 5 Jahren	- 9,43 %	- 13,74 %
nach 10 Jahren	- 17,97 %	- 25,59 %
nach 20 Jahren	- 32,70 %	- 44,63 %
nach 25 Jahren	- 39,05 %	- 52,04 %
nach 30 Jahren	- 44,79 %	- 58,8 %
nach 35 Jahren	- 50 %	- 64,46 %

Abbildung 25

Bei 2 Prozent Inflation halbiert sich die Kaufkraft vorhandener Vermögen nach 35 Jahren, bei 3 Prozent schon nach 24 Jahren!

Da ich von einer deutlich höheren Inflation in Zukunft ausgehe, können Sie nun abschätzen, was das für Ihre Kaufkraft bedeutet.

ACHTUNG:

Preissteigerung und Kaufkraftverlust sind zweierlei. Die **Inflationsrate** gibt die Preissteigerung eines durchschnittlichen Warenkorbs wieder: Bei einer jährlichen Inflationsrate von 2 Prozent steigt der Preis des gesamten Warenkorbs von 1000 Euro im Jahr auf 1020 Euro im nächsten Jahr. Der **Kaufkraftverlust** bezeichnet hingegen den Wertverlust des Geldes in diesem Zeitraum und ist nicht identisch mit der Inflationsrate. Der Anteil der gegenwärtigen 1000 Euro an den 1020 Euro im nächsten Jahr beträgt: 1000 : 1020 = 0,98039.

Bei der angenommenen Inflationsrate von 2 Prozent sind die 1000 Euro im kommenden Jahr daher nur noch 980,39 Euro wert, was einem prozentualen Kaufkraftverlust von 1,96 Prozent entspricht.

Notenbanken erhöhen erstmalig ihr Inflationsziel

Oft werde ich gefragt, warum das Inflationsziel der Notenbanken bei 2 Prozent liegt. Das ist absolut willkürlich und hat keine fundierte Grundlage. Es könnten auch 1 oder 3 Prozent sein. Vielleicht hat man gar gewürfelt oder Schnick, Schnack, Schnuck gespielt und der Gewinner durfte eine beliebige Zahl nennen. Wer weiß. 2020 ist etwas Bemerkenswertes passiert, was die Öffentlichkeit gar nicht richtig mitbekommen hat. Nachdem die Notenbanken jahrelang die Geldpresse ununterbrochen am Laufen gehalten hatten und ihre Bilanzen in schwindelerregende Höhen angeschwollen waren, machten sich die Verantwortlichen offenbar intern dann doch einmal Gedanken, wohin das ganze Gelddrucken führt. Vielleicht zogen sie auch die Vergangenheit als weisen Ratgeber heran. Zuerst hat sich die US-amerikanische Notenbank Fed von ihrem Inflationsziel von 2 Prozent verabschiedet, und danach taten das auch weitere Notenbanken. Die Fed hat den Wortlaut von »bis zu 2 Prozent« geändert in »durchschnittlich 2 Prozent«. Sie werden jetzt sagen, das ist doch kein großer Unterschied. Aber was wir erleben, ist ein historischer Tabubruch. Es wird ein neues Narrativ erstellt. In Zukunft werden wir deutlich steigende Inflationsraten haben, und die Notenbanken weltweit bereiten uns darauf vor. So erwartet unser Bundesbankpräsident Jens Weidmann mehr als 3 Prozent Inflation.[34]

Sie sollten jetzt schon Ihr Vermögen und Ihr Portfolio darauf einstellen, um durch Inflation nicht zu viel zu verlieren. **Denn Inflation ist nichts anderes als Diebstahl.**

Wahre Inflation

Laut offiziellen Zahlen haben wir aktuell überhaupt keine beziehungsweise nur eine sehr niedrige Inflation. In den letzten Monaten des

Jahres 2020 war sogar das Gegenteil der Fall: Die Rede war von einer Deflation, das heißt, einem sinkenden Preisniveau. Zur Ermittlung wird der Warenkorb des Statistischen Bundesamtes herangezogen und die Gewichtung der einzelnen Güter und Dienstleistungen bestimmt das sogenannte Wägungsschema.

WARENKORB

Das Statistische Bundesamt (Destatis) berechnet jeden Monat die Inflationsrate in Form des Verbraucherpreisindex anhand eines Warenkorbs. Dieser besteht aus zirka 650 Gütern und Dienstleistungen. 2020 setzte der Warenkorb sich folgendermaßen zusammen:[35]

Wohnung, Wasser, Gas, Brennstoffe	32,5 Prozent
Verkehr	12,9 Prozent
Freizeit, Kultur, Unterhaltung	11,3 Prozent
Nahrungsmittel, alkoholfreie Getränke	9,7 Prozent
Andere Waren und Dienstleistungen	7,4 Prozent
Einrichtungsgegenstände	5,0 Prozent
Hotel, Restaurants	4,8 Prozent
Gesundheit, Pflege	4,6 Prozent
Bekleidung, Schuhe	4,5 Prozent
Tabakwaren, alkoholische Getränke	3,8 Prozent
Nachrichtenübermittlung	2,6 Prozent
Bildungswesen	0,9 Prozent

Von August bis Dezember 2020 gab es nach offiziellen Zahlen eine deflationäre Entwicklung:

August	-0,1 Prozent
September	-0,4 Prozent
Oktober	-0,5 Prozent
November	-0,7 Prozent
Dezember	-0,5 Prozent

Was würden Sie jetzt sagen, wenn ich Ihnen berichtete, dass wir keine Deflation haben, sondern eine saftige Inflation? Und dass diese in den letzten Jahren sogar stetig gestiegen ist? Wenn man sich die wahre Inflation anschaut, sieht man, dass wir sehr wohl eine Inflation haben, was nichts anderes bedeutet, als dass wir eine Entwertung unserer Kaufkraft sehen. **2020 gab es sogar eine Inflation von fast 14 Prozent** – entgegen dem offiziell kommunizierten Verbraucherpreisindex in Höhe von 0,5 Prozent. Zuletzt stieg dann auch die offizielle Inflationserwartung für die Eurozone auf 1,36 Prozent. Ups!

Wie berechnet sich die wirkliche, die wahre Inflation?

Steigt die Geldmenge gleich schnell wie das Wirtschaftswachstum eines Landes, ist alles im Lot und es herrscht theoretisch keine Geldentwertung, da allem neuen Geld auch neue Wirtschaftsgüter (Waren oder Dienstleistungen) gegenüberstehen. Steigt jedoch die umlaufende Geldmenge stärker als das Angebot an neuen Wirtschaftsgütern, verteilt sich mehr Geld auf die vorhandenen Waren und Dienstleistungen, deren Preise dann früher oder später steigen. Die Inflation ist also direkt abhängig von der Ausweitung der Geldmenge. Die Gleichung lautet:

Wahre Inflation = Geldmengenwachstum (M3) abzüglich Wirtschaftswachstum (BIP)

Diese Gleichung geht auf die Quantitätstheorie des schottischen Philosophen und Ökonomen David Hume (1711–1776) zurück.

Für das beste Ergebnis nimmt man die Geldmenge M3. In der Geldmenge M3 sind alle Arten des Geldes enthalten (M1 und M2), wie das folgende Schaubild aufzeigt:

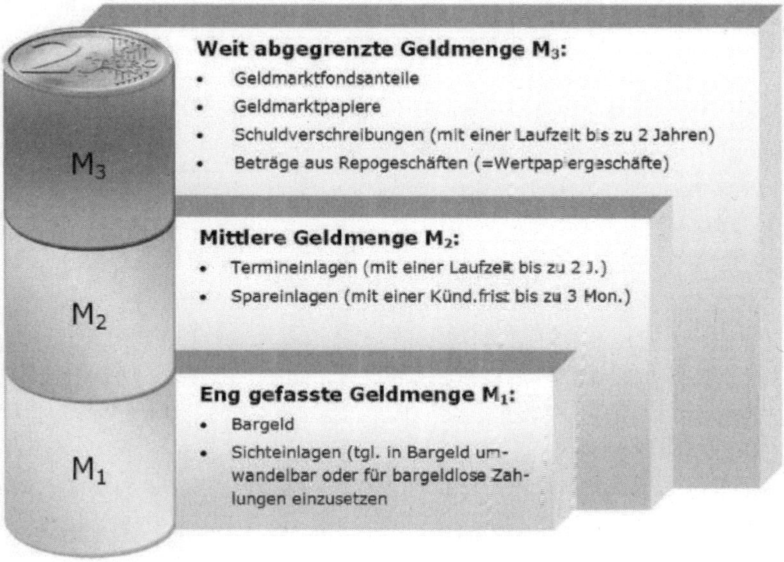

Abbildung 26 *Quelle: Deutsche Bundesbank*

Fun Fact: Die US-Notenbank Fed erhebt M3 seit 2006 nicht mehr. Ein Schelm, wer Böses dabei denkt. Damit sinkt die offiziell ausgewiesene Geldmenge beachtlich und verzerrt so die wahre Inflation.

Um die wahre Inflation zu berechnen, nimmt man die Geldmenge M3 der Eurozone und zieht deren Wirtschaftswachstum (BIP) ab. Wenn die Wirtschaft schrumpft, wird das negative Wachstum zur Geldmenge hinzugezählt. Wer diese Gleichung anwendet, erhält im Ergebnis die wahre Inflation. In Abbildung 27 sehen Sie die wahre Inflation, die der offiziellen Inflation gegenübergestellt wurde.[36]

Seit Einführung des Euro im Jahr 2001 haben wir offiziell schon 28,2 Prozent an Kaufkraft verloren. Inoffiziell ist es weit mehr, nämlich **87,53 Prozent!** Das bestätigt auch die Entwicklung des Goldpreises. Gegenüber Gold hat der Euro 91 Prozent an Kaufkraft verloren. Man muss immer mehr Euroscheine auf den Tisch legen um 1 Unze Gold zu erhalten. Gold ist seit jeher ein Schutz vor Inflation (siehe Abbildung 28).

WAHRE INFLATION

F/P

JAHR	GELDMENGEN-WACHSTUM M3	WIRTSCHAFTS-WACHSTUM	WAHRE INFLATION	OFFIZIELLE INFLATION
2020	8,73 %	-5,00 %	**13,73 %**	0,5 %
2019	4,90 %	0,60 %	**4,30 %**	1,4 %
2018	4,00 %	1,50 %	**2,50 %**	1,8 %
2017	3,80 %	2,50 %	**1,30 %**	1,5 %
2016	4,90 %	1,80 %	**3,10 %**	0,5 %
2015	4,70 %	1,50 %	**3,20 %**	0,5 %
2014	3,80 %	2,20 %	**0,90 %**	1,0 %
2013	1,00 %	0,40 %	**0,60 %**	1,4 %
2012	3,50 %	0,40 %	**3,10 %**	2,0 %
2011	1,50 %	3,90 %	**-2,40 %**	2,1 %
2010	1,70 %	4,20 %	**-2,50 %**	1,1 %
2009	-0,30 %	-5,70 %	**5,40 %**	0,3 %
2008	7,60 %	1,00 %	**6,60 %**	2,6 %
2007	11,50 %	3,00 %	**8,50 %**	2,3 %
2006	9,90 %	3,80 %	**6,10 %**	1,6 %
2005	7,30 %	0,70 %	**6,70 %**	1,5 %
2004	6,60 %	1,20 %	**5,40 %**	1,7 %
2003	6,90 %	-0,70 %	**7,60 %**	1,1 %
2002	6,80 %	-0,20 %	**7,00 %**	1,3 %
2001	8,10 %	1,70 %	**6,40 %**	2,0 %
GESAMT	106,93 %	18,80 %	**87,53 %**	28,2 %
PRO JAHR	5,35 %	0,94 %	**4,38 %**	1,41 %

Abbildung 27

Die Geldmenge der EZB hat sich seit 2001 mehr als verdoppelt. Deutlich zu sehen ist, wie die Wirtschaft sich abkühlt und die Geldmenge sich drastisch erhöht hat. Jetzt wird der eine oder die andere sagen:

»Das liegt natürlich an der Corona-Krise!« Das ist sicherlich ein Grund, aber es ist nicht der einzige. Das Wirtschaftswachstum befand sich schon seit 2018 im Niedergang. Zudem war das Wachstum mit durchschnittlich weniger als 1 Prozent seit 2001 unterdurchschnittlich und die Geldmenge ist weitaus stärker gestiegen. **Meiner Ansicht nach sind wir in den letzten Zügen des bestehenden Geldsystems, und wir sehen aktuell ein letztes Aufbäumen der Notenbanken.**

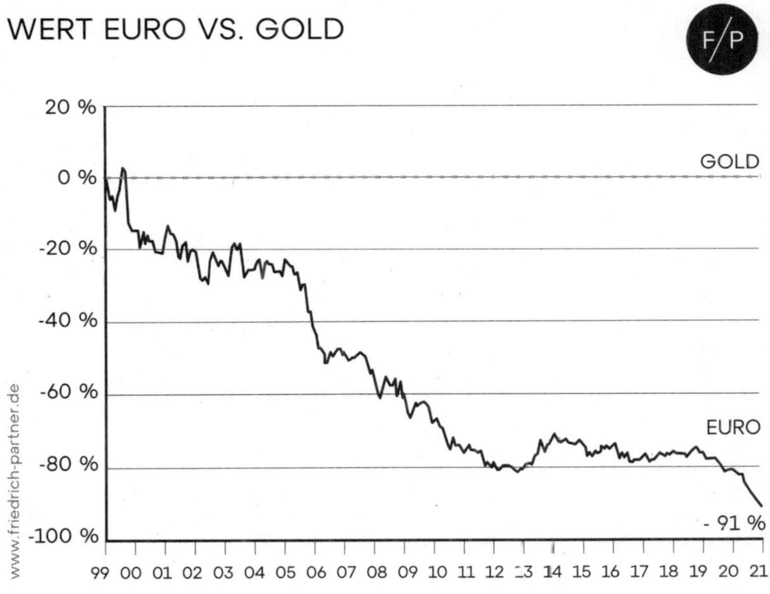

Abbildung 28

Ich erwarte, dass sich ab hier das ganze System nochmals ein letztes Mal aufbäumt, sich nach oben jazzt durch historische Notenbankmaßnahmen. Wie ein sterbender Stern der am hellsten ist bevor er implodiert. Diese Eskalation wird zu deutlich höheren Inflationsraten im zweistelligen Bereich führen.

Wie aufgezeigt, lag 2020 die wahre Inflation bei knapp 14 Prozent. Wer in solchen Zeiten eine Lebensversicherung mit 0,9 Prozent Garantiezins hat, hat wenig davon. Das gilt selbst, wenn die Lebensversicherung schon älter ist und immerhin 3,5 Prozent bietet. Damit verliert der Inhaber immer noch Geld. Auch das Geld auf dem Konto oder im Schließfach verliert automatisch an Wert. Ebenso Riester-Verträge, Rürup-Verträge und andere Papierwerte, die Geld kosten und keine Rendite abwerfen. Der deutsche Aktienindex DAX hat 2020 mit 3,5 Prozent Performance ebenso die wahre Inflation nicht geschlagen. Wer dem die Entwicklung meiner Empfehlungen gegenüberstellt, sieht, warum die Vermögenssicherung so essenziell ist. Es geht darum, die eigene Kaufkraft zu schützen, zu konservieren! Im letzten Buch habe ich spezielle Vermögenswerte hierzu empfohlen, die sich prächtig entwickelt haben. Deren Entwicklung können Sie in Abbildung 69 Seite 357 sehen.

Warum jetzt die Inflation kommt!

Immer mehr Schulden, immer mehr Kredite, immer höhere Staatsverschuldung. Die Geldmenge wächst so stark wie noch nie, die Notenbanken sind im ewigen Notfalleinsatz und es ist kein Ende in Sicht: Führt dies nicht alles zu einer Inflation? Kommt jetzt die Inflation? Ich sage ja. Mit dieser Meinung stehe ich nicht alleine da. Investoren wie Stan Druckenmiller und Paul Tudor Jones oder der Ökonom und langjährige Mitarbeiter der Bank of England, Charles Goodhart, erwarten ebenso eine deutlich höhere Inflation in Zukunft. Auch mein Freund, William White, ehemaliger Chefvolkswirt der Bank für Internationalen Zahlungsausgleich (BIZ), hat in einem sehr aufschlussreichen und interessanten Interview für meinen YouTube-Kanal eine hohe Inflationsrate in Aussicht gestellt. Zudem haben Analysten der Bank of England eine interessante Tatsache herausgefunden: **In den letzten 800 Jahren kam ein Jahr nach dem Beginn einer Pandemie immer eine Inflation.**[37]

In der Vergangenheit führte bis dato eine steigende Geldmenge immer zur Inflation. Jetzt wird der eine oder andere völlig zu Recht sagen, dass dies nach der großen Finanzkrise 2008 aber nicht der Fall war. Hierzu möchte ich einen Chart zeigen, der deutlich macht, warum es nach der Gelddruckorgie der Notenbanken keine Inflation gab. Zudem zeigt das Schaubild, dass die Krise von 2008 gegenüber der jetzigen in jeglicher Hinsicht ein Zwerg war.

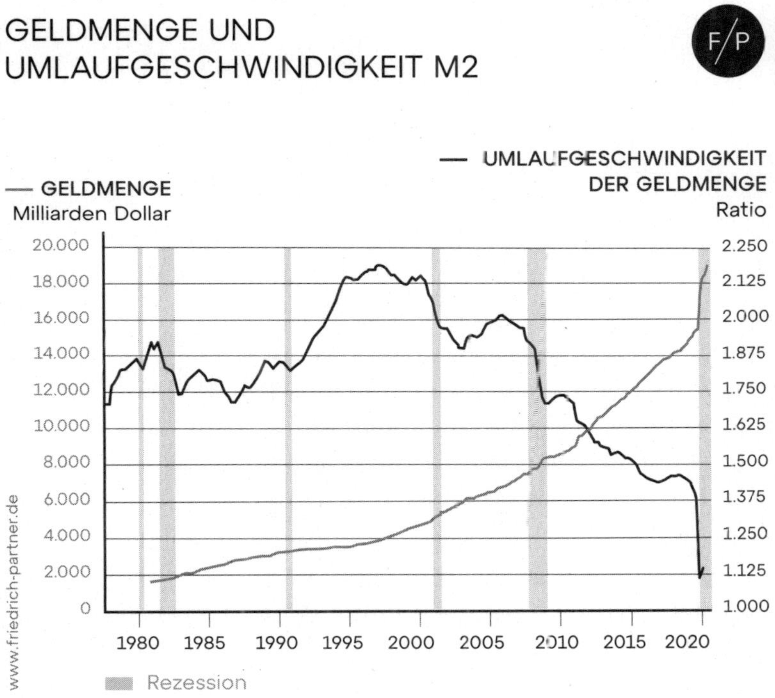

Abbildung 29

Die Geldmenge in den USA ist in den letzten Jahrzehnten stetig gestiegen, während die Geldumlaufgeschwindigkeit immer weiter gesunken ist.

UMLAUFGESCHWINDIGKEIT DES GELDES

Die **Umlaufgeschwindigkeit** des Geldes ist die Häufigkeit, mit der die vorhandene Geldmenge innerhalb eines Jahres durchschnittlich umgesetzt wird. Die Frage lautet also, wie oft ein jeder

50-Euro-Schein ausgegeben wird. Verschwindet er in der Spardose, ist die Umlaufgeschwindigkeit M2 gleich null. Wenn Sie beispielsweise 50 Euro abheben und damit einkaufen gehen, lassen Sie diesen 50-Euro-Schein bei einem Händler. Der Händler verwendet ihn, um seinen Lieferanten zu bezahlen, und der Lieferant bezahlt damit seine Materialien und Rohwaren für die Herstellung. Entsprechend haben wir eine Umlaufgeschwindigkeit des 50-Euro-Scheins von drei.

Solange das Geld nicht in den Umlauf kommt, sinkt die Umlaufgeschwindigkeit und verhindert eine Inflation. Dies war 2008 der Fall. Während der großen Finanzkrise sieht man im Schaubild einen kleinen Sprung nach oben, der aber eher wie eine kleine Erhebung aussieht. Raketenartig nach oben schoss die Geldmenge in den USA erst ab 2019, und parallel dazu kollabierte die Umlaufgeschwindigkeit – beide erreichten historische Niveaus. **Und das geschah ganz ohne Finanzkrise!**

Das viele frische Geld der Notenbanken versickerte in den Aktien- oder Immobilienmärkten, wo wir eine deutliche Inflation in Form von Spekulationsblasen sehen. Auch wird Geld auf Konten gehortet, die historisch hohen Sparguthaben der Deutschen (2,73 Billionen Euro) und der US-Amerikaner (3 Billionen Dollar) sind ein Indiz dafür.

Für eine Inflation hätte eigentlich auch der Wirtschaftsboom in den letzten Jahren gesprochen, denn normalerweise steigt die Inflation, wenn die Arbeitslosigkeit sinkt und die Löhne steigen. All das war der Fall in den vergangenen Jahren. Trotzdem gab es eher eine Deflation statt einer Inflation. **Warum?**

Als Erstes muss man da die Globalisierung nennen. Seit drei Dekaden, sprich seit der Eiserne Vorhang gefallen ist, seit die Globalisierung vorangeschritten ist und seit vor allem die Werkbank China ihre Tore geöffnet und ein Heer an billigen Arbeitssklaven bereitgestellt hat, gibt es einen Arbeitskraftwettbewerb wie noch nie zuvor. Die Länder überbieten sich im ruinösen Kostendruck um günstigste Produktionsbedingungen. Erst waren es China, Osteuropa und Türkei, dann Vietnam, Indien und Marokko, heute konkurrieren Äthiopien und Kambodscha

– und morgen werden es vielleicht Spanien, Italien und Deutschland sein, wer weiß? Durch einen erbarmungslosen und zerstörerischen Wettbewerb um günstigste Lohnkosten wandern ganze Branchen wie die Raubritter von einem Land zum nächsten, um die billigsten Arbeiter zu finden. Dadurch fallen die Arbeitskosten. Währenddessen wird durch den technischen Fortschritt der Preisdruck ebenfalls genommen, was alles deflationär wirkt.

Trendwende

Dieser Trend der Deflation wird sich nun umkehren, und vieles spricht für eine Inflation. Fangen wir mit dem Elefanten im Raum an: der **Demografie!**

Vor allem in der westlichen Welt sieht die Demografiekurve verheerend aus. Selbst wenn der Euro, die Banken und das System nicht kippen würden, würde spätestens die katastrophale demografische Kurve, vor allem der westlichen Welt, aber auch Japans, dem System den Todesstoß versetzen. Das Versprechen der Generationen, das Sozialsystem, der Wohlfahrtsstaat sind einfach nicht mehr finanzierbar. Die Anzahl der Arbeitnehmer sinkt, durch den Mangel an zur Verfügung stehenden Arbeitskräfte können höhere Löhne durchgesetzt werden. Dies gepaart mit einer zunehmend alternden Bevölkerung, wird zu einer Inflation führen. Zusätzlicher inflationärer Druck wird entstehen, weil die Menschen irgendwann ihr gespartes Geld ausgeben und die Preise in die Höhe treiben werden. Die Staaten mit ihren Rekordschulden werden auch in Zukunft der lockeren Geldpolitik frönen und für weitere Inflation sorgen. Jeder Versuch, die Geldschleusen zu schließen oder die Zinsen zu erhöhen, wird verhindert werden, weil ansonsten das ganze Kartenhaus in sich zusammenfällt.

Hierzu zwei Beispiele aus der Vergangenheit:

Masaru Hayami war Chef der japanischen Notenbank im Jahr 2000. Nachdem 1989 die Börsen- und Immobilienblase platzte (man beachte: Auch hier gingen beide Märkte Hand in Hand) wurden die Zinsen von 8 auf 0 Prozent gesenkt. Hayami wollte dem ein Ende setzen und erhöhte die Zinsen lediglich um 25 Basispunkte auf 0,25 Prozent mit der

Aussage: »Die Entwertung von Geld geht einher mit der Entwertung der Gesellschaft. Risiko muss einen Preis haben. Es gibt kein ›kostenloses Essen‹.«

»FREE LUNCH«

Der US-Ökonom Milton Friedman machte das Sprichwort »There ain't no such a thing as a free lunch« populär. Auf Deutsch: Es gibt kein »kostenloses Essen«, alles hat einen Preis.

Daraufhin stürzte der japanische Aktienmarkt um 20 Prozent in den Keller und die Politiker Japans schimpften über die Bank of Japan und ihren Chef Masaru Hayami. Der Druck wurde so groß, dass Hayami nach sieben Monaten das Experiment beendete und die Zinsen wieder auf 0 Prozent senkte.

2018 wollte Jerome Powell, der Chef der amerikanischen Notenbank FED, ebenso die Politik des billigen Geldes beenden und erhöhte weiter die Leitzinsen. Er sagte, die Märkte seien im »Autopilot-Modus«. Daraufhin fiel der Aktienmarkt und Donald Trump wetterte gegen Powell. Zwei Tage später versicherte die Fed, am Kurs des billigen Geldes festzuhalten. Die Kurse am Aktienmarkt explodierten förmlich.

Dasselbe Spiel sehen wir auf der ganzen Welt. Egal ob EZB, Bank of England oder Bank of China: »Alles für die Börse«, scheint das Motto zu sein. Die Märkte und vor allem ihre Protagonisten verlassen sich auf dieses immerwährende und garantierte Sicherheitsnetz. Dass dies zu immer größeren Verzerrungen und Ungleichgewichten führt, wird geflissentlich ignoriert und in Kauf genommen, solange der Rubel rollt.

Wir sehen also: Selbst kleinste Versuche, den Wahnsinn der Notenbanken zu beenden, werden im Keim erstickt. Es darf nicht sein! Die Notenbanken haben sich in eine tödliche Sackgasse manövriert, aus der sie nicht mehr herauskommen.

Was wir daraus lernen: **Wir sollten nicht Bürokraten über die Geldpolitik bestimmen lassen, sondern den Markt.** Aber das bleibt in diesem Geldsystem eine Utopie und wird sich erst mit dem kommenden Crash ändern.

VERRÜCKTE IDEE?

Ich habe eine verrückte Idee: Wie wäre es mit einer Art Lebensmittelampel für Notenbanken, anhand derer wir alle sofort erkennen können, ob diese das Geld und die Kaufkraft schützen und ihren Wert erhalten oder das Geld zerstören und entwerten? Von »Blutrot« = »Hyperinflation« bis »Grün« = »Alles gut«?

Dasselbe sollte es auch für Finanzprodukte und Banken geben. Bei Finanzprodukten könnten die Performance, Nachhaltigkeit, Liquidität und Kosten sinnvolle Parameter sein, bei Banken ebenso – und zusätzlich die Kundenfreundlichkeit, Qualität der Bilanz und der Kredite sowie bisher bezahlte Strafen.

Wenn ich es mir so recht überlege, sollten wir das sogar für Regierungen und Politiker in Betracht ziehen, sodass wir anhand einer Tabelle erkennen könnten, wie ehrlich, transparent und effizient sie sind. Wie wird mit Steuergeldern umgegangen? Welche Versprechen wurden eingehalten oder gebrochen? Wie stark ist der Einfluss der Lobbyisten? Wie eng sind die Verknüpfungen mit der Wirtschaft und welche Pöstchen haben Politiker sonst noch inne?

Das alles sollte abgespeichert sein auf einer nicht manipulierbaren und transparenten **Blockchain** und nicht nur gelegentlich in Sonntagsreden in den Medien auftauchen, oftmals besetzt mit Claqueuren als Moderatoren. Ich habe die getarnten Propaganda-Gastbeiträge in der *F.A.Z.* und Co. und die von Praktikanten geschönten Wikipedia-Einträge satt. Nur durch eine solche manipulationssichere Dokumentation könnte Vertrauen wieder installiert und aufgebaut werden.

Generell bin ich ein großer Verfechter der **direkten Demokratie.** Wir sollten viel mehr als mündige Bürger in die Entscheidungsprozesse involviert werden. Das würde auch extremen Parteien den

Nährboden entziehen und uns als Gesellschaft zusammenbringen. Wir könnten über Gesetzesentwürfe abstimmen, ebenso über Vorhaben der Regierungen, Infrastrukturprojekte oder Bauvorhaben auf regionaler Ebene. Ein jeder könnte über sein Smartphone oder auch per Post abstimmen. Die Regierung wäre wiederum in der Pflicht, die Bürger von ihren Positionen zu überzeugen, und die Opposition hätte den gleichen Auftrag. Hierfür wäre dann nur eine Seite nötig, auf der kurz und für alle verständlich die Vor- und Nachteile aufgezählt würden, die Kosten, der Nutzen etc. Eine Ampel könnte anzeigen, wie das Projekt eingestuft wird, anhand der Parameter Nachhaltigkeit, Steuergeldverwendung, Effizienz, Klima und so weiter. Im momentanen System wird kein Politiker und keine Notenbank diesen Vorschlag jemals freiwillig implementieren. Mit dem kommenden Kollaps des Systems werden wir aber die Chance haben, dies neu einzuführen für eine bessere, transparentere und gerechtere Politik und Gesellschaft. (Siehe auch Kapitel *Lehren für die Zukunft*.)

Die wahre Krise

Viel zu viele glauben leider immer noch die Mär, die Corona-Krise wäre schuld daran, dass die Notenbanken die Zinsen im Keller lassen und mit noch nie zuvor da gewesenen Geldmengen die Auswirkungen bekämpfen. Der wirkliche Grund für das Dilemma liegt zeitlich weit vor Corona. Das Virus war nur ein Freibrief, weiter an dem Geldexperiment festzuhalten. Zum einen war die Rezession eine ausgemachte Sache, zum anderen gab es ein finanzielles Erdbeben in den USA. Relativ unbemerkt kam es im September 2019 zu einem Supergau im US-amerikanischen Finanzsystem oder haben Sie je etwas von der »Repo-Krise« gehört?

REPO

Der Begriff **»Repo«** kommt aus dem Englischen und ist die Kurzform von **Rep**urchase **O**peration, es handelt sich um eine Rückkaufvereinbarung. Allgemein gesagt ist ein Repo-Geschäft eine Vereinbarung zweier Parteien, einen Vermögenswert zu einem bestimmten Preis zu verkaufen und zu einem zukünftigen Zeitpunkt wieder zurückzukaufen. Es handelt sich um eine Art kurzfristig verzinstes Darlehen, das durch Sicherheiten wie Wertpapiere abgesichert ist. In der Regel geht es dabei um festverzinsliche Wertpapiere, meist Staatsanleihen, aber auch Pfandbriefe und andere besicherte Schuldverschreibungen.

Eine »Repo« ist ein echtes Pensionsgeschäft, bei dem während der Laufzeit das Eigentumsrecht des Verkäufers am Gut auf den Käufer übergeht. Die Rückkaufvereinbarung ist ein kurzfristiges Finanzierungsinstrument mit einer Laufzeit von meistens einem Tag (über Nacht). Zwar wird sie zumeist immer wieder verlängert, sodass sie insgesamt über mehrere Monate laufen kann, aber der Geldgeber kann täglich sein Geld zurückhaben.

Die Vorteile der Repo-Programme liegen auf der Hand: Wer Geld braucht, kann es gegen Sicherheiten schnell erhalten und wieder ablösen, und wer Geld hat, bekommt eine Verzinsung und eine Sicherung durch Wertpapiere und Staatsanleihen. Zudem können die Kreditgeber die Sicherheiten als Sicherheiten für weitere Repo-Kredite verwenden.

Der nächste Kreditgeber kann diese Wertpapiere ebenfalls wieder als Sicherheit für ein Repo-Geschäft verwenden, sodass mitunter eine ganze Kaskade von verbundenen Repo-Geschäften über dieselben Wertschriften entsteht. Das ist ein Nachteil und ein Risiko des Repo-Marktes. Denn falls der Kurs der Sicherheiten sinkt, kann ein Kreditgeber verlangen, dass der Kreditnehmer mehr Sicherheiten bereitstellt. Es kann in diesem Fall auch passieren, dass die Zinsen für die Repo-Kredite stark ansteigen oder dieser Markt zum Erliegen kommt. Dies war 2008 während der Finanzkrise der Fall.

Im September 2019 explodierten plötzlich die Zinssätze für die Repo-Kredite. Wenn die Zinsen steigen, ist dies ein Zeichen für mangelndes Vertrauen der Banken untereinander. Für den Geldmarkt ist dies Alarmstufe 1. Denn wenn der Geldmarkt austrocknet, kippt das ganze System. Aus diesem Grund sprang die US-Notenbank Fed ein und überflutete den Markt mit Liquidität, um den Zusammenbruch des amerikanischen Geldmarkts zu verhindern. Ja, Sie lesen richtig: Es war mal wieder richtig knapp. Die Repo-Sätze explodierten so stark wie seit der Pleite der US-Investmentbank Lehman Brothers nicht mehr. Die Fed sah sich gezwungen, jeden Abend zuerst einige Milliarden, später sogar Billionen ins Finanzsystem zu injizieren. Die Fed nahm alles an Sicherheiten der Banken an, wie ein riesengroßer Schwamm, der alles Wasser aufsaugt. Auf dem Höhepunkt im März 2020 stellte die Fed fast 5 Billionen Dollar zur Verfügung. Die höchste in Anspruch genommene Summe waren jedoch 495,7 Milliarden Dollar Mitte März 2020.[38] Erst zehn Monate nach der ersten Zinsexplosion, im Sommer 2020, beruhigte sich der Repo-Markt wieder.

Tickende Zeitbombe

Der Repo-Markt ist eine tickende Zeitbombe. Neben lückenhafter Regulierung geht es um eine Monopolstellung einzelner Banken. So stellen etwa die vier größten US-Banken 30 Prozent der Repo-Kredite zur Verfügung, und die wichtigste Bank, natürlich J.P. Morgan, kann durch ihre Handlungen die Zinsen des gesamten Marktes beeinflussen.

Es ist mehr als nur eine Vermutung, dass diese Banken den Repo-Markt zu ihrem eigenen Vorteil manipulieren. Denken wir an den LIBOR-Zinsskandal. Dieser Betrug stellte alles Bisherige in den Schatten.

LIBOR

Der Referenzzinssatz LIBOR (London Interbank Offered Rate) war die Grundlage für die Berechnung des Kreditzinses und somit die entscheidende Richtschnur für Immobilienfinanzierungen in Billionenhöhe. Das Gesamtvolumen des LIBOR beträgt zirka 370 Billionen Dollar. 2021 wird der LIBOR durch fünf neue Referenzzinssätze (aus den USA, aus Japan, Großbritannien, der EU und der Schweiz) abgelöst werden, um so Manipulationen künftig zu verhindern.

Etliche namhafte Banken (Barclays, Deutsche Bank, Bank of America, J.P. Morgan, Citigroup, UBS, Credit Suisse, HSBC und viele mehr) hatten diesen wichtigen Zins nachweislich jahrelang zum Schaden der Kreditnehmer manipuliert. Der Schaden belief sich auf eine hohe Milliardensumme. Doch die Banken gibt es alle noch, und sie kamen mit Strafen von Millionen oder allenfalls wenigen Milliarden davon. Vor einem Jahr verriet mir der Insider einer Bank aus London in einem Recherchegespräch zu diesem Thema: Solange die Strafzahlungen niedriger seien als die exorbitanten Gewinne, die mit diesen Deals gemacht würden, gebe es gar keinen Grund, diese lukrativen Geschäfte zu stoppen.

Doch zurück zu Repo-Geschäften: Böse Zungen behaupten, dass die Repo-Krise bewusst herbeigeführt wurde, um die bei den Banken ungeliebten Regularien der Basel-III-Vorschriften loszuwerden. Die Fed sollte zum Eingreifen gezwungen werden, damit die Aktienmärkte weiter steigen und damit die Liquidität fließen solle. Auch dem Staat ließen sich durch eine solche von Banken herbeigeführte Krise Zugeständnisse bei der Regulierung abringen. Zuzutrauen wäre es den Finanzinstituten ...

Abbildung 30 sagt auch wieder mehr als 1000 Worte. Mit dem Beginn der Repo-Krise stieg die Geldmenge M1 in den USA um fast 40 Prozent und beschleunigte sich nochmals durch die Corona-Krise 2020. Ende 2020 war über 70 Prozent mehr Geld im System als im Jahr zuvor. Das ist historisch einmalig.

Bemerkenswert ist, dass zufälligerweise parallel dazu die EZB wieder ihr Aufkaufprogramm reanimierte mit Starttermin November 2019 (im Übrigen wie von mir Anfang 2019 prognostiziert), nachdem dieses erst neun Monate vorher für beendet erklärt worden war. Hier wurden bis dato 2,4 Billionen Euro investiert und durch das PEPP-Programm

(Pandemie Emergency Purchase Program) weitere 1,85 Billionen Euro. Das Ende ist offen.

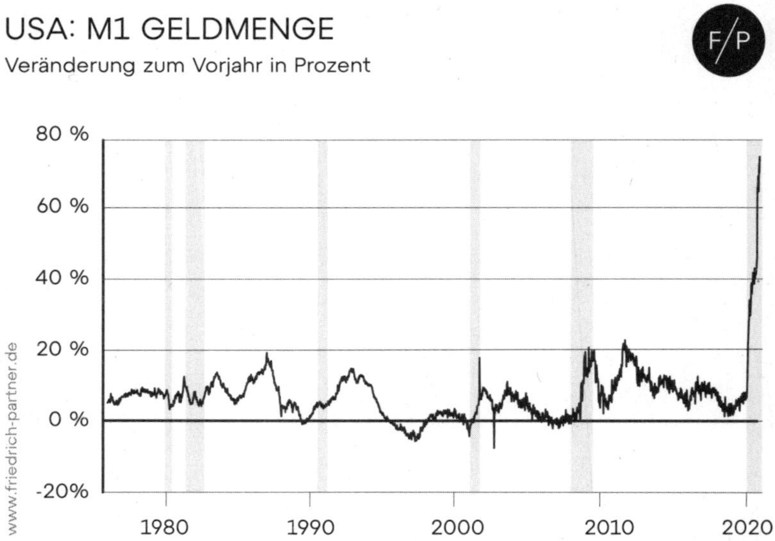

Abbildung 30

Kommt eine Stagflation?

STAGFLATION

Stagflation setzt sich zusammen aus den Wörtern »Stagnation« und »Inflation«. Während die Wirtschaft stillsteht, steigen die Preise. Erstmalig trat diese Situation während der Ölkrise 1973 in der westlichen Welt auf. Auslöser war ein Angebotsschock. Steigende Preise für Öl sorgten für eine Drosselung der Produktion, parallel erhöhten sich die Arbeitslosenzahlen und durch gleichbleibende Nachfrage kam es zu steigenden Preisen.

Während wir 2008 nur den monetären Eingriff der Notenbanken hatten, haben wir nun zusätzlich den fiskalischen Eingriff der Staaten. Einige befürchten, dass wir wieder wie in den 1970er-Jahren eine Stagflation erleben könnten. Die Aktienmärkte würden sinken, die Inflation steigen und ein deflationärer Crash wäre das Ende. Im Gegensatz zu damals wird es keinen »Paul Volcker Moment« geben. Der damalige Fed Chef hatte einen ordentlichen Spielraum und konnte die Stagflation in den USA bekämpfen, indem er massiv die Zinsen erhöhte. Das ging, weil die Schulden damals nicht bei 130 Prozent zum BIP lagen, sondern nur bei 30 Prozent und es um die Demografie um Welten besser gestellt war als heute. Jetzt ist man in jeglicher Hinsicht schlechter bestellt und damit maximal in der Falle. Daher sehe ich folgendes Szenario, falls die Stagflation kommt: Alles ruft nach mehr Geld von allen Seiten. Dem werden sowohl die Notenbanken als auch die Politiker nur zu gern nachgeben – es ist die einfache Lösung. Dies würde zuerst zur Inflation/Reflation und zu einem weiteren »Melt-up« von Aktien, Sachwerten usw. führen. Dann würde es zur Stagflation, schließlich zum deflationären Crash und somit zum finalen Kollaps kommen. Game over. Alle wieder auf Start.

Kommt eine Hyperinflation?

Die letzte Hyperinflation in Deutschland ist knapp 100 Jahre her: Sie ereignete sich 1923 in der Weimarer Republik. De facto haben wir jetzt überall Weimarer Verhältnisse, weil alle relevanten Notenbanken dasselbe Spiel spielen. Noch nie wurde eine Krise mit Gelddrucken gelöst, und immer führte Gelddrucken zur Inflation.

Wenn die Inflation nicht eingefangen werden kann, wovon ich ausgehe, folgt eine Hyperinflation. Erwarte ich diese? Ja! Eigentlich ist sie sogar schon da. Denn gegenüber Bitcoin und Gold ist alles Geld der Welt schon in der Hyperinflation. Vor allem seit der Einführung von ungedecktem Fiatgeld haben wir weltweit immer wieder Hyperinflationen gesehen, aber auch schon in der Antike gab es sie. Fakt ist: Staaten, Berufspolitiker und Bürokraten können mit Geld nicht umgehen und zerstören immer wieder gute und gesunde Geldsysteme. Aus diesem Grund brauchen wir ein neues Geldsystem, ein neues Politiksystem, basierend auf der Blockchain.

Die erste Hyperinflation

Die erste nachweisbare Hyperinflation geschah im 3. Jahrhundert n. Chr. und führte zum Kollaps des Römischen Reiches. Unter Kaiser Diokletian stiegen die Preise um 1,8 Millionen Prozent, und wie heute versuchte der Staat durch verschiedene verzweifelte Maßnahmen, die Hyperinflation einzufangen, was aber natürlich misslang. Auslöser war wieder mal der Übergang vom gedeckten Geldsystem zum ungedeckten Geldsystem – damals allerdings durch Münzverschlechterung (siehe auch Kapitel *»It´s the cycles, stupid!«*). Es wurden Preiskontrollen (Höchstpreisedikt) für Waren und für Dienstleistungen festgelegt. Bei Verstoß drohte sogar die Todesstrafe. Das Resultat war, dass viele Geschäfte schlossen, ein Schwarzmarkt entstand und das Edikt nach kurzer Zeit an Relevanz verlor, auch wenn es niemals aufgehoben wurde. Wieder einmal ein Beweis, dass durch Bürokraten geplante Wirtschaft zum Scheitern verurteilt ist.

Hyperinflation und Staatsbankrott

»Wenn der Staat Pleite macht, geht natürlich nicht der Staat pleite, sondern seine Bürger«

Carl Fürstenberg, deutscher Bankier

Wer diese beiden Begriffe liest, denkt zunächst an die Weimarer Republik, an Simbabwe oder einen sonstigen sozialistischen Staat in Afrika oder Südamerika. Was aber, wenn dieses Schicksal nun auch uns droht beziehungsweise wenn selbst die USA davon bedroht wären? Das klingt utopisch? Ist es aber ganz und gar nicht. Vor allem seit der Einführung von ungedecktem (Fiat-)Geld sind Hyperinflationen gehäuft aufgetreten. Es gibt keine feste Definition, aber üblicherweise spricht man von einer Hyperinflation, wenn die monatliche Inflationsrate 50 Prozent überschreitet. Zumeist endet eine solche Entwicklung dann auch im Staatsbankrott.

Der Hedgefonds »Horseman Capital« hat in einer Studie aufgezeigt, dass die Staaten, die eine Staatsverschuldung von über 130 Prozent des BIP hatten, zu 98 Prozent gescheitert sind. Sie landeten entweder im Staatsbankrott, mussten einen Schuldenschnitt durchsetzen oder erlitten eine Hyperinflation. Oder es geschah alles zusammen!

Diese magische Schwelle von 130 Prozent haben in den letzten 200 Jahren insgesamt 53 Staaten erreicht, und 52 davon sind hopsgegangen. Alle außer Japan! Die Japaner drucken Geld, als ob es kein Morgen gäbe – und sie tun das seit Jahrzehnten.

STAATSBANKROTTE

STAAT	JAHR DER 130 % SCHWELLENWERT-ÜBERSCHREITUNG	JAHR DER INSOLVENZ	ART DER INSOLVENZ	GRUND DER INSOLVENZ
Argentinien	1827	1827	Staatsbankrott	Unabhängigkeit
Spanien	1869	1877	Restrukturierung	Revolution
Türkei	1872	1876	Staatsbankrott	Dürre und Flut
UK	1919	1931	Staatsbankrott	1. Weltkrieg
Frankreich	1920	1929	Entwertung	1. Weltkrieg
Deutschland	1918	1922	Hyperinflation	1. Weltkrieg
Japan	1943	1943	Diverse Gründe	2. Weltkrieg
Australien	1945	1946	Hohe Inflation	2. Weltkrieg
Kanada	1946	1946	Hohe Inflation	2. Weltkrieg
Ghana	1960	1966	Restrukturierung	geringer Export
Costa Rica	1981	1981	Staatsbankrott	geringer Export
Griechenland	2010	2010	Rettungspaket	Finanzkrise 2008

www.friedrich-partner.de

Abbildung 31

Fakt ist: Die Welt lebt auf Pump. Die Schulden scheinen keine Grenzen zu kennen und werden ständig in immer neue astronomische Höhen getrieben. Wenn man diese Entwicklung kritisiert, wird oftmals gerne eben das Beispiel Japan entgegengesetzt. »Dort funktioniert es doch auch.« Seitdem 1989 die Aktien- und Immobilienblase platzte, vegetiert Japan in der Deflation herum, und tatsächlich sind die Schulden Japans in immer neue Höhen geschossen. Japan hat momentan gigantische 252 Prozent Verschuldung im Verhältnis zum BIP.

DEFLATION – WAS IST DAS?

Wenn mehr angeboten als nachgefragt wird, fallen die Preise. Das Preisniveau sinkt, weil immer weniger Geld im Umlauf ist. Durch eine Deflation wird das Geld aufgewertet. »Cash is King« gilt in einer Deflation. Die Bürger können mehr Waren mit ihrem Geld kaufen. Es lohnt sich für sie, den Konsum aufzuschieben, was zu einer gefährlichen Deflationsspirale führen kann: fallende Preise, immer weniger Konsum, weiter fallende Preise, noch mehr Kaufzurückhaltung und so weiter.

Das Beispiel Japan für die These vorzubringen, dass Gelddrucken kein Problem sei, ist aber nicht passend, da hier Äpfel mit Birnen verglichen werden. Japan war in einer Sondersituation. Das Timing der platzenden Blase war, wenn man dies so sagen kann, leider perfekt. Denn es zerplatzte nicht nur die japanische Spekulationsblase, sondern zugleich wurde auch der sozialistische, kommunistische Wall (der eiserne Vorhang) eingerissen. Dies führte zu neuen Absatzmärkten mit 1,5 Milliarden neuer Konsumenten. Parallel dazu begann das Zeitalter der Computertechnologie und des Internets. Die Weltwirtschaft war im Aufschwung und die Globalisierung pufferte die negativen Effekte der geplatzten Finanzblase in Japan deutlich ab, da die Nachfrage anzog und Japan CD-Player, Fotokameras und Videokassetten für die Welt produzierte. Zudem war die Demografie in Japan damals noch in Ordnung im Gegensatz zur momentanen Situation. Japan wird aber um die Konsequenzen dieser verschleppten Pleite nicht herumkommen. In Japan werden die Lichter ausgehen. **Die Frage ist nicht ob, sondern lediglich, wann das geschieht.**

Neben der ausgeweiteten Geldmenge ist vor allem die Schuldenlast ein Haupttreiber für weitere Krisen.

Kommen wir zurück zur wichtigsten Wirtschaftsmacht der Welt: **den USA. Die USA befinden sich 2021 längst in der Todeszone von über 130 Prozent Verschuldung im Verhältnis zum BIP. Mit 28 Billi-**

onen Dollar Verschuldung stehen die USA jetzt bei historisch hohen 130,94 Prozent (siehe Abbildung 1 auf Seite 25).

Gehen die USA jetzt pleite? Erst einmal nicht, da sie noch das mächtige Privileg genießen, die Weltreservewährung zu stellen. Die USA können einfach nach Gusto Geld drucken, welches jeder gerne akzeptiert, und die ganze Welt verschuldet sich in US-Dollar. Aber sobald dieses Privileg fällt – und das wird kommen –, werden die USA in schwierige Gewässer geraten. Wenn die Vergangenheit ein guter Hinweisgeber für künftige Entwicklungen ist, dann werden die USA und eben auch Japan scheitern, wie es die anderen 52 Staaten zuvor auch taten.

STAATSSCHULDEN VS. BIP USA

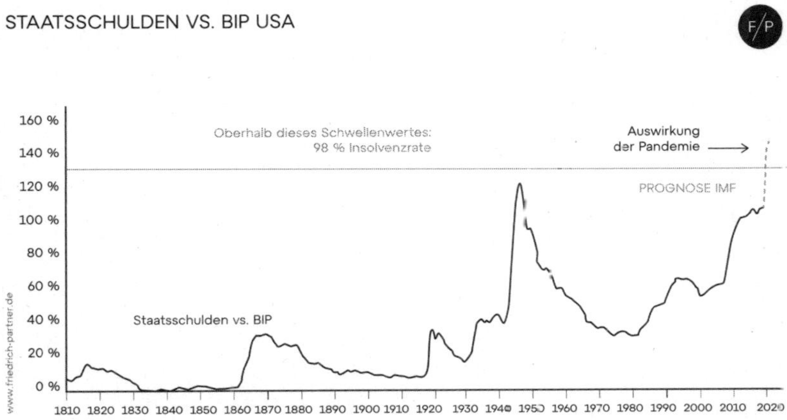

Abbildung 32

Denken Sie immer daran: Nicht der Staat geht pleite, sondern seine Bürger, wir!

Mein Szenario

Wir sind am Ende eines langen Kredit- und Schuldenzyklus, welcher durch die Pandemie weiter beschleunigt und verstärkt wurde (hierzu bitte auch das Kapitel »*It´s the cycles, stupid!*« lesen). Durch die Lockdowns sind die Staaten und Notenbanken, wie im Buch immer wieder aufgezeigt, gezwungen, historisch unerreicht große Konjunkturpakete und Aufkaufprogramme zu initiieren, um die abstürzende Wirtschaft zu stabilisieren. Nichtsdestotrotz ist eine schwere Rezession unvermeidbar, denn schon jetzt sehen wir, dass die erneuten Lockdowns der zweiten und dritten Welle noch härter sind und vor allem noch länger andauern. Es ist nicht auszudenken, was passiert, wenn es zu einer vierten Welle kommen sollte. Das alles, gepaart mit der Inkompetenz der Berufspolitik, führt unweigerlich zur Schadensmaximierung in allen Belangen. Schon jetzt ist klar: **Corona und die durch dieses Virus und die Politik verursachten Kollateralschäden werden uns noch sehr lange begleiten, belasten und auf Trab halten.**

»Wahnsinn ist, wenn man immer wieder das Gleiche tut, aber andere Resultate erwartet.«

Rita Mae Brown, US-Schriftstellerin

Die Staaten und Notenbanken stehen vor einem unlösbaren Problem: Sie haben sich selbstverschuldet in eine Sackgasse manövriert, aus der sie nicht mehr herauskommen. Seit Jahrzehnten lösen sie Rezessionen und Finanzkrisen mit den immer gleichen, nachweislich nicht effizienten Maßnahmen. Sie verabreichen dem Patienten ein wirkungsloses Medikament. Auch wenn es die Ursachen überhaupt nicht beseitigt, wird die Dosis mit jeder Krise dennoch immer weiter erhöht. Das bedeutet, dass immer mehr Geld in die Märkte gepumpt wird und die Zinsen immer weiter gesenkt werden. Bis zur tödlichen Überdosis. Dummerweise nehmen die Feuerkraft und die Effizienz der Konjunkturpakete der Staaten und der Aufkaufprogramme der Notenbanken mit jeder Krise immer weiter ab. 2020 kollabierte die Weltwirtschaft um historische 3,5 Prozent. Ironischerweise gab es 2020 weltweit nur ein Land mit positivem Wirtschaftswachstum, nämlich das Land, in dem die Corona-Pandemie begann: China.

Es wird eine erneute Rezession kommen, die nur schwer eingefangen werden kann. In der Vergangenheit mussten die Zinsen um zirka 5 Prozent gesenkt werden, um eine Rezession abzumildern. Ich erwarte einen deflationären Schock, auf den die Notenbanken mit Panik reagieren werden. Es wird also zu einer noch größeren Geldschwemme und zu weiteren Zinssenkungen kommen. Banken und Versicherungen werden dadurch noch mehr ins Wanken kommen, sie werden gerettet werden müssen und die Kreditvergabe wird sinken, was die Wirtschaft und deren Wachstum hemmen wird. Die Deflation wird relativ kurz andauern und danach in eine deutliche Inflation übergehen. Mit dieser Meinung stehe ich inzwischen nicht mehr alleine da. Mehrere führende Wirtschaftsexperten, aber auch Legenden der Finanzbranche erwarten eine deutlich anziehende Inflation, teilweise im zweistelligen Prozentbereich.

Da es unmöglich ist, die kurzen Zeitfenster fallender Preise in der Deflation optimal zu nutzen, sollte man als Anleger jetzt schon auf die richtigen Vermögensklassen gesetzt haben, um frühzeitig gewappnet zu sein. Wer weiß, ob im deflationären Schock überhaupt noch ein Angebot vorhanden sein wird oder es jemanden gibt, bei dem sich Gold, Silber oder andere Werte gegen Papiergeld überhaupt noch kaufen lassen. Aus diesem Grund ist es essenziell, jetzt schon entsprechend positioniert zu sein, auch wenn das die Gefahr mit sich bringt, dass die Vermögenswerte in einer deflationären Phase zunächst drastisch an Wert verlieren. Langfristig aber sind sie wertvolle und unverzichtbare Wertspeicher, die die Kaufkraft und das Vermögen vor Entwertung und Verlust, welche die sicher zu erwartende Inflation verursachen wird, schützen. Nach 40 Jahren deflationärer Entwicklungen wird die Inflation jetzt final durch unser auf Billionen aufgeblähtes Geldsystem auch im realen Leben ankommen und ganz alltägliche Güter betreffen. Da bis dato die Geldmenge zwar angestiegen, aber die Geldumlaufgeschwindigkeit gesunken ist, hatten wir keine Inflation – außer bei Preisen bestimmter Assets wie Aktien und Immobilien. (Siehe Abbildung 29 auf Seite 139.)

Durch die Lockdowns werden Produktions- und Lieferketten massiv beeinträchtigt, das Angebot sinkt. Wenn dann noch die Rezession kommt, treffen mehrere explosive Komponenten aufeinander. Sobald sich die Rezession ausbreitet und Staaten sowie Notenbanken mit ihren Maßnahmen überschießen (ausufernde Staatsverschuldung, Helikoptergeld, Direktfinanzierung der Staaten durch Anleihenkauf, Minuszinsen), werden immense Geldmengen frei, die unter anderem Sicherheit und Schutz in sicheren Sachwerten suchen. Auch Geld, das lange Zeit nicht bewegt wurde, wird aus Staatsanleihen und von Bankkonten abgezogen und kommt in Bewegung. Allein auf den Bankkonten der deutschen Privathaushalte liegt die Rekordsumme von 2,73 Billionen Euro! Dies wird zu einer anziehenden Inflation führen.

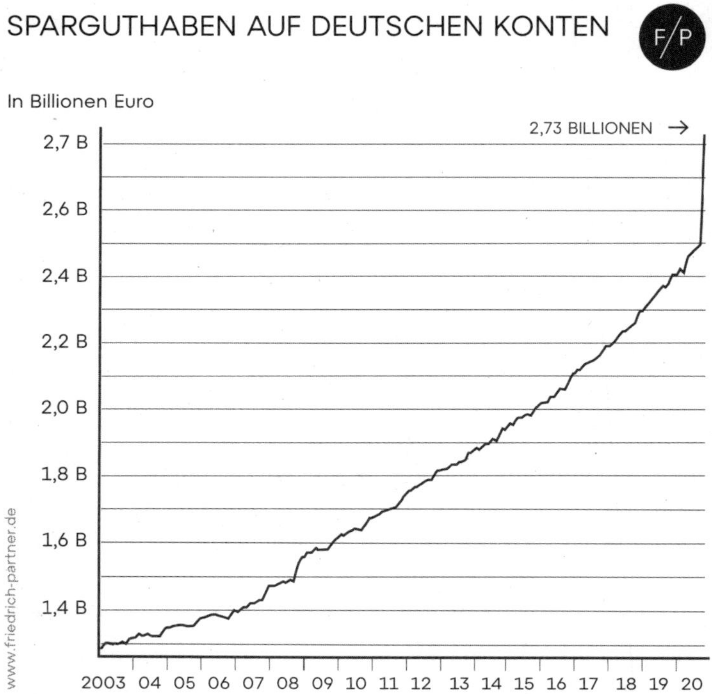

Abbildung 33

Das Hauptproblem ist aber, wie immer wieder aufgeführt, unser jetziges Wirtschafts- und Geldsystem, welches auf Wachstum basiert. Es ist hochgradig abhängig von Wachstum, es benötigt stetiges Wachstum, ansonsten bricht es zusammen. In unserem jetzigen Schuldgeldsystem wird Geld durch Kreditvergabe (Schulden) geschaffen, das heißt, nur durch immer neue Schulden wird neues Geld generiert, um Wirtschaftswachstum zu ermöglichen. Wenn die Wirtschaft nicht wächst, sinkt die Geldmenge und das System kommt in die Bredouille.

Seit Jahren haben wir aber immer mehr und immer größere Bremsblöcke, was dem ganzen Konstrukt massive Probleme bereitet und es zum Wanken bringt. Wir haben die immer wiederkehrenden Krisen, die sich verschlechternde Demografie und die sinkende Anzahl von Arbeitnehmern global. Da aber Wirtschaftswachstum mit Bevölkerungswachstum einhergeht, haben wir das Problem: **ohne Bevölkerungswachstum kein Wirtschaftswachstum.** Parallel haben wir immer mehr Zombies, und das führt zu Produktivitätsabschwächung.

Die Staaten springen immer mehr in die Bresche, um dies auszugleichen. Aus diesem Grund sind die Staatsquoten ungesund angestiegen. In Deutschland auf 54 Prozent und in Frankreich sogar auf 64 Prozent. Wir sehen immer mehr die Tendenz zum Eingreifen der Staaten und zur Planwirtschaft.

Corona-Ausblick

- **Szenario 1: Nach dem Lockdown ist vor dem Lockdown.**
  Die Welt wird durch immer neue mutierte Mutantenviren in Schach gehalten und die Politik hat keine andere Lösung, als den ewigen Lockdown zu implementieren das heißt wir hangeln uns von Lockdown zu Lockdown mit Lockerungen zwischendurch. Die Wirtschaft kommt zum Erliegen, wird immer wieder reanimiert, viele Unternehmen gehen trotzdem pleite. Die Staaten verabschieden Konjunkturpakete am laufenden Band in immer neuen Dimensionen. Auch die Notenbanken sind im Dauerdruckmodus, um die Konjunktur aufrechtzuerhalten.

  In diesem Szenario werden die Aktienmärkte weiter steigen, die Rohstoffe sich ebenfalls positiv entwickeln.
  Wahrscheinlichkeit: 25 %

- **Szenario 2: Armageddon**
  Ein besonders aggressiver Virus attackiert die Welt, kein Impfstoff wirkt dagegen, einen neuen zu entwickeln dauert Monate. Zur Sicherheit gehen wir in den harten Lockdown, alles kommt zum Erliegen, nur das Nötigste wird erlaubt.

  Deflationärer Schock, Rezession, Depression, Billionen an Hilfspaketen und die Notenpresse läuft 24 Stunden. Alle Assetklassen stürzen ab.
  Wahrscheinlichkeit: 15 %

- **Szenario 3: Konsumieren bis zum Abwinken**
  Die Impfstoffe wirken, die Pandemie wird immer mehr eingedämmt und die Krise geht vorbei. Läden, Restaurants und Länder öffnen wieder ihre Türen. Die Menschen strömen raus und kompensieren den monatelangen Lockdown. Es wird extrem viel Geld ausgegeben im Einzelhandel, für Reisen, Kultur und in der Gastronomie.

  Melt-up, Reflation. Alles explodiert. Dann finaler Kollaps.
  Wahrscheinlichkeit: 60 %

Krisenverlauf

Im folgenden Schaubild sehen Sie den von mir erwarteten Krisenverlauf mit einer ungefähren zeitlichen Einordnung. Bei einigen Punkten war ich zu früh, bei anderen werde ich eventuell zu spät sein. Dennoch: Einiges ist schon eingetroffen und im vollen Gange, wie die Rezession, Banken- und Unternehmenspleiten, Eingriff der Staaten und Notenbanken usw. Anderes wird noch kommen. Es geht nicht darum, 100 Prozent richtigzuliegen, sondern ungefähr. Denken Sie daran: Wer mental und finanziell auf diese für uns einmaligen Ereignisse vorbereitet ist, wird einen immensen Vorsprung und im neuen System bessere Startmöglichkeiten haben.

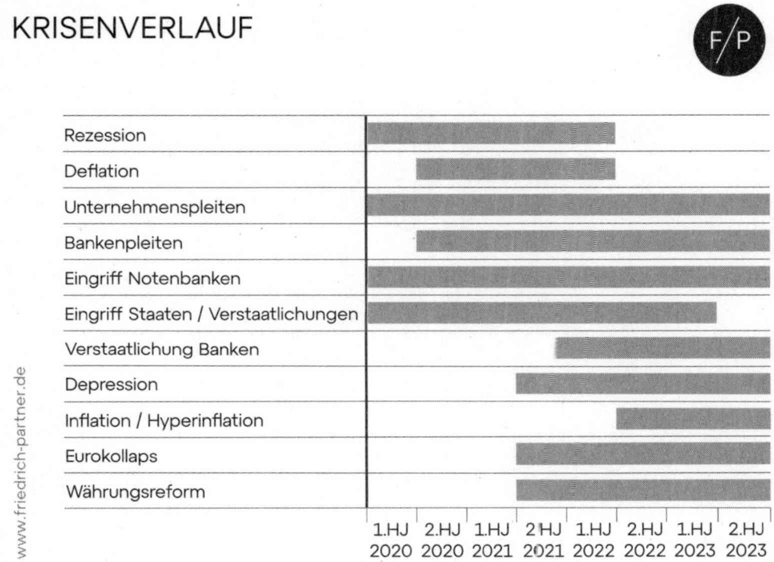

Abbildung 34

4.

Alles wird anders!

»Das Leben gehört dem Lebendigen an,
und wer lebt, muss auf Wechsel gefasst sein.«

Johann Wolfgang von Goethe

Unsere Zukunft nach der Krise

Ich bin fest davon überzeugt, dass diese Krise jetzt der Wendepunkt ist, der es uns ermöglicht, einen großen, positiven Wandel zu initiieren. **Fakt ist:** Wir brauchen ein neues, gerechteres Geldsystem, ein besseres, faireres und vor allem demokratischeres Wirtschaftssystem und ein neues politisches System. Die bisherigen Systeme haben ausgedient und sind nicht mehr zeitgemäß. Die Zeit bringt den Wandel, aber die Systeme sind starr geblieben und haben sich nur bedingt mitentwickelt. Stillstand ist immer Tod. Stillstand sehen wir seit Jahren in allen möglichen Bereichen. Eine Lösung aus dem bestehenden System heraus zu erwarten, wäre naiv – zumal das alte System für einen Großteil der Probleme verantwortlich ist. Um es bildlich darzustellen: Keiner würde ein Haus auf einem maroden Fundament (vielleicht noch im Erdbebengebiet) abreißen, um dann auf dem alten, unsicheren Fundament ein neues Gebäude zu errichten. Der Einsturz wäre vorprogrammiert. So ist es auch jetzt. Wir brauchen einen radikalen Wandel und müssen komplett neue Wege beschreiten. Ich weiß, dass der Mensch generell Angst vor Veränderung hat. Ungern möchte er das Vertraute, das Bekannte sowie das Bequeme verlassen. Mir geht es da wie allen anderen. Aber uns bleibt nichts anderes übrig. Seltenst passiert ein radikaler Wandel freiwillig. Zumeist wird er durch äußere Umstände eingeleitet. Da kommen die Krisen ins Spiel. Oftmals sind nämlich Krisen der Auslöser. Krisen sind immer schon ein Motor des Wandels gewesen. Egal ob das Parteiensystem, die Notenbanken, das Papiergeldsystem oder die Banken – sie sind allesamt dem Tode geweiht und werden nicht wieder auferstehen. Das sind drastische Worte, aber so ist es nun mal in Zeitenwenden. Da bleibt kein Stein auf dem anderen. Auch wenn mit aller Kraft versucht wird, das »alte« System zu bewahren. Dies ist aber vergebene Liebesmüh. Deswegen sehen wir auch immer verzweifeltere Aktionen, die vom digitalen Euro über Negativzinsen, höhere Steuern, Einschränkungen von Grundrechten bis zum Mietendeckel und weiteren Maßnahmen reichen. Aber aus ihrem Zusammenbruch wird etwas Neues und Besseres entstehen. Die Zukunft wird definitiv eine bessere sein. Denn viele haben intuitiv längst gemerkt, dass dieses alte System nicht mehr lange lebt und durch etwas Neues ersetzt werden muss. Aus diesem Grund sehen wir die Sehnsucht nach etwas Neuem, sehen wir die Flucht in Edelmetalle, Bitcoin und Sachwerte. Der Brexit, die Unabhängigkeitsbestrebungen in vielen Ländern sowie das Aufbegehren weltweit gegen das »alte System« sind Ausdruck dieses Paradigmenwechsels. **Der Glaube an das bestehende System, an unsere jetzige Weltordnung bröckelt seit Jahren weltweit.** Vor der Corona-Krise hatten wir global so viele Unruhen und Demonstrationen gegen Armut, gegen Korruption, gegen Ungerechtigkeit wie noch nie zuvor – von Frankreich bis Chile, von Libanon bis Hongkong. Apropos Glaube: Der Exodus aus den Kirchen ist ein weiteres Indiz für den Vertrauensverlust. In Scharen verlassen die Schäfchen den religiösen Hort. Der beste Businessplan der Welt ist in die Jahre gekommen. Da hätte ich auch mal einen Vorschlag an die Kirchen – an alle: **Wann, wenn nicht jetzt, in der größten globalen Krise seit dem Zweiten Weltkrieg, könnte die Kirche ihre Nächstenliebe beweisen?** Lasst euren blumigen und moralischen Sonntagsreden Taten folgen und öffnet eure reich gefüllten, goldenen Schatullen. Der Vorsitzende des Rates der Evangelischen Kirche in Deutschland und

Landesbischof Heinrich Bedford-Strohm hat unlängst gesagt, dass die Reichen nach der Corona-Krise zur Kasse gebeten werden sollten. Daher meine Anregung: Noch besser wäre meiner Meinung nach, wenn die Kirchen mit dieser Idee erst einmal bei sich selbst anfangen würde. Denn die Kirchen gehören ja bekanntlich zu den Reichsten nicht nur hier im Lande, sondern weltweit. Die Kirchen – die katholische wie die evangelische – sind die größten Immobilienbesitzer in Deutschland und in der ganzen Welt. Diese Krisenzeit wäre endlich eine Gelegenheit, die vollen Schatullen der Kirchen zu öffnen und die Milliarden brüderlich und in gelebter Nächstenliebe zu teilen. Das wäre einmal ein Zeichen, das die Glaubwürdigkeit der großen Kirchen wieder stärken könnte und die Kirchenaustritte beenden würde. Denn wie wir alle wissen, haben die Kirchen selbst immer gerne eher die Hand aufgehalten als zu geben. Schon in Goethes *Faust* sagt Mephisto: »Die Kirche hat einen guten Magen, hat ganze Länder aufgefressen und doch noch nie sich übergessen; die Kirch' allein, meine lieben Frauen, kann ungerechtes Gut verdauen.«

Aber vielleicht geht es ja jetzt einmal in die entgegengesetzte Richtung? Die Kirche könnte im 21. Jahrhundert nach Corona endlich unter Beweis stellen, wie ernst sie es mit der Nächstenliebe meint? Das ist natürlich sehr optimistisch gedacht, aber wer weiß, was diese Krise alles bewegt? Wenn die Kirche nichts macht, wird sie das Zeitliche über kurz oder lang segnen. Aber ich schweife ab. Zurück zum eigentlichen Punkt:

Wir erleben gerade Geschichte. In unserer hochkomplexen und globalisierten Welt müssen wir mehr denn je Wirtschaft, Politik und Gesellschaft ganzheitlich denken, alles zusammen denken, denn alles spielt ineinander. Wir können nicht nur die Wirtschaft betrachten, sondern dürfen den menschlichen Aspekt nicht vergessen, die Gesellschaft, die Politik. Denn für die Krise ist letztlich alles verantwortlich, und andererseits hat die Krise auf alles ihre gravierenden Auswirkungen. Jeder Bereich hat seinerseits wieder Auswirkungen auf die anderen Bereiche. Nur in eine Nische zu schauen, bringt also gar nichts. **Der ganzheitliche Ansatz ist essenziell.** Ganzheitliches Denken gilt längst nicht mehr als esoterischer Ansatz, sondern hat viele Befürworter. Dazu gehört etwa der gegenwärtig wohl bekannteste Vertreter der sogenannten integralen Theorie, Ken Wilber. Die integrale Theorie ist das Modell für eine holistische (akademisches Angeberwort für »ganzheitliche«) Welterklärung, die davon ausgeht, dass die in der Moderne stark voneinander getrennten Bereiche von Wirtschaft, Natur, Mensch, Gesellschaft und Kultur in Wahrheit auf vielfältigste Weise miteinander verflochten sind. Daher ist für eine wirklich zukunftsfähige und außerdem nachhaltige Entwicklung neben den fachwissenschaftlichen Betrachtungen der Blick auf die Welt als Ganzes dringend gefordert. Dies mache ich schon seit jeher in der Honorarberatung, wenn ich maßgeschneiderte Strategien zur Vermögenssicherung für die Kunden baue. Denn um das Gesamtbild zu erhalten, muss ich nicht nur über den Tellerrand hinausschauen und meinen Horizont weiten, sondern ich benötige auch alle Puzzleteile, um das große Ganze zu sehen, um das komplette Bild zu erfassen.

Die integrale Theorie plädiert für neue, integrierende Denkansätze und Theorien, Forschungen, die alte Fachgrenzen und Trennungen von Wirkungsbereichen hinter sich lassen. Dazu gehören nach Wilber durchaus auch mystische und spirituelle Erfahrungen, die ein tieferes Wissen über die Natur vermitteln können, als es die Naturwissenschaft alter Schule vermag. Alles Empathische, Feinfühlige und Spirituelle ist in unserer schnelllebigen, materialistischen und oberflächlichen Zeit abhandengekommen und wird teilweise sogar belächelt oder verachtet. Doch in Wirklichkeit sehnen sich die meisten von uns nach Tiefe, Magie und Wahrhaftigkeit. Denn sie ist es, die tief verankert in der Seele eines jeden Menschen ist. **Das »Menschliche«, Tiefgründige fehlt uns allen, und genau daran krankt unsere Gesellschaft.** Daran wird unsere Konsumillusion scheitern. Danach sollten wir uns wieder auf die Menschlichkeit besinnen: gemeinsam an einem Strang ziehen, miteinander leben und nicht nebeneinander, oder schlimmer noch, uns sogar gegeneinander richten. Die kommende Ära könnte eine nicht nur goldene Zeit für die gesamte Menschheit werden, sie könnte zur friedvollen Ära werden, wenn wir endlich erkennen, dass wir *eine* Spezies sind und nur gemeinsam überleben können und zusammen zu Großem fähig sind.

Notwendige Katharsis

Corona war nur der Türöffner für einen überfälligen Wandel. In allem Schlechten und Negativem steckt auch etwas Gutes und Positives. Auch aus dieser Krise können wir etwas mitnehmen. Das ist eine riesige Chance, endlich aufzuwachen und uns vieler Dinge bewusst zu werden. Damit kann dieses System, das ganz offensichtlich aus dem Gleichgewicht geraten ist, endlich ganz grundsätzlich korrigiert oder sogar vollständig abgelöst werden durch ein System, das den Menschen mehr fördert.

Die Krise ist eine Art Katalysator. Eine Katharsis, die wir durchmachen müssen, um zu erkennen, was falsch und was richtig ist. Denn das System, in dem wir leben, ist unmenschlich, undemokratisch und unfair. Es stärkt das Auseinanderdriften der Menschen, verstärkt die Kluft zwischen Arm und Reich und zwischen oben und unten. Das kann auf lange Sicht nur falsch sein. Wer jetzt nicht bemerkt, dass wir in einem Hamsterrad gefangen sind und nie wieder herauskommen und dass es unter den herrschenden Umständen nur immer schlimmer wird, der wird es nie begreifen. Es muss doch jedem auffallen, dass die Gesellschaft krank ist, dass die Menschen krank werden, körperlich und seelisch, dass Umwelt und Klima leiden, weil der pervertierte Finanzkapitalismus die Welt als Ganzes ausbeutet.

Deshalb gibt es nach wie vor Kinderarbeit und Arbeit, die diejenigen kaum ernährt, die sie verrichten, sondern nur Armut erzeugt. Auf der anderen Seite lässt der Finanzkapitalismus im Gegensatz zum echten Kapitalismus einen ganz kleinen Prozentsatz der Weltbevölkerung pervers reich werden, während die breite Masse immer ärmer wird. Das System ist auf Ausbeutung ausgerichtet und begünstigt immer weniger Menschen, und aus diesem Grund sehen wir auch immer mehr Demonstrationen und Revolten.

Dieser Crash ist notwendig, und das Corona-Virus war lediglich der Auslöser, die Nadel, die die Finanzmarktblase zum Platzen bringen wird. Die Heilung nach dem Finanzmarkt-Crash wird einhergehen mit Schmerzen. Es ist sogar denkbar, dass wir nun vor der größten Krise aller Zeiten stehen. Wir werden eine globale Depression erleben, denn kein Land ist vor der Krise gefeit. Die Krise kann man ebenso wenig wie das Virus an der Grenze abweisen. Und deshalb sitzen wir auch alle im gleichen Boot. Erstmalig in der Geschichte werden wir gezwungen sein, als gesamte Menschheit zusammenzuarbeiten und zusammenzurücken. Denn der Mensch lernt eben vor allem durch Scheitern, er braucht Krisen zur Weiterentwicklung. Auch in der Vergangenheit war es schon immer so, dass Krisen wichtige Wendepunkte markierten in der Entwicklung.

Krisen sind notwendig

Der Zweite Weltkrieg war in mehrfacher Hinsicht besonders fatal. 90 Prozent der Städte in Deutschland waren zerbombt. Millionen Menschen verloren durch die Bomben alles oder mussten fliehen und konnten froh sein, überlebt zu haben. Millionen Menschen verloren ihr Leben. Trotz allen Leids und aller Schmerzen ging es dennoch danach weiter. Die Menschen krempelten die Ärmel hoch, und nach der Katastrophe setzte der größte Wohlstandseffekt in der Geschichte der Bundesrepublik Deutschland ein, und ähnlich war es auch in anderen Ländern. Auch die Französische Revolution war eine existenzielle Krise, denn sie markierte den Zusammenbruch der alten Weltordnung. Sie war aber auch die Wegbereiterin für Demokratie, für Brüderlichkeit und Gemeinsamkeit.

Nicht zuletzt war die industrielle Revolution 1815 in Großbritannien ein krisenhafter Wendepunkt. Mit ihr wurde der vorhandene, große Reichtum besser verteilt unter den armen Menschen und die Lebenserwartung stieg deutlich. Das Muster ist also immer ähnlich: Auch wenn es durch solche Krisen und Wendepunkte zunächst eine schmerzhafte Erstverschlimmerung gibt, setzen danach unumkehrbare Verbesserungen ein. Wenn wir Corona und die Folgen eines Tages im Rückspiegel betrachten, werden wir sehen, dass diese Krise der **Anfang überfälliger Veränderungen zum Besseren war**. Denn wir werden in den nächsten Jahren in ein goldenes Zeitalter eintreten, nicht nur, was Wohlstand und Gesellschaft angehen, sondern auch menschlich und spirituell. Lange Zeit haben wir doch nur noch funktioniert wie Maschinen. Wir waren nichts anderes mehr als teilweise exzellent alimentierte Sklaven. Aber eben doch nur Sklaven.

Wenn man sich umschaut, dann wird überdeutlich, ganz gleich, ob in Zürich oder Stuttgart: Die Menschen leben nicht mehr miteinander, sondern nebeneinander her. Sie sterben an Zivilisations- oder Stresserkrankungen wie Diabetes, Herzinfarkt, Krebs, Depression und Burn-out. Das alles sind Krankheiten, die gehäuft auftreten durch eine grundsätzlich falsche Lebensweise. Das fängt schon bei der Ernährung an. Die meisten von uns essen zu viele hoch verarbeitete Lebensmittel, oder viel zu viel billig produziertes Fleisch. Auf dieses Fleisch-Problem hat Corona bereits ein grelles Schlaglicht geworfen, was dazu führen wird, dass sich durch Skandale wie dem gigantischen Corona-Ausbruch beim Schnitzel-Kaiser Tönnies einiges ändern wird in der Branche. Dieser Fall ist ein schöner Beweis für die These, dass nur eine Krise den Fortschritt bringt. Die prekären Arbeitsbedingungen in der Fleischbranche waren schon lange vor Corona bekannt, man wusste um das Elend der durch Subunternehmer geknechteten Arbeiter aus Osteuropa. Aber nichts hat sich bewegt, bis der Corona-Ausbruch kam und damit ein erneuter Lockdown in der Region.

Wir essen nicht nur zu viel schlechtes Fleisch, wir sitzen auch zu viel und bewegen uns kaum noch. Die Trägheit macht uns auch intellektuell träge. Nur in einem gesunden Körper kann ein gesunder Geist wohnen. Wir sollten nicht den Lift nehmen, sondern die Treppe steigen – auch intellektuell.

Man kann sich natürlich fragen, was solche Überlegungen in einem Buch über Finanzen zu suchen haben. Doch ich meine, dass sie hineingehören, weil ich ganzheitlich denke. Es gehört alles dazu. **Der wichtigste Sachwert, den wir haben, ist unsere Gesundheit,** sowohl die geistige als auch die körperliche Gesundheit! Diese Krise macht deutlich, dass wir zu lange auf der Überholspur gelebt haben. Wir haben die Welt ausgenutzt, wir haben die Umwelt kaputtgemacht, nur damit ein paar wenige, dieses berühmte 1 Prozent, immer reicher werden. Damit einige Menschen weiterhin immer mehr Geld verdienen und auf Kosten der breiten Masse die Füße auf den Tisch legen können. Diese Ungerechtigkeit tritt jetzt deutlicher zutage als zuvor.

Das Grundübel aber ist das Geldsystem. Wir haben Geld, das aus dem Nichts entsteht. Jede Bank, jede Notenbank, aber auch jede

Privatbank, genossenschaftliche Bank oder Sparkasse kann aus dem Nichts Geld schaffen: das sogenannte Fiatgeld. Die grundsätzliche Frage lautet: Kann man Schulden mit immer neuen Schulden bezahlen? Ein Beispiel: Ein Privatmensch hat etwa 200.000 Euro Schulden, weil er sich vielleicht eine »Garage« in München kaufen möchte. Dann läuft es plötzlich ganz schlecht, das Haus ist weg, alle Sicherheiten sind weg, es gibt keine Einnahmen mehr wegen des Lockdowns und Quarantäne. Wenn er dann zur Bank geht und sagt, »Ich brauche nochmal 200.000 Euro«, dann sagt die Bank natürlich: »Nein!« Aber finanzpolitisch machen wir das – und zwar global. Wir wissen alle, dass Italien bankrott ist, trotzdem kriegen die Italiener immer weiter Geld von Gläubigern, auch aus der EU.

Gegenwärtig werden Schulden mit neuen Schulden bezahlt. Wir haben weltweit den höchsten Schuldenstand aller Zeiten, nämlich 360 Prozent des Bruttoinlandsprodukts. Es sind glaubliche Summen, die sich da angehäuft haben: 288 Billionen US-Dollar. Und die Welt produziert in einem Jahr gerade mal Waren und Dienstleistungen im Wert von zirka 90 Billionen Dollar. Es heißt, die Verschuldung liegt beim mehr als Dreifachen der Wirtschaftsleistung. Und diese Verschuldungsorgie hält an. Noch dazu haben die Notenbanken in den letzten 30 Jahren – egal, ob die Schweizer Nationalbanken, die US-amerikanische Notenbank Fed oder die europäische Notenbank EZB – immer nur eine Lösung gehabt, wenn es zu einer Krise kam: **nämlich, die Geldschleusen zu öffnen, Geld ins überhitzte System hineinzupumpen und die Zinsen zu senken.**

In der Schweiz gibt es schon seit Jahren Negativzinsen, nämlich minus 0,75 Prozent. Aber auch in der EZB liegt das Zinsniveau seit 2016 auf 0 Prozent. Das ist ein historisch einmaliges Notenbank-Experiment. Noch nie waren die Zinsen so lange so niedrig und noch nie war so viel Geld im System. Die amerikanische Notenbank hat gesagt: »Whatever it takes 2.0 – wir kaufen jetzt unlimitiert Anleihen.« Die Bilanzen sind so stark ausgeweitet wie noch nie, und das, obwohl wir 2008 die Finanzkrise hatten. Geld- und Fiskalpolitiker versucht verzweifelt, die Probleme wieder mit dem immer gleichen Medikament zu heilen, obwohl das Medikament gar nicht mehr anschlägt; es hilft nicht mehr. Auf dem freien Markt würde ein solches Medikament vom Markt genommen oder sogar verboten werden, denn dieses Medikament hat ganz schlimme Nebenwirkungen, verursacht enorme Kollateralschäden:

Wir haben weltweit immer mehr Menschen, die arm werden, wir haben Staaten, die auf keinen grünen Zweig mehr kommen. Wir sehen Finanzmarktblasen, Immobilienmarktblasen, Aktienmarktblasen, Staatsanleihen-Blasen, und all diese Blasen werden immer weiter aufgebläht. Der Ballon wird immer größer. Das Einzige, was die Notenbanken in den letzten Jahren gemacht haben, ist, eine Finanzmarktkrise durch eine noch größeren Finanzmarktkrise abzulösen. 2008 haben Notenbanken die Banken gerettet. Jetzt lautet die Frage: Wer rettet bitte schön die Notenbanken und die Staaten, die sich bis zur Halskrause verschuldet haben? Die Antwort ist die immer gleiche: Die Bürger müssen einspringen. Geht der Staat pleite, ist es immer der Bürger, der pleitegeht. Wir zahlen die Zeche. Wir sind schon lange dabei, die Zeche zu zahlen, denn wir zahlen immer höhere Abgaben und Steuern.

Keiner hatte 2008 den Mut, den Stecker zu ziehen, und auch jetzt versucht man immer noch, den Patienten künstlich am Leben zu erhalten. Auch heute hat keiner der Verantwortlichen den Mut, endlich neue Wege zu gehen. Aus diesem Grund wird der kommende Crash der größte Crash aller Zeiten werden müssen, auch wenn das System sich mit der unendlichen Liquidität noch mal Zeit erkauft und die Aktienmärkte noch einmal nach oben manipuliert.

Sollte der deutsche Aktienmarkt einmal bei 20.000 bis 30.000 Punkten stehen, heißt das eben nicht, dass die Krise vorbei ist und dass die Grundprobleme gelöst worden sind. **Ganz im Gegenteil:** Dann kommt der Crash noch wuchtiger mit noch mehr Kollateralschäden in ein bis zwei Jahren. Meine Prognose lautet: Spätestens 2023 kommt das reinigende Gewitter. Bis dahin wird der Crash da sein, und dann werden wir noch vor größeren Problemen stehen, weil wir seitdem nur volkswirtschaftliche Schadensbegrenzung betrieben haben. Wir haben die Latte nur immer weiter nach oben gehängt und deshalb wird der Absturz immer heftiger. Sollten die Notenbanken es entgegen meiner Erwartungen schaffen, dass Spiel in eine dritte Verlängerung zu bugsieren, dann kommt das Ende trotzdem innerhalb dieser Dekade.

Wir haben Helikoptergeld. In den USA ist das sogar noch drastischer. Dort werden tatsächlich an jeden Steuerzahler 1400 Dollar verschenkt. Und wer Glück hat, bekommt sogar bis zu 3000 Dollar. Und auch in der Europäischen Union wird das kommen.

Erst kommt dann der Crash, die Rezession, die ohnehin nicht abwendbar ist, weil wir jetzt seit elf Jahren Wachstum hatten und damit den längsten Wachstumspfad der westlichen Welt hinter uns haben. Normalerweise kommt immer nach sechs bis sieben Wachstumsjahren eine Rezession, die der Wirtschaft zum Durchatmen dient, also eigentlich als Konsolidierungsphase verstanden werden kann. Aber eine solche gesunde Rezession haben die Notenbanken immer wieder weggedrückt. Warum? Weil sie Angst hatten, denn sie wussten, dass dieses System eine zweite schwere mit der von 2008 vergleichbare Rezession nicht überleben wird. Denn dann wird alles zusammenfallen, dann gehen die Zombie-Unternehmen pleite, dann brechen die Banken zusammen und der Euro gleich mit. Oder auch anders herum, die Banken und der Euro sind ja aneinandergekoppelt. Aus dieser Angst heraus haben die Geldpolitiker immer wieder neues Geld gedruckt und die Zinsen gesenkt, um diesen Prozess immer weiter in die Länge zu ziehen wie einen alten Kaugummi.

Aber im vierten Quartal 2019 war bereits zu sehen, dass die Wirtschaft in ganz Europa schwächelte. Es gab eindeutig eine Stagnation; die Rezession stand schon vor der Tür. In dieser Situation kam das Corona-Virus dann natürlich wie gerufen. Denn nun ist das kranke Wirtschafts- und Geldsystem nicht mehr verantwortlich, sondern nach offizieller Lesart ist ganz allein das Corona-Virus schuld an dieser Krise. Das Virus mit seiner Unberechenbarkeit bietet dann auch gleich einen willkommenen Anlass, die Privatrechte massiv einzuschränken, Reisebeschränkungen einzuführen, das Bargeld abzuschaffen, wahrscheinlich noch mehr die Zinsen zu senken und noch viel mehr Geld hineinzupumpen ins System. Das Corona-Virus ist der Politik willkommen, weil sie ihr Krisenmanagement unter Beweis stellen kann mit viel überflüssigem Aktionismus. Damit meinen die Regierenden, ihre Kompetenz zu beweisen, und erwarten dafür, dass die Bürger ihre Weisungen bereitwillig befolgen, weil sie diese Politik für sachgerecht halten.

Das alles aber steuert auf ein Ende mit Schrecken hin, was ich aber begrüße, denn ein Schrecken ohne Ende würde uns allen noch viel mehr zumuten. Wir wollen endlich, dass der Patient erlöst wird, dass man ihn friedlich einschlafen lässt, um es mit dem Bild zu erklären, das ich bereits in einem Interview mit dem *Spiegel* gewählt hatte, was für große Empörung sorgte. In zahllosen Kommentaren war zu lesen, wie ich es wagen könnte, das System so grundsätzlich zu hinterfragen. Dabei spüren doch viele ganz intuitiv, dass wir auf das Ende unseres bisherigen Systems zurasen. Es ist ja doch auch alles andere als ein lebenswertes System, in dem wir leben. Aber natürlich wird gebrandmarkt, wer den Mut hat, etwas derart Unpopuläres zu sagen.

Die Massenmedien lassen eine solche unpopuläre Meinung kaum zu. So kommt es, dass viele Verunsicherte und jene, die auch dieses dumpfe Unbehagen spüren, zu alternativen Medien abgedriftet sind. Dort stoßen sie abseits vom Mainstream auf unbeliebte, bisweilen interessante, aber auch abstruse Theorien. Diese Entwicklung halte ich in mehrfacher Hinsicht für sehr gefährlich. Denn sobald jemand eine unpopuläre Meinung äußert, die sich gegen den Mainstream richtet, wird die betreffende Person sehr schnell stigmatisiert, diffamiert oder unglaubwürdig gemacht. Sie wird in eine Schublade gesteckt und als Spinner bezeichnet. Oder als Verschwörungstheoretiker. Oder als Populist. Sobald es keine Gegenargumente gibt, wird sie persönlich angegriffen oder wenigstens stigmatisiert, ganz nach der effektiven Zersetzungsstrategie der Stasi in der ehemaligen DDR. Den Leuten wird suggeriert, der Betreffende hätte keine Ahnung und wäre unseriös. Es fehlen aber zumeist die Begründungen. Wie beim erwähnten *Spiegel*-Interview. Wer die Kommentare liest, wundert sich, wie die Leute ticken. Da ist auch viel Hass, weil ich es wage, an den Grundfesten dieses Systems zu rütteln, in dem sich die meisten scheinbar so schön eingerichtet haben.

Aber das Leben ist Wandel. Wer diese Realität nicht anerkennt, wer nicht realisiert, dass wir vor einem Crash und einem Systemwechsel stehen, dem wird die eigene Bequemlichkeit noch zu einem großen Problem werden. Denn für die Bequemen wird es besonders schwer sein, wenn der Wandel kommt. Und dass der Wandel kommt, ist so sicher wie das Amen in der Kirche. Es wird ein Tsunami werden. Und wir können entweder auf der Welle der Veränderung surfen oder wir werden von ihr überrollt. So bitter es ist, aber so ist nun einmal das Leben. Es wird nichts bleiben, wie es war.

Die Menschheit hat schon so viele Krisen überwunden und letztlich gemeistert, so wie jeder in seinem persönlichen Leben schon einige Krisen überstanden hat. Wir alle hatten gerade durch Krisen doch den größten Lerneffekt. Wenn wir zurückschauen – wann haben wir am meisten gelernt? In den Krisen. Wer von seiner Freundin betrogen wird oder von einem Geschäftspartner, der merkt: Jetzt bin ich an einer Grenze, in einer Krise. Aber solche Erfahrungen erzielen einen großen Lerneffekt, und nur so etwas bringt uns eigentlich weiter. Und deshalb sollten wir auch jede Krise dankbar annehmen. Auch wenn es im ersten Moment düster aussieht und sich der Eindruck einstellt, dass alles zusammenbricht. Es geht immer weiter. Im Leben von jedem uns hat es Tage gegeben, an denen es sich anfühlte, als würde uns der Boden unter den Füßen weggezogen. Tage, an denen wir keine Perspektive mehr sahen und am liebsten gleich von der Brücke gesprungen wären. Dann aber haben wir die Sache eine Nacht überschlafen, und am nächsten Tag sah die Welt schon wieder anders aus. Glauben Sie mir. Auch ich hatte etliche dieser ekelhaften Tage und dieser schlimmen Erfahrungen. Ich wurde von nahen Freunden verletzt, angelogen und hintergangen, von Partnerinnen betrogen und um Geld gebracht und von Geschäftspartnern und Menschen, von denen ich dachte, sie zu kennen und ihnen vertrauen zu können, auf übelste Art und Weise hintergangen, betrogen und belogen. Ich habe Abgründe gesehen, gesehen, wie falsch, niederträchtig und bösartig Menschen sein können. Aber wissen Sie was? Es hat mich gestärkt und wachsen lassen. Ich will mir trotzdem nicht die Zuversicht und Liebe für meine Mitmenschen nehmen lassen. Ich will offen sein und bleiben. Im Nachhinein waren all diese Erfahrungen, so schrecklich sie auch waren, essenziell. Ohne sie wäre ich nicht, wer ich bin und wo ich bin. Ich wüsste nicht, was falsch und was richtig ist und wie ich in der Welt auftreten will. Karma! Es kommt alles zurück. **Tue Gutes und dir widerfährt Gutes!**

Vielleicht sollten wir diese Krise auch als einen Warnruf begreifen, einen Warnruf der Welt an die Menschheit. Oder vielleicht meldet sich ja sogar eine höhere Macht – etwas, das man Gott nennen könnte? Auf jeden Fall ist Corona und die dadurch ausgelöste Krise ein dringender Aufruf an uns alle, uns zu besinnen. Wir müssen uns endlich existenziellen Fragen stellen: Wer sind wir? Was wollen wir? Das fängt an bei durchaus sehr persönlichen Fragen: Will ich überhaupt den Job, den ich gerade mache? Erfüllt er mich, ist er meine Berufung? Ist der Partner, der hier in meinem Wohnzimmer sitzt, überhaupt der richtige?

Wie man hörte, ist in China nach dem strikten Lockdown die Zahl der Scheidungsanträge sprunghaft in die Höhe geschnellt. Da haben sich offenbar viele Paare bitteren Wahrheiten endlich einmal zwangsweise stellen müssen. Die entsprechenden Konflikte müssen aber schon lange geschwelt haben; sie sind nun endlich durch die Krise offen ausgebrochen. Die Pandemie-Krise war und ist ein Katalysator für private Krisen, der die Wahrheiten ans Licht bringt. Am Ende steht die heilende Katharsis: Scheidung. Lieber ein Ende mit Schrecken als Schrecken ohne Ende, sprich eine nicht enden wollende, unglückliche Ehe.

Um zu tieferen Erkenntnissen und Wahrheiten vorzustoßen, braucht es eine gewisse Muße. Im antiken Griechenland galt die Kunst des Müßiggangs als erstrebenswertes Lebensziel. Ohne Muße kann es keine Kunst, keine große Literatur geben. Friedrich Schiller hat sicher *Das Lied von der Glocke* nicht in zwei Stunden zwischen Mittagessen und Kaffee geschrieben. Solche großen Dinge können nur entstehen, wenn man Zeit und Muße hat. Der Flow stellt sich nicht auf Knopfdruck ein.

Echte Muße aber erschreckt die meisten Menschen des 21. Jahrhunderts. Sie haben sich an die eigene Hyperaktivität gewöhnt und halten diese für erstrebenswert. Deshalb haben sehr viele Menschen auch panische Angst vor dem, was während des Corona-Lockdowns passiert ist und uns beim großen Crash erst recht noch blühen wird: Angst vor der großen Leere, nicht nur im Homeoffice.

Natürlich haben sich die meisten schon während des Corona-Lockdowns mit Netflix-Serien zugedröhnt und sich abgelenkt mit Online-Shopping. Diese Reflexe, sich abzulenken, werden auch beim kommenden Crash einsetzen. Dabei sollte man vielmehr die Zeit nutzen, und sich ernsthaft Gedanken machen. Wir sollten uns fragen: Was wollen wir eigentlich, was wollen wir im Leben erreichen und wo soll es grundsätzlich hingehen mit der Menschheit? Vielleicht wäre es sogar gut, wenn durch die kommenden Krisen für ein paar Tage der Strom ausfallen würde? Dann wären wir alle gnadenlos auf uns selbst zurückgeworfen. Kein Netflix, kein eBay-Shopping, sondern klösterliche Stille.

Das würde uns daran erinnern, dass es längst eine neue, große Sehnsucht nach Sinn und Spiritualität gibt. Selbst die Wissenschaft löst sich inzwischen vom rein materialistisch-mechanischen Weltbild. Sogar die Quantenphysik dringt in den Bereich des Bewusstseins vor und beginnt, den Geist als Ursache aller Form und Materie zu entdecken.

Die Gesellschaft dürstet nach Spiritualität. Seit Jahren schon boomen Angebote aller Art, die Spiritualität verheißen. Natürlich auch fragwürdige Esoterik. Aber unverkennbar ist, dass es dieses kollektive Bedürfnis gibt, sich selbst besser kennenzulernen und Spiritualität zu erfahren. Das fängt an beim Persönlichkeitstraining und geht über Yoga und Meditation, seriöse Therapien und Schweigewochen in Klöstern bis hin zu Schamanen-Ritualen im Urwald mit Drogenexperimenten. Sicher ist da viel Unseriöses dabei. Aber darum geht es gar nicht. Es geht darum, dass den Menschen des 21. Jahrhunderts unübersehbar etwas fehlt. Es fehlt etwas, das die Menschen wirklich erfüllt. Die Menschen suchen einen Ausgleich, sie suchen Antworten auf die existenziellen Sinnfragen. Das Leben im Hamsterrad des Turbokapitalismus mit seinem Konsum- und Erlebnisdruck reicht den Menschen nicht mehr. Sie spüren, dass sie etwas grundsätzlich Anderes brauchen. Daher rührt der Boom der spirituellen Selbsterfahrungs-Angebote.

Auch die Natur spricht längst eine deutliche Sprache der Umkehr, und das nicht erst, seit Greta Thunberg weltweit die jüngere Generation zu Klimaprotesten aufruft. Durch den Corona-Lockdown haben wir gesehen, wie rasant sich die Emissionen reduzierten, wie das Wasser in Venedigs Kanälen sich klärte, wie Delfine sich wieder an die Küsten trauten und die Luft im indischen Neu-Delhi so sauber wurde, dass die Hauptstädter erstmals die schneebedeckten Gipfel des Himalajas sehen konnten. Vielleicht brauchen wir ja wirklich Krisen wie Corona und den bevorstehenden Crash, um die längst überfälligen Kurskorrekturen etwa in der Klimapolitik endlich anzugehen?!

Krisen herbeizureden, erscheint natürlich auf der einen Seite zynisch, denn die menschlichen Dramen, die sich abspielen werden, sind verheerend, keine Frage. Auf der anderen Seite haben wir in den letzten Jahrzehnten beobachten können, dass es sehr wohl ein breites Problembewusstsein gab. Spätestens seit dem Aufstieg der Grünen Partei sind Umweltprobleme und ökologische Fragestellungen ins öffentliche Bewusstsein gerückt. Passiert ist aber bis jetzt viel zu wenig.

Was die Krise konkret bedeutet

Wenn jetzt eine Depression kommt, dann heißt das natürlich, dass die Arbeitslosenzahlen stark steigen werden. Die Börsen werden in den Keller abrutschen und es wird vom Staat weiterhin unglaubliche Konjunkturprogramme geben. Die Notenbanken werden mehr Geld drucken als jemals zuvor. Das Ganze wird dann in der Inflation beziehungsweise Hyperinflation enden, was bedeutet, dass die Kaufkraft unseres Geldes immer geringer wird. Die Preise werden steigen und dann werden wir irgendwann den Euro kollabieren sehen und eine Währungsreform erleben. Das System des ungedeckten Papiergelds wird kollabieren. Es drohen die größten Verwerfungen, die man sich vorstellen kann. Es naht eine Pleitewelle, wie sie die Menschheit noch nicht gesehen hat, aber auch die Arbeitslosenzahlen werden Höhen erreichen, die wir uns gar nicht vorstellen können. Die kommende Krise wird schlimmer als die Bankenkrise 2008 und auch schlimmer als der große Crash von 1929.

WERDEN WIR EINE DEPRESSION SEHEN?

Im Konjunkturzyklus ist die Depression der Tiefpunkt einer Volkswirtschaft während eines Abschwungs (Konjunkturtief). Das Tief ist meistens die Folge einer langen Phase der Rezession. Nach einer bezwungenen Depression kommt es zu einer anschließenden Aufschwungphase. Auch in wirtschaftlichen Belangen ist die Krise

Fundament für einen Neustart. Ein jeder kennt die große Depression von 1929. Es gab aber schon mal eine noch größere, aber relativ unbekannte Depression, und zwar im Jahr 1920/21. Das erste Jahr dieser Krise war die größte Deflation seit Aufzeichnung in den USA. Damals gab es aber kein Eingreifen der Notenbank und des Staates, sondern man überließ es den Märkten, sich selbst zu heilen. Also keine Konjunkturpakete und keine Zinssenkungen. Und siehe da, 18 Monate später war die Krise vorbei und vergessen. Danach startete der nächste Zyklus mit Aufschwung (»roaring Twenties« – die goldenen Zwanziger) mit Exzessen bis zum Crash und der großen Depression 1929.

Ich erwarte nichts anderes als den großen Crash 2.0. Danach wird nichts mehr so sein wie zuvor. Schon nach der Corona-Pandemie werden wir in einer komplett anderen Welt aufwachen. Deswegen müssen wir alle heute schon unser Vermögen schützen in Wertspeichern, die durch die Natur oder die Mathematik limitiert sind. Wir müssen uns unsere Portfolien genau daraufhin anschauen, wie gut strukturiert sie wirklich sind. Sind Sie genug diversifiziert? Können Sie es hinnehmen, wenn die Währung sich um 30, 50, 70, ja sogar 90 Prozent entwerten sollte? Oder – wenn eine Währungsreform kommt: Wie stehen Sie danach da? Haben Sie Puffer, also genug Kapital, um in der Zeit danach neu durchzustarten? All diese Fragen kann man jetzt noch beantworten, bevor der Zusammenbruch da ist.

Wir haben meiner Meinung nach nur noch wenige Jahre. Aber so wie es aussieht, geht jetzt gerade alles ein bisschen schneller als erwartet, und dahingehend sollte sich jeder spätestens bis Ende des Jahres auf ein Krisen-Szenario vorbereiten und sich auf alles einstellen.

Neben dem wichtigsten Investment in sich selber, also in Gesundheit und Bildung, kommen dann tatsächlich durch die Natur oder durch die Mathematik limitierte Werte (siehe Kapitel *Was mache ich mit meinem Geld?*).

Lösungen – Gesellschaft, Arbeit, Alltag

»Denn immer, immer wieder geht die Sonne auf
Und wieder bringt ein Tag für uns ein Licht
Ja, immer, immer wieder geht die Sonne auf
Denn Dunkelheit für immer gibt es nicht
Die gibt es nicht, die gibt es nicht«

Udo Jürgens, österreichischer Komponist und Sänger

Im folgenden Kapitel möchte ich Lösungsvorschläge vorstellen. Sind Sie bereit die Komfortzone zu verlassen und über den Tellerrand hinauszuschauen?

Wie arbeiten wir in Zukunft?

Viele arbeiten immer noch von zu Hause aus, auf Neudeutsch: im Homeoffice. Das war und ist freilich eine ziemlich zweischneidige Entwicklung. Einerseits waren viele überrascht, dass das eigentlich ganz gut funktioniert. Wenn man nicht gerade in einem dünnbesiedelten Landkreis wohnt, wo viele schon froh sein dürfen, wenn sich wenigstens das 3-G-Netz mal meldet, dann funktionieren Videokonferenzen nicht nur technisch, sondern sie bringen auch organisatorisch und inhaltlich meist keine schlechteren Ergebnisse als »echte« Sitzungen. Und wenn, dann höchstens, weil die schon zuvor gefürchteten Schwätzer vor ihrer Webcam noch weniger Hemmungen haben, andere Teilnehmer in den Halbschlaf zu versetzen. Viele berichteten zudem, dass sie daheim konzentrierter arbeiten, weniger von Telefon und Mail-Geblinke abgelenkt werden.

Aber wir dürfen die Kehrseite der Medaille nicht übersehen. Nur für wenige, etwa für Buchautoren, ist der Heimarbeitsplatz eh der Normalfall. Solange Kitas und Schulen geschlossen waren oder, wie jetzt, in einer Art Schichtbetrieb laufen, ist das Homeoffice für viele auch keine Oase kreativer Ruhe. Und vor allem: Für viele Berufe in Industrie, Handwerk und Gewerbe, für die gesamte Hotellerie und Gastronomie, auch für viele Künstler, für Berater, Trainer und Coaches, für Journalisten, die zwar prima zu Hause schreiben, aber über alles, was immer noch ausfällt, eben nicht berichten können – kurz: für Millionen Menschen – herrschte kompletter Stillstand und herrscht nach wie vor ein eingeschränkter Betrieb.

Was die mittel- und langfristigen Folgen anbetrifft, sind wir auch jetzt, über ein Jahr nach dem (vergleichsweise noch eher moderaten) deutschen Shutdown und Monate nach dem harten zweiten Lockdown noch in der Lernphase. Dass dies alles Auswirkungen auf die Psyche vieler Menschen und auf eine ganze Generation haben wird, ist vorprogrammiert. Mit jedem weiteren Lockdown steigen die Kollateralschäden im zwischenmenschlichen und gesellschaftlichen Bereich, und die Bildung von Schülern und Studenten leidet. Kreieren wir gerade eine Generation von sozialen Krüppeln, der jegliche Nähe und Empathie abhandengekommen ist? Aber kommen wir zum schnöden, nicht minderwichtigen Mammon zurück: Die Umsätze im Handel liegen immer noch unter dem Vor-Corona-Niveau. Etliche Gastronomen haben nicht einmal die Schließungen im Frühjahr 2020 überlebt. Viele Hotels, Restaurants, Friseure und Cafés kamen mit den danach gültigen Einschränkungen zwar organisatorisch bewundernswert gut zurecht, aber wirtschaftlich lag ihre Auslastung erzwungenermaßen höchstens wieder an der Kostenschwelle, wenn überhaupt. Der zweite Lockdown Anfang November und dann verschärft ab Dezember 2020 wird für viele das bittere Ende bedeuten. Auch wenn die Politik die Insolvenzantragspflicht nochmals verlängert hat, werden wir, wann auch immer es die Politik zulässt, eine gigantische Pleitewelle sehen.

Denn unabhängig davon, wie man über die ergriffenen Maßnahmen, ihren Umfang, ihre Dauer, ihren Nutzen oder Schaden denkt – klar ist: **Eine Volkswirtschaft »auf Abstand« funktioniert schlicht und einfach nicht.** Dass viele Bars, Clubs und Diskotheken mittlerweile endgültig pleite sind, ist kein Wunder. Schließlich gehört es da zum Geschäftskonzept, dass sich viele Menschen auf engem Raum begegnen, dass nicht nur Kaffee und Apfelschorle gereicht werden, dass folglich allen schnell ein bisschen wärmer wird und dass die Abstandsregel eher 0 bis 50 Zentimeter fordert. Erlebnisse in mehr oder weniger großen Gruppen, Partys zu feiern, zu flirten und mehr, das steht zwar direkt nur für einen winzigen Teil entwickelter Volkswirtschaften. Aber es ist ein »Wirtschaftsfaktor«, der für viele, vor allem für jüngere Menschen, eine ganz unmittelbare Bedeutung im Alltag hat.

Außerdem führen auch in eher kleine Branchen wie die Erlebnisgastronomie lange Lieferketten. Lebensmittel und Getränke wachsen ja nicht in Großmärkten auf Bäumen, sie werden industriell hergestellt, verpackt und abgefüllt. Diese Industrien haben Zulieferer, die wiederum ebenfalls Zulieferer haben. Und da haben wir noch nicht über Gläser und Geschirr geredet, über Inneneinrichtungen, Wandverkleidungen oder Sanitärprodukte. Oder über Studentinnen und Studenten, die mit Kneipenjobs ihr Studium finanzieren. Ja, das sind scheinbar banale Beispiele. Und ja, die deutsche Industrie steht für mehr als ein Viertel der deutschen Wertschöpfung, die Szenegastronomie, wenn überhaupt, für ein Hundertstel. Aber am Ende geht es selbst am Maschinenbau nicht spurlos vorbei, wenn inländische Kneipen nichts mehr einkaufen.

Oder nehmen Sie den Einzelhandel: Er macht immerhin knapp 16 Prozent des deutschen Bruttoinlandsprodukts aus. Wenn wir Lebensmittel und andere Güter des täglichen Bedarfs herausrechnen, sind es immer noch rund 10 Prozent. Vor gut 20 Jahren war »Erlebniskauf« noch der Titel eines Management-Fachbuchs. Bis vor Kurzem kam bei Umfragen regelmäßig heraus, dass »Shopping« – altdeutsch: der Einkaufsbummel – eines der Lieblingshobbys der Deutschen sei. Im Winter beziehungsweise Frühjahr 2021 ist die Frage noch offen, was die Konsumlaune der Menschen am meisten bremst. Dass bloß der Spaßfaktor des Shoppings unter den immer noch geltenden klinischen Bedingungen leidet? Die allgemeine Sorge vor einer langen Rezession? Ganz konkrete Ängste um Arbeitsplatz und Einkommen? Oder ein Stück weit vielleicht auch die langsam dämmernde Erkenntnis, dass ständiges Geldausgeben für immer mehr von dem gleichen Plunder nicht dauerhaft glücklicher macht? Hier ist die Krise ebenfalls eine Chance für uns alle, um uns auf das zu besinnen, was wirklich wichtig ist im Leben, was zählt und was bleibt. Mitnehmen können wir nichts. Alles Materielle bleibt da, wenn wir von dieser Erde scheiden.

Im letzten halben Jahr sind zwei wunderbare Menschen gegangen, denen ich beiden das Buch voller Liebe widme. Sofia mit 40 Jahren und Herbert mit 89 Jahren (sie sind nicht an Corona gestorben). Das hat mir wieder gezeigt, was wirklich zählt. Dies sollten wir uns täglich verdeutlichen und Zeit mit unseren Liebsten verbringen, offen, respektvoll, freundlich und hilfsbereit zu allen Menschen zu sein. Darum geht es im Endeffekt – füreinander als Menschen da zu sein, vor allem in schweren Zeiten wie diesen.

Wohin geht es mit der Politik?

Unser jetziges politisches System und das Parteiensystem ist am Ende seines Lebenszyklus angekommen. Das System wird sich selbst entmachten und verschwinden. Die Hybris, die Skandale und Korruption der letzten Jahre haben dies unterstrichen. Die Blase in der sich die Politik befindet ist Galaxien entfernt von der Realität. Dadurch rennt den Volksparteien weltweit das Volk davon. Und die extremen Parteien werden immer stärker. Die rechts- oder linksextremen Parteien sind natürlich nicht die Lösung, aber wir werden sicher ein neues politisches System und damit auch ein neues Gesellschaftssystem entwickeln. Die Parteien, die wir jetzt kennen, wird es nicht mehr geben. Meine Vermutung ist, dass wir wieder mehr Basisdemokratie erleben werden, noch mehr als in der Schweiz. Ich gehe davon aus, dass wir keine Parteien mehr brauchen. Die Blockchain und die künstliche Intelligenz (KI) werden eine immer wichtigere Rolle spielen. Die KI wird uns in Entscheidungsprozessen ohne Klientelpolitik, Lobbyinteressen und Vetternwirtschaft unterstützen und zu wirtschaftlich und gesellschaftlich sinnvollen Projekten raten. Vielleicht wird die künstliche Intelligenz sogar an die Macht kommen – zusammen mit Menschen. Denn Fakt ist ja: Das schwächste Glied in der Kette sind immer wir, die Menschen. Menschen sind emotional, sie sind korrumpierbar. Die sind mal unausgeschlafen, hatten mal schlechten Sex oder mal gar keinen Sex, was noch viel schlimmer ist. Und deshalb kommen so oft schlechte Entscheidungen zustande. Der kanadische Soziologe Laurence Peters prägte die Hypothese vom sogenannten **Peter-Prinzip,** auch Unfähigkeitsprinzip genannt. Sie lautet, dass die Menschen in einer komplexen Hierarchie bis zu einer gewissen Stufe ihrer Unfähigkeit aufsteigen, und dann ziehen sie praktisch nur Leute nach sich, die noch unfähiger sind als sie, damit sie nicht um ihren eigenen Job bangen müssen. Das bedeutet im Umkehrschluss, dass Mitarbeiter, deren Fähigkeiten für eine höhere Position geeignet wären, schon in den unteren Stufen hängenbleiben, in denen sie weniger erfolgreich sind.

Die Politik ist nicht die Lösung, sie ist oftmals das Problem

Dieses Prinzip können wir auch in den Parteien beobachten, die etablierten Parteien stecken schon seit geraumer Zeit in einer **intellektuellen Abwärtsspirale.** Das Prinzip ist weltweit zu beobachten, es bekleiden Personen Machtpositionen, die wir nicht einmal als Chauffeur oder als Parkwächter einstellen würden. Ich muss gar keine Namen nennen und ich weiß, Ihnen schießen sofort Bilder unserer politischen Truppe in den Kopf. Magic!

Nach der Demokratie, nach dem Ende der Abwärtsspirale droht uns eine Diktatur. Wir kippen entweder nach links oder nach rechts. Momentan ist die Tendenz ganz klar nach links zu erkennen. Das ist natürlich gefährlich, denn der Sozialismus hat noch nie funktioniert und wird auch nie funktionieren. Das wird aber bedeuten, dass wir mehr abgeben müssen, wir werden alle ärmer werden und wir werden für dieses Experiment mehr Steuern, mehr Abgaben zahlen müssen.

Auch ein Kippen nach rechts wäre natürlich nicht die Lösung. Das Beste wäre eine Bewegung aus der bürgerlichen Mitte heraus, und ich hoffe, dass es so kommen wird. Aber momentan sehen wir mit großer Sorge, dass die Politik linken Fantastereien anhängt und dass Spinnereien wie Enteignungen wieder salonfähig werden. Wir sehen, dass der Mietendeckel etabliert wurde und dass einfach blind Geld verteilt wird, ohne Sinn und Verstand. Das alles ist brandgefährlich.

Uns muss klar sein, dass wir Freiheitsrechte, Eigentumsrechte, Privatrechte verlieren werden, wenn die linken Dogmatiker ans Ruder kommen. Die deutschen Politiker am linken Rand sind noch dazu nicht sehr clever. Die Negativ-Auslese in der Politik ist in Deutschland sehr groß. Da fallen Leute die Treppe hinauf, die überall anders durchfallen würden. Aber in der Politik haben sie sich eingenistet, weil sie wissen, dass sie nie wieder einen besseren Job mit besseren Bezügen haben werden. Und deshalb tun sie alles, um ihre Privilegien zu verteidigen, um wiedergewählt zu werden, und kämpfen darum bis aufs Messer.

Die Politiker machen immer tolle Versprechungen, sie geloben eine gerechtere Verteilung der Mittel, mehr soziale Wohltaten und Arbeitslosengeld für alle. Oder sogar ein bedingungsloses Grundeinkommen. Was grundsätzlich eine gute Idee ist. Aber nicht so, wie die Politik es plant. Die Politik verspricht auch Umverteilung, Besteuerung, Enteignung und Vermögensabgaben. Dabei haben diese Instrumente noch nie funktioniert. Die Versprechungen klingen sexy und kommen natürlich gut an bei der Generation Millennial, aber sie sind nicht die Lösung.

Lehren für die Zukunft – was muss im neuen System getan werden

»Die Welt wird nie gut, aber sie könnte besser werden.«

Carl Zuckmayer

Das bestehende System zu reformieren, ist leider nicht mehr möglich. Dieser Zug ist abgefahren. In einem System, das verantwortlich ist für die immer neuen auftretenden Probleme, eine Besserung zu suchen, ist leider unrealistisch. Aus diesem Grund müssen wir radikale neue Wege gehen. Lassen Sie uns gemeinsam außerhalb der vertrauten Welt gerne auch unpopuläre, aber zielführende Überlegungen anstellen, wie die Zukunft aussehen muss, damit wir nicht wieder ins gleiche Dilemma geraten. Was momentan noch nach einer Utopie klingt, könnte morgen schon realistisch sein. Hier sind meine Überlegungen und Vorschläge:

Schuldenerlass und Insolvenzverordnung für Staaten

Die Schulden der Welt steigen in immer neue Sphären. Fakt ist jetzt schon: Die Schulden werden und können niemals zurückgezahlt werden. Dies ist auch gar nicht die Absicht. Schulden wurden noch nie von einem Staat zurückgezahlt. Schulden verschwinden nur über vier Wege aus dem System und zahlen müssen immer wir Bürger – gleichgültig, welcher der vier Wege letztlich zur Schuldenreduktion oder zu ihrer Auflösung führt. Diese vier Wege sind:

1. Wachstum
2. Inflation
3. Währungsschnitt (Schuldenerlass) oder Währungsreform
4. Krieg

Sie können sich nun aussuchen, was Ihrer Meinung nach die wahrscheinlichste Lösung sein wird, und sich dann dementsprechend vorbereiten. Werden wir eine neue Basistechnologie finden, die einen Superzyklus auslöst und starkes Wachstum verursacht (siehe *Kondratjew-Kapitel*)? Wird die Inflation vorangetrieben werden, damit die Staaten sich auf Kosten von uns Bürgern entschulden können, indem wir Kaufkraft verlieren? Kollabiert das ganze ungedeckte Papiergeldsystem und wird dies durch Schuldenschnitte versuchsweise in die Zukunft verschleppt? Oder kommt gar ein Krieg?

Meiner Meinung nach ist das wahrscheinlichste Szenario eine Mischung aus dem zweiten und dem dritten Szenario. Aus diesem Grund werden wir um einen Schuldenerlass nicht herumkommen. Solche Schuldenerlasse gab es immer wieder. Schon seit der Antike wurden sie immer wieder exerziert, um die Bevölkerung vor Verarmung zu bewahren. In der Bibel wurde dazu aufgefordert, jedes siebte Jahr das Sabbatjahr (Erlass- oder Jubeljahr) auszurufen. Nach 49 Jahren wurden die Schulden komplett erlassen, um die nächste Generation nicht zu belasten. 2013 gab es einen Schuldenschnitt für Griechenland, um die Schulden von 160 Prozent des BIP auf 120 Prozent zu drücken.

Allerdings bringen diese Maßnahmen nichts, wenn man am Grundübel, in unserem Falle dem falschen Geldsystem, nichts ändert. Dann kommen nach kurzer Zeit die gleichen Probleme wieder. So war es auch im Falle Griechenlands: Aktuell hat das Land mehr Schulden als vor dem Schuldenschnitt. 2019 wurde ein neuer Rekord von 180 Prozent des BIP erreicht. Für 2020 erwarten Experten durch die Corona-Krise, die Lockdowns und die dadurch fehlenden Touristen eine Staatsverschuldung von über 200 Prozent des BIP.

In der Neuzeit waren wir Deutschen auch schon Nutznießer eines großen Schuldenschnitts. 1953 bei der Londoner Schuldenkonferenz wurde Deutschland die Hälfte seiner Schulden von knapp 15 Milliarden Euro erlassen. Dies war einer der Gründe für das Wirtschaftswunder Deutschlands.

Selbst heute schaffen wir, das wohlhabende Deutschland, es nicht einmal in Jahren mit Rekordsteuerüberschüssen, unsere Schulden aufzulösen oder deutlich zu reduzieren (ein Schuldenstand von 20 bis 30 Prozent wäre nachhaltig). Kaum kommt eine Krise, steigen die Schulden wieder in Richtung 70 bis 80 Prozent des BIP. Ab einer Verschuldung von 90 Prozent ist der Sog hin zu immer mehr Schulden vorprogrammiert, und ab 130 Prozent befinden sich die Länder in der Todeszone (siehe Kapitel *Hyperinflation und Staatsbankrott*).

Implementierung eines neuen Geldsystems

Das Grundübel ist unser falsch gestricktes und destruktives Geldsystem. Die Geldschöpfung aus dem Nichts kreiert immer größere Spekulationsblasen mit immer schlimmeren Folgen. Mit jeder Krise bläht sich das Ganze immer weiter auf und beim Zerbersten der Blasen ist die Zerstörung enorm. Dies muss enden! Wir brauchen ein neues faires und gedecktes Geldsystem, am besten dezentral und weder in der Hand von Politikern noch in der Hand einer nichtgewählten Institution (Notenbank). Das nächste Geldsystem wir digital sein – hier bietet sich die Blockchain-Technologie geradezu als ideal an.

Bürokratieabbau

Der Staatsapparat wurde in den letzten Jahrzehnten enorm aufgebläht. Die Anzahl der Menschen, die beim Staat angestellt sind, erreicht immer neue Rekordstände. Dadurch steigen die Pensionsversprechen und die versteckten Staatsschulden ebenso stark an. Man bekommt oftmals den Eindruck, dass die Verwaltung sich selbst verwaltet. Digitalisierung? Effizienz? – Oftmals Fehlanzeige! Gerade die Corona-Krise hat gezeigt, wie rückständig und verkrustet der Bürokratenapparat doch ist. Während moderne Staaten mit Salesforce arbeiten, betreibt jedes deutsche Ministerium seine eigene Software mit seiner eigenen teuren Beraterkolonne. Warum SAP verwenden, wenn es auch mit Rechenschieber und Papier geht oder mit dem immer anfälligen Microsoft Windows?

Auch die Gesetzesbücher werden von Jahr zu Jahr umfangreicher. Man fühlt sich wie Asterix und Obelix im Comic *Asterix erobert Rom*, die in dem »Haus das Verrückte macht«, verzweifelt versuchen, den Passierschein A38 zu bekommen. Die Lösung hieße Digitalisierung und künstliche Intelligenz. Aber nichts dergleichen ist in unserer Verwaltung zu finden. Jeder, der schon einmal ein Auto oder Geschäft angemeldet hat, weiß davon ein Lied zu singen.

Keine Berufspolitiker! Amtszeiten beschränken!

»He knows nothing; and he thinks he knows everything. That points clearly to a political career.«

George Bernard Shaw, irischer Dramatiker

Die Generation Z denkt wahrscheinlich, dass Angela Merkel für immer oberste Regierungschefin ist. Diese Generation kennt nur Angela Merkel als Kanzlerin. Eventuell wissen die Jüngeren gar nicht, dass dies kein Naturgesetz ist und durch Wahlen geändert werden kann. Helmut Kohl war ebenso für gefühlte Ewigkeiten im Amt. Beide CDU-Urgesteine halten den Rekord mit 16 Jahren Amtszeit. Beide zeichnet ihre stoische, teils dogmatische Politik des Aussitzens aus. Am Ende ihrer

Regie war beziehungsweise ist der Stillstand sicht- und spürbar. Keine Innovation, keine Ideen, kein Mut. Hauptsache, die Macht sichern und den Status quo bewahren, so lautete deren Handlungsdevise. Jedes Mal hat dies Deutschland in der Entwicklung zurückgeworfen und uns Wohlstand gekostet (Stichwort: »kranker Mann Europas«). Um dem entgegenzuwirken, sollten die Amtszeiten beschränkt werden und es sollte das Berufsbild »Politiker« eigentlich gar nicht geben. Nach seiner Amtszeit muss der Politiker wieder zurück in seinen Job, und idealerweise dürfen die Bürger über die Leistung abstimmen. Wenn sie gut war für das Allgemeinwohl, gibt es einen Bonus in monetärer Form als Ausgleich. Lebenslange Diäten und Privilegien werden abgeschafft. Zudem fordere ich: Jeder Politiker muss einen Beruf oder eine Ausbildung absolviert haben, die ihn auch für seinen Bereich qualifiziert. Schluss mit Quereinsteigern, Karrierepolitikern, Speichelleckern und Furunkeln von Parteivorständen (Andreas Scheuer lässt grüßen). Immerhin dürfen Sie auch nicht morgen einfach so einen Elektrobetrieb eröffnen, einen Patienten am offenen Herzen operieren oder Urkunden beglaubigen, ohne Ahnung von der Materie zu haben. Nicht umsonst ist eine alte bewährte Redensart: **»Schuster, bleib bei deinen Leisten.«** Keiner der jetzigen Politiker ist ein Hansdampf in allen Gassen, ein Tausendsassa, ein Superheld. Immer häufiger fehlen unserer politischen Elite eben genau die Erfahrungen, es mangelt an Expertise und der Sachverstand. Immer mehr wird für Berater ausgegeben, weil eben diese Expertise überteuert bei schicken Beraterfirmen eingekauft werden muss. Die Bodenhaftung ist verloren gegangen, da sich Politiker in Berlin, Brüssel und anderen Hauptstädten der Welt nur noch in einer realitätsfernen Filterblase bewegen. Sie sind umgeben von Lobbyisten, von Ja-Sagern und karrieregeilen Nachwuchspolitikern. Vorgestern Familienministerin, gestern Bundeswehr, dann Arbeitsministerin, heute ungewählte EU-Kommissions-Chefin und morgen Kanzlerin? Zwar wurde die betreffende Person vom *Time Magazine* zu einer der hundert einflussreichsten Personen der Welt gekürt, aber eben nicht zur fähigsten erklärt. Das ist ein großer Unterschied! Der Schaden bleibt bei uns. Noch. Deswegen fordere ich auch …

Politikerhaftung

Politische Fehlentscheidungen kosten uns jedes Jahr Milliarden. Und wer haftet dafür? Niemand. Wobei, dies ist nicht ganz richtig. Wir alle haften dafür. Wir Steuerzahler. Jetzt sagen Sie: »Wir sind doch gar nicht schuld.« Stimmt! Doch auch das ist nicht ganz richtig. Immerhin haben wir beziehungsweise hat die Mehrheit von uns die Volksvertreter gewählt, die aktuell im Amt sind. Das Schwarzbuch vom Bund der Steuerzahler listet jedes Jahr die traurige und ellenlange Liste der Steuerverschwendungen auf. Konsequenzen muss die Politik selten fürchten. Im Notfall wird ein verantwortliches Regierungsmitglied weggelobt oder wegbefördert, um aus der Schusslinie gebracht zu werden – gerne auch ins sichere Ausland, zum Beispiel in die EU. Lassen Sie uns mal die bekanntesten Verschwendungen der letzten Dekade gemeinsam anschauen: Beginnen wir bei einer historischen Fehlentscheidung – der Energiewende. Schätzte man 2012 die Kosten für den übereilten Atomausstieg noch auf zirka 48 Milliarden Euro, ist nun klargeworden, dass er bis 2100 mit 169 Milliarden Euro zu Buche schlagen wird.[39] Es kann aber auch noch mehr werden. Besonders ballaballa wird es, wenn die abgeschalteten AKWs in Zukunft wieder ans Netz gehen müssen, um die CO_2-Emissionsziele bis 2050 zu erreichen und/oder einen Blackout zu vermeiden. Ebenso absurd: Für den Kohleausstieg werden insgesamt 90 Milliarden Euro fällig.[40] Bei zirka 20.000 Beschäftigen in der Branche hätte man jedem einzelnen Arbeitnehmer 4,5 Millionen Euro in die Hand drücken können. Sie bekommen aber nur 40 Milliarden Euro, also nur 2 Millionen Euro pro Arbeitsplatz. Weitere Baustellen sind die staatlichen Großbauprojekte, die zum Sinnbild eines Kontrollverlusts und Versagens geworden sind. Das prominenteste Milliardengrab ist der Berliner Flughafen BER mit 7,3 Milliarden Euro Endkosten – die anfänglich geplante Summe belief sich zunächst auf 560 Millionen Euro und wurde später auf 2 Milliarden Euro korrigiert. Der verbuddelte Bahnhof in Stuttgart (S21) kostet 1,4 Milliarden Euro mehr als geplant – wahrscheinlich. Dagegen ist das Mautdebakel von Andreas Scheuer mit 560 Millionen Euro ja fast schon ein Schnäppchen.[41]

In Zukunft müssen Politiker in die Haftung genommen werden. Wir alle haften ebenso für unser Tun, jeder Unternehmer, jeder Bürger. Politiker sollten keinen Sonderstatus innehaben. Für nachweisliche Fehlentscheidungen sollten nicht nur die Ansprüche und Privilegien gestrichen werden, sondern sogar bezahlte Löhne (keine Diäten mehr!) zurückgefordert werden können. Bei besonders schweren Vergehen (Maut- und Impfdebakel, Cum-Ex-Skandal etc.) sollten die Herrschaften persönlich haften. All diese teuren Fehlentscheidungen zeigen, dass es in der Politik wohl an einem am meisten fehlt – an Intelligenz, Weitsicht und Nachhaltigkeit! Also helfen wir der Politikerkaste und statten wir sie in Zukunft mit Intelligenz aus. Auch hierzu habe ich einen Vorschlag.

Die künstliche Intelligenz (KI) ergänzt und überwacht die Politik

Heutzutage kann der schnellste Prozessor 442 Billiarden Rechenoperationen pro Sekunde (FLOPS, Floating Point Operations per Second) durchführen. Das dürfte, bei allem Respekt, ein wenig mehr sein als der gesamte Bundestag zusammen. Der Mensch kann eine Billion Rechenleistungen pro Sekunde durchführen.

Wenn die KI der Politik zur Seite gestellt wird, könnten deren Akteure nicht nur einen unemotionalen und objektiven Dritten beteiligen und dadurch die richtigen Schlüsse ziehen, sinnvolle Entscheidungen treffen und sinnvolle Vorschläge machen, sondern auch eine Überwachung der Politik zum Nutzen aller wäre möglich. Man könnte bewerten, welche Versprechen gemacht werden und welche auch wirklich eingehalten werden würden. Dies könnte dann mithilfe einer politischen »Lebensmittelampel« aufgezeigt werden nach dem Motto: Diese Partei oder dieser Politiker hat 14-mal gelogen oder nur 23 Prozent ihrer Versprechen eingehalten. Vielleicht ließen sich noch ergänzend Lobbyverbindungen, Mitgliedschaften und Ähnliches berücksichtigen.

Wenn in Zukunft politische Projekte und Gesetze beschlossen werden, sollte die KI diese zusätzlich vorab auf Sinnhaftigkeit, Finanzierbarkeit und Effizienz überprüfen. Sollte ein Projekt von der KI als nicht effizient abgelehnt werden und die Politik sie aber doch durchsetzen, hätte man gleich den Beweis für das Versagen. Aus diesem Grund fordere ich: Maschinen an die Macht – an die Seite der Politik zur Unterstützung besserer Entscheidungen. Dann müsste es kein Schwarzbuch der Steuergeldverschwendung mehr geben. Da Politiker selbst recht wenig wissen und offensichtlich ohne einen teuren Beraterstab und händchenhaltende Lobbyisten aufgeschmissen sind und keine Politik machen können, wäre die KI die günstigere Alternative.

Parteien sind obsolet

»Remember, democracy never lasts long. It soon wastes, exhausts, and murders itself. There never was a democracy yet that did not commit suicide.«

John Adams, zweiter US-Präsident

Parteien sind nicht mehr zeitgemäß und haben ausgedient. Wir brauchen ein neues politisches System. Parteien sind in der Zwischenzeit zu Unternehmen verkommen, bei denen es um Karrieren, Profit und Überlebenskampf geht. In Parteien geht es um alles, nur nicht um die Menschen. Die SPD nimmt mehr Geld ein mit ihren Verlagsbeteiligungen als mit den Mitgliedsbeiträgen. Statt Ideologien hinterherzuhängen, sollte das objektive Gemeinwohl an oberster Stelle stehen. Gefragt sind keine Dogmen und Ideologien, keine Grabenkämpfe und Interessenskonflikte, kein politisches Kalkül und keine Politikerkarrieren, keine Lobbyinteressen und keine wahltaktischen Überlegungen und schon gar keine faulen Kompromisse, sondern mithilfe der KI richtige, mutige und auch unpopuläre Entscheidungen. Die Verantwortlichen in Politik und Gesellschaft sollten immer offen sein für Neues und immer die Menschen im Zentrum aller Entscheidungen sehen.

Radikale Steuerreform

Wer kann noch ohne abendfüllendes Programm seine Steuererklärung machen? Wieso gibt es eine Armada an Steuerberatern? Sorry, aber ich glaube, das sind die von David Graeber typischen »Bullshit«-Jobs, die eigentlich nichts zur Produktivität beitragen. Hätten wir ein einfaches und verständliches Steuersystem, könnten wir nicht nur Tausende Stellen von Finanzbeamten einsparen mit einem ganzen Rattenschwanz an Zusatzkosten, sondern auch alle teuren Steuerberater wären überflüssig. Und das Wichtigste: Wir würden wertvolle Lebenszeit einsparen. Wir brauchen ein Steuersystem, das jedes Kind verstehen kann, und eine Steuererklärung, die auf eine DIN-A4-Seite passt. Daher mein Vorschlag: Arbeit darf nicht besteuert werden. Ebenso wenig der Lohn. Wir müssen alle Steuern abschaffen bis auf eine einzige: eine Art Flattax, die für alle gleich ist, egal ob reich oder arm. Diese Konsumsteuer (also Mehrwertsteuer) wird gleich an der Kasse gezahlt und dafür muss niemand Belege sammeln. Die Steuererklärung würde sozusagen an der Kasse abgegeben werden. In der neuen Mehrwertsteuer wird berücksichtigt, wie essenziell, gesund und nachhaltig ein Produkt ist, wo es herkommt und so weiter. Also kann auch der ökologische Fußabdruck im Preis erfasst werden.

Eine eigengenutzte Immobilie oder der Erstwagen bleibt frei von der Konsumsteuer. Ab der zweiten entsprechenden Anschaffung fällt sie an. Wer viel will, muss dementsprechend zahlen.

Ein Teil der Steuereinnahmen sollte in ein »Generationenfonds« fließen, der nach den im Buch vorgestellten Zyklen investiert von Bitcoin bis Gold, von Rohstoffen bis Aktien.

Direkte Demokratie auf Basis der Blockchain

Für absolute Transparenz und zur Vereitelung von Wahlmanipulation wird in Zukunft ein jeder Bürger einfach per Computer, Tablet oder Smartphone abstimmen. Manipulationssicher dokumentiert wird dieses Abstimmungsverhalten mit einer Blockchain, die bekanntlich nicht nur für Kryptowährungen geeignet ist.

Ein bedingungsloses Grundeinkommen durch die Hoheit über unsere Daten!

Wem gehören Ihre Daten? Sie denken: »Natürlich mir!« Dem ist bei Weitem nicht so. Schon seit jeher sind Personendaten begehrte Güter. Nicht nur Geheimdienste sammeln eifrig Daten und Informationen, sondern auch Unternehmen. Ganze Branchen bauen seit Jahrzehnten ihr äußerst lukratives Geschäftsmodell darauf auf.

Jeden Tag, bei jedem Schritt werden wir ohne unser Wissen ständig getrackt, analysiert und bewertet. Was die Stasi viel Manpower gekostet hat und im Ergebnis noch nicht einmal ein Zehntel so gut war wie aktuell, funktioniert heutzutage kostenlos. Wir alle machen freiwillig mit. Wir tragen die modernen Wanzen mit uns herum und versorgen sie kontinuierlich liebevoll mit frischem Futter – mit Datenfutter. Das Ganze wird attraktiv verpackt, ist kinderleicht und spielerisch so gestaltet, dass jeder mitmachen kann. Über Apps, Internet und E-Mails werden immer genauere Profile von uns ermittelt. Welche Apps verwenden wir, auf welchen Webseiten hängen wir gerne ab, wem schreiben wir welche Nachrichten? Ihre Daten sind bares Geld wert. Die größten Unternehmen der Welt verdienen Milliarden damit, dass wir unsere Lebenszeit dafür aufwenden, um die Datenkraken zu füttern. Ein perfektes Geschäftsmodell: Wir alle sind die kostenlosen Arbeitsbienen von Facebook, Instagram und Google und der Rohstoff Mensch ist umsonst.

Dating-Apps und Gewinnspiele sind seit jeher eine günstige Art, um an Daten heranzukommen – noch einfacher geht es mit Online-Gewinnspielen. Ganze Unternehmen handeln mit Daten, die von Adressen bis hin zu Vorlieben und Hobbys reichen. Alles wird gespeichert.

Oder haben Sie sich nie darüber gewundert, warum Sie auf einmal personalisierte Werbung erhalten, wenn Sie nach einem Vintage-Sideboard aus Holz suchen oder nach Bitcoin googeln (wobei ich für die Internetsuche die Suchmaschine DuckDuckGo empfehle). Sie buchen einen Flug nach Paris und wenig später ploppen Anzeigen im Browser auf für einen günstigen Mietwagen in Frankreich oder Sie erhalten per E-Mail einen Hotelvorschlag für Paris. Das ist kein Zufall! Big tech brother is watching you!

Meine Idee: Daten sind das Eigentum einer jeden Person. In Zukunft bestimmen wir selbst, welche Daten wir preisgeben und welche Daten wir vermarkten lassen und welche nicht. Durch die Blockchain-Technologie wird klar definiert, wer das Copyright auf welche Daten hat. Sobald diese Daten verwendet werden, bekommt der Eigentümer eine Entschädigung. Über die Blockchain ist dies jederzeit transparent und einfach zu eruieren.

Wenn Unternehmen mit unseren persönlichen Daten Profit machen, werden wir automatisch beteiligt am Gewinn. Wir haben das Copyright auf unsere Daten, und zwar auf alle: Bewegungsdaten, Einkaufs- und Suchverhalten und so weiter. Wer knapp bei Kasse ist oder seine Urlaubskasse aufbessern will, kann weitere Daten auf der Blockchain zur Verwertung freigeben und in Echtzeit wird das Konto gefüllt. Die Abrechnung findet sofort statt und nicht erst nach einem Monat.

Wenn wir bestehende Software und Systeme mit unserem Feedback verbessern, werden wir monetär belohnt, wenn dieses Feedback zur Optimierung und zu Umsatz führt. Feedback und Rezensionen werden ebenso vergütet. Führt zum Beispiel ein »Like« Ihrer Buchrezension von User Thomas88 zum Kauf, geht eine Provision automatisch an Sie. Dasselbe gilt für den Inder oder Italiener in der Nachbarschaft und Ihren empörten Leserkommentar auf der *zeit*.de-Webseite, wenn Gold oder Bitcoin wieder mal verteufelt werden. In Zukunft kann Ihr Tweet oder Ihr Instagram Post sogar digital versilbert werden indem Sie die Rechte an Interessenten verkaufen. Twitter hat damit schon begonnen.

Grenzen überwinden

Generell denke ich, dass Staaten und Grenzen sich auflösen werden. Die Welt und die politische Karte, wie wir sie jetzt kennen, werden verschwinden. Es wird mehrere kleine Staaten geben. Eventuell sogar private Städte. Das ist Stoff für ein eigenes Buch.

Menschlichkeit

Ich habe es schon ein paar Mal anklingen lassen, dass die Menschlichkeit in unserer momentanen Welt abhandengekommen ist und enorm fehlt. Daran krankt unsere Welt, dabei sind wir Menschen soziale Wesen. Keiner kann ohne die Gemeinschaft, keiner kann alleine überleben. Wir brauchen einander. Der Arzt braucht den Bauern, der Handwerker den Lehrer und der Ingenieur den Kanalreiniger. Wir alle sind voneinander abhängig. Und wenn wir nur unsere Nähe brauchen. Es gibt einen Grund, warum in Millionen Haushalten weltweit Tag und Nacht die Glotze oder das Radio läuft: Weil der Mensch ein Herdentier ist und andere braucht. Und wenn es nur die Stimme seiner Artgenossen ist. Unsere moderne, hocheffiziente Gesellschaft hat uns immer weiter separiert, und durch die Corona-Krise haben wir es nochmals verschärft. 1,50 Meter Mindestabstand, kein Händedruck mehr, ganz zu schweigen von einer Umarmung. Gesichter verhüllt hinter einer Maske und bitte nicht reden oder ansprechen.

Wie dem auch sei, wir können den Wandel bewirken. Wir können jeden Tag entscheiden, in was für einer Gesellschaft, in was für einer Welt wir leben wollen. Das Fundament einer funktionierenden und gesunden Gesellschaft sind seit jeher bekannte Grundsätze von Ethik, Respekt und Moral. In allen Religionen und Glaubensformen, auf allen Kontinenten und zu allen Zeiten sind sie zu finden. Es gibt eine grundsätzliche Übereinstimmung, wie der Mensch miteinander umzugehen hat, wenn er überleben und prosperieren will. Egal wann, wo, welche Hautfarbe oder welches Geschlecht. Hochmut, Habgier, Zorn, Maßlosigkeit, Neid und Trägheit sind immer Zeichen für das Ende einer Zivilisation und einer Gesellschaft. All das sehen wir leider gerade gehäuft. Es liegt an uns, etwas zu ändern.

5.

Was mache ich mit meinem Geld?

Dies ist für Sie werter Leser sicherlich die wichtigste Frage. Es wird Sie überraschen, aber auch für mich ist dies die wichtigste Frage aktuell. Aus diesem Grund ist das mein wichtigstes Buch. Jetzt geht es um alles. Denn wir sind am Beginn eines Paradigmenwechsels. Investments, die in der Vergangenheit funktioniert haben, haben ausgedient und werden verschwinden oder sich schlecht entwickeln. Unser Geldsystem wird verpuffen und Inflation wird kommen.

Auch auf die Gefahr hin, dass ich mich wiederhole, aber durch den Zyklenwechsel stehen wir global vor dem größten Vermögenstransfer der Geschichte und wenn Sie jetzt die richtigen Entscheidungen treffen, werden Sie die Krise meistern.

Aus diesem Grund: **Noch nie zu unserer Lebzeit war es wichtiger sich aktiv um sein Geld und seine Investments zu kümmern. Bitte werden Sie aktiv!**

Ich habe in der Honorarberatung unzähligen Kunden finanzielle Intelligenz und finanzielle Freiheit ermöglichen können. Ebenso über meine Bücher und Videos. Dafür bin ich unendlich dankbar und demütig. Sie können mithilfe dieses Buchs dasselbe erreichen. Das ist meine Intention und mein größter Wunsch, meine Mitmenschen zum Nachdenken anzuregen und zum Agieren zu bewegen. Lassen Sie es mich wissen. Gerne in einer Rezension bei Amazon und Co.

Die wilden Zwanziger – eine wilde und goldene Dekade beginnt!

»Hard times create strong men.
Strong men create good times.
Good times create weak men.
And, weak men create hard times."

G. Michael Hopf, US-Autor

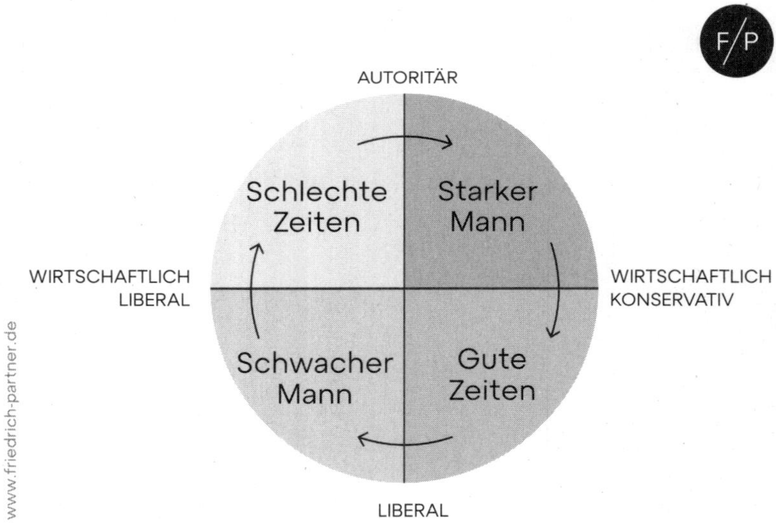

Abbildung 35

2020 war ein turbulentes Jahr und hat unser Leben für immer verändert. Der Internationale Währungsfonds IWF sprach im Zusammenhang mit Corona von einer Krise wie keiner anderen jemals zuvor.

Wie von mir immer wieder aufgeführt, befinden wir uns inmitten einer historischen Zeitenwende, die nicht gestoppt werden kann und die uns in allen Bereichen große Veränderungen beschert – nicht nur wirtschaftlich und finanziell, sondern auch politisch und gesellschaftlich. Dieser von mir prognostizierte Paradigmenwechsel wurde durch die Ereignisse 2020 unterstrichen und bestätigt. Was viele nicht wissen: Schon vor Corona wurde dieser Paradigmenwechsel eingeleitet. Die Pandemie hat diese Entwicklung lediglich massivst beschleunigt und die Schwächen und Sollbruchstellen in unserem jetzigen System offengelegt und schmerzhaft verdeutlicht. Für viele unbekannt: Die Eingriffe der Notenbanken begannen schon im September. Zinsen wurden weltweit gesenkt und die Rezession war schon im vollen Gange.

Corona hat uns aufgezeigt, dass unsere Systeme nicht für Krisen geschaffen sind und mit jeder Krise näher an ihr Ende kommen. Der erste Lockdown führte uns deutlich vor Augen, wie abhängig wir von den globalen Produktions- und Lieferketten sind, wie wenig autark wir selbst als Exportweltmeister Deutschland sind und wie fragil unser vermeintlich stabiles System de facto doch ist. Innerhalb kürzester Zeit waren Millionen Menschen in Kurzarbeit, die Arbeitslosenzahlen stiegen stark an und Staaten sowie Notenbanken mussten Hand in Hand Billionen mobilisieren, um die wankenden Systeme zu stabilisieren.

Viele haben die Hoffnung, dass wir mit dem Impfstoff und nach dem Sieg über die Pandemie wieder in unsere alte, vertraute Welt zurückkehren werden, aber ich muss Sie leider enttäuschen: **Wir werden nicht mehr in der alten Welt aufwachen!** Alles wird in Zukunft anders sein: die Art wie wir reisen, wie wir arbeiten, wie wir uns treffen und begegnen, wie wir einkaufen und leben. Das alles ist geprägt durch einen weiter wachsenden Vertrauensverlust in die Institutionen und in die Politik – weltweit!

Das Versagen der Politik!

»Manchmal frage ich mich, ob die Welt von klugen Menschen regiert wird, die uns zum Narren halten, oder von Schwachköpfen, die es ernst meinen.«

Mark Twain

In Deutschland haben wir chaotisch und kopflos agierende Politiker erlebt, die in ihrer Rolle als kompetente Macher, die durchgreifen, offensichtlich versagt haben, sich aber durch steigende Popularität und immer bessere Umfragewerte in Wahlprognosen bestätigt gesehen haben. Mit diesem Rückenwind haben sich die Verantwortlichen weiter mit immer noch härteren Maßnahmen gegenseitig übertrumpft, um sich in der Öffentlichkeit zu profilieren. Anfang des Jahres 2020 wurde das Virus noch heruntergespielt und auf Masken und Lockdown verzichtet. Bald aber waren Masken Pflicht, der Lockdown wurde initiiert und es wurden Millionen von Toten befürchtet. Nach dem ersten Lockdown hieß es dann, es werde keinen zweiten Lockdown geben und es sei sogar ein Fehler gewesen, Friseurläden und den Einzelhandel zu schließen. Dann allerdings wurde ein noch härterer und längerer zweiter Lockdown beschlossen. Mittels Salamitaktik werden immer neue Maßnahmen durchgeboxt und die Lockdowns Zug um Zug verlängert. Wer mir auf Twitter folgt, wusste schon im April 2020, dass ein zweiter Lockdown im Herbst definitiv kommen würde und dass er auch länger andauern würde als der erste.

Das Impffiasko zeugt von einem weiteren skandalösen Versagen unserer Berufspolitiker. Ein Impfstoff, der aus Deutschland kommt, der aber nicht in ausreichender Menge für uns zur Verfügung steht, zudem Interessenskonflikte einer wieder mal völlig überforderten EU, die mit ihrer Unfähigkeit und Klientelpolitik Menschenleben gefährdet – das ist eine glasklare Bankrotterklärung. Andere, nicht so beliebte Politiker wie zum Beispiel Donald Trump haben es dagegen geschafft, genügend Impfdosen für ihre Bevölkerung heranzuschaffen. Germany first? – Fehlanzeige! Konsequenzen? – Natürlich keine!

Ebenso skandalös und unerträglich ist der Vorgang, dass einige Politiker von der für uns schrecklichen Krise monetären Profit geschlagen haben, indem sie die Hand bei den Maskendeals aufhielten.

Kurzer Einschub: Wenn wir es nicht einmal in Deutschland schaffen, eine einheitliche Lösung zu finden, und wenn zugleich einzelne Bundesländer ihr eigenes Ding durchziehen, ausscheren und sich fetzen, wie kann man dann erwarten, dass es in der Europäischen Union mit 27 unterschiedlichen Nationen zu einem Konsens kommen kann? Diese Annahme ist leider naiv und die Konsensfindung ist auch der Grund, warum die EU nicht funktioniert und scheitern wird.

Erst Zombie-, dann Pleitewelle

Als im Mai 2020 alle schon 2020 von einer v-förmigen Erholung der Wirtschaft schwadronierten und ich vor verfrühtem Optimismus warnte, wurde ich als Pessimist beschimpft. Jetzt kommt die Realität langsam bei den Ökonomen an – und damit auch in der Politik. Die Illusion einer schnellen Rückkehr zum Alten ist ein für alle Mal vom Tisch. Je länger die Lockdowns andauern, desto größer werden die Kollateralschäden in der Wirtschaft, auf dem Arbeitsmarkt, bei den Steuereinnahmen, aber natürlich auch im Hinblick auf die Zahl der Insolvenzen. Durch die Konjunktur- und Aufkaufprogramme der Notenbanken wächst die Anzahl von Zombie-Unternehmen auf immer neue Rekordhöhen an. Die Wirtschaftsauskunftei Creditreform geht von zirka 800.000 Zombie-Unternehmen in Deutschland aus, weltweit wird inzwischen geschätzt, dass 15 bis 20 Prozent aller Unternehmen Zombies sind, die unter normalen Umständen schon längst über die Wupper gegangen wären. Die Staaten und Zentralbanken sind in einer gefährlichen Zwickmühle, denn wenn diese lebenden Toten tatsächlich pleitegehen, werden die Kreditausfälle eins zu eins auf die Bilanzen der schwach kapitalisierten Banken durchschlagen und diese ebenfalls in den Abgrund reißen, was dann wieder zu einer weiteren Bankenrettung führen müsste, welche den Steuerzahler belasten würde. Aus diesem Grund spielen die verantwortlichen Staaten und Notenbanken das fatale Spiel auf Zeit. Die Insolvenzverschleppung geht also erst einmal weiter, aber irgendwann ist Schicht im Schacht und der übermäßig aufgeblähte Ballon wird platzen.

Unsichtbare Mauern – finanzielle Repression

So sicher wie das Amen in der Kirche ist aber die Tatsache, dass die ganze Party auch bezahlt werden muss. Aus diesem Grund werden wir weitere Steuer- und Abgabenerhöhungen und eine finanzielle Repression sehen. **Deutschland hat jetzt schon Belgien überholt und bürdet seinen Bürgern nun die größte Steuerlast weltweit auf.** Populistisch wird jetzt eine Vermögensabgabe für die Reichen propagiert. Wenn man allerdings schon bei einem Einkommen von 57.919 Euro brutto den Spitzensteuersatz von 42 Prozent zahlt, erscheint die Frage berechtigt, wer als »reich« gilt und vor allem, wie hoch wohl das Einkommen sein wird, das verschont bleibt. Mit 57.919 Euro brutto macht man in Deutschland keine großen Sprünge.

Nach der drastischen Reduzierung der anonymen Tafelgeschäfte in den vergangenen Jahren von 15.000 Euro auf erst 9.999 Euro und schließlich auf 2000 Euro beim Edelmetallkauf (mal schauen, wie lange diese Beträge noch gültig sind) wird auch gegen das Bargeld weiter gepoltert. Im Zuge der Corona-Krise wurde das dreckige, infizierte Bargeld verteufelt und das saubere kontaktlose Bezahlen überall propagiert. Wofür ein Virus doch alles gut ist!

Attacke auf unser Geld

Zeitgleich arbeiten die Regierenden von der Öffentlichkeit völlig unbemerkt an einer weiteren massiven und unsichtbaren Mauer gegen den Abfluss von Vermögen. **Sagt Ihnen die Abkürzung ATAD was?** Ich rede nicht von den Globalisierungsgegnern Attac, sondern von der Anti-Steuervermeidungsrichtlinie (Anti-Tax Avoidance Directive). Es geht um die Möglichkeit, die Besteuerung bei Wegzug stunden zu lassen, genauer gesagt geht es um die Beschränkung dieser Möglichkeit. Bisher gab es bei Wegzug innerhalb der EU unter bestimmten Voraussetzungen eine zeitlich unbefristete und zinslose Steuer-Stundung. Dies soll nun klammheimlich ausgehebelt und geändert werden. Der deutsche Gesetzesentwurf ist weitaus enger gefasst, als von der EU vorgegeben. Wenn er in der vorliegenden Form verabschiedet wird, wird die Wegzugsteuer unmittelbar fällig. Sie kann allenfalls auf Antrag in Raten über sieben Jahre gezahlt und regelmäßig mit einer Sicherheitsleistung versehen werden. Besonders perfide ist, dass dieses Gesetz rückwirkend zum 1. Januar 2021 gelten soll. Offen bleibt, ob es auch auf Fälle anwendbar ist, in denen der Wegzug vor 2021 erfolgt ist. Werden die Neuregelungen wie geplant umgesetzt, wird aufgrund drohender Steuerbelastungen die freie Mobilität für international agierende Unternehmer innerhalb der EU zukünftig stark beschränkt. Es ist mehr als zweifelhaft, ob das neue Gesetz mit der unionsrechtlichen Freizügigkeit vereinbar ist. Dieser Umstand wird aber vom deutschen Gesetzgeber übergangen.

Es muss jedem klar sein: Je länger die Krise anhält, desto nötiger hat der Staat das Geld und desto gieriger wird er agieren.

Keine Krise ungenutzt lassen!

Das scheint das Motto der Politik zu sein. Die Gunst der Stunde wurde genutzt und die dreisten Einschnitte der jüngsten Zeit sollten alle Demokraten und freiheitsliebenden Bürger alarmieren und aufschrecken. Im Schatten der Corona-Krise wurden Freiheitsrechte eingeschränkt und Entscheidungen getroffen, die zuvor unmöglich gewesen wären. Wir alle sollten wachsam beäugen, was alles in der Politik passiert und welche Regelungen verabschiedet werden.

»Man kann einen Teil des Volkes die ganze Zeit täuschen und das ganze Volk für einen Teil der Zeit. Aber man kann nicht das gesamte Volk über die ganze Zeit hinweg täuschen.«

Abraham Lincoln

Die Schuldenunion, die vertraglich einst im Maastrichter Vertrag ausgeschlossen war, wurde nun durch die Hintertür eingeführt und uns als alternativlos vorgesetzt – und das von einer nicht zur Wahl gestellten und nie von uns zur EU-Kommissionspräsidentin gewählten Ursula von der Leyen.

Deutsches Vertragsrecht wurde ausgehebelt, indem die Insolvenzantragspflicht ausgesetzt und zuletzt sogar bis Ende April 2021 verlängert wurde. Damit können die Zombie-Unternehmen weiter vor sich hin vegetieren, und die Politik hat sich teuer wertvolle Zeit erkauft. Eine Lösung ist dies aber nicht. Denn die Probleme werden lediglich in die Zukunft verschoben, wo sie sich aber weiter potenzieren und ihre destruktive Zerstörungskraft maximal erhöhen.

Notenbanken drucken weiter Geld. Im Jahr 2020 haben die Zentralbanken weltweit 9,2 Billionen Dollar zur Stabilisierung ins System gepumpt. Das sind mehr als 10 Prozent des weltweiten BIP und es ist dreimal mehr Geld als während der großen Finanzkrise 2008/2009! Die weltweiten Schulden sind um 25 Billionen Dollar auf ein neues Allzeithoch von zirka 288 Billionen Dollar oder knapp 360 Prozent zum BIP gestiegen. Diese Entwicklung wird sich auch 2021 und in den folgenden Jahren beschleunigen. Die Notenbanken werden weiter Geld drucken und die Zinsen im Keller lassen oder sogar weiter in den Minusbereich senken. Schon jetzt sind 30 Prozent aller Staatsanleihen mit negativen Zinsen verhaftet. Das sind 18 Billionen Dollar in Staatsanleihen! Auch hier leider: Tendenz steigend. Dies alles führt zu einem ganzen Rattenschwanz an weiteren enormen Problemen, die unmöglich zu lösen sind.

Lebensversicherungen kommen damit immer weiter in die Bredouille, da sie in schlecht verzinste Staatsanleihen investieren müssen und damit die Altersversorgung der Versicherten weiter dahinschmilzt. Die Notenbanken können die Zinsen nicht erhöhen, da ansonsten ganze Länder unter ihrer immensen Schuldenlast kollabieren würden. Neben den steigenden Staatsschulden sind die Bilanzen der Notenbanken drastisch gestiegen.

Die Bilanz der europäischen Zentralbank bläht sich im Eiltempo auf und erreicht immer neue Rekorde. Das zeigt lediglich auf, wie dysfunktional das Währungsexperiment Euro doch ist. Auch hier ist keine Lösung in Sicht. Aktuell beläuft sich die Bilanzsumme auf über 7,1 Billionen Euro. Das sind 72 Prozent des BIP der Eurozone – Tendenz weiter stark steigend! (Siehe hierzu auch Abbildung 4 auf Seite 27.)

Wie pervertiert das ganze System bereits ist, zeigt Abbildung 30 auf Seite 150: Die Geldmenge M1 in den USA ist parabolisch angestiegen und würde in jedes Lehrbuch für einen exponentiellen Verlauf hineinpassen. 26 Prozent aller jemals produzierten US-Dollar wurden seit März 2020 in Umlauf gebracht. Die Geldmenge stieg um atemberaubende 71 Prozent auf 7,11 Billionen Dollar.

Parallel bauen die Notenbanken weltweit an einem digitalen Währungssystem, um auch Minuszinsen langfristig zu etablieren, damit dem Bürger die Möglichkeit zur Flucht aus dem Bankensystem mit Bargeld verwehrt bleibt. Zusätzlich werden die verzweifelten Rufe nach fiskalischen Paketen immer lauter. Wir werden Konjunkturpakete gigantischen Ausmaßes sehen. Aber je mehr Geld in die Hand genommen wird, desto geringer werden die Auswirkungen. Das heißt, die Effekte nehmen drastisch ab und mit jeder Krise werden die notwendigen Summen größer, aber der Nutzen nimmt parallel ab.

Als Beispiel nehmen wir die USA und ihre Zentralbank, die Fed: Bei der Technologieblase im Jahr 2000 belief sich die Bilanz der Fed auf eine Summe von 80 Milliarden Dollar und die Zinsen lagen bei 6,24 Prozent. Diese sanken dann auf 1,13 Prozent bis 2003, um dann zunächst wieder zu steigen.

Bei der großen Finanzkrise lag die Bilanzsumme denn schon bei 800 Milliarden Dollar und die Zinsen lagen bei 5,03 Prozent. Danach gingen die Zinsen schnurstracks Richtung null.

2020 waren es dann 7,2 Billionen Dollar in den Büchern und die Zinsen sind mit 0,36 Prozent fast schon bei null angekommen – Tendenz fallend. Wir haben also für eine weitere Krise keinen Spielraum mehr nach unten. Wir lernen: Um eine Rezession erfolgreich zu bekämpfen, müssen die Zinsen im Schnitt um 5 Prozentpunkte gesenkt werden, um die Wirtschaft anzukurbeln. Parallel steigen die monetären Aufwendungen mit jeder Krise auf etwa das Zehnfache. Das bedeutet: Würde dies so weitergehen, hätte die Fed bei der nächsten Krise eine Bilanzsumme von rund 70 Billionen Dollar und einen Zinssatz im deutlich negativen Bereich.

Die Reichen werden noch reicher!

Es gibt wie immer auch Profiteure einer Krise. Die Corona-Pandemie hat den Vermögenstransfer von unten und der Mitte nach ganz oben erheblich angetrieben und somit die Kluft zwischen Arm und Reich massiv vergrößert. Mehr Menschen als je zuvor sind weltweit in die Abhängigkeit der Staaten manövriert worden.

Die Milliardäre der Welt sind um 27 Prozent reicher geworden, die Umverteilung hat sich in Rekordzeit beschleunigt und die Ungerechtigkeit vergrößert (siehe Infobox *Cantillon-Effekt*).

Billiges Geld und Zockerei

Ich habe 2001 den Staatsbankrott in Argentinien miterlebt. Damals war ich noch ein waschechtes Kind des sogenannten Neuen Marktes, ein Turbokapitalist durch und durch. Ich tummelte mich an den Aktienmärkten, die damals durch das viele billige Geld und die niedrigen Zinsen einen unglaublichen Boom verzeichneten. Damit ließ sich viel Geld verdienen. Wir alle machten mit und zockten mit. Aber schon damals dämmerte mir die intuitive Gewissheit, dass es nicht immer nur weiter aufwärts gehen kann. Es gibt kein unendliches Wachstum in einer Welt, die begrenzt ist in ihren Ressourcen. Damals aber wurde uns Absolventen von Elite-Studiengängen aber eingebläut: »Hey, ihr seid die CEOs von morgen, und ihr seid auf der Überholspur. Ihr werdet alle erfolgreich und vermögend werden. Ihr seid die High Potentials!«

Aber 2001 wurde für mich in Argentinien hautnah spürbar, wie schnell ein Wirtschafts- und Geldsystem in sich kollabieren kann. Denn innerhalb weniger Stunden war das Geld in der Hosentasche wertlos. Das war für mich die Initialzündung, ab sofort das Geld- und Finanzsystem kritisch zu betrachten. Die Erfahrungen in Argentinien wurden dann später durch meine nicht weniger erhellenden Erfahrungen in den USA noch vertieft. In den Jahren von 2004 bis 2006 wurde für mich überdeutlich, dass sich dort über die Jahre eine unglaubliche Immobilienblase aufgebläht hatte. Damals konnten Leute frisch vom Studium kommen und einen fetten Kredit bei der Bank für ein Haus kriegen. Für einen Schwaben wie mich, der schon einen Bausparvertrag hatte, bevor ich auf der Welt war, ein absolutes Unding! Schon damals fragte ich mich, wie das in den USA auf lange Sicht funktionieren würde, Häuser zu bauen, wenn man frisch von der Uni kommt, ohne Eigenkapital und noch ohne Job? Wie kann es sein, dass jemand in einer solchen Situation einen großen Kredit bekommt? Weil ich nicht glauben konnte, dass das wirklich möglich ist, habe ich einen Freund zu einer Bank in Burlington in Vermont begleitet. Er ging hinein, und nach einer Viertelstunde kam er schon wieder heraus mit einem Scheck über 350.000 Dollar. Da war mir sonnenklar, dass dieser Wahnsinn über kurz oder lang platzen würde! Der Kumpel hat dann nicht nur das Haus damit gekauft, sondern auch einen Whirlpool, seine Hochzeit gefeiert, die legendäre Party dauerte ganze zwei Tage und war das Beste und Wildeste, was ich je erlebt habe. Dann ging er noch auf Weltreise mit seiner Frau. Inzwischen ist er geschieden. Die Frau ist weg, das Haus ist weg, nur die Schulden sind ihm treu geblieben!

Nach dieser Erfahrung in den USA war mir klar, dass ich zu Hause die Leute aufklären musste, was da auf uns zukommt. Denn wenn jemand, der keine Sicherheiten hat, der nichts verdient, so viel Geld bekommt, dann kann doch im System etwas nicht stimmen! Ich war mit meinen Warnungen damals zu früh, das gebe ich zu, das war nämlich schon Anfang 2006. Bis zum großen Knall hat es dann noch ganze zwei Jahre gedauert, aber in meiner Diagnose lag ich goldrichtig! Damals schlug mir allerdings zunächst große Skepsis entgegen. Mein Vater reagierte auf die Warnung, dass eine Krise auf uns zukommt, mit der Befürchtung, seinen Sohn enterben zu müssen, weil dieser wohl geisteskrank sei. Damals ging ja noch alles aufwärts.

Dabei gab es auch in den USA schon einige, die wussten, dass ein großer Knall bevorsteht. Jeder, der eins und eins zusammenzählen konnte, wusste das. Zum Beispiel Freunde in Boston, die damals schon sagten: »Hey, das ist eine Bubble! Es ist absurd, was hier passiert, denn jeder Hinz und Kunz bekommt einfach Hunderttausende Dollar, um sich eine Immobilie zu kaufen.« Ich hatte Bekannte in den USA, die bis zu sechs Immobilien besaßen. Diese Leute betrieben das sogenannte Houseflipping: Weil die Immobilienpreise ständig stiegen, konnten sie immer mehr Kredite aufnehmen, sie verkauften ihre ersten Immobilien und kauften sich noch teurere Objekte. Das war eine richtige Aufwärtsspirale. Alle waren damals wie im Wahn.

Wer sich jetzt mit seiner finanziellen Situation auseinandersetzt und jetzt die Weichen stellt, kann jetzt, gerade in und nach der Krise, wirklich Vermögen schaffen und damit zu den Profiteuren dieser Krise gehören, denn Vermögen werden genau jetzt gemacht. Jetzt wird entschieden, wer durchkommen wird durch die Krise. Wer Geld verdienen und wer scheitern wird. Jetzt trennt sich die Spreu vom Weizen. Und sich um sein Vermögen kümmern, das kann auch jemand, der nur 30 Euro im Monat hat. Derjenige kann sich immer noch eine Feinunze Silber kaufen.

Krisen sind Chancen

Leider muss es erst schlimmer werden, bevor es besser wird. Trotz der miserablen Aussichten gibt es jetzt auch Chancen. Jetzt beginnt die Dekade der Sachwerte. Denn die Geldschleusen werden offen bleiben und die Zinsen können gar nicht mehr steigen. Kein Land der Welt, und vor allem nicht die USA, kann sich angesichts der aktuellen Schuldenlast steigende Zinsen leisten. Die amerikanische Notenbank wird hier früher oder später eingreifen, Geld drucken, Anleihen kaufen und damit die Zinsen senken, was ein goldenes Zeitalter für Sachwerte einläuten und deren Kurse befeuern wird. Mein Kursziel für Gold liegt bis Ende 2022 zwischen 2300 und 2750 Dollar, und bei Silber erwarte ich Kurse von über 30 Dollar. Bitcoin wird 2021 nach einer deutlichen Korrektur zwischen 60.000 und 100.000 Dollar stehen und Minenaktien werden sich ebenso positiv entwickeln.

Die Investmentmatrix

Folgende Matrix zeigt die Entwicklung verschiedener Vermögenswerte (Assets) in den unterschiedlichen Wirtschaftszyklen auf. Hierzu habe ich die Vergangenheit als weisen Ratgeber herangezogen und analysiert, wie sich welche Assets in welchem Szenario entwickelt haben. Die Matrix soll Ihnen als Anleger zur Orientierung dienen und kann als eine Art Investmentanleitung verwendet werden. Somit können Sie sich wie im IKEA-Baukastensystem Ihr eigenes maßgeschneidertes Portfolio individuell zusammenstellen anhand Ihrer Vision, ganz davon abhängig, was Sie für die Zukunft erwarten.

Deflation: Angebot > Nachfrage, sinkende Preise, alles wird billiger, Cash is King!

Inflation: Angebot < Nachfrage, steigende Preise, Sachwerte legen zu, Geld verliert an Wert.

Währungsreform: Das Geld wird entwertet, Sachwerte sind der ultimative Wertspeicher.

Boom: Die Wirtschaft floriert und wächst parallel zu den Schulden oder stärker als diese, alles ist im Einklang.

INVESTMENTMATRIX

F/P

	DEFLATION	INFLATION	WÄHRUNGS-REFORM	BOOM	EIGNUNG ALS WERTSPEICHER
Aktien, Fonds, ETFs	↓	—	↓	↑	★★
Bargeld	↑	↓	↓	↓	
Bausparvertrag	↓	↓	↓	↑	
Bitcoin	↓	↑	↑	↑	★★★
Diamanten	↓	↑	↑	—	★★★
Fremdwährungen	↑	↓	↓	↓	
Gold	↑	↑	↑	↓	★★★
Immobilien (Stadt)	↓	↑	—	↑	★
Immobilien (Land)	↓	↑	—	↑	★
Immobilien (Ferien)	↓	↑	—	↑	
Kontoguthaben	↑	↓	↓	↓	
Kunst	↓	↑	—	↑	★★
Land (Acker)	↓	↑	—	↑	★★
Land (Bauland)	↓	↑	—	↑	★
Land (Streuobstwiese)	↓	↑	—	↑	★
Land (Wiese)	↓	↑	—	↑	★

www.friedrich-partner.de

Abbildung 36

	DEFLATION	INFLATION	WÄHRUNGS-REFORM	BOOM	EIGNUNG ALS WERTSPEICHER
Lebensversicherung	↓	↓	↓	↑	
Minenaktien	↓	↑	↑	↓	★★
Oldtimer	↓	↑	—	↑	★
Paladium	↓	↑	↑	↑	★★
Platin	↓	↑	—	↑	★★
Riester, Rürup	↓	↓	↓	↑	
Rohstoffe	↓	↑	↑	↑	★
Rohstoffaktien	↓	↑	↑	↑	★★
Sammlungen	↓	↑	—	↑	★★
Schulden	↓	↑	↓	↑	
Schulden (Konsum)	↓	↑	↓	—	
Schulden (produktiv)	↓	↑	↓	↑	
Silber	↓	↑	↑	↑	★★★
Staatsanleihe EU	↑	↓	↓	↓	
Staatsanleihe	↑	↓	↑	↓	
Tauschartikel	—	↓	↓	↓	★★★
Uhren	↓	↑	—	↑	★★
Wald	↓	↑	↑	↑	★★
Whisky	↓	↑	—	↑	★

www.friedrich-partner.de

Abbildung 37

Lebensversicherung – halten, stilllegen oder verkaufen?

Dies ist eine der wohl am häufigsten gestellten Fragen in der Honorarberatung.

Über 1 Billion Euro haben die Deutschen in Lebensversicherungen angelegt. Jedes Jahr kommen immer noch zirka 90 Milliarden Euro hinzu – und das, obwohl des Deutschen beliebtestes Instrument für die Altersvorsorge immer unattraktiver wird und meiner Ansicht nach am Ende seines Lebenszyklus ist.

Jeder, der eine Lebensversicherung (LV) besitzt, weiß, dass sie in der klassischen Variante mit einem sogenannten Garantiezins ausgestattet ist. Dieser Garantiezins wurde allerdings in den letzten Jahren immer weiter gesenkt.

Aktuell stehen wir nur noch bei 0,9 Prozent, aber der Garantiezins soll abermals gesenkt werden auf 0,7 Prozent. Ich gehe irgendwann sogar von 0,5 Prozent und weniger aus. Das gleicht nicht mal die Inflation aus.

Aber gehen wir einen Schritt zurück und schauen, wann der Abgesang auf die Lebensversicherung begonnen hat.

DIE ENTWICKLUNG DES GARANTIEZINSES SEIT 1903

F/P

1903–1922	2,5 %
1923–1941	4,0 %
1942–Juli 1986	3,0 %
ab Juli 1986	3,5 %
ab Juli 1994	4,0 %
ab Juli 2000	3,25 %
ab Juli 2004	2,75 %
ab Juli 2007	2,25 %
ab Juli 2012	1,75 %
ab Juli 2015	1,25 %
ab Juli 2017	0,9 %
in Zukunft	0,5 %

www.friedrich-partner.de

Abbildung 38

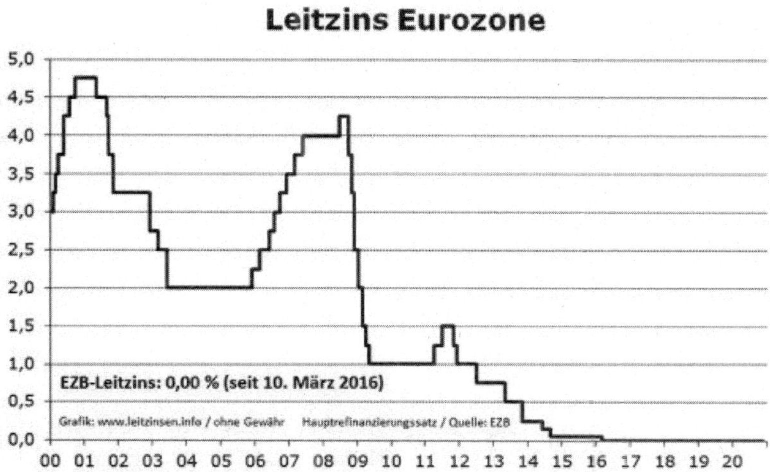

Abbildung 39

Der schleichende Tod begann mit der Finanzkrise 2008 und den daraus resultierenden Maßnahmen der EZB. Schrittweise wurde der Leitzins immer weiter in den Keller geschickt, um die Wirtschaft anzukurbeln. Mit mäßigem Erfolg. Seit 2016 steht der (Achtung, Wortspiel und Schenkelklopfer) **Leidzins** der Notenbank in Frankfurt sogar bei historisch tiefen 0 Prozent.

Der Einlagenzins beläuft sich sogar auf minus 0,5 Prozent.

Einlagezins oder **Einlagefazilität:** Die Geschäftsbanken können überschüssige Liquidität bei der EZB parken. Hierfür bekamen in der Vergangenheit die Banken Zinsen von der EZB, seit 2012 lag die Verzinsung bei 0 Prozent und seit 2014 liegt dieser Zins im Minusbereich; die Banken zahlen also Strafzinsen für ihre Einlagen bei der Notenbank.

Ich gehe von weiteren Zinssenkungen aus und rechne daher auch mit weiteren Absenkungen des Garantiezinses bei den Lebensversicherungen.

Generell gilt: **Minuszinsen auf breiter Front werden kommen!**

Aus diesem Grund will die Politik auch das Bargeld limitieren, uns Barzahlungen madig machen oder sie gleich ganz abschaffen beziehungsweise den bestehenden Euro durch einen digitalen Euro ergänzen und schließlich ersetzen. Wenn der Negativzins zum Beispiel 1 Prozent beträgt, werden diejenigen, die rechnen können, ihr Konto abräumen. Wenn viele Bürger das machen würden, würde dies einen sogenannten Bank Run auslösen und unser Bankensystem würde relativ schnell kollabieren. Denn nur 2 Prozent des Euros sind in Form von physischen Banknoten tatsächlich vorhanden. Banken könnten dann auch weniger Kredite vergeben, weil ihnen die Einlagen fehlen. Die Wirtschaft würde direkt leiden. Dies würde eine destruktive Abwärtsspirale auslösen. Aus diesem Grund will die EZB dies verständlicherweise verhindern. Mit einem rein digitalen Euro ist eine Flucht aus dem Bankenkreislauf nicht mehr möglich. Noch kann man sein Bankkonto leerräumen und die Geldscheine ins Schließfach stecken oder unter das Kopfkissen legen. Hierzu ein sehr wichtiger Hinweis, den die meisten immer noch nicht kennen: Die breite Mehrheit glaubt immer noch, dass das Geld auf dem Konto ihnen gehört. Dem ist aber nicht so! **Geld auf dem Konto gehört nicht Ihnen, sondern es befindet sich im Besitz der Bank!** Sie haben der Bank lediglich einen günstigen Kredit gegeben, ohne Verzinsung und wenn die Bank pleitegeht oder in Schieflage gerät, müssen Sie als Gläubiger das Risiko tragen und mithaften (SAG-Gesetz/Bail-In). Erst wenn Sie das Geld abheben, ist es Ihr Eigentum. Die Zyprioten und Griechen können davon ein bitteres Lied singen. Aber ich schweife ab. **Fakt ist: Der Null- und Negativzins macht nicht nur den Banken zu schaffen – sondern auch immer mehr den Versicherungen.** Der Nullzins macht es den Versicherungen immer schwerer, ihre Zinsversprechen und Garantien zu erwirtschaften und einzuhalten. Der Null- und Negativzins nagt unentwegt an den Verträgen und damit an unserer Altersvorsorge. **Dies alles führt zu einem Banken- und Versicherungssterben.**

Ein kurzer populistischer Einwurf, den ich mir aber nicht verkneifen kann: Eigentlich sollten wir dafür aber dankbar sein. Das sagt jedenfalls EZB-Präsidentin Christine Lagarde: »Wir sollten glücklicher damit sein, Arbeit zu haben, anstatt unsere Ersparnisse abgesichert zu sehen.« Pikanterweise äußerte sie diesen Satz in einem sündhaft teuren Dior-Kleid und war dabei mit Perlenkette und -ohrringen behangen wie ein Weihnachtsbaum.

Die Stimmung kippt – und auch die 100-prozentige Beitragsgarantie

Letztes Jahr ist etwas Außerordentliches passiert, das niemand so richtig mitbekommen hat. Wir hatten in Deutschland bis 2019 immer mehr Lebensversicherungsverträge als Einwohner. 2019 haben wir diese magische Grenze von 83 Millionen unterschritten. Denn immer mehr Menschen kündigen ihre Lebensversicherung oder legen sie still (siehe Abbildung 40).

Ein weiteres Indiz dafür, dass die Anbieter schwer kämpfen: Zuletzt hat eine der größten Versicherungen Deutschlands, die R&V, die 100-Prozent-Garantie aufgehoben und ihren Kunden bei Neuverträgen nur noch eine Beitragsgarantie von mindestens 90 Prozent abzüglich der Kosten offeriert.[42]

ANZAHL DER LEBENSVERSICHERUNGSVERTRÄGE

F/P

2005	Höhepunkt 94,2 Mio
2010	90,5 Mio
2015	86,7 Mio
2016	85,0 Mio
2017	84,1 Mio
2018	83,8 Mio
2019	82,8 Mio

www.friedrich-partner.de

Abbildung 40

Zuvor hatte dies schon die Nummer 1 der Branche gemacht, die Allianz. Andere Versicherer werden folgen. Das heißt: Kunden, die eine neue Lebensversicherung abschließen, können nicht mal davon ausgehen, dass sie das eingezahlte Geld unverzinst zurückbekommen, sondern eventuell nur zwischen 60 und 90 Prozent des eingezahlten Geldes. Auf gut Deutsch: ein Scheißgeschäft!

Automatische Geldvernichtung

Bei einem Investment in eine Lebensversicherung zahlt man als Versicherungsnehmer während der ersten Jahre nur die Administrationskosten, Gebühren und Provisionen. Erst danach geht es los mit der Einzahlung in den Bestand der eigenen Lebensversicherung und mit der Rendite.

Neben der sinkenden Garantieverzinsung werden auch die **Überschussbeteiligungen** immer weiter zusammengestrichen und die **Bewertungsreserven** nicht an den Kunden weitergegeben, sondern von den Versicherungen selbst einbehalten. Erstmalig hat der Branchenführer Allianz für seine 10 Millionen Verträge die Überschussbeteiligung das zweite Jahr in Folge gesenkt – auf noch 2,3 Prozent.[43]

Zur Erläuterung: **Überschussbeteiligungen** sind Gewinne, die über den reinen Garantiezins hinaus erwirtschaftet und dem Kunden gutgeschrieben werden. **Bewertungsreserven** sind Positionen im Versicherungsportfolio, deren Marktwert höher liegt als ursprünglich in den Büchern ausgewiesen. Ob der Versicherer seine Kunden an diesen Bewertungsreserven beteiligen muss und in welchem Umfang das geschehen soll, wird seit Jahren erbittert diskutiert.

Perpetuum mobile

Die Aktienmärkte steigen seit Jahren in immer neue Höhen und auch andere Anlageklassen versprechen attraktive Renditen. Wieso also nicht einfach das Geld nehmen und in andere Vermögenswerte investieren? Den Versicherungen sind die Hände gebunden, da sie durch die vorgegebenen Regularien nur in bestimmte Assetklassen investieren dürfen.

Durch Vorgaben der Staaten müssen Versicherungen in risikolose, vermeintlich sichere, mündelsichere Papiere investieren, und das sind vor allem – und jetzt kommt es – Staatsanleihen. Nutznießer sind natürlich die Staaten selbst – wenn überrascht das? Ein in sich geschlossenes System. Die Staaten emittieren immer mehr Schuldscheine zu immer niedrigeren Zinsen, teilweise sogar mit Minuszinsen behaftet, und die Abnehmer stehen schon fest, weil sie gesetzlich verpflichtet worden sind, diese Papiere in das Portfolio zu legen. Wenn die Versicherungen dann ihren Verpflichtungen nicht mehr nachkommen können, werden sie überwacht und dürfen kein Neugeschäft mehr tätigen. Wenn sie dann in Schieflage geraten, werden sie entweder gerettet oder das **Versicherungsaufsichtsgesetz** (VAG) greift.

So oder so ist der Versicherungsnehmer und Steuerzahler der Leidtragende und zahlt die Zeche. Entweder durch eine viel geringere Auszahlung der Lebensversicherung durch die schmelzenden Zinsen oder durch Steuererhöhungen und Abgaben wegen der Rettungspakete für die Finanzbranche.

VERSICHERUNGSAUFSICHTSGESETZ (VAG) §314: ZAHLUNGSVERBOT; HERABSETZUNG VON LEISTUNGEN

Es handelt sich um eines der wichtigsten Gesetze, das jeder Versicherungsnehmer schon bei Abschluss einer Lebensversicherung kennen sollte. Das Gesetz sagt Folgendes:

Im Notfall, um eine Insolvenz zu vermeiden, können Versicherungen Leistungen senken oder sogar ganz einstellen. Die Aufsichtsbehörden können auch eigenmächtig zum Schutz der Versicherung die Versicherungssumme herabsetzen. Das bedeutet nichts anderes als eine Enteignung der Versicherungsnehmer. Die Auszahlungen an die Versicherungsnehmer können sogar von Staatsseite aus komplett verboten werden!

Ergibt sich bei der Prüfung der Geschäftsführung und der Vermögenslage eines Unternehmens, dass dieses dauerhaft nicht mehr imstande ist, seine Verpflichtungen zu erfüllen, die Vermeidung des

Insolvenzverfahrens aber zum Besten der Versicherten geboten erscheint, so kann die Aufsichtsbehörde das hierzu Erforderliche anordnen. § 314 (1) S. 1 VAG

Unter der Voraussetzung nach Absatz 1 Satz 1 kann die Aufsichtsbehörde, wenn nötig, die Verpflichtungen eines Lebensversicherungsunternehmens aus seinen Versicherungen dem Vermögensstand entsprechend herabsetzen. § 314 (1) S. 1 VAG

Alle Arten von Zahlungen, besonders Versicherungsleistungen, Gewinnverteilungen und bei Lebensversicherungen der Rückkauf oder die Beleihung des Versicherungsscheins sowie Vorauszahlungen darauf, können zeitweilig verboten werden. § 314 (1) S. 2 VAG

Unter der Voraussetzung nach Absatz 1 Satz 1 kann die Aufsichtsbehörde, wenn nötig, die Verpflichtungen eines Lebensversicherungsunternehmens aus seinen Versicherungen dem Vermögensstand entsprechend herabsetzen. § 314 (2) S. 1-3 VAG

Die Versicherungsnehmer müssen aber weiterhin ihre Beiträge zahlen!

Die Pflicht der Versicherungsnehmer, die Versicherungsentgelte in der bisherigen Höhe weiterzuzahlen, wird durch die Herabsetzung nicht berührt. § 314 (2) S. 4 VAG

Der Kunde wird ohne Gegenleistung weiter zur Kasse gebeten.

Dies gilt für alle Formen von Lebensversicherungen: Kapitallebensversicherungen, Rentenversicherungen, aber auch fondsgebundene Lebensversicherungen. Das Sondervermögen in Form von Aktien und Fonds gehört dem Versicherer und nicht dem Versicherungsnehmer!

Momentan sind alle zwei- bis zehnjährigen Staatsanleihen europäischer Staaten im Minusbereich. Auch die langfristigen 30-jährigen Staatsanleihen aus der Schweiz, Finnland oder Deutschland sind alle mit einer Minusrendite versehen. Nur die USA und viele unsichere Staaten werfen noch eine positive Rendite ab. Aber auch hier lautet meine Prognose: Die Renditen in den USA werden auch noch in den Negativbereich abrutschen.

Staaten werden aktuell also belohnt, wenn sie Schulden machen. An dieser Situation will die Politik verständlicherweise auch nichts ändern. Für Finanzminister Olaf Scholz ist es wie im Schlaraffenland. Er muss nichts machen, kann immer mehr Schulden aufnehmen (180 Milliarden Euro für 2021) und er muss weniger zurückzahlen. Das hätten wir Bürger auch gerne: Schulden aufnehmen und weniger zurückzahlen. Es ist überdeutlich: Wir leben in absurden Zeiten, aber wir Menschen gewöhnen uns leider sehr schnell an solche Absonderlichkeiten. Der Staat entschuldet sich auf Kosten der Bürger.

Aber wie krank das System ist, zeigt vor allem, dass potenzielle Krisen- und Pleiteländer wie Portugal, Griechenland und Italien Negativzinsen erhalten.

Frage: Würden Sie jemandem Geld leihen, von dem Sie wissen, dass er bis zur Halskrause verschuldet ist und diese Schulden nie wieder zurückzahlen kann? Sie sagen »Nein«? Tja, aber genau das machen wir momentan. Die Schuldenstände bei unseren südeuropäischen Partnern sind auf einem historischen Hoch und werden auch niemals wieder zurückgezahlt werden können. Trotzdem sinken die Zinsen, zu denen sich die »insolventen« Staaten am Kapitalmarkt neues Geld besorgen können, immer tiefer.

Selbst Spanien hat nun erstmalig in seiner Geschichte eine Minusverzinsung erreicht. Früher ohne Euro waren es 10 bis 12 Prozent, die die Spanier für Schuldscheine am Kapitalmarkt zahlen mussten, und jetzt, da Deutschland mit seiner Top-Bonität von AAA haftet und die EZB garantiert und Anleihen aufkauft, als ob es kein Morgen gäbe, sind es minus 0,01 Prozent (siehe Abbildung 41).

Parallel dazu haben wir einen neuen Rekord bei negativ verzinsten Staatsanleihen erreicht. Über 20 Prozent aller Staatsanleihen weltweit sind nun im Minusbereich – insgesamt beläuft sich das Volumen negativ verzinster Staatsanleihen auf 18 Billionen Dollar – Tendenz weiter stark steigend (siehe Abbildung 42).

Es ist verständlich, dass Institutionen lieber eine sichere deutsche oder Schweizer Staatsanleihe mit minus 0,2 Prozent ins Depot legen, als Strafzinsen von 0,5 Prozent bei der EZB zu zahlen. Wenn man dann noch von einer steigenden Inflation ausgeht, erscheint dies doppelt sinnvoll und dann sind Minuszinsen auf lange Sicht auf einmal sogar sexy.

10-JÄHRIGE STAATSANLEIHEN
SPANIEN

Abbildung 41

NEGATIV VERZINSTE STAATSANLEIHEN
In Billionen Dollar

Abbildung 42

Welche Versicherung ist sicher und welche nicht? Die Solvenzquote

Jedes Jahr prüft der *Bund der Versicherten* die Standfestigkeit der Lebensversicherer mit der sogenannten Solvenzquote. Dieser Solvenzbericht zeigt auf, wie krisenfest die einzelnen Versicherer sind und ob sie auch bei Kapitalmarktturbulenzen oder Naturkatastrophen stabil bleiben. Neben der Solvenzquote werden auch die Gewinnerwartungen, der Anteil der Staatsanleihen, die Transparenz und die Diversifizierung der Kapitalanlagen verglichen.

Wenn eine Versicherung die Solvenzquote von 100 unterschreitet, ist Schicht im Schacht und die BaFin schreitet ein. Das bedeutet, die betreffende Versicherung kann die bestehenden Verträge nicht mehr bedienen und darf auch kein Neugeschäft mehr betreiben, also keine neuen Verträge mehr abschließen. Das ist ihr dann durch die Finanzaufsicht verboten und wird auch durch diese überwacht (hoffen wir mal, dass die BaFin hier einen besseren Job macht als mit Wirecard).

Wenn Sie mit einer solchen Versicherung einen langfristigen Vertrag haben, ist die Wahrscheinlichkeit groß, dass diese dann am Laufzeitende sagt: »Sorry, es gibt kein Geld mehr!« Oder sie streicht schon vorher die Segel.

Erwähnenswert ist in diesem Zusammenhang das **Versicherungsaufsichtsgesetz (VAG)** und **hier vor allem § 314: Zahlungsverbot; Herabsetzung von Leistungen** (siehe Infobox auf Seite 213/214).

Realität ist: Immer mehr Lebensversicherer kommen ins Wanken. 2018 waren es zwölf Firmen und 2019 schon 22 von 84 Unternehmen, die mit dem Rücken an der Wand stehen, von der BaFin überwacht werden und kein Neugeschäft mehr abschließen dürfen.

Alarmierend: Bei 60 Prozent aller Versicherungen sind die Gewinnerwartungen negativ – auch sie werden über kurz oder lang in die Bredouille kommen.

Folgende Versicherungen sind 2019 unter die Solvenzquote von 100 Punkten gefallen:[44]

- HDI Leben (96 Prozent)
- HuK Coburg Leben (94 Prozent)
- ERGO Leben (80 Prozent)
- Concordia (80 Prozent)
- Münchener Verein Leben (80 Prozent)
- Karlsruher Leben (78 Prozent)
- Neue Leben Lebensversicherung (73 Prozent)
- Debeka Leben (68 Prozent)
- Bayerische Beamten Leben (62 Prozent)
- Öffentliche Lebensversicherung Oldenburg (58 Prozent)
- Frankfurter Leben (42 Prozent)
- VRK (33 Prozent)
- PB Lebensversicherung (31 Prozent)
- Landeslebenshilfe (21 Prozent)
- RheinLand Lebensversicherung (19 Prozent)
- Süddeutsche Lebensversicherung (9 Prozent)

Den Vogel hat die ehemalige ARAG abgeschossen; hier notiert die Solvenzquote sogar im Minusbereich:

- Frankfurter Münchener Leben vormals ARAG (-11 Prozent)

Wenn Sie einen Vertrag mit einer dieser Versicherungen haben, wissen Sie, was zu tun ist.

Fazit und Rat

Es wird nicht besser werden mit dem Garantiezins. Wie erwähnt, gehe ich von weiter sinkenden Zinsen aus. Diese werden auch die Versicherungen belasten, sodass es für sie immer schwieriger wird, die versprochenen Zinsen zu erwirtschaften. Zudem befinden sich die Banken und Versicherungen in einer Zeitenwende und stehen von allen Seiten unter Beschuss. Selbst der Vorstand der Allianz hat dies nun erstmalig eingeräumt. Nachdem in den Jahren zuvor negative Berichte immer als pessimistisch und übertrieben eingestuft wurden, warnte er zuletzt in einem Bericht des *Handelsblattes*, dass Versicherungen verschwinden und die Sparer betrogen werden.[45]

Das Banken- und Versicherungssterben kommt. Das gilt auch für deren Produkte. Ob Bauspar-, Riester-, Rürup- oder Rentenversicherungsvertrag – alle sind nicht mehr zeitgemäß und dienen nicht mehr der Altersvorsorge. Zu handeln ist jetzt dringender geboten denn je.

Was müssen Sie jetzt tun? Was ist zu beachten?

1. Eine neue Versicherung abzuschließen, ergibt keinen Sinn! Finger weg!
2. Wenn Sie mit einer Versicherung einen Vertrag haben, die eine reine Solvenzquote von unter 100 hat, ist es ratsam, sie zu kündigen und sich den Rückkaufswert auszahlen zu lassen.
3. Hören Sie auf Ihr Bauchgefühl: Halten? Oder lieber verkaufen?
4. Überprüfen Sie die Laufzeit.

Das ist eine **Wette auf die Zeit.**

5. Prüfen Sie die Garantieverzinsung.
6. Informieren Sie sich über den Rückkaufswert. Wie viel Prozent von Ihrem Gesamtvermögen ist in der Lebensversicherung gebunden? Mehr als 10 Prozent?
7. Wie hoch ist die Solvenzquote des Versicherers?
8. Kosten steigen oder bleiben gleich, Erträge sinken, Neugeschäft verboten, Gewinne sinken. Puffer schmelzen. In einem solchen Fall gilt: Versicherungsvertrag kündigen oder wenigstens stilllegen.

Generell gilt:

Sagen wir mal, Sie haben eine Versicherung bis zum Jahr 2035.

Sie müssen sich jetzt folgende Fragen stellen:

- Glauben Sie, dass die Versicherung bis 2035 bestehen bleibt?
- Glauben Sie, der Euro bleibt bis dahin am Leben?

- Glauben Sie, die Kaufkraft eines jetzt eingezahlten Euros wird 2035 noch dieselbe sein wie jetzt?

Das garantiere ich Ihnen jetzt schon: Nein!

Der Euro hat seit Einführung offiziell 30 Prozent an Kaufkraft verloren. Gegenüber Gold sogar über 90 Prozent – Tendenz weiterhin steigend. Die Staaten und Notenbanken machen weiter Schulden und drucken Geld. Die letzten großen Krisen haben gezeigt, dass mit jeder Krise immer mehr Geld und Schulden benötigt werden, um das Karussell am Laufen zu halten. Das heißt, das Geldsystem und die Schulden werden inflationiert und damit wird uns die Kaufkraft genommen. Das bedeutet, Papierwerte verlieren an Wert und Sachwerte, die limitiert sind durch die Natur oder Mathematik, werden weiter steigen.

Ich habe alle Lebensversicherungen gekündigt. Mein Rat an Sie: Kündigen würde ich ...

- lang laufende Verträge,
- Verträge mit niedrigem Garantiezins oder negativen Gewinnaussichten,
- Verträge, bei denen die Überschussbeteiligungen gestrichen werden, oder
- Verträge, deren Anbieter einer der 22 gefährdeten Lebensversicherer ist.

Die Devise lautet: Lieber den Spatz in der Hand als die Taube auf dem Dach.

Einen Lebensversicherungsvertrag halten und stilllegen würde ich nur, wenn Sie daran glauben, dass das System stabil bleibt und die Corona-Krise schnell beendet sein wird. Infrage kommen Verträge von guten, solventen Versicherungen mit mehr als 3 Prozent Garantiezins, einer kurze Restlaufzeit und stabilen Aussichten.

Nochmals zur Erinnerung: Wir stehen vor einer historischen Wende und dem größten Vermögenstransfer der Geschichte!

Es ist ratsam, jetzt auf die schnelleren Pferde im Stall zu setzen. Papierwerte wie Lebens- und Rentenversicherungen werden garantiert keinen Pokal gewinnen. Andere Anlagen haben viel mehr Potenzial. Es besteht im Extremfall sogar die Gefahr, dass diese weitgehend entwertet werden. Gefahr besteht in zweierlei Hinsicht: Zum einem befindet sich der Staatsanleihenmarkt in einer Blase, die jederzeit platzen kann, und zum anderen drohen Ausfälle bei den Anleihen durch Zahlungsunfähigkeit oder Staatsbankrotte. Bei der Währungsreform 1948 in Deutschland hat man 93,5 Prozent mit Staatsanleihen verloren, bei Staatsbankrott in Argentinien belief sich diese Entwertung auf 74 Prozent.

Ende des Immobilienbooms?

Neben der Lebensversicherung liebt der Deutsche seine Immobilie. Es ist der Traum eines jeden, seine eigenen vier Wände zu haben. Die Immobilie steht für Unabhängigkeit, Wohlstand und Erfolg. Das scheinbar sichere Betongold. Schon seit jeher strebt der Mensch, archaisch bedingt, danach, sein eigenes Haus zu besitzen, sein Dach über dem Kopf, seine Höhle, sein Schloss. Glauben Sie mir: Keiner kann es besser nachvollziehen als ich. Wie Sie wissen, bin ich Schwabe, die geborenen Häuslebauer. Und ich hatte schon einen Bausparvertrag, da war ich noch nicht einmal auf der Welt. Zudem komme ich auch noch aus einer Bauunternehmerfamilie. Den Geruch von einer neuen Baustelle, von frischem Mörtel verbinde ich bis heute mit meiner Kindheit. Bevor ich laufen konnte, stand ich in Sandeimern, und als ich laufen konnte, rannte ich zum Schrecken meiner geliebten Mutter über Gerüste hoch und runter. Anders gesagt: Durch meine Adern fließen praktisch Gips und Ytong-Steine. Also mir ist es wirklich in die Wiege gelegt worden, über dieses Thema zu sprechen. Ist es jetzt noch sinnvoll, Immobilien zu kaufen? Diese Frage wird mir sehr oft gestellt. **Ist die Immobilie noch erstrebenswert. Ist sie ein sicherer Hort für das Vermögen?**

Alle Jahre wieder

In den vergangenen Jahren hatten wir den größten Immobilienboom in der Geschichte der Bundesrepublik. Laut UBS Real Estate Bubble Index finden sich zwei der teuersten Städte der Welt in Deutschland:[46] auf Platz 1 München und auf Platz 5 Frankfurt. Zuvor war die Immobilie ein relativ langweiliges Investment. Die Rendite war in der Vergangenheit eher unterdurchschnittlich. Zudem dürfen wir nicht vergessen, dass die letzte Finanzkrise 2008 durch eine Immobilienkrise ausgelöst wurde. Immobilienbooms gehen zumeist einher mit Aktienmarktblasen. Wenn das Geld billig ist, entstehen erfahrungsgemäß Spekulationsblasen. Denn viele Menschen, die zu wenig Eigenkapital und Einkommen hatten oder gar kein Eigenkapital hatten, konnten sich aber trotzdem günstig verschulden, um Immobilien zu kaufen, die völlig überbewertet waren. Das alles wurde ausgelöst durch eine fatale Notenbankpolitik, gleichgültig, ob in den USA oder in Europa. Überall dasselbe Spiel. Weil damals, so wie heute, alle dachten: Der Zins ist billig, jetzt muss man Immobilien kaufen und die Preise kennen ohnehin nur eine Richtung: nach oben. Wie wir alle wissen, endete das beinahe im Super-GAU. Die Finanzkrise war ein Warnschuss, der aber leider ungehört verpufft ist. Jetzt haben wir das Gleiche, nur in potenzierter Form. Die aktuelle Situation ist praktisch die Immobilienblase 2.0., die Hand in Hand mit einer noch größeren Aktienblase einhergeht. Leider haben wir aus der Krise vor 13 Jahren nichts gelernt. Jetzt haben die Verantwortlichen lediglich den Ballon noch weiter aufgepustet in neue, noch abstrusere Dimensionen und sie haben noch mehr Menschen in diese Megablase hineingetrieben. Das Ende wird leider auch dieses Mal nicht harmonisch verlaufen.

Immer schwindelerregendere Höhen

Diese Politik des billigen Geldes, der niedrigen Zinsen hat natürlich eines befeuert: Sie hat neue Finanzmarktblasen erzeugt. Und das sehen wir im Chart sehr schön. Die Preise für Immobilien in Deutschland und daruntergelegt die EZB-Bilanzen. Sie sehen, wie parallel zur

Ausweitung der EZB-Bilanzsumme auch die Hauspreise gestiegen sind in der folgenden Abbildung:

Abbildung 43

Die Preise haben sich in allen Städten und Ballungsgebieten nach oben entwickelt. Die aktuellen Bewertungsparameter sprengen alles, was wir aus der Vergangenheit kennen. In der Vergangenheit belief sich der Durchschnittspreis auf das 16- bis 18-Fache der Jahreskaltmiete. Jetzt sind wir beim 40-, beim 45- oder sogar 46-Fachen. Ob in Hamburg, München oder Stuttgart: Die Preise sind einfach abstrus stark gestiegen und treiben natürlich auch die Ungleichheit voran. Einem Fünftel der Bevölkerung, den richtig Reichen, gehören 75 Prozent der Immobilien. Selbst ein gut verdienender Arbeiter, egal ob er bei Bosch, Stihl oder Siemens tätig ist, kann sich keinen Wohnraum mehr in den großen Ballungsgebieten leisten – außer, er verschuldet sich komplett, bis zur Halskrause. Das treibt die Kluft zwischen Arm und Reich immer weiter auseinander und lässt sie immer größer werden. Und dann kommen natürlich die Umverteilungsfantasien wie die von Saskia Esken oder Olaf Scholz, die sagen, wir brauchen jetzt eine Vermögensabgabe, wir müssen Immobilien besteuern, einen Mietpreisdeckel einführen etc.

Und das führt natürlich auch zu Unmut in der Bevölkerung, zu Kapitalflucht und Ähnlichem. Es zieht einen ganzen Rattenschwanz an Problemen nach sich. Es generiert für jeden, der Immobilien und andere Vermögenswerte besitzt, so etwas wie ein bedingungsloses Grundeinkommen für die Reichen und Superreichen. Das sind natürlich die großen Profiteure. Wer Aktien hat, wer Unternehmen besitzt, Private Equity sein Eigen nennt, der hat sich in den letzten Jahren nur zurücklehnen müssen und ist automatisch reicher geworden. Aber die Mittelschicht erodiert. Die Unterschicht muss immer mehr Miete zahlen. Das ist das Ungerechte an diesem ganzen Finanzsystem, und das wird jetzt gerade bereinigt.

Viele junge Menschen wollen den Traum der eigenen vier Wände verwirklichen, eine Familie gründen. Da wäre es der logische Schritt, ein Haus oder eine Wohnung zu kaufen. Die Mitarbeiter, die Freunde leben es vor und haben schon ihr Häuschen im Grünen. Da möchte jeder natürlich auch dabei sein. So entstehen dann die Arbeiterschließfächer der Neuzeit: die Neubaugebiete. Häuser aus dem Katalog, alle sehen gleich aus. Schuhschachteln, quadratisch, praktisch, hässlich, die wahrscheinlich irgendwann mal abgerissen werden müssen, wegen Sondermüll und Augenkrebs. Auf Effizienz und niedrige Anschaffungskosten getrimmt. Das macht die Menschen wahrscheinlich nicht nur körperlich krank, sondern wahrscheinlich auch seelisch. Irgendwann wird man zurückblicken und sagen: »Was für eine lieblose, geschmack- und fantasielose Epoche.« Ich höre auf, mich zu echauffieren.

Wenn diese Blase platzt, werden viele Immobilien auf den Markt kommen, weil deren Besitzer die Kredite nicht mehr bedienen können und einfach insolvent sind. Geschätzte 8 bis 9 Millionen Immobilien in Deutschland sind Spitz auf Knopf finanziert. Bei Arbeitsplatzverlust, Scheidung, beim Platzen der Immobilienblase werden sie zwangsläufig auf den Markt kommen. Bei einer wirtschaftlichen Krise würde die Nachfrage nach Immobilien durch schwindende Kaufkraft und Arbeitslosigkeit massiv sinken. Das Angebot würde dadurch stark anschwellen, parallel dazu würde aber die Nachfrage einbrechen. Dies würde zum Ende der Immobilienblase führen, und die Preise für Immobilien in den Keller rauschen.

Wenn Sie heute zur Bank gehen, dann werden Sie regelrecht dazu genötigt, einen Kredit zu nehmen. Die Argumente sind klar: »So günstig wird es nie wieder, der Zins liegt unter einem Prozent. Wer sich jetzt nicht verschuldet und jetzt kein Eigenheim kauft, also Betongold, der wäre ja blöd. Eine Immobilie ist ein Sachwert, man diversifiziert.« Das Problem ist aber, dass ein Großteil der Bevölkerung, ein Großteil der Menschen entweder mit nur 10 bis 20 Prozent Eigenkapital einen Kredit aufnimmt oder mit gar keinem. Als Kreditnehmer binden sie sich dann bis zum Sankt-Nimmerleins-Tag an die Bank. Ich möchte Sie nochmals daran erinnern: Die Immobilie gehört erst Ihnen, wenn Sie alle Schulden getilgt haben. Davor ist die Immobilie Eigentum der Bank. Das mussten viele damals in den USA, in Irland und in Spanien bitter lernen, als dann ihre Immobilie auf einmal weg war. War die Bank umgekippt, fiel auch das Haus in deren Insolvenzmasse.

Noch ein weiterer wichtiger Aspekt, den viele völlig berauscht vom Traum vom Eigenheim ausblenden: **das Klumpenrisiko**. Um es zu verdeutlichen, verwende ich immer gerne folgendes Beispiel: Würden Sie ins Casino gehen und all Ihr Vermögen und vielleicht sogar Geld, das Sie gar nicht haben, das Sie sich geliehen haben, am Roulette-Tisch auf eine Zahl setzen? Auf die Zahl 21? Nein, wahrscheinlich nicht. Aber ein solches Klumpenrisiko gehen viele Menschen da draußen ein. Sie setzen alles auf eine Karte – auf die Immobilie. 70, 90, 100 Prozent ihres Gesamtvermögens plus ein erklecklicher Anteil von Fremdkapital wird auf eine einzige Investmentklasse gesetzt. Das ist unklug. Ein weiser Investor würde niemals mehr als 30 Prozent in eine einzige Investmentklasse stecken. Selbst im babylonischen Talmud ist die Drei-Speichen-Regel erwähnt: einfach mehrere Standbeine aufbauen, ein Drittel des Vermögens in Land, ein Drittel in Handelswaren und ein Drittel in Barmittel investieren. Je mehr Standbeine Sie haben, desto fester stehen Sie auf dem Boden. Das gilt auch, falls einmal ein Standbein wegbrechen oder schwächer werden sollte.

Selbstverständlich werden die Protagonisten alles in ihrer Kraft Stehende tun, um den Kollaps zu verhindern. Man darf gespannt sein, wie weit sich der Bogen überspannen lässt, bevor die Sehne reißt. Sollten es die Notenbanken tatsächlich schaffen, die Immobilienblase weiter zu füttern und am Leben zu erhalten, wird spätestens die katastrophale Demografie in den nächsten Jahren dem Spuk ein Ende setzen. Dann werden wir einen großen Überschuss an Immobilien bei einer sinkenden Bevölkerungszahl haben.

Der Grad der Verschuldung für ein Neuinvestment in Immobilien ist drastisch gestiegen. Musste ein Immobilienkäufer sich 2018 noch durchschnittlich mit 234.000 Euro oder 81,6 Prozent für eine Immobilie verschulden, waren es im Mai 2019 schon 248.000 Euro und ein Fremdfinanzierungsanteil von 84 Prozent. Nehmen wir die Bundeshauptstadt Berlin als Beispiel: 2013 musste ein Käufer für den Immobilienerwerb noch 193.000 Euro Kredit aufnehmen, 2018 waren es dann schon 325.000 Euro. 2013 war es noch das 50-Fache des durchschnittlichen Bruttoeinkommens, 2018 dann schon das 90-Fache und jetzt, im Jahr 2021, sind wir beim 100-Fachen! Es ist völlig absurd, was an den Immobilienmärkten passiert. Ein weiteres Warnsignal: Die Lebensversicherer erteilten Darlehenszusagen im Wert von 10,3 Milliarden Euro. Damit wuchs das Volumen um 15,1 Prozent gegenüber 2018. Die Immobilienblase wurde also noch einmal richtig aufgepumpt. Das Volumen dieser Hypothekenkredite legte um 5,8 Prozent auf gut 8,9 Milliarden Euro zu. Insgesamt haben die deutschen Lebensversicherer 64,2 Milliarden Euro in Hypothekendarlehen angelegt.

Ein weiterer Punkt, der neben dem Rekordpreisniveau gegen die Immobilie spricht, ist die große Gefahr von Abgaben und Steuern auf Immobilien. Das war in der Vergangenheit immer ein probates Mittel für den Staat, wenn die Kassen leer waren. Nichts ist einfacher zu besteuern als Immobilien. Denn Immobilien sind, wie der Name schon sagt, immobil, unbeweglich. **Im letzten Jahrhundert hat der deutsche Staat die Immobilien immer wieder besteuert. 1923 mit der Hauszinssteuer und 1952 mit dem Schuldenlastenausgleich.**

Weiteres Ungemach droht ebenfalls von politischer Seite: Der Sozialismus ist wieder en vogue – siehe Mietpreisdeckel in Berlin. Ein Beleg dafür ist aber auch der ernsthaft diskutierte Vorschlag, in Zukunft Einfamilienhäuser zu verbieten und Immobilieninhaber sogar zu enteignen.[47] Klingt das nach DDR und Kommunismus? Das ist es auch, und zwar im Gewand der Grünen. Anton Hofreiter machte in einem Interview den Anfang mit diesen abstrusen Vorschlägen. Ich befürchte, dass wir immer mehr von diesen Vorstößen hören und auch sehen werden. Denken Sie daran, was im Zuge der Corona-Krise schon alles gemacht wurde, ohne dass es einen großen Aufschrei in der Bevölkerung gab. **Unter dem Deckmantel von Corona hat die Politik einen gefährlichen Gefallen daran gefunden, unliebsame Gesetze zu verabschieden und durchzuregieren – auch gerne mal ohne das Parlament.**

Was können Sie als Anleger jetzt machen? Was machen Sie jetzt als Hausbesitzer? Erst mal keine Panik: Die Bestandsimmobilie ist ein solider Sachwert. Man kann darin wohnen, hat ein Dach über dem Kopf und sie wird nicht wertlos. Wenn Sie natürlich mehrere Immobilien haben, dann würde ich jetzt noch versuchen, sie antizyklisch zu verkaufen. Die Zeit hierfür wird nicht mehr.

Was können Sie jetzt tun, wenn Sie Schulden haben?

Sollten Sie das nötige Kleingeld haben, um Ihre Kredite vorzeitig abzulösen, können Sie das versuchen. Allerdings will keine Bank Ihr Geld gerade haben, denn Geld kostet Geld!

Den Kredit sofort abzuzahlen, war vor ein paar Jahren oft noch problemlos möglich mit einer Vorfälligkeitsentschädigung. Das geht heute nicht mehr – ein Rechtsanspruch vor Ablauf der Zinsbindung beziehungsweise der Zehn-Jahres-Sonderkündigungsfrist besteht nur, wenn die Immobilie verkauft wird. Die Vorfälligkeitsentschädigung ist nichts anderes als Zins, den Sie über die Jahre hinweg sowieso gezahlt hätten, nun aber sofort bezahlen. Besteht ein Rechtsanspruch auf Kündigung, dann gibt es klare Regeln dazu, wie hoch die Vorfälligkeitsentschädigung maximal ausfallen darf. Nicht so, wenn die Bank Ihnen die Kündigung aus Kulanz ermöglicht. Dann wird es richtig teuer, vorzeitig aus dem Immobilienkredit auszusteigen. Ohnehin wird es das nicht mehr geben, weil die Banken Geld als negativ ansehen. Sie wollen lieber weiterhin mit Immobilienkrediten ihre Bilanz aufblähen und den Wert der so finanzierten Immobilien als Sicherheit behalten. Falls Sie über die Wupper gehen, falls Sie arbeitslos werden, falls Sie sich scheiden lassen oder falls Ihnen irgendetwas anderes zustößt, dann hat die Bank nicht nur Ihre bis jetzt gezahlten Raten des Kreditvertrages, sondern leider auch noch die Immobilie.

Deswegen empfehle ich Ihnen: Wenn die Bank Sie nicht sofort aus dem bestehenden Immobilienkredit entlässt, Sie aber das Geld zum Ausstieg hätten, dann bauen Sie Gegengewichte auf. Investieren Sie in limitierte Sachwerte, die dann in der Krise exponentiell steigen, während andere in den Keller gehen.

Jetzt Immobilien kaufen, um Geld vor der Inflation in Sicherheit zu bringen?

Nein! Die Immobilienpreise werden fallen, sobald die Blase platzt. Sie kaufen erst Immobilien, wenn wir in der Deflation sind. In der Inflation, in der Hyperinflation, wird die Immobilie ein Wertspeicher sein. Aber es gibt andere Vermögenswerte, die auch in der Inflation stärker steigen werden. Wenn Sie natürlich seit Jahren auf eine Immobilie warten und unbedingt eine kaufen möchten, dann wird sich bald die Gelegenheit dafür ergeben. Die Preise werden sinken um mindestens 40 Prozent, glaube ich. Selbst die konservative Bundesbank geht von 30 Prozent Überbewertung in manchen Regionen und Städten aus. Andere Experten sprechen von deutlich mehr. Jetzt können Sie sich klug aufstellen. Wenn Sie zur Miete wohnen und in den letzten Jahren Geld gespart haben, weil Sie dem Braten nicht getraut haben, dann kommt jetzt die Zeit, auf die Sie gewartet haben. Dann können Sie Häuser, Wohnungen wahrscheinlich günstig einsammeln. Immer antizyklisch agieren, lautet die Devise.

Gewerbeimmobilien

Beim Blick auf Gewerbeimmobilien und Immobilienfonds stehen die Zeichen ebenso auf Sturm. Seit den Lockdowns stehen viele Geschäfte leer und viele Einzelhändler streichen die Segel. H & M, Primark, Maredo, Adidas – viele weitere Einzelhändler, aber auch Cafés und Gastronomiebetriebe wollen oder können die Miete nicht mehr zahlen und pfeifen aus dem letzten Loch. Shopping Malls sind verwaist und erinnern an Endzeit-Apokalypse-Zombiefilme. Etliche Konsumtempel werden dauerhaft ihre Türen schließen, viele bekannte Marken stehen vor dem Aus und viele Unternehmen sind komplett ins Internet umgezogen und geben den stationären Handel auf. Das ist kein gutes Umfeld, um in Gewerbeimmobilien zu investieren!

Sind Depots und Schließfächer sicher?

Die Frage nach der Sicherheit von Depot und Bankschließfächern ist eine der häufigsten, die mir gestellt wird. Im Gegensatz zum Konto und Sparbuch sind Aktiendepots und Bankschließfächer geschützt. Sie gelten als **Treuhandvermögen.**

Konten und Sparbücher können hingegen durch das Sanierungs- und Abwicklungsgesetz (SAG) durch ein sogenanntes Bail-in-Verfahren enteignet werden, wenn eine Bank in Schieflage gerät. Sie haben noch nie von diesem Gesetz gehört? – Es ist eines der wichtigsten Gesetze der letzten Jahrzehnte, denn damit wird die staatliche »Enteignung« der Sparer legitimiert. Ich habe das Wort »Enteignung« in Anführungsstriche gesetzt, denn bei den Regelungen im SAG handelt es sich nicht um eine »Enteignung« im Sinne des Grundgesetzes, sondern um eine »intensiv eingreifende Inhaltsbestimmung«. Das Gesetz diene nicht dazu, »das Vermögen des Staates oder eines anderen Enteignungsbegünstigten zu mehren, sondern vielmehr der Abwehr einer Gefahr« durch ein »bestandsgefährdendes Institut«. Wie dem auch sei. Im Notfall ist Ihre Kohle futsch.

SANIERUNGS- UND ABWICKLUNGSGESETZ (SAG)

Mit diesem Gesetz vom 1. Januar 2015 kann die 2008 gegründete Bundesanstalt für Finanzmarktstabilisierung (FMSA) bei drohender Insolvenz einer systemrelevanten Bank Kontoguthaben der Kunden (Privat und Firmen) ab 100.000 Euro einziehen (konfiszieren). Diese

Option kommt nur in Betracht, wenn die vorherigen sieben Möglichkeiten nicht ausreichen. Diese sind: der Zugriff auf Aktien, Anteile der GmbH, KG oder Genossenschaft, auf Darlehen oder unbesicherte, unbefristete, nachrangige Schuldverschreibungen. Diese Verbindlichkeiten kann die FMSA zu einem festgelegten Wert herabschreiben (im Extremfall bis auf null) oder in Aktien umwandeln (nach § 89 SAG). Mit diesen drastischen Maßnahmen soll die Bank gerettet werden, ohne dass der Steuerzahler für die Bankenrettung wieder in die Bresche springen muss. Juristische Gegenmittel oder ein Widerspruch sind ausgeschlossen. Auch eine Klage hat keine aufschiebende Wirkung. Selbst wenn das Institut erfolgreich gerettet wird, sich erholt und Milliarden Gewinne verbucht, gibt es kein Zurück oder Anspruch auf Wiedergutmachung der geleisteten »Hilfszahlung« für die Bank. **Dieses Gesetz gilt sowohl für Aktionäre der betroffenen Bank als auch für Privatkunden und Firmenkunden.** Betroffen sind alle Sichteinlagen wie **Sparbuch, Girokonto, Fest- und Tagesgeld, Sparverträge, Geld auf Verrechnungskosten für Wertpapierdepots und auch vermögenswirksame Leistungen!**

Treuhandvermögen – und die wichtigen Fälle, in denen der Schutz nicht reicht

Alles was sich in einem Bankschließfach oder einem Wertpapierdepot befindet (Aktien, ETFs, Fonds, Anleihen oder andere Wertpapiere), ist geschützt als sogenanntes Treuhandvermögen. Treuhandvermögen gehört dem Kunden und wird von der Bank nur in seinem Auftrag verwaltet. **Es fällt nicht in die Insolvenzmasse der Bank.** Selbst wenn die BaFin über ein Finanzinstitut ein Moratorium wegen Insolvenzgefahr verhängt, also einen sofort wirksamen Annahme- und Auszahlungsstopp, bei dem auch die dortigen Einlagen eingefroren sind, können Anleger ihr Depot zu einer anderen Bank übertragen und (gegebenenfalls nach Terminvereinbarung) auf ihre Schließfächer zugreifen. Aber auch von dieser Regel gibt es einige Ausnahmen. Es wäre falsch, sich in Sachen Wertpapierdepot allzu sehr in Sicherheit zu wiegen.

Das Brokeragekonto (Verrechnungskonto)

Zu jedem Depot gehört ein sogenanntes Brokeragekonto (Verrechnungskonto). Sollten Sie dort Geld liegen haben, um damit zu handeln, fällt dieses Geld in die Insolvenzmasse der Bank und ist nur bis zur gesetzlichen Einlagensicherungsgrenze von 100.000 Euro geschützt, so will es das sogenannte Einlagensicherungsgesetz, das 2015 in Kraft trat. Das Verrechnungskonto wird nicht anders behandelt als etwa ein Giro-, Spar- oder Tagesgeldkonto. Manche Banken sichern darüber hinaus freiwillig mehr ab, aber wie gut das funktioniert, sei dahingestellt. Sicher ist jedoch: Beträge über 100.000 Euro können nach dem SAG vom Verrechnungskonto eingezogen werden, wenn eine systemrelevante Bank in Schieflage gerät, um sie zu retten oder deren Gläubiger zur befriedigen.

Die Wertpapierleihe

Was würden Sie sagen, wenn Aktien und Anleihen aus Ihrem Depot von Ihrer Bank oder Brokerage-Firma gegen Gebühr an Spekulanten, wie zum Beispiel Hedgefonds, verliehen werden würden? Das geschieht häufiger, als Sie vielleicht denken. Viele Anbieter verleihen die Wertpapiere ihrer Kunden (Aktien, Anleihen) gegen eine Leihgebühr, um sich zu refinanzieren, um den Kunden günstige Konditionen anbieten zu können, um weitere Einnahmen zu erzielen und um die eigene Rendite zu verbessern. Der Entleiher wird zum Besitzer der Wertpapiere. Er kann frei darüber verfügen und sie für Leerverkäufe nutzen, also die geliehenen Wertpapiere verkaufen und auf diese Weise auf fallende Kurse spekulieren. Beim Leerverkauf muss besagter Entleiher die Wertpapiere meist innerhalb von wenigen Tagen zurückgeben. Die Wertpapierleihe ist in den AGBs der Finanzinstitute mit einer eigenen Klausel geregelt. Wenn eine solche Klausel in den AGBs vorliegt, der Entleiher die Papiere nicht zurückgibt und die Depot-Bank nicht in der Lage ist, für den Schaden einzuspringen, dann greift das Anlegerentschädigungsgesetz (AnlEntG) aus dem Jahr 1998. Es sieht bei Wertpapierverbindlichkeiten einen wesentlich geringeren Schutzumfang vor als das Einlagensicherungsgesetz bei Kundenkonten. **Konkret liegt die Entschädigung, die ein Depot-Inhaber dann bekommen kann, nur bei 90 Prozent des Schadens und maximal 20.000 Euro!**

Diesen nicht ganz unwichtigen Zusatz finden Sie zum Beispiel in den AGBs namhafter Depot-Banken: »Ist die Bank pflichtwidrig außer Stande, Wertpapiere des Kunden zurückzugeben, so besteht neben der Haftung der Bank im Entschädigungsfall ein Entschädigungsanspruch gegen die Entschädigungseinrichtung deutscher Banken GmbH.«

Die Insolvenz der Depot-Bank mitten in einer Transaktion

Angenommen, die Depot-Bank geht pleite just während einer Transaktion. Dann kann es beispielsweise sein, dass der Erlös einer Wertpapierorder noch nicht auf dem Verrechnungskonto gutgeschrieben ist oder das bereits bezahlte Wertpapier nicht im Depot eingebucht – und dass dies auch nicht mehr geschieht. Auch hier gilt dann, was das Anlegerentschädigungsgesetz für Wertpapierverbindlichkeiten der Depot-Bank bestimmt. Bei einem Erlös von beispielsweise 10.000 Euro bei einem Wertpapierverkauf hieße das: Der Kunde bekommt nur 9.000 Euro. Bei einem Verkaufserlös von 50.000 Euro hätte er nur Anspruch auf 20.000 Euro – die Höchstgrenze laut diesem Gesetz.

Ein Betrugsfall bei der Depot-Bank

Auch das hat es schon gegeben: Dass eine Depot-Bank ihren Kunden schuldhaft Geld oder Wertpapiere unterschlägt, also etwa fällige Zahlungen nicht auf dem Verrechnungskonto gutschreibt oder bestimmte Papiere nicht im Depot einbucht. Auch hier greifen, wenn die Bank nicht zahlen kann, die ungünstigen Regelungen des Anlegerentschädigungsgesetzes für Wertpapierverbindlichkeiten: Entschädigung zu 90 Prozent bis zur Höchstgrenze von 20.000 Euro.

Fazit und Rat

Damit ist klar, dass die Wertpapiere in einem Depot bei einer Bank gar nicht so sicher sind, wie andauernd suggeriert wird. Ganz im Gegenteil: Wenn der Notfall eintreten sollte, haben Sie als Depot-Inhaber nur einen vergleichsweise geringen Entschädigungsanspruch gegen die

Entschädigungseinrichtung deutscher Banken. Das ist alles andere als beruhigend!

Nochmals: Egal welche Beträge aus Wertpapiergeschäften oder der Wertpapierleihe in Ihrem Depot auf dem Spiel stehen: Der Anspruch gegen die Entschädigungseinrichtung ist der Höhe nach beschränkt auf 90 Prozent des Wertes dieser Wertpapiere, maximal jedoch auf einen Gegenwert von 20.000 Euro. Also wenn Wertpapiere für 50.000 oder 100.000 Euro verliehen wurden oder ein Verkaufserlös von 30.000 Euro nicht gutgeschrieben wurde: Sie erhalten maximal 20.000 Euro und 90 Prozent. Diese gesetzliche Regel beziehungsweise eine entsprechende Klausel über die Wertpapierleihe kann Sie als Depot-Inhaber ganz schön alt aussehen lassen. Und das ist alles ist festgeschrieben, im bereits erwähnten Anlegerentschädigungsgesetz von 1998. Das kennt kaum einer. Macht nichts. Ist auch nicht so wichtig, außer, wenn es zum Notfall kommt.

Interessant: Als Folge der Finanzkrise wurde in einer Gesetzesnovellierung 2015 die Einlagensicherung für Konten von 20.000 Euro auf 100.000 Euro angehoben, mit einem Sicherungsumfang von 100 Prozent bis zu dieser Höchstsumme – in der ursprünglichen Fassung von 1998 waren es ebenfalls nur 90 Prozent und maximal 20.000 Euro. Aus dem ursprünglichen Einlagensicherungs- und Anlegerentschädigungsgesetz wurde das Einlagensicherungsgesetz ausgegliedert und der Schutzumfang erweitert. Für die Wertpapierdepots kam es allerdings zu keiner Erweiterung des Schutzumfangs, obwohl es ursprünglich einen Vorschlag der EU hierzu gab. Der Rumpf des alten Gesetzes hat heute noch Gültigkeit und heißt jetzt schlicht Anlegerentschädigungsgesetz.

Bei den Sparkassen und Volksbanken brauchen Sie sich allerdings keine Sorgen zu machen: Da ist die Klausel zur Wertpapierleihe nicht in den AGBs enthalten, und es gelten zudem die institutsspezifischen Rücksicherungsmodelle, die darauf hinauslaufen, dass eine Bank gar nicht erst pleitegehen kann. Comdirect Bank, Consorsbank und Smartbroker betreiben ebenfalls keine Wertpapierleihe. Seit der Einführung des Gesetzes ist es allerdings bei einer Bank in Deutschland noch nie zu einem solchen Entschädigungsfall gekommen. Aber was nicht ist, kann ja noch werden.

Schauen Sie bitte in die AGBs Ihrer Bank, vor allem Ihres Discount-Brokers, ob dort der Verleih von Depot-Aktien und sonstigen Wertpapieren vorgesehen ist. Die günstigen Konditionen speziell der Direkt-Broker werden häufig dadurch refinanziert. Falls Sie sich unsicher sind, ob Ihre Depot-Bank das macht, fragen Sie dort nach. Sie können es der Bank untersagen.

Auch Fondsgesellschaften verleihen Aktien – und hier vor allem ETFs

Viele hochgepriesene ETFs sind auch nur deshalb so günstig, weil die Anbieter die darin enthalten Papiere verleihen. Das birgt eine weitere Gefahr in sich, falls ein Anbieter ins Wanken kommen sollte. Die Einnahmen werden bei den meisten Anbietern mit dem Kunden geteilt. iShares gibt 62,5 Prozent der Nettoerträge aus der Wertpapierleihe an die Anleger weiter und Xtrackers 70 Prozent.[48]

Bisher gab es noch keinen Fall, bei dem die Regelungen zu Wertpapierverbindlichkeiten des Anlegerentschädigungsgesetzes bei einer Depot-Bank in Deutschland angewendet werden mussten. Anders sieht es bei Finanzdienstleistern aus. Der größte Fall war die Frankfurter Wertpapierhandelsbank Phoenix Kapitaldienst. Hierbei handelte es sich um ein Schneeballsystem. Durch das Gesetz wurden 261 Millionen Euro an die 30.000 Geschädigten ausbezahlt. Bei weiteren 18 Fällen wurden zirka 13 Millionen Euro als Entschädigung gezahlt.

Einlagensicherung pro Person oder pro Konto?

Kommen wir aber nun zu den Regeln des Einlagensicherungsgesetzes zum Schutz der Kundenguthaben auf Konten. Gilt die Höchstsumme von 100.000 Euro nun pro Person? Oder pro Konto? Bei dieser Frage herrscht oft Verwirrung. Es besteht der Mythos, der Einlagenschutz bestehe pro Kunde und pro Konto. Das ist aber falsch! Richtig ist: Die Einlagensicherung gilt pro Person und Bank. Es bringt also nichts, mehrere Konten bei ein- und derselben Bank zu eröffnen, weil sich die Einlagensicherung nicht auf die Zahl der Konten, sondern die Zahl der Personen bezieht. Was allerdings ein Sonderfall ist, sind

Gemeinschaftskonten und Ehepaare. Hier erhält dann jeder Partner die Einlagensicherung von 100.000 Euro zugeschrieben, und so verdoppelt sich der Schutzumfang auf 200.000 Euro.

Relativ unbekannt ist folgende Tatsache: In bestimmten Fällen kann die Deckungssumme für bis zu sechs Monate höher sein (bis maximal 500.000 Euro). Dies regelt der § 8 Absatz 2 des Einlagensicherungsgesetzes (EinSiG). Dieser findet Anwendung für Zahlungen, die an ein bestimmtes Lebensereignis des Kontoinhabers geknüpft sind, zum Beispiel:

- Auszahlungen mit sozialer Zweckbestimmung, etwa bei Renteneintritt, Heirat, Geburt, Scheidung, Krankheit, Pflegebedürftigkeit
- Auszahlungen aus betrieblicher Altersversorgung
- Auszahlungen von Versicherungsleistungen
- Abfindungen vom Arbeitgeber nach einer Kündigung/Entlassung
- Erlöse aus dem Verkauf einer privat genutzten Immobilie

Angenommen, Sie verkaufen eine private Immobilie und der Erlös in Höhe von mehreren 100.000 Euro wird auf Ihrem Konto gutgeschrieben. Genau zu dieser Zeit geht Ihre Bank pleite. Dann greift die besondere Einlagensicherung mit maximal 500.000 Euro. Was darüber hinausgeht, wäre dann aber auch weg. Das heißt, wenn Sie 800.000 Euro für die Immobilie bekommen, sind nur 500.000 Euro gesichert und 300.000 Euro weg.

Bankenunion und europäische Einlagensicherung (EDIS)

Die von mir stark kritisierte europäische Einlagensicherung (EDIS) und Bankenunion ist auf dem Vormarsch. Ihr Zustandekommen wurde 2019 weiter forciert – vor allem auf Betreiben von der undemokratisch eingesetzten EU-Kommissionspräsidentin Ursula von der Leyen. Im Zuge des Europäischen Stabilitätsmechanismus (ESM) soll die Bankenunion vollendet werden. Sie bringt die Haftung deutscher

Banken für andere Banken in der Eurozone mit sich. Was natürlich fatal wäre.

Die sogenannte europäische Einlagensicherung soll schrittweise bis 2028 eingeführt werden. Ab 2021 startet die Rückversicherungsphase, in der die bestehenden nationalen Sicherungssysteme ergänzt und eine Liquiditätsdeckung für diese bereitgestellt werden soll. Bei diesem Schritt ist die Vergemeinschaftung von Verlusten noch nicht vorgesehen. Erstmals sollen die Risiken in den Bankbilanzen reduziert werden. Hierfür werden die nationalen Insolvenzregeln in der Finanzindustrie standardisiert sowie die Kapital- und Liquiditätsausstattung der Banken vereinheitlicht werden. Banken mit hohen Risiken sollen höhere Beiträge zahlen als Banken mit sauberen und gesunden Bilanzen. Die Länder am südlichen Rand Europas pochen stark auf die Vergemeinschaftung der Schulden, aber auch auf die Vergemeinschaftung der Bankverluste. Mit Ersterem haben die Südländer jetzt schon Erfolg gehabt. Denn im Zuge der Corona-Krise wurde durch die Hintertür der Eurobonds eine solche Vergemeinschaftung der Schulden bereits installiert.

Noch gibt es gegen die Bankenunion und die Vergemeinschaftung von Verlusten von Bankinstituten Widerstand aus den Ländern im Norden Europas. Die Frage ist nur: Wie lange noch? Falls Sie irgendwann in der Zeitung lesen, dass die europäische Einlagensicherung durch Ursula von der Leyen implementiert wird – spätestens dann sollten Sie Ihr Konto leerräumen.

In diesem Zusammenhang ist auch § 98 Kapitalanlagegesetzbuch (KAGB) spannend. Kennen Sie ihn? Dieser Paragraph ist leider nur wenigen Menschen bekannt. Er besagt unter anderem, dass Kapitalverwaltungsgesellschaften die Rücknahme von Fondsanteilen verweigern beziehungsweise sogar aussetzen dürfen, wenn außergewöhnliche Umstände vorliegen. Wenn Beteiligungsunternehmen (alternative Investmentfonds wie beispielsweise Film-, Schiffs-, Wald- oder Infrastrukturfonds) und Investmentfondsgesellschaften sich verspekuliert haben, können sie die Probleme auf die Anleger und Kunden abwälzen.

Also aufgepasst

Alles, was im Bankschließfach ist, ist Treuhandvermögen und fällt im Falle einer Insolvenz der Bank nicht in deren Insolvenzmasse. Wenn Sie dort wichtige Dokumente haben, ein paar Euronoten, Goldmünzen, Fotoalben, Schmuck und anderes, gehört das Ihnen. Der Inhalt ist rechtlich Ihr Eigentum. Sie haben lediglich das Bankschließfach der Bank angemietet und die Bank hat darauf keinen Zugriff. Die Bank ist lediglich Verwahrer. Wenn die Bank geschlossen ist, haben Sie zwar einen Schlüssel zum Schließfach, aber nicht zur Bank. Sie sind also abhängig von den Öffnungszeiten der Bank. In Zukunft geht es um das Zugriffsrecht. Haben Sie noch Zugriff auf Ihr Konto, auf Ihr Geld? In Zypern war es so: Derjenige, der Geld auf dem Konto hatte, wurde ab 100.000 Euro enteignet. Derjenige, der mehr als 100.000 Euro in bar im Bankschließfach hatte, hatte keinerlei Verluste.

Aber auch das kann sich ganz schnell ändern. So kann etwa die Einlagensicherung auch reduziert werden auf 5000 oder 10.000 Euro. Eine Art Vermögensabgabe oder Vermögenssteuer könnte kommen. Dann wäre jedes Konto oder Depot betroffen und das Guthaben beziehungsweise Vermögen würde dann einfach besteuert.

Tipp: Lassen Sie zu keiner Zeit allzu große Summen auf Ihrem Konto! Ich bin in diesem Zusammenhang auch kein Fan davon, bei mehreren Bankinstituten Konten zu eröffnen, um auf diese Weise pro Bank eine Einlagensicherung bis 100.000 Euro zu genießen. Denn:

1. Das Geld auf dem Konto ist nicht in Ihrem Besitz, sondern im Besitz der Bank. Es handelt sich um eine Forderung, die Sie gegen die Bank haben, nichts weiter. Erst wenn Sie es abheben, gehört es tatsächlich Ihnen.
2. Es gibt keine Guthabenzinsen, sondern sogar Minuszinsen. Oder der Kontostand wird durch Kontoführungsgebühren laufend kleiner.
3. Die Inflation frisst die Kaufkraft Ihres Geldvermögens auf.
4. Der Zugriff ist limitiert durch Öffnungszeiten und eventuelle Bankschließungen.

5. Die finanzielle Repression betrifft vor allem Bankguthaben.
6. Es ist fraglich, ob die Einlagensicherung bei der Pleite einer großen Bank oder mehrerer Banken gleichzeitig tatsächlich greift.

Auf deutschen Konten schlummern 2,73 Billionen Euro in Form von Sicht-, Spar- und Termineinlagen. Laut Angaben der Europäischen Bankenaufsicht EBA beläuft sich das Volumen der vorhandenen Sicherungsgelder in allen Fonds in Deutschland auf insgesamt 6,9 Milliarden Euro. Durch die Greensill Bank Pleite sind es allerdings jetzt 2 Milliarden Euro weniger. Damit sind nur etwa knapp 0,27 Prozent aller gedeckten Spareinlagen abgesichert. Bis zum Jahr 2024 müssen es 0,8 Prozent werden. Ein noch desaströseres Bild bekommt, wer auf die gesamte Eurozone blickt. Hier vegetieren zirka 20 Billionen Euro auf Konten. Schnell wird klar, dass die Sicherungssysteme nur funktionieren, solange sie nicht gebraucht werden. Im Fall einer größeren Bankenkrise wird die Einlagensicherung heillos überfordert sein und die Spareinlagen sind verloren. Aus diesem Grund gehört Geld überall hin, aber nicht aufs Konto.

Generell empfehle ich, maximal die Fixkosten für zwei bis drei Monate auf dem Konto zu belassen. Eingezahlt ist das Geld schnell, aber es sich auszahlen zu lassen, dauert immer lange und ist mit immer mehr Fragen und Repressalien verbunden. Sie können an jeder Bank am Automaten bis zu 100.000 Euro einzahlen.

Was noch auf uns zukommt: das Schließfachregister

Inzwischen ist auch ein Transparenzregister eingeführt worden, die Fünfte Geldwäsche-Richtlinie der EU verlangte eine entsprechende Novellierung des Kreditwesengesetzes und der Abgabenordnung. Demnach müssen Banken jedes vorhandene Schließfach mitsamt den wichtigsten Informationen (Name, Adresse) zu ihren Inhabern für die Behörden bereithalten – wie beim automatisierten Kontenabruf. Jedes Schließfach wird registriert und gemeldet, das ist unausweichlich. Im Wortlaut besagter Richtlinie heißt es: »Für einen einfacheren Zugriff auf Informationen über die Identität der bevollmächtigten Eigentümer und Inhaber von Bankkonten und Schließfächern werden bei den zentralen Meldestellen Transparenzregister eingerichtet, in denen Informationen über die Identität der bevollmächtigten Inhaber und der Eigentümer (der ›wirtschaftlich Berechtigte‹) gespeichert sind.« Sie sehen: Leichter wird die Vermögenssicherung in Zukunft nicht.

Alternativ können Sie aber bandenunabhängige (das war die Autokorrektur und eigentlich soll es »bankenunabhängige« heißen, aber ich finde das so passend, dass ich es stehen lasse) Schließfachanbieter auswählen wie zum Beispiel bei der Degussa Goldhandel GmbH oder EMS (werteinlagerung.de).

Bitcoin – die größte Investmentchance unserer Lebzeit!

»Wenn du mir nicht glaubst oder es nicht verstehst, dann habe ich leider keine Zeit, dich zu überzeugen.«

Satoshi Nakamoto, Schöpfer des Bitcoins

Ich nehme mir die Zeit! Lassen Sie sich bitte nicht abschrecken von dem Wort »Bitcoin« in der Überschrift. Die folgenden Zeilen könnten Ihr Leben für immer verändern. Schon im letzten Buch (*Der größte Crash aller Zeiten*) hatte ich ein ganzes Kapitel zum Thema Bitcoin geschrieben und versucht, die Komplexität dieser Kryptowährung in eine verständliche und einfache Sprache zu übersetzen. Viele Leser sind daraufhin eingestiegen und können sich über tolle Zugewinne freuen. Aber wir stehen erst ganz am Anfang.

Das Thema »Bitcoin« wird zumeist mit Negativschlagzeilen verknüpft. Wenn die Medien darüber berichten, dann oftmals in Verbindung mit Schwarzgeld, Kriminalität, Hacks oder Erpressung. Dass die meisten Verbrecher zu 99,9 Prozent Dollar, Euro und andere Fiatwährungen verwenden, wird selten in der Presse kommuniziert. Aber was ist Bitcoin eigentlich? **Warum ist Bitcoin die größte Chance Ihres Lebens?**

Wie alles begann: Bitcoin – ein Kind der Krise

Fangen wir von vorn an: Satoshi Nakamoto, der unbekannte Erfinder von Bitcoin, ging 2008 während der Finanzkrise, als Banken und gar ganze Staaten durch ein falsch gestricktes Geld- und Finanzsystem wankten, schwanger mit der Idee, ein besseres Geld zu schaffen. Er kam zu dem Schluss, dass das Grundübel der immer wiederkehrenden Krisen unser ungedecktes Geldsystem ist – und eine immer gleiche, fatale Notenbankpolitik als Antwort auf diese Krisen.

ÖFFNUNG DER GELDSCHLEUSEN

Seit den 1980er-Jahren war die Reaktion der Notenbanken auf Finanzmarktkrisen, vor allem die Reaktion der führenden Zentralbank in den USA, der Federal Reserve (kurz Fed), immer dieselbe: Sie bestand darin, die Geldschleusen zu öffnen und die Zinsen zu senken, um die Wirtschaft anzukurbeln und das Krisenmonster zu beruhigen, aber nicht zu besiegen. Es war immer nur ein Spiel auf Zeit. Die Fed und andere Notenbanken auf der Welt bereiteten mit dieser falschen Herangehensweise lediglich das Fundament für die nächste, noch größere Krise vor. Jede Krise wurde immer teurer. Aus den Rettungspaketen und Gelddruckmaßnahmen in Millionenhöhe wurden dann Milliarden und schließlich Billionen. Nicht nur bei den Notenbanken wurde Unsummen buchstäblich aus dem Nichts geschaffen, sondern auf Staatsseite wurden auch Unsummen an Schulden aufgenommen. 2008 hat die Rettung der Banken den deutschen Staat ein paar Milliarden gekostet und das größte Konjunkturprogramm der Bundesregierung war die Abwrackprämie mit einem damals gigantisch anmutenden Volumen von 5 Milliarden Euro. Heute ist das ein Witz und eine solche Summe wird an einem Vormittag rausgepulvert. In der Zwischenzeit geht es auch nicht mehr um Milliarden, sondern um Billionen. Das Besorgniserregende ist, dass dies ebenso auf Notenbank- wie auch auf Staatsseite passiert – ein Ende ist nicht in Sicht. Die Kollateralschäden dieses Handelns werden immer größer.

Dasselbe Spiel vollzieht sich bei Rezessionen. Sobald eine Rezession am Horizont erschien, hat man panisch zu Zinssenkungen und geldpolitischen Maßnahmen gegriffen und tut das bis heute. Um eine Rezession zu stoppen, musste man in der Vergangenheit die Zinsen immer um zirka 5 Prozentpunkte senken und natürlich Geld ins System pumpen.

Somit haben sich Staaten und Notenbanken de facto immer weiter in zwischenzeitlich astronomische Sphären hochgeschaukelt, in eine gefährliche und ungesunde Abhängigkeit, aus der sie nicht mehr herauskommen. Für mich steht fest: **Es gibt innerhalb des Systems keine Lösung mehr!** Satoshi hat dies 2008 schon erkannt und aus diesem Grund Bitcoin gebaut.

Am 18. August 2008 entschied sich der schwangere Satoshi, noch vor der Geburt, für einen Namen seines Kindes: **Bitcoin.** Er sicherte sich die Internetdomain: bitcoin.org. Erstmalig verkündete er seine Schwangerschaft öffentlich stolz und glücklich am 31. Oktober 2008, indem er ein White Paper (eine Art Anleitung) mit dem Namen **»Bitcoin: A Peer-to-Peer Electronic Cash System«** (»Bitcoin: Ein elektronisches Peer-to-Peer-Cash-System«) im Internet publizierte und Paten für sein Kind in Form von fähigen Kryptografen und Entwicklern suchte. Mit deren Hilfe erblickte das gemeinsame Baby Bitcoin schließlich am 3. Januar 2009 das Licht der Welt.

Bitcoin ist 2021 gerade einmal knappe zwölf Jahre jung, also noch nicht einmal im Teenageralter. Trotz seines geringen Alters ist Bitcoin jetzt schon gigantisch gewachsen und eigentlich ein wahrer Riese. Die Kindheit war schon recht turbulent und wild. Die Pubertät aber wird alles in den Schatten stellen. Wie wir alle aus eigener Erfahrung wissen, geht es erst mit der einsetzenden Pubertät richtig rund und manch einer stößt sich dann gerne die Hörner ab. Bei Bitcoin scheint dies ein wenig untertrieben zu sein. Wer meint, dass Bitcoin die wilde

Phase hinter sich hat, der täuscht sich. Die nächsten Jahre werden atemberaubend sein und regelrecht dramatisch. Wir stehen erst vor dem großen Hauptakt. Was wir bisher gesehen haben, war lediglich das Aufwärmen, das Vorspiel, ein milder Luftzug vor dem Sturm. Was jetzt kommen wird, ist **der größte Bullenmarkt aller Zeiten! Die größte Investmentchance unserer Lebzeit!**

Ja, Sie lesen richtig! Und dabei war Bitcoin in der vergangenen Dekade schon das erfolgreichste Investment. Sogar das erfolgreichste Investment aller Zeiten! Der erste registrierte Bitcoinpreis kam erst im März 2010 zustande und betrug 0,003 Cent! Heute stehen wir bei rund 23.000 Dollar! (Stand 26.12.2020) und einer Marktkapitalisierung von zirka 460 Milliarden Dollar.

Bitcoin war in der letzten Dekade damit das erfolgreichste Investment mit einer Performance von – halten Sie sich fest! – 48,52 Millionen Prozent! Was für eine Entwicklung!

(Update: Bitcoin ist eine disruptive Erfindung und so auch sein Preis. Wenige Monate später steht der Kurs bei ~~49.000 Dollar~~ 59.000 Dollar und die Marktkapitalisierung bei ~~900 Milliarden~~ über 1 Billion Dollar. Wenn Sie dieses Buch in der Hand halten, wird das alles schon wieder durcheinandergewürfelt sein. Meine Prognose nach oben.)

Bitcoin erreichte 1 Dollar im Februar 2011. Zwei Jahre später wurden dann die 100 Dollar geknackt und im selben Jahr sogar noch die 1000-Dollar-Marke. Die 10.000-Dollar-Marke wurde dann vier Jahre später, 2017, genommen und das Rekordhoch von 19.783,06 Dollar am 17. Dezember desselben Jahres erreicht. In zwei Videos habe ich im März und November 2020 antizyklisch zum Einstieg in Bitcoin geraten und ein neues Hoch des Preises vor Weihnachten prognostiziert. Dieses kam dann wie bestellt mit über 25.000 Dollar.

DIE TEUERSTE PIZZA DER WELT!

Würden Sie 490 Millionen Dollar für zwei Pizzen bezahlen? Sie werden mir völlig zu Recht einen Vogel zeigen, aber es gibt jemanden, der hat dies tatsächlich getan. Es war kein Milliardär, sondern ein ganz normaler Bürger. Die Story ist schon fast legendär: Am 22. Mai 2010 führte der US-Amerikaner Laszlo Hanyecz in Florida die weltweit erste Transaktion mit Bitcoin durch. Er kaufte zwei Pizzen für 10.000 Bitcoin. Heutiger Preis: 490 Millionen Dollar. Glücklicher Empfänger der Bitcoins war Jeremy Sturdivant (»Jercos«). Was er mit seinem Bitcoin-Schatz angestellt hat, ist ein Geheimnis. Seitdem findet jedes Jahr am 22. Mai der »Bitcoin Pizza Day« statt.

Warum wir neue Höchststände sehen werden

Für diese Prognose gibt es etliche gute Gründe. Fangen wir mit den Notenbanken und den Staaten an: (Hinweis: Dieser Teil wurde von mir ursprünglich im Herbst 2020 vor dem großen Anstieg verfasst – gilt aber nach wie vor.)

Das ultimative Notenbankexperiment

»Jeder Investor läuft Gefahr, sein Vermögen durch die große Geldinflation zu verlieren. Wir alle brauchen einen Wertspeicher, der nicht auf Fiatgeld beruht, Bitcoin ist die Lösung! Ein vertrauenswürdiger, mündelsicherer Wertspeicher als sicherer Hafen.«

Michael Saylor, Gründer und Vorstand von Microstrategy

Seit 2008 befinden wir uns in einem finanziellen Ausnahmezustand. Seit der Nahtoderfahrung des Geld- und Finanzsystems, ausgelöst durch Gier, Spekulation und Hybris, haben die Notenbanken weltweit historische einmalige Maßnahmen durchgezogen: **Die Zinsen wurden auf Tiefststände gesenkt und befinden sich zum immer größeren Teil sogar im Minusbereich.**

18 Billionen aller Staatsanleihen sind aktuell negativ verzinst!

Bald hat mehr als die Hälfte aller europäischen Staatsanleihen Zinsen im Minusbereich. Im Februar 2021 waren es schon 47 Prozent, Tendenz immer weiter steigend. **Parallel wurden die Geldschleusen geöffnet und die Märkte permanent mit billiger Liquidität geflutet.** Ein regelrechter Tsunami an Geld flutet die Märkte und führt zu immer größeren Vermögensblasen bei Immobilien, Aktien, Kunst etc. Zusammenfassen kann man dieses Geld- und Notenbankexperiment mit dem Slogan: **»Ohne Zins und Verstand«.** (Siehe Abbildung 42 auf Seite 216.)

Die US-Notenbank Fed hat mittlerweile gigantische 7,442 Billionen Dollar in den Büchern stehen. Das entspricht 34,7 Prozent des BIP der weltgrößten Volkswirtschaft. Ein Ende ist nicht in Sicht, ganz im Gegenteil. Neben Negativzinsen erwarte ich hier weitere Anleihen-Aufkaufprogramme und Negativzinsen. Das Motto wird sein: **Wir kaufen alles – außer Hundenahrung.** (Siehe Abbildung 3 auf Seite 27.)

Auch die europäischen Notenbankkollegen in der EZB in Frankfurt stehen der USA in nichts nach. Auch hier steigt der Chart parabolisch an und unterstreicht das dysfunktionale System deutlichst: 7,2 Billionen Euro oder zirka 72 Prozent des BIP der Eurozone hat die EZB schon in den Büchern stehen. Der Sieger in dieser Champions League ist die Schweizer Nationalbank mit 142 Prozent und die Bank of Japan mit 131,6 Prozent. (Siehe Abbildung 4 auf Seite 27.)

Atemberaubend und ebenso historisch ist die Abbildung 44, die die Geldmenge M2 in den USA darstellt. **M2 ist um gewaltige 26 Prozent 2020 gestiegen!** Damit wurden 21 Prozent aller jemals emittierenden Dollars produziert. Das System benötigt immer mehr von der tödlichen Dosis an billigem Geld und niedrigen Zinsen.

Die US-Staatsverschuldung legt ebenfalls einen Senkrechtstart hin: Sie liegt bereits bei 28 Billionen Dollar oder 129 Prozent des BIP. (Siehe Abbildung 1 auf Seite 25.)

Weltweit steigen die Schulden in immer neue Höhen. In der Zwischenzeit sind es 288 Billionen Dollar – das entspricht zirka 360 Prozent des weltweiten BIP.

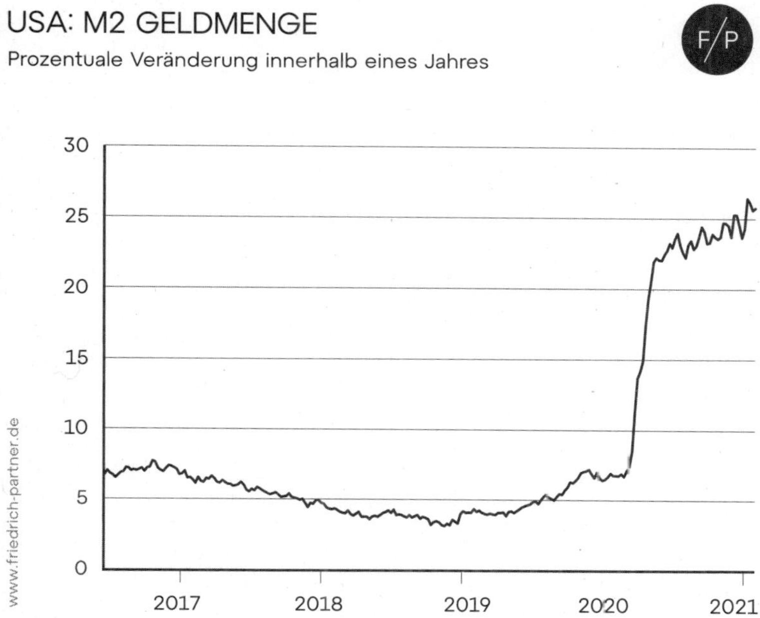

Abbildung 44

Die Notenbanken sind weltweit in einer prekären Lage: Nie wieder können sie im bestehenden Geldsystem die Zinsen erhöhen. Ansonsten würden Pleitekandidaten unter den Ländern bankrottgehen, Zombie-Unternehmen umkippen, die Wirtschaft abgewürgt werden, die Anlageblasen platzen sowie Arbeitslosenzahlen und Schulden explodieren. Aus diesem Grund werden die Notenbanken rund um den Globus weiterhin die destruktive Abwärtsspirale aus Zinssenkungen und Gelddrucken betreiben müssen – bis zum bitteren und sehr teuren Ende. Denn die Kollateralschäden werden immer verheerender ausfallen und ihre Folgen immer teurer. Das gilt nicht nur in monetärer Hinsicht, sondern auch politisch, wirtschaftlich und gesellschaftlich.

Angesichts dieser ausufernden Schuldenmacherei und des Gelddruckens »ohne Zins und Verstand« braucht man als Anleger und Sparer durch die Natur oder durch die Mathematik limitierte Werte, um die eigene Kaufkraft zu schützen! Einer davon ist der Bitcoin! Mehr und mehr Menschen erkennen das.

Das Resultat sieht man im folgenden Schaubild. Man erhält immer weniger Bitcoins für 1 Dollar. Die Kaufkraft des Dollars schmilzt also schneller dahin als ein Eiswürfel in der Sonne. **Gegenüber Bitcoin sind alle Währungen der Welt schon in der Hyperinflation.** Der Wertverlust gegenüber Bitcoin ist 99,99 Prozent.

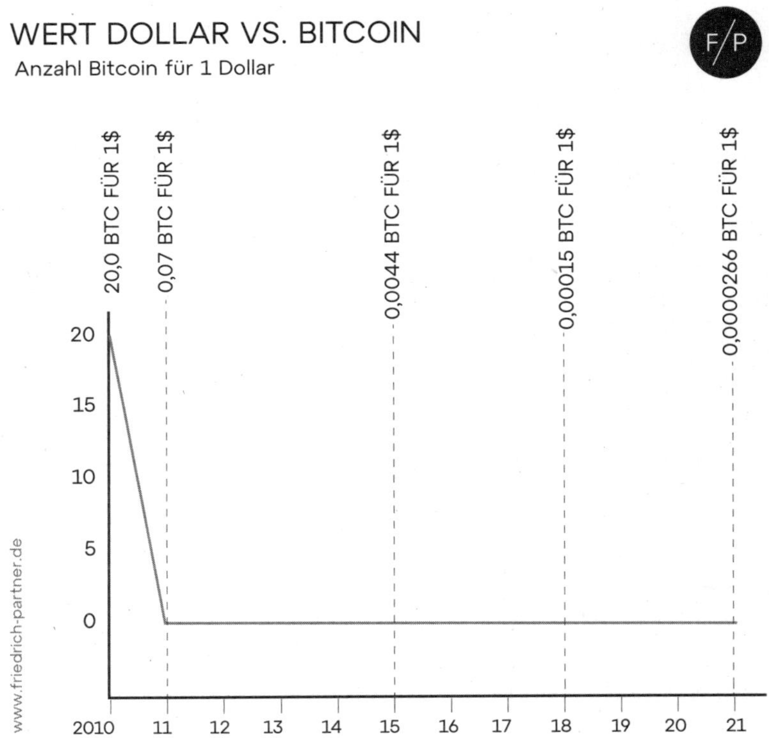

Abbildung 45

Apropos Hyperinflation. Interessant ist auch, wenn man sich den Goldpreis von 1923 in Reichsmark anschaut und den Bitcoin-Preisverlauf darüberlegt (siehe dazu Abbildung 46).

Dies könnte ein Vorbote sein für das, was kommen wird.

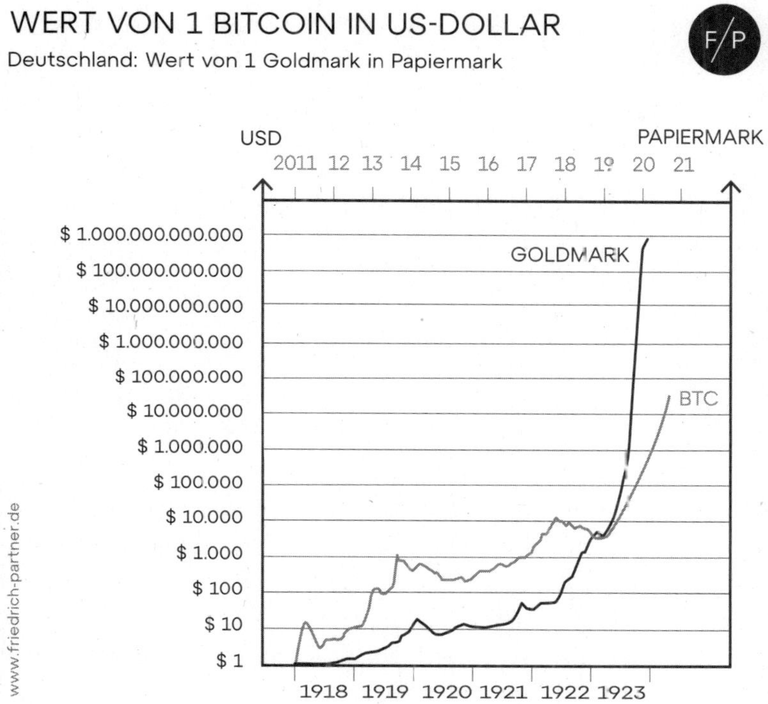

Abbildung 46

Das große Geld kommt und entdeckt Bitcoin

»Ich mag Bitcoin heute sogar noch lieber als damals. Ich denke, wir sind mit Bitcoin erst am Anfang und haben noch einen langen Weg vor uns.«

Paul Tudor Jones, legendärer Hedgefonds-Manager

Anfang August 2020 platze eine gigantische Bombe. Die Auswirkungen waren weltweit zu spüren, und es begann de facto eine neue Zeitrechnung. Sie haben nichts davon gehört? Ja, das mag sein. Darüber wurde nämlich weder in den Nachrichten noch im Fernsehen berichtet. Welches Ereignis war also so weltbewegend?

Das an der US-Börse Nasdaq gelistete Technologieunternehmen **Microstrategy** verkündete, dass es von seinen 500 Millionen Dollar Barreserve stolze 250 Millionen Dollar in Bitcoin investiert hatte. Das schlug ein wie eine Bombe und traf auch alle Bitcoin-Insider mit überraschender Wucht.

Die Begründung des Unternehmens lautete: Man habe sich lange Gedanken gemacht, wie in einem Umfeld von Null- und Negativzinsen das Geld gut angelegt und die Kaufkraft geschützt werden könne. Staatsanleihen kämen nicht infrage; auch Aktien seien zu hoch bewertet und Immobilien ebenso. Schließlich sei man auf den Bitcoin gekommen! Er sei der perfekte Inflationsschutz und Wertspeicher und damit ein Bollwerk gegen das stetige Gelddrucken der Notenbanken. Ich habe hierzu ein aufsehenerregendes Interview mit dem CEO und Gründer der Firma, Michael Saylor, auf meinem YouTube-Kanal geführt.

Aber das war nicht alles. Schon einen Monat später legte Microstrategy noch eine Schippe drauf, indem man weitere 175 Millionen Dollar in Bitcoin steckte. Der Durchschnittskurs lag bei 11.111 Dollar. Zuletzt investierte das Unternehmen sogar weitere 50 Millionen Dollar in Bitcoin zu einem Preis von 19.400 Dollar.

Saylors letzter Coup: Er bot am Kapitalmarkt Unternehmensanleihen an zu einem Zinskupon von 0,75 Prozent pro Jahr und sammelte damit 650 Millionen Dollar ein. Dieses Geld wurde komplett in Bitcoin investiert. Danach platzierte er eine weitere Anleihe mit einem Volumen von 900 Millionen Dollar zu 0 Prozent. Hier bekam er insgesamt 1,025 Milliarden Dollar, die er 1 zu 1 in Bitcoin umwandelte. Die Firma besitzt nun 91.064 Bitcoins, und zuletzt hatte sich das Investment mehr als verdoppelt. Saylor plant auch weiterhin zu investieren. Die Aktie von Microstrategy ist somit das beste und günstigste Bitcoin ETF-Investment.

Weitere Firmen folgten dem Beispiel von Microstrategy, wie zum Beispiel ***Square.*** Das Fintech-Unternehmen ist spezialisiert auf mobiles Bezahlen und gehört Twitter-Gründer Jack Dorsey. Es investierte 50 Millionen Dollar in Bitcoin. Im Übrigen ist Jack seit jeher ein großer Bitcoin Fan. Sein Twitterkonto hat nur ein Hashtag nämlich: #bitcoin.

Der Bitcoin wurde auch mit einem automatischen Emoji auf Twitter versehen, dem Bitcoin-Zeichen.

Dies sind zwar nur Kleinigkeiten, die zur Massenadaption von Bitcoin beitragen, aber solche Symbole sind dennoch wichtig im Gesamtbild. Weitaus gewichtiger sind die Meinungen verschiedener Hedgefonds-Legenden wie Ray Dalio, Paul Tudor Jones, Bill Miller oder Stanley Druckenmiller, die sich zuletzt positiv zum Bitcoin äußerten – und das, nachdem sie jahrelang dagegen gewettert hatten. Auch der CIO von BlackRock reihte sich in die prominente Reihe der Bitcoin-Anhänger ein. Paul Tudor Jones sprach vom »schnellsten Pferd im Stall gegen die Inflation« und Druckenmiller erwartet eine Inflation im zweistelligen Prozentbereich und sieht neben Gold den Bitcoin als optimalen Schutz dagegen.

Der nächste Meilenstein folgte zugleich: Es war die Ankündigung, dass PayPal als Zahlungsdienst einen Handel mit Bitcoin ermöglichen und die digitale Währung sogar als Zahlungsmöglichkeit in sein Netzwerk aufnehmen werde. PayPal-Vorstand Dan Schulman outete sich ebenfalls als Bitcoin-Fan und sieht die Zukunft der digitalen Währung sehr rosig. Ebenso reihten sich die Kreditkartengiganten Mastercard und Visa ein. Beide Kreditkartenanbieter gaben bekannt, Bitcoin in ihr System aufzunehmen.

Der nächste gigantische Dominostein, der für sehr großes Aufsehen sorgte, war, wieder einmal, Elon Musk mit Tesla. Zuerst hatte der Innovator Musk den Hashtag »Bitcoin« Anfang 2021 unter sein Twitterprofil gepostet. Kurze Zeit später wurde bekannt, dass Tesla 1,5 Milliarden Dollar in Bitcoin investiert hatte. Dies ist ein Gamechanger, ein Meilenstein zur Massenadaption von Bitcoin. Viele weitere Unternehmen werden folgen, und ein Tsunami an Geld wird in Bitcoin fließen.

Immer mehr etablierte Investmenthäuser empfehlen Bitcoin zur Diversifikation. Die Investmentfirma Jefferies zum Beispiel investiert 5 Prozent ihrer 51 Milliarden Dollar in Bitcoin und empfiehlt dies auch seinen Kunden. Die US-Bank BNY Mellon will seinen Kunden ebenfalls die Möglichkeit anbieten, Bitcoin zu kaufen und zu lagern.

»Bitcoin ist eine Tulpenblase und wird auf null fallen.«

»Bitcoin has been very volatile, but I think right now it´s staying power gets better every day. I think the risks of bitcoin going to zero are much, much lower than they´ve ever been before.«

Bill Miller, legendärer US-Investor

Seit Jahren gibt es Unkenrufe, dass Bitcoin nichts Weiteres sei als eine gewaltige Spekulationsblase. Von Warren Buffett über Paul Krugman bis Nouriel Roubini – die Liste derer, die einen Abgesang auf den Bitcoin anstimmten, ist sehr, sehr lang und überdies prominent besetzt.

Viele vergleichen die Entwicklung des Bitcoins mit der Tulpenmanie in den Niederlanden im 17. Jahrhundert. So sagte der J.P.-Morgan-Vorstand Jamie Dimon: »Bitcoin ist ein Betrugssystem. Es ist schlimmer als die Tulpenblase und wird böse enden.« (Ironie der Geschichte: Die Bank will Produkte auf den Bitcoin platzieren und hat jetzt offiziell ein Preisziel von 140.000 Dollar veröffentlicht.)

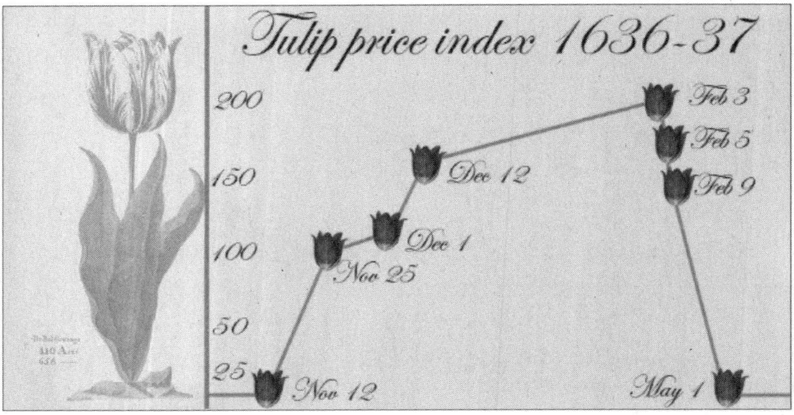

Abbildung 47

Auch Wirtschafts-Nobelpreisträger und Ökonom Robert Shiller sagte, dass der Bitcoin ihn an die Tulpenmanie erinnere. Getoppt wurde das

Ganze nur noch von Nouriel Roubini, welcher Bitcoin als die »Mutter aller Blasen« bezeichnete und die Entwicklung sogar noch »viel schlimmer als die Tulpenblase« einstufte.

Die Tulpenmanie in den Niederlanden war die erste dokumentierte Spekulationsblase der Wirtschaftsgeschichte.

Etliche Gründe sprechen dafür, dass der Vergleich zwischen Bitcoin-Entwicklung und Tulpenblase hinkt.

- Der wichtigste zuerst: Bitcoin hat, wie im Text schon erwähnt, ein tatsächliches Problem gelöst (Wertspeicher) und wird gebraucht. Tulpen waren und sind hingegen ein dekoratives, aber letztlich nutzloses Luxusgut.
- Die Tulpenmanie dauerte nur wenige Monate an. Der anhaltende Aufwärtstrend des Bitcoins wäre die am längsten dauernde Spekulationsphase aller Zeiten (zwölf Jahre).
- Die Tulpen sind endlich in ihrer Lebensspanne, der Bitcoin ist dies nicht.
- Der Bitcoin ist leicht zu transportieren und unempfindlich im Gegensatz zu einer Pflanze.
- Pflanzen können leicht gestohlen werden, der Bitcoin ist kryptografisch geschützt.
- Der Bitcoin ist teilbar (so wie Geld!), eine Pflanzenzwiebel ist unteilbar.
- Durch die immer stärkere Implementierung in der Finanzwelt wird es zunehmend unwahrscheinlich, dass der Bitcoin tatsächlich auf null fällt oder verboten wird.
- Während die berühmte Tulpenblase (1636–1637) eine einmalige Spekulationsblase war, wäre die bisherige Bitcoin-Entwicklung die erste Spekulationsblase, die mehrfach auftritt und bei der der Wert des Spekulationsgutes in immer neue Höhen schnellt.

Seit der Geburtsstunde wurde der Bitcoin exakt 390-mal totgesagt. Es scheint aber, dass der Bitcoin jedes Mal trotzig stärker geworden ist. Das Tier, das mit dem Bitcoin assoziiert wird, ist der robuste Honigdachs, der als furchtlos und intelligent gilt.

Dass Bitcoin endgültig in der Welt, vor allem in der Finanzwelt, angekommen ist, zeigt folgender Gamechanger: Der US-Lebensversicherungsgigant **Mass Mutual** hat 100 Millionen Dollar seiner 235 Milliarden Dollar Einlagen in Bitcoin investiert. Dies hat eine enorme Signalwirkung auf die gesamte Branche. Unternehmen fassen nach zwölf Jahren Vertrauen in eine neue Assetklasse namens Bitcoin. Man spricht hier vom Lindy-Effekt.

DER BEGRIFF LINDY-EFFEKT BESAGT:

Je länger eine neue Technologie schon überlebt hat, desto größer ist ihre Überlebenschance auch in Zukunft. Benannt ist dieser Effekt nach dem legendären New Yorker Feinkost-Restaurant Lindy, in dem die Gäste darüber spekulierten, wie lange sich ein am Broadway neu aufgeführtes Stück wohl noch weiterhin auf dem Spielplan würde halten können.

»Bitcoin wird verboten!«

»Bitcoin ist böse.«

Paul Krugman, Ökonom

In sieben Ländern ist Bitcoin momentan tatsächlich »verboten« (Mazedonien, Bolivien, Algerien, Bangladesch, Vietnam, Pakistan, Afghanistan).

Trotz allem sehe ich die Gefahr eines Bitcoin-Verbots als sehr gering. Zum einen ist es unmöglich, ein dezentrales System zu verbieten. Das haben die USA und China bereits erfolglos versucht. Zudem spricht die immer größere werdende Massenadaption dagegen. Der Aufschrei in der Finanzwelt wäre enorm.

Inwiefern die Aktivitäten der Bitcoin-Nutzer mit einem digitalen Asset kontrolliert und sanktioniert werden soll, ist nicht bekannt. Das Einzige, was man verbieten könnte, wäre der Handel mit Bitcoin (Kauf und Verkauf) sowie dessen Besitz. Aber selbst dann würden spitzfindige

Zeitgenossen Wege und Möglichkeiten finden, dieses Verbot zu umgehen. Die Vergangenheit hat längst gezeigt, dass sich dann schnell ein Schwarzmarkt etabliert wie beim einstigen Goldverbot, bei der Prohibition und so weiter. Staaten haben Drogen und vieles andere verboten, aber all das hat im Endeffekt nicht geholfen, sie ganz verschwinden zu lassen.

Zudem ist Bitcoin schon zu sehr in der Finanzwelt etabliert und verwurzelt, und es werden immer mehr Produkte aufgesetzt. Das Marktvolumen ist noch zu klein und damit letztlich zu unwichtig. Gold wurde damals zum Beispiel nur verboten, weil es einen Goldstandard gab und damit Gold gleich Geld war. Dadurch war der Staat in seinem Gestaltungsbereich limitiert.

Ein weiteres Argument gegen ein Bitcoinverbot ist, dass sich nicht nur Regulierer dagegen ausgesprochen haben, sondern auch Politiker. Die frisch gewählte US-Senatorin Cynthia Lummis, ehemalige Finanzministerin von Wyoming, ist eine regelrechte Bitcoin-Maximalistin und sieht es als ihren Auftrag an, ihre Kollegen im Senat über Kryptowährungen aufzuklären. Das ließ sie in einem TV-Interview mit ABC verlauten. In jenem Interview erzählte sie, dass sie schon aus beruflichen Gründen immer nach einem guten Wertspeicher gesucht habe, weil der US-Dollar ständig inflationiert werde und dadurch an Wert verliere. Mit Bitcoin passiert dies alles nicht. Es werden nur 21 Millionen Bitcoins generiert und dann ist Schluss. Die Zahl der Währungseinheiten ist begrenzt und damit endlich.

Die Nachfrage steigt stärker als das Angebot

Neben Bitcoin-ETFs gibt es immer mehr Krypto-Fonds. Die Nachfrage nach Bitcoin übersteigt jetzt schon das, was der Algorithmus produziert. Jeden Tag werden 900 Bitcoins produziert. Das sind 6300 Bitcoins pro Woche und 25.200 in einem Monat. Im September 2020 haben Fonds in nur einer Woche fast die komplette Monatsproduktion aufgekauft.

Zwei Tage vor Weihnachten 2020 hat der Krypto-Vermögensverwalter Grayscale an einem einzigen Tag 13-mal mehr Bitcoin gekauft, als ein einem Tag produziert werden: nämlich 12.000 Bitcoin.

Dieser Trend wird anhalten und sich sogar verstärken. Denn immer mehr großes Geld wird über Investment-Produkte in Bitcoin investiert werden. Wir stehen erst ganz am Anfang einer langen Reise.

Die Bitcoin Whales

Whales (Deutsch: Wale) werden die Besitzer von großen Bitcoin-Vermögen genannt, die den Preis auch bewegen beziehungsweise beeinflussen können. Dazu gehören unter anderem:

- Satoshi Nakamoto: zirka 1 Million BTC (nie welche verkauft oder bewegt!)
- Grayscale: 649.130 BTC
- BlockOne: 140.000 BTC
- die Winkelvoss Brüder: zirka 100.000 BTC
- Microstrategy: 91.064 BTC

Zu guter Letzt sind dann auch viele ehemalige Erzfeinde der digitalen Währung auf den Zug aufgesprungen und zeigen sich aufgeschlossen. Dies dürfte auch an dem Druck der Kunden liegen, nachdem der Bitcoin dieses Jahr wieder ganz vorne liegt in der Performance mit über 200 Prozent Wertzuwachs. Etliche renommierte Banken haben Analysen veröffentlicht, die sich im Hinblick auf die Kursziele gegenseitig übertreffen:

- BayernLB: 90.000 Dollar
- J.P. Morgan: 140.000 Dollar
- Citibank: 318.000 Dollar
- Guggenheim: 400.000 Dollar

Mein vor Jahren geäußertes Kursziel für Bitcoin im sechsstelligen Bereich klingt nun nicht mehr so verrückt. Bitcoin ist in der Vermögenspyramide mit einer Marktkapitalisierung von zirka 900 Milliarden Dollar immer noch ein Leichtgewicht.

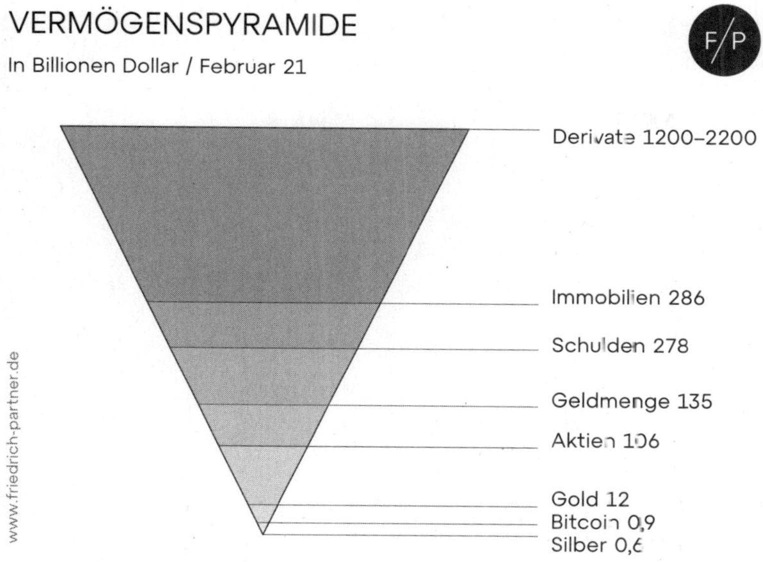

Abbildung 48

Bitcoinpreis sechsstellig? Das Stock-to-Flow-Modell (Update)

»Wir haben uns entschieden, unser Geld und unser Vertrauen auf ein mathematisches Modell zu setzen, das frei von Politik und menschlichem Versagen ist.«

Tyler Winklevoss, US-amerikanischer Investor und Unternehmer

Bitcoin ist jetzt schon mehr wert als PayPal, Visa, Mastercard oder das Vermögen von Bill Gates und Jeff Bezos. Wenn Bitcoin mit Apple gleichziehen sollte, läge der Preis bei über 100.000 Dollar.

Was halten Sie für möglich?

Viele Investoren, mit denen ich gesprochen habe, sehen sechs- bis siebenstellige Kurse als gerechtfertigt an.

Im letzten Buch hatte ich erstmalig weltweit das Stock-to-Flow-Modell (S2F) von dem Twitterer PlanB (@100trillionUSD) in gedruckter Form vorgestellt. Es beschreibt die Knappheit eines Gutes. Das

S2F-Modell zeigt das Verhältnis eines Vermögenswertes, indem der jährliche neue Zufluss des Gutes zum schon vorhandenen Bestand des Gutes ins Verhältnis gesetzt wird. Je höher das S2F ist, desto rarer ist das Gut. Gold hat ein S2F von 58,3, dies ergibt sich aus 190.000 Tonnen Gold, das schon gefördert wurde, geteilt durch die jährliche Fördermenge von 3260 Tonnen. Es sind also 58,3 Jahre der Produktion nötig, um den aktuellen Bestand an Gold zu erhalten. Silber erreicht den zweiten Platz mit einem S2F von 33,3 (900.000 Tonnen vorhanden, Zufluss 27.000 Tonnen pro Jahr).

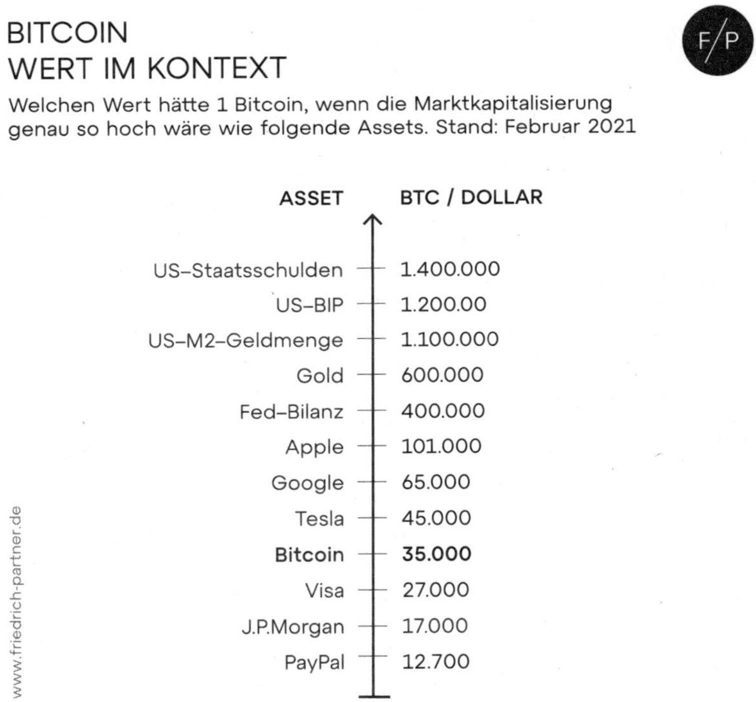

Abbildung 49

Diese hohen S2Fs machen die Edelmetalle zu monetären Gütern. Palladium, Platin und alle anderen Güter haben ein S2F von knapp über oder unter 1. Der aktuelle Vorrat ist meist gleich oder niedriger als die Jahresproduktion, was die Produktion zu einem entscheidenden

Einflussfaktor macht. Es ist fast unmöglich, für diese Güter einen höheren S2F zu erzielen. Denn sobald jemand beginnt, sie zu horten, steigen die Preise. Daraufhin wird die Produktion erhöht und die Preise fallen wieder. Es ist sehr schwer, dieser Spirale zu entkommen.

Bitcoin halbiert alle 210.000 Blocks (etwa alle vier Jahre) die Belohnung pro gefundenem Block – was es damit auf sich hat, erkläre ich in der Infobox unten. Bis zur vierten Halbierung im Mai 2020 hatte der Bitcoin ein S2F von 25. Nach diesem »Halving« fiel die Bitcoin-Produktion um 50 Prozent von 1800 Bitcoins pro Tag auf 900, damit stieg im Mai 2020 das S2F auf 50. Das S2F-Modell ging daher in seiner ersten Version von einem Bitcoin Preis von 55.000 Dollar bis 2024 aus.

HALVING (HALBIERUNG)

Etwa alle zehn Minuten kommt es so zu einer neuen Ausschüttung einer begrenzten Anzahl an Bitcoins. Ursprünglich waren es 50 Bitcoins pro Ausschüttung, bis diese Zahl im ersten Halving 2012 halbiert wurde. So soll eine zu große Inflation der Währung verhindert werden. Das zweite Halving folgte 2016. Am Abend des 11. Mai 2020 war es erneut so weit. In der mittlerweile dritten Halbierung wurde die Anzahl ausgeschütteter Bitcoins wieder reduziert – von 12,5 auf 6,25.

Beim Bitcoin-Halving (Halbierung) wird die Belohnung für die geschürften Blocks zirka alle vier Jahre halbiert. Der Miner, der den »Hash« findet, der also die Proof-of-Work-Vorgabe für einen validen Block erfüllt, erhält die Belohnung in Form von Bitcoins gutgeschrieben. Die Blockbelohnung enthält die Gebühren, die Leute für Transaktionen in diesem Block zahlen, und die neu erschaffenen Bitcoins. Das bedeutet, dass Miner 50 Prozent weniger Bitcoins für die Verifizierung der Transaktionen eines Blocks erhalten. Das Bitcoin-Halving vollzieht sich jeweils nach 210.000 Blöcken – ungefähr alle vier Jahre –, bis die Höchstzahl von 21 Millionen Bitcoins erreicht wird.

Bitcoin-Halbierung ist für Trader ein wichtiges Event, da die Menge der neuen Bitcoins, die vom Netzwerk erzeugt werden, reduziert wird. Dadurch wird auch die Verfügbarkeit neuer Bitcoins limitiert, sodass die Preise steigen können, wenn die Nachfrage höher wird. Diese Halvings führen dazu, dass der Zuwachs an neuen Coins (im Kontext von Bitcoin oft Inflation »monetary inflation« genannt) stufenförmig und nicht glatt verläuft.

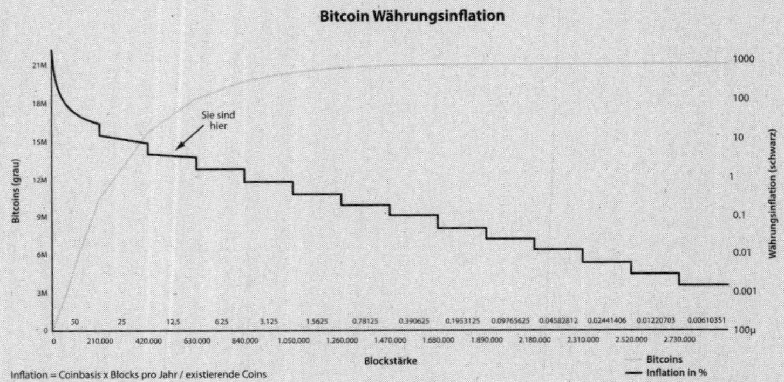

Abbildung 50

In einem Update hat der Twitterer »PlanB« das Modell nun umbenannt (BTC S2F Cross Asset – S2FX), den Faktor Zeit entfernt, es in Phasen unterteilt und Gold und Silber mit aufgenommen.

Bitcoin hat folgende Phasen:

- **Phase 1:** Proof of Concept
  S2F 1,3 und Marktkapitalisierung von 1 Million Dollar (nach Erscheinen des White Papers)

- **Phase 2:** Payments
  S2F 3,3 und Marktkapitalisierung von 58 Millionen Dollar (nachdem Bitcoin zum US-Dollar 1:1 stand)

- **Phase 3:** E-Gold
  S2F 10,2 und Marktkapitalisierung von 5,6 Milliarden Dollar (nachdem der Bitcoin-Kurs gleichauf mit dem Gold-Kurs stand)

- **Phase 4:** Financial Asset
  S2F 25,1 und Marktkapitalisierung von 114 Milliarden Dollar (nachdem Bitcoin eine Marktkapitalisierung von 1 Milliarde erreicht hatte, in Japan und Australien als Geld anerkannt wurde und im Finanzbereich Einzug hielt)

- **Phase 5:** Silber-/Gold-Regression (noch nicht abgeschlossen)
  BTC S2FX: 56 und Marktkapitalisierung von 5,5 Billionen Dollar

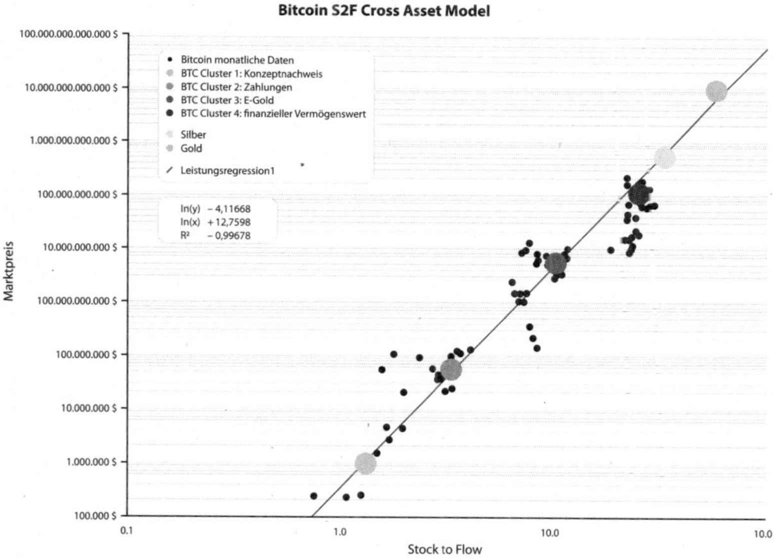

Abbildung 51

Nach diesem Modell wird das S2F für Bitcoin auf 56 statt 50 steigen und die Marktkapitalisierung von 5,5 Billionen Dollar statt zuvor 1 Billion Dollar. Demnach läge der faire Preis für Bitcoin bei 288.000 Dollar in diesem Zyklus bis 2024.

Bitcoin ist genial, dezentral, limitiert und grenzenlos

»Bitcoin ist eine bemerkenswerte kryptografische Leistung. Die Fähigkeit, etwas zu erschaffen, was nicht duplizierbar ist, hat enormen Wert.«

Eric Schmidt, ehemaliger Google-Vorstand

Die Fundamentaldaten für Bitcoin sind der dritte Punkt, der für stark steigende Kurse spricht. Bitcoin ist dezentral und unabhängig von Lobbyinteressen, menschlichen Schwächen, Gier und Korruption. Auf das System Bitcoin hat keine Zentralbank und kein Berufspolitiker Zugriff. Bitcoin kann nicht manipuliert werden und ist leicht portabel. Es ist im Gegensatz zu unserem jetzigen Geldsystem deflationär. Ebenso ist Bitcoin limitiert und das einzige Gut, dessen vorhandene Menge wir wirklich mit einer Zahl beziffern können. Wir wissen nicht, wie viel Gold, Silber und Kupfer noch in der Erdkruste liegen oder wie viel Öl noch gefördert werden kann. Aber wir wissen, dass der Algorithmus von Bitcoin begrenzt ist und dass das Ende bei knapp 21 Millionen Einheiten erreicht sein wird.

All diese charmanten und einzigartigen Attribute werden bald von der Masse erkannt werden, und dann wird es wild. Die Notenbanken spielen weltweit das gleiche Spiel. Eigentlich sehen wir überall die Weimarer Republik 2.0. Verzweifelt werden sie versuchen, die Inflation voranzutreiben, um so die Schuldenlast der Staaten auf Kosten von uns Bürgern zu reduzieren. Dann werden die Menschen nach sicheren Häfen suchen. Wir empfehlen unseren Kunden schon lange in der Honorarberatung, in Sachwerte zu investieren, die durch die Natur und durch die Mathematik limitiert sind. Diese sind eine Art Lebensversicherung gegen das endlose Gelddrucken und den Dauerkrisenmodus der Notenbanken und Staaten.

Bitcoin steigt im Preis nur, weil das Geldsystem inflationiert wird und das Vertrauen in die ungedeckten Papierwährungen bröckelt. Wenn das große Geld kommt, wird es kein Halten mehr geben. Es gibt mehr Millionäre auf der Welt, als es Bitcoin gibt. Das heißt, noch nicht einmal jeder Millionär kann einen Bitcoin besitzen. Dies bedeutet wiederum, wenn Sie heute einen Bitcoin besitzen, haben Sie einem Millionär schon seinen Bitcoin genommen.

Bis Ende 2021 sehe ich Kurse von über 100.000 Dollar als realistisch an. Wenn wir von dem Vierjahreszyklus ausgehen, würde wir Ende des Jahres die Höchststände sehen und danach wieder eine Korrektur sehen. Der nächste Bullenmarkt würde dann nach dem Halving 2024 starten. Ich gehe davon aus, dass wir bis zum Ende der Dekade sogar deutlich höhere sechs- bis siebenstellige Summen sehen werden. Für jeden besteht jetzt eine historisch einmalige Chance für den größten Vermögenstransfer der Geschichte. Bitcoin ist das Katapult, um jeden finanziell unabhängig zu machen. Noch stehen wir ganz am Anfang dieser Entwicklung, aber ich bin fest davon überzeugt, dass Bitcoin die größte Investment-Chance unserer Lebenszeit ist. Wer jetzt die richtigen Weichen stellt, kann Vermögen für Generationen schaffen. Zwei weitere gute Omen möchte ich Ihnen nicht vorenthalten: 2021 ist laut chinesischem Kalender das Jahr des Bullen und 21 Millionen Bitcoins und das Jahr 2021 haben auch eine Gemeinsamkeit ;-)

Bitcoin – die größte Revolution aller Zeiten

von Florian Kössler

Bitcoin ist die größte sozioökonomische und gesellschaftliche Revolution aller Zeiten.

In den vergangenen 100 Jahren haben wir unter der Obhut der Notenbanken einige der größten Finanzkrisen der Menschheitsgeschichte erlebt. Extreme Fälle von Inflation und Geldentwertung während zweier Weltkriege und zahlreiche Beispiele von Hyperinflation, die das Ersparte von Millionen von Menschen vernichteten.

Wie konnte das passieren? Starten wir mit einer einfachen Frage: was ist Geld? Jeder von uns benutzt es täglich, die wenigsten Menschen fragen sich jedoch, was es wirklich ist oder warum uns andere Menschen im Wechsel für ein bunt bedrucktes Papier Waren und Dienstleistungen anbieten.

Geld ist das Lebenselixier unserer Gesellschaft und Wirtschaft. Es ist das Werkzeug, das wir täglich verwenden, um den Einsatz von Ressourcen zu koordinieren und um unsere Wünsche und Bedürfnisse zu decken. Wir nutzen es als Maßstab, um wirtschaftliche Güter zu bewerten und miteinander zu vergleichen.

Geld ermöglicht unsere Arbeitszeit und Leistung für die Zukunft zu speichern und bei Bedarf gegen andere Güter einzutauschen. Jeden Tag tauschen wir beim Arbeiten unsere Lebenszeit gegen Geld. Geld ist gespeicherte Zeit. Geld ist kein Naturgesetz. Geld ist eine Technologie wie ein Computer oder ein Auto. Der Mensch kann es nach seinen Wünschen und Vorstellungen gestalten und verändern. Unser heutiges Lebenselixier, von Staaten und Notenbanken produziertes Papiergeld, ist vergiftet.

Im Englischen unterscheidet man zwischen »Money« und »Currency«, zwischen »Geld« und »Währung«. Eine Währung muss folgende Eigenschaften haben: allgemein akzeptiertes Tauschmittel, Recheneinheit, langlebig, leicht transportierbar, fungibel und teilbar.

Geld muss alle oben aufgezählten Eigenschaften besitzen und zusätzlich ein Wertspeicher sein.

Der Knackpunkt: Heutige Währungen sind kein Geld. Sie sind ein miserabler Wertspeicher. Wir müssen Notenbanken vertrauen, unsere Währung nicht abzuwerten. Wir müssen Staaten mit großen Schuldenbergen vertrauen, sich von selbigen nicht durch Inflation zu entledigen. Leider wurde dieses Vertrauen unzählige Male missbraucht und der Wohlstand von Generationen vernichtet, von Weimar über Argentinien bis hin zu Venezuela.

Banken und Regierungen haben das absolute Monopol über unser heutiges Geld. Sie erzeugen Geld aus dem Nichts und verleihen es gegen Zinsen, während Regierungen ohne Grenzen und nach Belieben Geld ausgeben können. Aber nicht nur haben fehlgeleitete Notenbänker unzählige Menschen, gar ganze Länder ins Verderben gestürzt, Geld war und ist immer eine Möglichkeit gewesen, Bürger zu kontrollieren und zu beherrschen.

Geld regiert die Welt

»Gebt mir die Kontrolle über die Währung einer Nation, und es ist mir gleichgültig, wer die Gesetze macht!«

Mayer Amschel Rothschild

Wer die Macht über das Geldsystem besitzt, kann ganze Staaten lenken und kontrollieren. Die Herrschaft über die heutige Geldschöpfung liegt in der Hand einer kleinen Gruppe von Bankern. Keiner von ihnen wurde demokratisch gewählt und eingesetzt. Sie stehen über dem Gesetz und kontrollieren das Lebenselixier unserer Gesellschaft und vergiften die restlichen 99 Prozent damit, während es kaum jemand von uns bemerkt. Durch Inflation und Geldentwertung klauen uns Notenbanken unsere gespeicherte Zeit und Energie und führen eine nie da gewesene Spaltung der Gesellschaft durch eine immer größere werdende Vermögensungleichheit herbei. Unser auf Schulden und Inflation basierendes Geldsystem ist von Natur aus kaputt. Diese Erkenntnis ist nicht neu. Bereits die klügsten Köpfe früher Tage erkannten die Relevanz von Geld für unsere Gesellschaft. Nikolaus Kopernikus (1473–1543) revolutionierte nicht nur unser Weltbild durch die Feststellung, dass nicht die Erde der Mittelpunkt des Weltalls sei, sondern sich um die Sonne herum bewegt. Ebenso beschäftigte er sich intensiv mit der Ökonomie und vermerkte bereits vor 500 Jahren in seinem Memorandum über Geld und Inflation folgendes:

»Unter den unzähligen Übeln, welche den Zerfall ganzer Staaten herbeiführen, sind wohl vier als die vornehmlichsten anzusehen: innere Zwietracht, große Sterblichkeit, Unfruchtbarkeit des Bodens und die Verschlechterung der Münze. Die ersten drei liegen so klar zutage, dass sie schwerlich jemand in Abrede stellen wird. Das vierte Übel jedoch, welches von der Münze ausgeht, wird nur von wenigen beachtet, und nur von solchen, welche ernster nachdenken, weil die Staaten allerdings nicht gleich beim ersten Anlauf, sondern ganz allmählich und gleichsam auf unsichtbare Weise dem Untergang anheimfallen.«

Aber nicht nur Kopernikus erkannte die toxischen Gefahren von Inflation und Geldentwertung. Auch viele andere große Denker warnten davor, so zeigte zum Beispiel Johann Wolfang von Goethe (1749–1832) im zweiten Teil von *Faust* all die negativen gesellschaftlichen Konsequenzen durch die Abwertung des Geldes auf und warnte eindringlich davor.

Die Geschichte zeigt, dass Menschen, auch in früheren Hochkulturen, nie dem Verlangen und Drang widerstehen konnten, die Geldmenge zu manipulieren. Trotz der Warnungen vieler kluger Köpfe verfällt der Mensch immer wieder in alte Muster und scheint nicht aus seinen Fehlern zu lernen.

Es besteht nur eine Möglichkeit, aus diesem Zyklus auszubrechen: Der Mensch darf nicht mehr die Kontrolle über die Geldschöpfung besitzen. Die Trennung von Staat und Geldsystem ist die einzige Lösung für ein jahrtausendealtes Problem.

Trennung von Staat und Kirche

Über Jahrtausende war die Trennung von Staat und Kirche undenkbar. Göttliche und weltliche Herrscher galten als unzertrennbar. Die Idee einer Aufteilung erschien vor gar nicht allzu langer Zeit als radikal und unmöglich. Über Jahrhunderte gelang es den Herrschenden, Menschen nach ihren religiösen Glaubenssätzen zu teilen, zu kontrollieren oder mit der Hoffnung auf ein besseres Leben nach dem Tod in heilige Kriege zu schicken. Bis in die heutige Zeit existieren theokratische Staaten, die Bürger mit anderen religiösen Glaubensrichtungen unterdrücken oder bekämpfen. Die Länder, die sich zur Spaltung entschlossen und ihre Bürger von der Unterdrückung befreiten, sahen in der Folgezeit eine regelrechte Explosion an Kreativität, Innovation, Wohlstand und Freiheit.

Heute ist in der westlichen Welt Glaubens- und Religionsfreiheit fest in unseren Grundsätzen verankert.

Ebenso wie damals erscheint es heute undenkbar, das Geldmonopol Staaten zu entziehen. Es ist eine radikale Idee – eine Revolution. Es ist eine Idee, über die wir nachdenken müssen, sie ist vielleicht noch wichtiger als die Trennung von Staat und Religion.

Bitcoin ist der erste und wichtigste Schritt in diese Richtung. Es wird ein noch größerer Kampf werden als die Trennung von Staat und Kirche.

Den Ausgangspunkt fand die religiöse Revolution 1517, als Martin Luther seine 95 Thesen an die Schlosskirche von Wittenberg nagelte und damit einen der größten Umbrüche des Abendlandes einleitete. Auf den Tag genau 491 Jahre später, am 31. Oktober 2008 passierte etwas ähnlich revolutionäres.

Während in der Finanzkrise das gesamte Finanzsystem am Rande des Abgrundes stand, veröffentlichte ohne großes Aufsehen eine unbekannte Person im Internet einen neunseitigen Aufsatz mit dem Titel »Bitcoin – ein digitales peer-to-peer Zahlungssystem«. Der Autor hinterließ nichts anderes als eine E-Mail-Adresse, die URL bitcoin.org und einen Namen: Satoshi Nakamoto.

Nur drei Monate später war die in Nakamotos Whitepaper vorgestellte Technologie online. Und obwohl es in diesem Moment kaum jemand realisierte, hatte sich die Welt für immer verändert.

In der folgenden Dekade stieg die Marktkapitalisierung von Bitcoin von null auf über 1 Billion Dollar, ohne Venturecapital, ohne Börsengang, ohne Marketingabteilung, ohne Geschäftsführer, mit einem verschwundenen Gründer und nur durch die Arbeit von einer Gruppe von Aktivisten, die an Open-Source-Technologie glauben.

Dies ist ein einmaliger Vorgang, der sich nicht noch einmal wiederholen lässt. Bitcoins Entwicklung ist ein Wunder. Bitcoin ist ein Meilenstein in der Menschheitsgeschichte.

So wie im 16. Jahrhundert eine Handvoll Menschen begann, an der Allmacht der katholischen Kirche zu zweifeln, so fängt eine immer größere Gruppe freiheitsliebender Menschen an, die Narrative von Ökonomie und Politik infrage zu stellen. Sollten Banken das Monopol über die Geldschöpfung besitzen? Sollten Staaten ihren Bürgern vorschreiben dürfen, was Geld ist? Brauchen wir wirklich Inflation? Warum müssen wir Banken vertrauen?

Bitcoin ist die Antwort auf all diese Fragen. Es ist die beste Form von Geld, die Menschen jemals erfunden haben. Seine monetären Eigenschaften sind allen heutigen Arten von Geld überlegen. Bitcoin ist transportabel, knapp, leicht teilbar, langlebig, fungibel und zensurresistent. Das Besondere: Keine zentrale Behörde kann die Eigenschaften von Bitcoin verändern oder anpassen.

Bitcoin ist das fairste und neutralste Geld, das es jemals gab. Bitcoin wird von niemandem kontrolliert, ist für alle überprüfbar und anwendbar. Bitcoin kann von jedem genutzt werden, frei von Glauben, Nationalität, Hautfarbe oder politischer Überzeugung. Bitcoin urteilt nicht, es dient jedem.

Bitcoin ist ein supranationaler, unveränderbarer, digitaler und dezentraler Wertspeicher. Es ist eine Versicherung gegen die wahnsinnige Geldpolitik der Notenbanken. Aber es ist noch vielmehr als das, **Bitcoin ist eine Revolution**. Und machen Sie nicht den Fehler, die Konsequenzen für Staaten und Banken zu unterschätzen. Das Monopol über die Geldschöpfung ist, wie Rothschild schon wusste, wichtiger als alles andere. Bitcoin ist der Staatsfeind Nummer 1. Es ist der Alptraum einer jeden autoritären Regierung. Es kann nicht reguliert, kontrolliert oder ausgeschaltet werden.

Wir sind mitten in der digitalen Revolution, die viele Chancen und Gefahren birgt. Bargeld, eine der letzten Möglichkeiten für private und anonyme Transaktionen, wird zunehmend zurückgedrängt. Mobile Bezahlapps und Kreditarten machen uns immer transparenter und leichter zu überwachen. Vielleicht werden bald digitale Zentralbankwährungen dazukommen. Das Panoptikum wäre vollendet.

Jeder einzelne Schritt, jede Nachricht, eine jede Finanztransaktion wird gläsern sein.

Alle digitalen Transaktionen müssen über einen Mittelsmann wie eine Bank laufen, der das Monopol über das System besitzt und die Macht hat zu entscheiden, wer mit wem handeln darf, und wer an wen Geld transferieren kann.

Bitcoin-Transaktionen hingegen können nicht gestoppt werden. Sie brauchen keinen Namen oder eine Adresse anzugeben, um Teil des Bitcoin-Netzwerks zu werden. Sie treten einfach bei.

Banken oder andere Mittelsmänner werden nicht mehr benötigt, wir können Geld in Form von Bitcoin direkt untereinander verschicken: peer to peer. Niemand kann es verhindern, keine Regierung, keine Grenzen, keine Bank.

Bitcoin ist ein Werkzeug für Menschen rund um die Welt, um ihr Einkommen und Erspartes vor Entwertung und Enteignung zu schützen. Und sie können es in minutenschnelle um den gesamten Erdball teleportieren. Es ist nicht aufzuhalten. Natürlich sind wir bei aller Euphorie noch ganz am Beginn dieser Revolution und keiner weiß, wie sich die Zukunft entwickeln wird.

Technologische Entwicklungen laufen jedoch meist exponentiell ab. Das erste iPhone wurde 2007 verkauft, heute besitzt fast jeder einen Minicomputer in seiner Hosentasche, der eine stärkere Rechenleistung hat als die gesamte Computerpower der NASA während der Mondlandung.

Wie wird Bitcoin über die nächsten zehn, 20 oder 50 Jahre die Welt verändern?

Bitcoin – eine friedliche Revolution

Der vielleicht schönste und überraschendste Fakt: Die größte Revolution aller Zeiten läuft friedlich ab.

Wir müssen nicht das bestehende Finanzsystem bekämpfen. Mit Bitcoin bauen wir parallel ein neues System auf. Bitcoin bietet uns allen lediglich eine Alternative an und jeder von Ihnen kann frei darüber entscheiden, was Sie in Zukunft verwenden möchten.

Sie können Teil des Fiat-Systems bleiben, in der eine kleine Gruppe von Menschen unendlich viel Geld erzeugen kann, nur leider nicht Sie. Sie können weiter dabei zuschauen, wie Ihr Geld jedes Jahr weniger wert wird und Ihnen Ihre gespeicherte Arbeitsleistung geklaut wird.

Oder Sie werden Teils des Bitcoin-Standards, in dem Niemand diese Macht besitzt oder das Lebenselixier unserer Welt manipulieren kann. In dem Sie bedenkenlos Ihre Zeit und Energie für die Zukunft speichern können.

Bitcoin ist unsere beste Chance für eine weniger chaotische Übergangsphase zu einem neuen Finanzsystem. Mit oder ohne Bitcoin, das heutige Geldsystem befindet sich auf seinen letzten Metern. Bitcoin bietet uns lediglich ein Rettungsboot an, um uns von der Abhängigkeit eines korrupten Systems zu befreien.

Geld kommt und geht – Bitcoin bleibt!

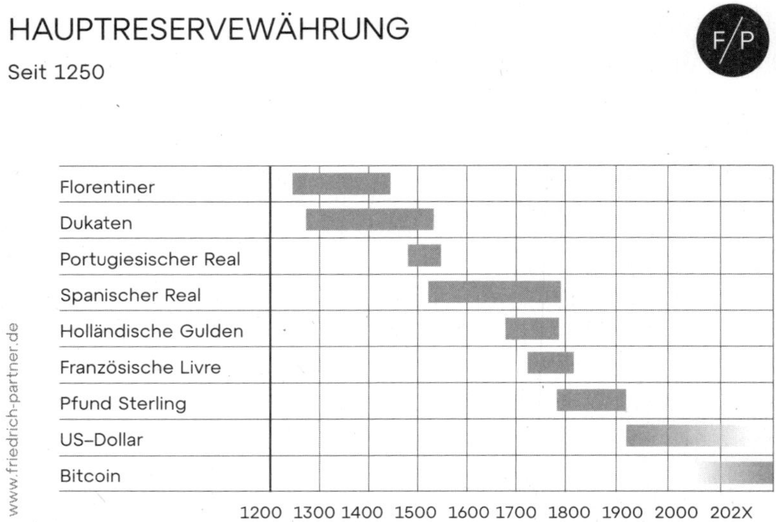

Abbildung 52

Bitcoin ist Hoffnung – Bitcoin ist Freiheit

Noch ist es nicht zu spät. Falls Sie das lesen, haben Sie noch genügend Zeit, das sinkende Schiff der Papiergeldwährungen zu verlassen und sich der friedlichen Revolution für eine gerechtere und dezentrale Zukunft anzuschließen. Egal, ob Sie diese Zeilen von Bitcoin überzeugen oder mich für übergeschnappt halten: Gehen Sie nicht das Risiko ein, 0 Prozent Bitcoin in Ihrem Portfolio zu besitzen. Kaufen Sie zumindest einen kleinen Teil und lernen Sie das neue System kennen. Niemand zwingt Sie dazu, es ist Ihre freie Entscheidung.

Im Film *Matrix* erklärte Morpheus einst Neo in der entscheidenden Szene, dass die Matrix eine Illusion sei, um die Menschen unter Kontrolle zu halten, ohne dass sie es selbst merken. Daraufhin streckte er seine Hände aus und bot Neo zwei Pillen an. Die eine blau, die andere rot.

»Das ist deine letzte Chance. Danach gibt es kein zurück. Nimm die blaue Pille – die Geschichte endet, du wachst in deinem Bett auf und glaubst, was du auch immer glauben willst. Nimm die rote Pille – du bleibst hier im Wunderland und ich werde dir zeigen, wie tief das Kaninchenloch reicht.«

Für was werden Sie sich entscheiden?

WICHTIGER HINWEIS

Beim Schreiben dieses Kapitels ist mir wieder einmal mehr klar geworden, wie wichtig, genial und revolutionär Bitcoin ist. Ich habe viel mehr geschrieben, als hier veröffentlicht werden kann. Das Thema ist zu spannend, nachhaltig und komplex, als es auf wenigen Seiten oder in einem Kapitel abzuhandeln. Aus diesem Grund haben der FinanzBuch Verlag, Florian Kössler und ich uns entschlossen, ein komplett eigenes Buch über Bitcoin zu machen. Das Ganze wird verständlich geschrieben sein, praxisnah und von hohem Nutzwert für Sie, liebe Leserinnen und Leser. Hier ein kurzer Abriss über die geplanten Inhalte:

- Was ist Bitcoin?
- Wie funktionieren Bitcoin und die Blockchain-Technologie?
- Die Geschichte des Geldes
- Warum wir eine monetäre Revolution brauchen und Bitcoin die Lösung sein könnte
- Wie kaufe ich Bitcoin?
- Wo kaufe ich Bitcoin?
- Wie lagere ich Bitcoin sicher?
- Welche anderen Kryptowährungen sind interessant?
- Wie sieht das perfekte Investment in Bitcoin & Co. aus?
- ... Und noch viele weitere, interessante und spannende Punkte!

Das Buch wird noch dieses Jahr erscheinen, weil ich einen Bullenrun erwarte. Es ist jetzt wichtig, richtig positioniert zu sein und zu wissen, wie Bitcoin funktioniert und wie man ihn handelt, um autark zu sein. Das Buch soll Ihnen einen großen Vorsprung gegenüber der breiten Masse verschaffen. Wer schon jetzt wissen will, wo und wie er Bitcoin sicher kaufen kann, kann sich auf unserer Webseite www.friedrich-partner.de kostenlos ein Handbuch herunterladen.

Rohstoffe – eine goldene Dekade bricht an

Aktien und der Zeitfaktor: Timing matters

von Florian Kössler und Marc Friedrich

»Mut steht am Anfang des Handelns, Glück am Ende.«

Demokrit

Aktien sind Produktivkapital, ein wichtiges Standbein in jedem gut strukturierten, diversifizierten und sachwertorientierten Portfolio. Aktien sind eine wundervolle Möglichkeit, sich aus dem eigenen Wohnzimmer mit ein paar Mausklicks an den besten Unternehmen der Welt zu beteiligen. Besonders in Deutschland ist der Aktienmarkt häufig als Casino verschrien.

Dies liegt aber weniger am Aktienmarkt selbst, sondern an der mangelnden finanziellen Intelligenz und den glücklosen Ausflügen deutscher Privatanleger an die Finanzmärkte. Unserem Schul- und Bildungssystem gelingt nach wie vor das Kunststück, junge Menschen über fast zwei Jahrzehnte auf das spätere Leben vorzubereiten, ohne auch nur einmal die Wörter »Aktie«, »Börse«, »Geld« und »Unternehmensbeteiligung« zu erwähnen. Wir alle haben tagtäglich mit Geld zu tun, arbeiten dafür, geben wertvolle, endliche Lebenszeit dafür her, aber kaum einer weiß, wie man sein Geld anlegen kann, was sinnvoll erscheint und was Unsinn ist. Aus diesem Grund sind wir auf einem eigenen YouTube-Kanal aktiv und versuchen finanzielle Bildung zu verbreiten. Seit Jahren fordere ich (Marc Friedrich), dass das Fach »Geld, Finanzen und Wirtschaft« in der Schule unterrichtet wird. Denn Jugendliche können zwar coole TikTok-Videos und perfekte Instagram-Fotos erstellen, aber bei Geldschöpfung, Dreisatz und Prozentrechnung schaut man oftmals in völlige verdatterte Gesichter. Das Resultat: finanzielle Inkompetenz und zunehmende Altersarmut.

Sicherlich kennt ein jeder jemanden, der 2000, auf dem Höhepunkt der Internetblase, in die Telekom-Aktie oder ein Unternehmen des Neuen Marktes investiert und einen Großteil des Geldes in den Sand gesetzt hat und seitdem predigt, der Aktienmarkt sei nur für Zocker und böse Spekulanten.

Und – ja! – es gibt ein Casino an der Börse, aber das öffnet immer erst am Ende eines Zyklus die Türen, wenn man sich in der Spekulationsblase befindet. Diese wird dann immer noch zusätzlich aufgebläht von den Medien. Diese sind immer ein Kontraindikator! Wenn die *Bild*-Zeitung oder Hinz und Kunz zu Aktien raten, sollte man gegen den Strom schwimmen und antizyklisch verkaufen. Leider machen viele unserer Mitbürger dann genau das Gegenteil und steigen in die Aktienmärkte ein, wenn die Kurse besonders hoch stehen und jeder ihrer Nachbarn investiert. Dagegen verkaufen sie dann, wenn die Kurse massiv fallen und Aktien günstig sind. Wenn die Börsenblase platzt, bleibt dies natürlich besonders stark in Erinnerung. Aus diesem Grund ist es auch so essenziell, die Zyklen zu erkennen und richtig zu spielen (siehe auch Kapitel »*It´s the cycles, stupid!*«).

Auch müssen wir ganz klar zwischen einem Investment in Aktien und dem Derivatemarkt unterscheiden. Der Derivatemarkt ist in der Tat komplett aus den Fugen geraten und zur größten Zockerbude der Welt verkommen, in der große Investmentbanken und Hedgefonds versuchen, sich gegenseitig auszutricksen. Und das Ganze ist für sie meist ohne Risiko: Denn geht etwas schief, wird sie die Notenbank und/oder der Steuerzahler schon retten. Dieses Sicherheitsnetz hat bis dato immer gehalten und die skrupellosen Berufszocker weich aufgefangen und anschließend weiter nach oben katapultiert als je zuvor. Mit mehr Kapital, mehr Selbstbewusstsein und der Gewissheit, dass nichts schiefgehen kann, können sie zu jeder Zeit sicher sein, so oder so als »systemrelevant« alternativlos gerettet zu werden. Zurück zum Thema Aktien:

Der Kauf einer Aktie ist im Gegensatz dazu eine ganz normale Beteiligung an einem Unternehmen. Als Aktionär stellen Sie dem Unternehmen Ihr Kapital zur Verfügung und sind im Gegenzug fortan am Unternehmenserfolg oder auch am Misserfolg beteiligt. Das klingt gar nicht so sehr nach Casino, sondern nach langweiliger Marktwirtschaft.

Vielleicht arbeiten Sie in einem kleinen oder mittelständischen Unternehmen. Wäre dieses Unternehmen an der Börse gelistet, könnten Sie sich nun bei Ihrem Arbeitgeber beteiligen und hätten fortan »skin in the game«, würden also nicht nur Ihren Lohn erhalten, sondern auch am Erfolg und Wachstum des Unternehmens partizipieren. Vielleicht wäre dann beim einen oder anderen die Motivation größer, zur Arbeit aufzubrechen. Sollten Sie nun denken, »Um Himmels willen, niemals würde ich meinem Chef Geld geben oder mich an diesem Betrieb beteiligen!«, sollten Sie über die Kündigung Ihres Arbeitsverhältnisses nachdenken. Sie sollten nur für eine Firma im Angestelltenverhältnis arbeiten, wenn Sie auch von dessen Geschäftsmodell überzeugt sind.

Seit 2008 steigen die Börsen ohne große Unterbrechungen. Dies ist natürlich nicht gesund und nachhaltig und daher auch nicht der Normalfall. Viele denken das aber: Dank sozialer Medien dringt zunehmend eine Generation junge Aktienanleger in die Märkte, die vielleicht noch nie von der Internetblase oder der Telekom gehört haben und denken: »Hey, hier kann ich eigentlich nur reicher werden.« Vermeintliche Finanzexperten auf YouTube oder TikTok erzählen ihnen, dass ein Investment in Aktien alternativlos und dass der Zeitpunkt des Investments, wenn überhaupt, nur von nachrangiger Bedeutung sei.

Die Quintessenz der Empfehlungen lautet zumeist, dass man nur einen lang andauernden Zeithorizont haben sollte, dann können Aktien eigentlich nur steigen.

Lassen Sie uns aber hier mit drei grundlegenden Mythen aufräumen:

- **Mythos 1: Aktien sind alternativlos.**
- **Mythos 2: Der Zeitpunkt des Einstiegs spielt bei Aktien keine Rolle.**
- **Mythos 3: Alle Investments sind aktuell hoch bewertet.**

Mythos 1: Aktien sind alternativlos

Winston Churchill hat einst gesagt:

»Je weiter man in die Vergangenheit schaut, desto weiter können wir in die Zukunft schauen.«

Lassen Sie sich deshalb von uns auf eine kleine Zeitreise mitnehmen: Wir schreiben das Jahr 1990, der Kalte Krieg ist endlich vorbei, die Berliner Mauer eingerissen und Deutschland steht vor der Wiedervereinigung. Kurz zuvor ist Deutschland sogar zum dritten Male Fußballweltmeister geworden, in Italien im Finale gegen Argentinien. Legen Sie das Buch kurz zur Seite und geben Sie auf YouTube den Suchbegriff »Brehme WM-Finale« ein. Gert Rubenbauer spricht angespannt in das Mikrofon: »Brehme gegen den Elfmetertöter Goycochea ...« Der Rest ist Geschichte.

Der Beginn der neuen Dekade schrieb aber nicht nur emotionale Sportgeschichten, sondern führte mit dem Ende der Sowjetunion auch zu einer geopolitischen Neuordnung. Viele ehemalige Staaten der Sowjetunion erklärten ihre Unabhängigkeit. Nelson Mandela wurde in Südafrika aus dem Gefängnis entlassen, und das Ende der Apartheid wurde eingeläutet. Im Mittleren Osten marschierte Saddam Hussein in Kuwait ein und wurde kurze Zeit später von den Amerikanern wieder vertrieben. Der Einsatz basierte wie zumeist auf Lügen (Stichwort: »Brutkastenlüge« wie im letzten Buch beschrieben).

Der S&P 500, ein Aktienindex, der die 500 größten amerikanischen Unternehmen enthält, markierte im Mai 1990 ein neues Allzeithoch von 360 Punkten. Abseits von den Kriegen um Öl und Macht im Mittleren Osten konnte man also hoffnungsfroh in die Zukunft blicken. Rückblickend sind solche Kurse kaum mehr vorstellbar, im Februar 2021 markierte der S&P 500 mit 3920 Punkten ein neues Allzeithoch und stand damit fast elfmal so hoch wie in dem Moment, als Andi Brehme Deutschland zum Weltmeister machte.

Hätten Sie also nach dem Ende des Kalten Krieges einfach Ihr Erspartes in die 500 größten amerikanischen Unternehmen investiert, hätten Sie eine beeindruckende Rendite erzielt. Dies ist genau, was Ihnen heute die »Experten« auf YouTube und in diversen Podcasts erzählen; sie nehmen solche Geschichten gerne als Beispiel. Sie folgen damit dem Beispiel der Börsenlegende André Kostolany, der sinngemäß riet: »Investieren Sie in Aktienindizes wie den S&P 500 durch ETFs und lassen Sie es dort bis zur Rente liegen. Aktien sind alternativlos und alle anderen Anlageklassen uninteressant.« Zu einem gewissen Grad ist dieser Rat auch nicht verkehrt. Doch die Mischung machte es – und das Timing. Hätten Sie 1990 in den S&P 500 investiert, hätten Sie eine Rendite von etwa 7,8 Prozent pro Jahr erwirtschaftet (ausgenommen sind Dividenden, Steuern, Gebühren etc.) Das klingt nach einer soliden Rendite, mit der die meisten von Ihnen vermutlich mehr als zufrieden wären. Was ist aber, wenn wir Ihnen nun sagen, dass eine stinklangweilige 30-jährige US-Staatsanleihe im Jahr 1990 einen Return von 8 bis 9 Prozent pro Jahr gebracht hätte? [49]

Der Kauf einer gewöhnlichen Staatsanleihe hätte Ihnen alle Turbulenzen der vergangenen 30 Jahre an den Aktienmärkten erspart. Sie hätten ruhiger geschlafen und hätten dennoch eine höhere Rendite erzielt. In Kürze: Sie hätten für deutlich weniger Risiko einen höheren Gewinn gemacht. Das wird Ihnen leider zumeist von vielen Aktiengurus verschwiegen.

Aktien sind eine sehr gute Anlageklasse; alternativlos sind sie aber nicht. Investieren Sie nicht blind in Aktien ohne das größere wirtschaftliche Gesamtbild zu betrachten und Alternativen genauer unter die Lupe zu nehmen. Staatsanleihen sind mit den heutigen Zinsen uninteressant geworden und keine Alternative mehr. Zum Glück bietet unsere Welt jedoch viele andere Möglichkeiten. Schauen Sie daher immer über den Tellerrand hinaus. Schauen Sie sich Assets wie Bitcoin, Diamanten, Whisky oder Edelmetalle an. Das alles machen wir in der Honorarberatung jeden Tag. Es gibt immer neue Chancen!

Mythos 2: Der Zeitpunkt des Einstiegs spielt bei Aktien keine Rolle.

Wir bleiben in den 1990er-Jahren. Neben vielen großen geopolitischen Ereignissen läutet die letzte Dekade des vergangenen Jahrhunderts auch den Siegeszug des Internets ein. Und während im Jahr 1990 noch ein Doktortitel der Informatik vonnöten war, um sich Zugang zum Internet zu verschaffen, revolutionierte einige Jahre später ein junger amerikanischer Programmierer mit dem Namen Marc Andreessen mit der Entwicklung des ersten Internet-Browsers alles. Der Browser »Mosaic« war der erste Browser, der neben Textelementen auch grafische Elemente anzeigen konnte. Kurze Zeit später verließ Andreessen das

Projekt »Mosaic« und gründete das Unternehmen Netscape, das mit seinem »Netscape Navigator« »Mosaic« schnell den Rang ablief und zum zu seiner Zeit populärsten Browser avancierte. Nur ein Jahr nach der Gründung ging Netscape bereits im August 1995 an die Börse. Dies war höchst ungewöhnlich für die damalige Zeit. Börsengänge waren zu jener Zeit Unternehmen mit funktionierenden Geschäftsmodellen vorbehalten. Trotz seiner Popularität war Netscape ein höchst unprofitables Unternehmen und verbrannte viel Kapital. Investoren verschreckte dies wenig: Am 9. August 1995 fand der Börsengang von Netscape statt. Der *Spiegel* schrieb dazu: »Es war wie ein Goldrausch, kaum waren die Aktien … auf dem Markt, da schoss der Kurs in die Höhe – von 28 auf 75 Dollar. Eine solche Kaufhysterie hatte die New Yorker Wall Street lange nicht mehr erlebt.«[50] Den ersten Tag beendete Netscape mit einem Kurs von 58,25 Dollar und damit einem Plus von 100 Prozent. Die gerade einmal 16 Monate alte Firma war damit beeindruckende 3 Milliarden Dollar wert. Innerhalb der nächsten Monate steigerte sich der Kurs sogar auf 174 Dollar und war damit fast 600 Prozent im Plus. Marc Andreessen und seine Mitgründer wurden über Nacht zu Multimillionären und Superstars. Das *Time Magazine* lichtete Andreessen im Februar 1996 barfuß auf einem Thron sitzend, mit der Schlagzeile »The Golden Geeks«, ab. Netscape war der »Ground Zero« für den Internet Boom und die traumatischen Telekom-Erfahrungen vieler deutscher Anleger.

In den Jahren nach dem Netscape-IPO entsprang gefühlt aus jeder Garage Amerikas ein Börsengang. Unternehmensmodell und harte Fakten spielten keine Rolle, die meisten der Unternehmen generierten nicht mal einen Umsatz. Wie bizarr die Zeit war, zeigt auch folgender Umstand: Um die verlustbringenden Unternehmen bewerten zu können, wurde eine neue Kennziffer erfunden, die jeder normal denkende Menschen heute mit einem Kopfschütteln quittieren wird: die »Cash Burn Rate«. Sie besagte, wie viel Geld eine Firma pro Quartal »verbrennt«. Dies alles spielte keine Rolle, denn das Internet würde alles verändern und die Gewinne würden somit explodieren.

Die Internetmanie sollte sich noch für vier weitere Jahre fortsetzen, bevor der amerikanische Technologie-Index Nasdaq am 10. März 2000 von seinem damaligen Höhepunkt abstürzte. Er verlor über 80 Prozent und beendete damit auch die Neue-Markt-Blase in Deutschland. Die Blase platzte, aber das Narrativ der damaligen Zeit war trotzdem richtig: **Das Internet sollte alles verändern!** Doch das Timing spielt beim Investieren eben eine entscheidende Rolle. Die meisten Firmen der damaligen Zeit gingen kurze Zeit später pleite. Selbst die Amazon-Aktie erreichte 1999 einen Höchststand von 113 Dollar und fiel bis 2001 auf sagenhafte 5,51 Dollar. Es dauerte bis in den Herbst 2009, bevor Amazon wieder über 113 Dollar notieren sollte. Anleger, die ohne Geduld und ohne einen Blick auf die Fundamentaldaten investierten, mussten fast zehn Jahre warten, bis sich ihr Investment wieder auf plus minus null einstellte (das Thema Inflation berücksichtigen wir hier der Einfachheit halber nicht). Geduldige Investoren, die auf den richtigen Zeitpunkt warteten und erst in den Jahren 2001/2002 in Amazon einstiegen, hatten zu diesem Zeitpunkt ihr Investment fast verzwanzigfacht.

Fazit: Der Zeitpunkt beim Investieren spielt eine große Rolle!

Japan – das Land der aufgehenden Sonne und der fallenden Aktienkurse

Wir bleiben in dieser scheinbar so ereignis- und abwechslungsreichen Zeit. Ende der 1980er-Jahre war Japan mehr als nur auf dem aufsteigenden Ast. Das Land wurde als die neue wirtschaftliche Supermacht gehandelt. Der japanische Immobilien- und Aktienmarkt schien unaufhaltsam und überaus rasant zu wachsen. Im Dezember 1989 erreichte der japanische Aktienindex Nikkei seinen Höhepunkt von fast 39.000 Punkten. Drei Dekaden später ist der Aktienindex noch immer weit von seinem ehemaligen Spitzenhoch entfernt. Selbst ohne die Einberechnung von Inflation werden japanische Aktienanleger, die den falschen Kaufmoment wahrgenommen haben, nie wieder eine positive Rendite erzielen.

Die Details der japanischen Finanzblase ersparen wir Ihnen an dieser Stelle. Das Buch des deutschen Ökonomen Richard Werner *Princess of the Yen* und die Dokumentation mit demselben Namen geben hierüber Aufschluss. Viel wichtiger ist die Frage, warum wir Ihnen das alles erzählen. Man sollte meinen, die Internetblase oder die

Aktienblase in Japan hätten einen nachhaltigen Lerneffekt bei uns Menschen hinterlassen und niemand würde die gleichen Fehler wieder begehen. Doch weit gefehlt! Leider besitzen Menschen häufig das Gedächtnis eines Goldfisches und wiederholen bereits gemachte Fehler wieder und wieder. Besonders gerne passiert das an den Finanzmärkten, denn dieses Mal ist ja alles anders.

Die Vergangenheit wiederholt sich nicht, aber sie reimt sich!
Sowohl die japanische Blase als auch die Dotcom-Blase waren durch eine lockere Notenbankpolitik extrem aufgebläht worden. Billiges Geld und dadurch entstehende Spekulationsblasen sind ein altbekanntes Problem. Natürlich erscheinen die damaligen Geldmengen im Vergleich zu heute lächerlich klein. Dennoch sind die Ähnlichkeiten frappierend. Hätten Sie vor 30 Jahren in einer VWL-Vorlesung negative Zinsen als nützliches Werkzeug für die Notenbankpolitik vorgeschlagen, hätte man Sie ausgelacht und der Universität verwiesen. Aber heute sind nicht nur die Zinsen negativ. Die Umsätze von einigen der wertvollsten Unternehmen der Welt sind es ebenfalls. Klingelt da etwas bei Ihnen? Marc Andreessen lässt grüßen. Snapchat, Airbnb, Netflix, WeWork, Pinterest und Uber sind nur einige der meist gehypten Aktien unserer Zeit. Sie verbrennen Jahr für Jahr Millionen, die Kurse ihrer Aktien klettern auf schwindelerregenden Höhen – und doch werden diese Unternehmen vermutlich niemals dauerhaft und nachhaltig schwarze Zahlen schreiben. Vielleicht schafft es das eine oder andere in Zukunft, dies kann an dieser Stelle nicht ausgeschlossen werden. Netflix benötigt zum Beispiel eine Pandemie, um nachhaltigen Unternehmensgewinne verbuchen zu können. Ob ein Geschäftsmodell jedoch nachhaltig ist, wenn die halbe Menschheit dafür daheim eingesperrt werden muss und aus Langeweile sich mit Serien berieseln lässt, das überlassen wir Ihrem Urteil.

Ein anderes Beispiel ist der amerikanische Fahrdienstleister Uber. Uber hat tatsächlich in seiner Firmengeschichte noch niemals einen Gewinn verbucht. Das Unternehmen verbrennt seit mehr als einem Jahrzehnt Kapital und wird dennoch an der Börse aktuell mit 100 Milliarden Dollar bewertet. Tesla, das Lieblingsprojekt aller E-Auto-Fans, notiert aktuell bei einem Kurs-Gewinn-Verhältnis von 165.

Aber nicht nur die Bewertungen von Technologieaktien befinden sich auf schwindelerregenden Höhen.

Coca-Cola ist ein großartiges Beispiel für die absurden Bewertungen von Aktien auch in anderen Branchen. Die Gewinne des Unternehmens erreichten ihre Spitze bereits vor einem Jahrzehnt.

Im Jahr 2010 betrug der Gewinn pro Aktie etwa 2,53 Dollar und die langfristigen Schulden der Firma beliefen sich auf rund 14 Milliarden Dollar. Der Trend zur bewussten und gesünderen Ernährung spielt nicht unbedingt in die Karten der Hersteller zuckerhaltiger Limonaden.

2020 betrug der Gewinn der Aktie nur noch 1,79 Dollar pro Aktie, 30 Prozent weniger als eine Dekade zuvor. Die langfristigen Schulden sind hingegen auf 40 Milliarden US-Dollar angewachsen. Gewinn und Einnahmen sind gesunken, Schulden hingegen angestiegen. Kurzum das Unternehmen steht nicht wirklich besser da als im vergangenen Jahrzehnt.

Die rationale Schlussfolgerung wäre, dass der Aktienkurs seit 2010 stark eingebrochen sein müsste. Welcher Investor sollte angesichts dieser fundamentalen Verschlechterung der Datenlage bereit sein, mehr für Anteile an Coca-Cola zu bezahlen?

Sie werden es bereits ahnen: Genau das Gegenteil ist der Fall. Der Aktienkurs von Coca-Cola hat sich seit 2010 etwa verdoppelt. Wie immer spielen in Zeiten von großer Spekulation und billigem Geld Fundamentaldaten keine Rolle mehr. Machen Sie nicht den Fehler, der Herde blind hinterherzulaufen. Auch dieses Mal wird früher oder später das böse Erwachen kommen.

Die wichtigste Regel beim Investieren: Verlieren Sie kein Geld. Investieren Sie nicht in Firmen oder Aktien, die extrem überbewertet sind.

Dennoch wird der zunehmenden Menge an Menschen, die sich aus Inflationssorgen zum ersten Mal in ihrem Leben Gedanken machen, wie sie ihr Geld besser als auf dem Sparkonto anlegen können, von allen Seiten erzählt, Aktien seien alternativlos. Dass sich dabei die Aktienkurse während einer Pandemie auf einem Allzeithoch bewegen, scheint niemanden mehr zu stören. »Alternativlos«, das Wort, das Angela Merkel geprägt hat, führen jetzt auch Anlageberater im Munde. Angeblich führt kein Weg an einem Investment in ein breit gefächertes

ETF-Portfolio vorbei, es ist eben alternativlos. Zum Glück ist im Leben außer dem Tod und den Steuern aber nichts alternativlos.

Mythos 3: Aktuell sind alle Investments hoch bewertet.

Nehmen Sie sich einen kurzen Moment Zeit und denken Sie bitte über folgende Frage nach:

Was ist die einzig wichtige Fragestellung, bevor Sie ein Investment tätigen?

- Wird das Investment im Preis steigen?
- Ist das Investment aktuell günstig bewertet?

Viele Investoren beantworten diese Frage mit Antwort A. Sie machen sich in erster Linie Gedanken darüber, ob ein Asset nächste Woche oder nächsten Monat höher stehen könnte als heute. Kurzum, sie lassen sich in ihren Entscheidungen von kurzfristigen Bewegungen an der Börse leiten. Für langfristige Investoren spielt aber vielmehr Antwort B eine Rolle. Warren Buffett sagte einst: »Price is what you pay, value is what you get. Whether we're talking about socks or stocks, I like buying quality merchandise when it is marked down.« – »Der Preis ist, was du bezahlst; der Wert ist, was du bekommst. Ob bei Socken oder bei Aktien – ich ziehe es vor, Qualitätsprodukte zu kaufen, wenn sie günstig sind.«

Den Unterschied zwischen Preis und Wert zu erkennen, führt zu einer deutlich besseren Entscheidungsfindung. Zu diesem Denkansatz wurden unter dem Namen »Value Investing« zahlreiche Bücher geschrieben, daher wollen wir das Thema an dieser Stelle nicht weiter vertiefen. Generell gehen wir aber auch von einer Zeitenwende an der Börse aus: Weg von Tech-Aktien (Growth) hin zu soliden Value-Aktien.

Die Wallstreet und andere Börsenexperten denken häufig in linearen Modellen anstelle von Zyklen. Dies ist ihr größtes Manko.

Wir werden Ihnen in den folgenden Kapiteln zeigen, wie Sie günstige und teure Investments voneinander unterscheiden können und wie Sie sich anhand von Zyklen finanziell richtig positionieren können. Verstehen Sie uns nicht falsch: Nur weil eine Assetklasse teuer bewertet ist, muss das nicht einen zeitnahen Crash zur Konsequenz haben. Es ist keinesfalls ausgeschlossen, dass die betreffende Assetklasse, in diesem Fall Aktien, in der Bewertung von »teuer« auf »sehr teuer« oder sogar »extrem teuer« steigt. Wir gehen sogar davon aus, dass die Wahrscheinlichkeit für einen sogenannten Melt-up oder Crack-up-Boom in den Aktienmärkten deutlich größer ist, als viele glauben. Es ist durchaus vorstellbar, dass wir bei Technologieaktien ein ähnliches Szenario wie Ende der 1990er-Jahre erleben und dass uns ein finaler parabolischer Anstieg (Melt-up) bevorsteht. Dennoch fokussieren wir uns bei unserem Investmentansatz auf günstig bewertete Assetklassen, daher haben wir kein schlechtes Bauchgefühl, die Party an den traditionellen Aktienmärkten schon etwas früher zu verlassen und dafür antizyklisch in andere Felder einzusteigen.

Lesen auf eigene Gefahr: Die goldene Strategie

Dow Jones / Gold Ratio – oder wie Sie innerhalb von 100 Jahren aus 200 Dollar 12 Millionen Dollar machen!

Wie können Sie aber nun herausfinden, ob ein Asset gerade günstig oder teuer bewertet ist? Woher wissen Sie, wann der richtige Einstiegszeitpunkt für Gold oder Aktien gekommen ist? Und wie können Sie das selbst umsetzen, ohne dafür ein Finanzstudium absolvieren zu müssen? – Lassen Sie uns im Folgenden einen Blick auf die Dow Jones / Gold Ratio werfen. Diese Methode ist einer unserer vielen bewährten und erfolgreichen Ansätze in der Honorarberatung.

Achtung: Dieses Kapitel birgt für Sie das Risiko, dass Sie das Investieren nie wieder mit denselben Augen betrachten. **Lesen auf eigene Gefahr! Nach der Lektüre kann es durchaus sein, dass Sie sich von Ihrem Vermögensverwalter, Ihrem Family Office oder Ihrer Bank trennen.**

60.000 Prozent Rendite

Seien Sie aber nun gespannt, wie Sie innerhalb von nur 100 Jahren Ihr Vermögen auf das 60.000-Fache gesteigert hätten, ohne auch nur einmal eine Unternehmensbilanz oder Wirtschaftszeitung lesen zu müssen.

Das klingt unglaublich? Zu schön um wahr zu sein? Unmöglich? – Auf den folgenden Seiten lernen Sie vielleicht mehr über das Investieren als an jeder Wirtschaftseliteuniversität von Stanford bis Sankt Gallen.

Der Dow Jones wird oft als Mutter aller Börsenindizes bezeichnet. Den »Dow« gibt es seit 1884, und er umfasst 30 große amerikanische Unternehmen. Wie schon beschrieben, bewegen sich alle Finanzmärkte in Zyklen. Es ergibt daher in unseren Augen keinen Sinn, stur über Jahrzehnte nur ein Asset zu halten – weder Gold noch Aktien oder Anleihen. Man darf sich beim Investieren nie in einen Vermögenswert verlieben und nicht dogmatisch werden. Wer bestehende Zyklen erkennt, setzt immer auf das richtige Pferd. Es mag mal zu früh oder zu spät sein, aber der generelle Trend gilt. Sobald ein Trend erkennbar ist, bin auch ich (Marc Friedrich) mutig genug, ihn auszurufen – so wie 2016 und 2019 den Bitcoin, 2007 und 2019 die Edelmetalle, 2020 das Uran und weitere Rohstoffe et cetera.

»SCHLECHTE« INVESTMENTS

Das ist eine der wichtigsten Schlussfolgerungen, die Sie diesem Buch mitnehmen können: Je nachdem, wo wir uns im Zyklus befinden, können entweder Aktien oder Edelmetalle ein »unattraktives« Investment sein. Machen Sie sich bitte immer bewusst, an welcher Stelle wir uns im Zyklus befinden, und treffen Sie dementsprechend Ihre Investmententscheidungen. Wie Sie das machen, schauen wir uns gleich näher an.

Darüber hinaus ist es nicht zielführend, Anlageklassen in Euro, Dollar oder einer anderen Papiergeldwährung zu bemessen. Dies würde voraussetzen, dass die jeweilige Einheit Euro oder Dollar wertstabil ist. **Da aber alle Papiergeldwährungen konstant an Wert verlieren, sind sie als Maßstab genauso ungeeignet wie ein Meterstab, der jedes Jahr um einen Zentimeter kürzer wird.** Aktienmärkte steigen in erster

Linie deshalb nominal, da es zu einer starken Entwertung der jeweiligen Währungen kommt, in dem der Markt bepreist wird.

Besonders in Zeiten von Inflation verändern sich die Maßstäbe fast täglich und liefern keine brauchbaren Aussagen über den Wert. Den echten Wert eines Guts können Sie nur herausfinden, wenn Sie den Wert von verschiedenen Vermögensklassen oder -gegenständen miteinander vergleichen. Dies führt zu deutlich neutraleren und objektiven Resultaten, wie wir gleich in einem Beispiel zeigen werden.

Dies ist vielleicht die zweite wichtige Schlussfolgerung aus diesem Kapitel: Beginnen Sie, Ihr Haus oder Ihre Aktien in »harten« Währungen wie Gold oder Bitcoin zu bemessen.

Schauen Sie sich zum Beispiel den Goldpreis im Jahr 2000 an (300 Euro) und vergleichen Sie den Wert Ihres Eigenheims damit.

Beispiel: Goldpreis im Jahr 2000: 300 Euro. Hauspreis im Jahr 2000: 300.000 Euro

- Ein Kaufinteressent würde **1000 Feinunzen Gold** benötigen, um Ihr Haus zu kaufen.

Goldpreis im Jahr 2021: 1800 Euro. Hauspreis im Jahr 2021: 900.000 Euro

- Auf den ersten Blick freuen Sie sich. Ihr Haus hat sich im Wert verdreifacht.
- Gemessen in Feinunzen Gold ist Ihr Haus aber auf einmal nur **noch 500 Feinunzen Gold** wert und hat sich somit gemessen in Gold im Wert halbiert. Der scheinbare Wertgewinn in Papiergeld ist eine Illusion.

Dow Jones / Gold Ratio

Um das Ganze nun noch greifbarer und in der Praxis anwendbar zu machen, werfen wir nun im Folgenden einen Blick auf die Dow Jones / Gold Ratio. Die Rechnung wurde zum ersten Mal vom amerikanischen Analysten Houston Molsar von Booner & Partners durchgeführt.

Ehre, wem Ehre gebührt. Soweit uns bekannt ist, wurde diese Rechnung aber noch nie in einem deutschen Wirtschaftsbuch veröffentlicht. Dabei ist sie für jeden anwendbar, ohne jegliches Wissen über Wirtschaft und Finanzen.[51]

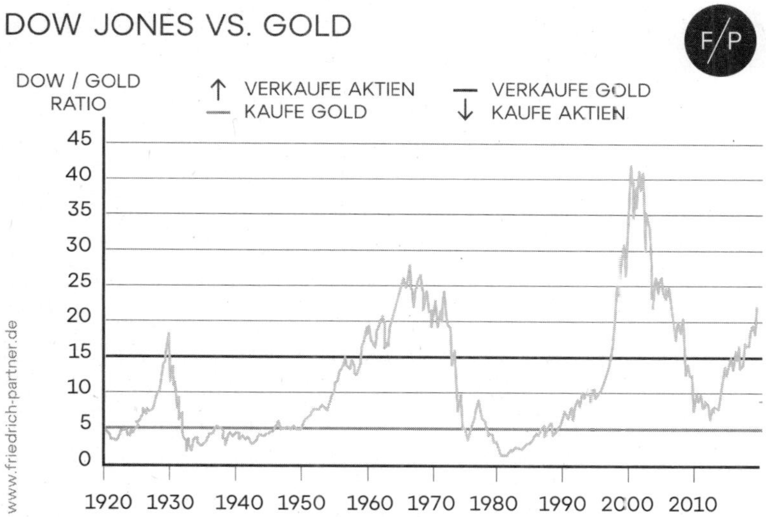

Abbildung 53

Für diese Ratio teilen wir einfach den aktuellen Preis des Dow Jones durch den aktuellen Goldpreis. Führen wir diese Berechnung durch, erhalten wir eine Zahl, die die aktuelle Ratio definiert. Prompt sehen wir, dass gemessen in Gold der Aktienmarkt im Jahr 2000 sein absolutes Allzeithoch erreicht hat und heute weit davon entfernt ist.

Dies unterstreicht noch mal die Wichtigkeit, Vermögenswerte gegenüberzustellen. **Gemessen in Fiat-Währungen eilen die Aktienmärkte natürlich von einem Hoch zum Nächsten, aber es ist eine Illusion des vielen billigen Geldes, das den Wert der Währung inflationiert.**

Nun wollen wir Sie aber nicht länger auf die Folter spannen. Schauen wir uns die Dow Jones / Gold Ratio in der Praxis an.

Ausgangslage 2020:

Dow Jones: 31.000 Punkte. Goldpreis: 1800 Dollar.

Dow Jones / Gold Ratio: 31000/1800 = 17,22

Dies bedeutet, dass wir aktuell für 17,22 Feinunzen Gold einmal den kompletten Dow Jones kaufen können.

Wer diese Rechnung über die letzten 100 Jahre durchführt, erhält den Chart Dow Jones / Gold Ratio (siehe Abbildung 53).

Was als Erstes ins Auge sticht: Gemessen in Gold befindet sich der Dow Jones etwa auf dem Niveau von 1960. Hätten Sie also in 1960 in den Dow Jones investiert, könnten Sie sich von dem Investment in 2020 genauso viele Feinunzen Gold kaufen wie im Jahr 2020. Das klingt unglaublich, ist aber so.

Was als Zweites ins Auge sticht: Der Wert des Dow Jones gegenüber Gold bewegt sich in Zyklen. Was sagt dieser Chart in Abbildung 53 nun aus?

1. **Steht die Ratio besonders hoch, sind Aktien im Verhältnis zu Gold überbewertet. Hier erscheint es also sinnvoll, Aktien zu verkaufen und dafür Gold zu erwerben.**
2. **Steht die Ratio besonders tief, ist Gold im Verhältnis zu Aktien überbewertet. Hier ist also das genaue Gegenteil ratsam. Aktien sind günstig und Gold teuer.**

Je nachdem, an welchem Punkt der Ratio wir uns befinden, investieren wir also wahlweise in Gold oder in den Dow Jones, respektive in die Assetklasse Aktien.

Um das Beispiel einfach zu halten, gehen wir extrem konservativ und simpel vor.

Fällt die Ratio unter 5, dann gilt:

- Wir verkaufen unser gesamtes Gold.
- Wir reinvestieren alles in Aktien.

Steigt die Ratio über 15, dann gilt:

- Wir verkaufen all unsere Aktien.
- Wir investieren alles in Gold.

That's it! Wir versuchen also nicht, den Markt genau zu timen und das Maximum rauszuholen. Das schafft niemand, auch wir nicht. Natürlich würde sich mit flexibleren Regeln die Rendite noch weiter optimieren lassen. Allerdings wollen wir dieses Konzept so nutzerfreundlich wie möglich machen und Ihnen daher klare Richtlinien an die Hand geben, ohne dass Sie dazu weitere Informationen benötigen. Mit dieser Strategie hätten Sie **über die vergangenen 100 Jahre insgesamt nur sechs Investmententscheidungen treffen müssen.** Das klingt doch machbar, oder nicht?

Die Ratio müssen Sie übrigens nicht einmal selbst berechnen. Die Daten für die Dow Jones / Gold Ratio stehen an vielen Orten im Internet frei und kostenlos zur Verfügung – auch auf unserer Webseite: www.friedrich-partner.de.

Schauen wir uns das Ganze im Detail an: Wir starten unser Beispiel mit dem Jahr 1918. Die Ausgangslage: Unser Besitz sind 10 Feinunzen Gold zu einem damaligen Wert von 20,67 Dollar pro Feinunze. Wir besitzen also insgesamt 206,70 Dollar.

Sechs Entscheidungen zur finanziellen Unabhängigkeit

Erste Entscheidung: Januar 1918

Besitz 1918: 10 Feinunzen Gold oder 206,70 Dollar
Dow Jones: 76,68 Punkte
Gold: 20,67 Dollar pro Feinunze
Ratio: 76,68 / 20,67 = 3,7

Handlung: Die Ratio liegt unter 5, das heißt Aktien sind im Verhältnis zu Gold günstig. Wir verkaufen unsere 10 Feinunzen Gold und investieren die 206,70 Dollar in den Dow Jones.

Investiert in: Aktien

***

Zweite Entscheidung: Februar 1929

Ein Jahrzehnt ist vergangen, die »Roaring Twenties« nähern sich dem Ende.

Dow Jones: 310 Punkte

Gold: 20,63 Dollar pro Feinunze

Ratio: 310 / 20,63 = 15

Die Dow Jones / Gold Ratio überschreitet zum ersten Mal die Marke von 15.

Handlung 1: Wir verkaufen unsere Aktien zu einem Wert von 1463 Dollar mit einer Rendite von 608 Prozent inklusive reinvestierter Dividenden (310 Prozent ohne Dividenden).

Handlung 2: Wir kaufen von unserem Kapital 71 Feinunzen Gold zu einem Preis von 20,63 Dollar.

Besitz 1929: 71 Feinunzen Gold oder 1463 Dollar

Investiert in: Gold

***

Dritte Entscheidung: September 1931

Dieses Mal müssen wir kein weiteres Jahrzehnt warten. Dank unserem Plan gelingt es uns, unser Geld rechtzeitig vor der großen Depression 1929 und damit dem schlimmsten Aktiencrash in der Geschichte in 1929 zu sichern.

Kurze Zeit später, im September 1931, fällt die Dow Jones / Gold Ratio unter 5 und wir müssen aktiv werden. Wichtig zu wissen: der Goldpreis ist in den 1920er- und 1930er-Jahren von der Regierung fixiert und an den Dollar gebunden, dadurch bleibt der Goldpreis trotz aller Turbulenzen augenscheinlich »stabil«. Allerdings haben Aktiven extrem an Wert verloren und sind als Investment wieder attraktiv geworden.

Dow Jones: 99,80 Punkte

Gold: 20,63 Dollar pro Feinunze

Ratio: 99,80/20,63 = 5

Handlung 1: Wir verkaufen unser Gold und erhalten unsere 1463 Dollar zurück.

Handlung 2: Wir investieren das gesamte Geld in den Dow Jones.
Besitz 1931: 1463 Dollar (Wert in Gold: 71 Feinunzen)
Investiert in: Aktien

***

Vierte Entscheidung: September 1958

Dow Jones: 530 Punkte

Gold: 35,10 Dollar pro Feinunze

Ratio: 530/35,10 = 15

Fast 20 Jahre mussten wir nicht über unsere Investments nachdenken, aber im September 1958 ist es wieder so weit.

Handlung 1: Wir verkaufen unsere Aktien für 31.084 Dollar mit einem Return von 2025 Prozent inklusive Dividenden (diese allein machen 430 Prozent aus – das zeigt, wie extrem wichtig es, ist Dividenden zu reinvestieren und den Zinseszinseffekt ausnutzen!).
Handlung 2: Wir kaufen 885,58 Feinunzen Gold für 35,10 Dollar pro Feinunze.
Besitz 1958: 885,58 Feinunzen Gold oder 31.084 Dollar
Investiert in: Gold

***

Zwischenfazit: Nach gut 40 Jahren haben wir durch vier für jeden nachvollziehbare und kopierbare Entscheidungen aus 10 Feinunzen Gold unglaubliche 885 Feinunzen gemacht. Wir haben nach wie vor keine einzige Unternehmensbilanz gelesen, haben von niemanden Aktientipps benötigt und kein einziges Mal mit einem Bankberater gesprochen.

***

Fünfte Entscheidung: April 1974

Dow Jones: 839,96 Punkte

Gold: 169,50 Dollar pro Feinunze

Ratio: 839,96/169,50 = 5

Im April 1974 sind wir wieder bei einer Ratio von 5 angelangt, das heißt es ist Zeit Gold zu verkaufen.

Handlung 1: Wir verkaufen unsere 885,58 Feinunzen Gold für 150,105 Dollar.

Handlung 2: Wir kaufen wieder den Dow Jones.

Besitz 1974: 150,105 Dollar (Wert in Gold: 885,58 Feinunzen)

Investiert in: Aktien

***

ENTSCHEIDUNG NICHT PERFEKT – ABER SICHER!

Der Goldpreis wird in diesem Zyklus bis auf 850 Dollar im Jahr 1980 steigen und die Dow Jones / Gold Ratio wird ein Rekordtief von 1,32 erreichen. Wir verkaufen also hier im April 1974 viel zu früh. Allerdings besteht das Ziel der Ratio nicht darin, Marktextreme zeitlich perfekt zu treffen, sondern jeweils konservativ ein zu hoch bewertetes Asset gegen ein günstiges einzutauschen. In der Praxis als erfahrener Anleger können Sie natürlich versuchen, nicht nur auf die Ratio zu achten, sondern auch das aktuelle Marktumfeld zu bewerten. Aber behalten Sie im Hinterkopf: Damit wird automatisch die Fehleranfälligkeit höher!

Sechste Entscheidung: Juli 1996

Dow Jones: 5729,98 Punkte

Gold: 382 Dollar pro Feinunze

Ratio: 5729,98/382 = 15

Im Juli 1996 müssen wir unsere bislang letzte Entscheidung treffen. Die Ratio überschreitet 15. Wir verkaufen Aktien und investieren in Gold.

Handlung 1: Wir verkaufen unsere Aktien für 2,57 Millionen Dollar. Dies entspricht inklusive Dividenden einem Return von 1614 Prozent seit 1974 (ohne Dividenden 549 Prozent).

Handlung 2: Wir kaufen dafür 6734 Feinunzen Gold zu einem Preis von 382 Dollar je Feinunze.
Besitz 1996: 6734 Feinunzen Gold oder 2,57 Millionen Dollar
Investiert in: Gold

***

ABERMALS KEIN PERFEKTES MARKTTIMING – ABER DAS ERGEBNIS ÜBERZEUGT

Auch hier haben wir wieder kein perfektes Markttiming. Der Dow Jones verdoppelt sich in der Zeit von 1996 bis 2000. Dies war vermutlich die härteste Phase während der zurückliegenden 100 Jahre. Wer Ende der 1990er-Jahre in Gold investiert hatte, muss sich wie der letzte Depp vorgekommen sein. Die Aktienmärkte, besonders die Kurse der Internet-Aktien, eilten von einem Hoch zum nächsten und erreichten fast wöchentlich neue Rekorde. Börse und Investoren befanden sich im Rausch, während ein Investment in Gold sogar zu negativen Renditen führte. Als Goldinvestor im Jahr 1999 war man eine Lachnummer, wer benötigte schließlich noch das alte staubige Metall in der neuen digitalen Welt? Aber wer zuletzt lacht, lacht bekanntlich am besten.

Denn mit unserer Strategie lassen wir die beiden großen Aktienmarkt-Einbrüche von 2000 und 2008 aus, während der Goldpreis auf nie da gewesene Rekordhöhen klettert.

In 2011 fällt die Ratio bis auf 7. Das heißt wir verfehlen nur knapp unser Ziel von 5 und investieren nicht in Aktien. Hier wäre es eigentlich aus makroökonomischer Sicht ein guter Zeitpunkt gewesen, noch mal in den Aktienmarkt zurückzukehren, aber auch das lassen wir aus, weil uns fest an unserem Plan halten und für dieses Beispiel unsere eigene subjektive Meinung außen vor lassen.

Zusammenfassung:

- Wir haben in den vergangenen 100 Jahren sechs Investmententscheidungen treffen müssen.
- Wir haben in dieser Zeit keine einzige Nachricht über Wirtschaft und Finanzen gelesen, sondern unser Leben genossen.
- Wir haben mehrere Male nicht das absolut perfekte Timing an den Tag gelegt.
- Wir haben lediglich zwischen dem Dow Jones und Gold gewechselt. Wir haben keine anderen Edelmetalle, Technologieaktien oder Minenaktien gekauft, um unsere Rendite zu erhöhen.

Ergebnis: Trotz einiger nicht zu 100 Prozent optimalen Entscheidungen ist uns ein atemberaubendes Ergebnis gelungen:
Stand 2021: Unsere 6734 Feinunzen Gold haben sich seit dem Kauf im Juli 1996 nochmals fast verfünffacht. (Goldpreis: 1800 Dollar)
Besitz: 6734 Feinunzen Gold oder 12,14 Millionen US-Dollar.

Und so haben wir mit sechs einfachen Entscheidungen innerhalb eines Jahrhunderts aus 206,70 Dollar insgesamt 12,14 Millionen Dollar gemacht.

Haben wir Ihnen zu viel versprochen?

Unser Investment in Zahlen:

Rendite: 60.000 Prozent

Was wäre gewesen, wenn wir seit 1918 entweder nur Gold oder nur Aktien gehalten hätten?

Gold (Preis 1800 Dollar): 10 Feinunzen von 1918 wären heute 18.000 Dollar wert.

Aktien: (Dow Jones 31.000 Punkte): Der Stand belief sich 1918 auf zirka 80 Punkte. Dies würde einer Rendite von 38.750 Prozent entsprechen.

Sie sehen: Mit unserer einfachen Strategie hätten Sie eine deutlich bessere Performance erzielt. Sie sehen auch: Es ergibt wenig Sinn, Gold über mehrere Jahrzehnte blind zu halten. Da Motto lautet vielmehr: Es gibt Zeiten, da möchten Sie kein Gold besitzen, und es gibt Zeiten, da möchten Sie nichts anderes besitzen. **Wir sind mitten in dieser Zeit.**

Das Geheimnis hinter dieser gesamten Strategie ist schön und einfach: Sie verdienen beim Investieren Geld, indem Sie wahlweise Aktien oder Gold kaufen, wenn das betreffende Asset günstig ist, und verkaufen, wenn es teuer ist. **Dies ist der wichtige Grundsatz beim Investieren: Buy low, sell high.**

Wir hoffen, mit diesem praktischen Beispiel haben wir Ihnen ein wertvolles Instrument an die Hand gegeben, mit dem Sie jederzeit selbst eine Bewertung durchführen können, ohne unsere Hilfe zu benötigen. Ein weiterer Schritt in die finanzielle Selbstständigkeit ist damit getan. Vielleicht sagen Sie aber nun auch, ich habe doch keine 100 Jahre Zeit. Dieses Beispiel kann ich niemals in der Praxis umsetzen. Hier wollen wir Sie dazu anhalten, langfristig zu denken! Sie kennen sicher das eine oder andere begüterte Familiengeschlecht oder die eine oder andere erfolgreiche Unternehmerfamilie. Mit Ausnahme einiger Bankiersdynastien beruhen das Geheimnis und der Erfolg dieser Familien auf einer langfristigen Strategie und Ausrichtung ihrer Assets.

Denken Sie in Generationen!

Denken Sie beim Investieren heute bereits an Ihre Kinder und Enkelkinder. Aber vielleicht werden wir auch durch die fortschreitende Medizin und Technologie 120 Jahre alt oder noch älter. Es wäre wirklich zu dumm, wenn dann die Kohle schon mit 100 Jahren ausginge. Treffen Sie heute die richtigen Entscheidungen, werden Ihre Nachfahren oder Ihr zukünftiges Ich Ihnen für immer dankbar sein. Und erinnern Sie sich darüber hinaus, dass wir in unser Beispielrechnung bereits nach 40 Jahren unseren Goldbesitz um das 80-Fache erhöht hatten. Beginnen Sie also bitte, langfristig zu denken. Nur so können Sie finanziell unabhängig und frei werden. Wer auf das schnelle Geld setzt, wird meist nur eines: schnell arm.

Ausblick

Was bedeutet das für Sie?

Daten zu Beginn des Jahres 2021: Dow Jones: 31.000, Gold: 1800 Dollar, Ratio: 17,22

Handlung: Sollten Sie in Aktien investiert sein, wäre nun ein guter Zeitpunkt zum Umschichten. Sollten Sie in Gold investiert sein, gibt es nichts zu tun außer abzuwarten.

Wir erwarten, dass die Ratio in dieser Dekade ähnlich wie 1980 in den Bereich von 1 bis 3 fallen könnte. **Es wäre sogar denkbar, dass die Ratio zum ersten Mal unter den Wert von 1 fällt!** Ob Sie hier das Timing bis zum Maximum ausreizen oder sich strikt an den Plan halten und bei 5 verkaufen, überlassen wir Ihnen. Hier eröffnet sich Ihnen allerdings bereits über diese Dekade eine vermutlich einmalige Investment-Chance. Eine solche Gelegenheit bekommt man nicht oft im Leben. Und nun wissen Sie sogar darüber Bescheid!

Die Ratio wird nicht von heute auf morgen nach unten fallen. Vielleicht steigt sie sogar nochmals über die kommenden Monate an, ähnlich wie am Ende der 1990er-Jahre. Vielleicht werden Sie sich über die kommenden Monate als Goldinvestor auch nochmals zur Lachnummer machen (wer zusätzlich digitales Gold in Form von Bitcoin besitzt, wird für alle Szenarien gewappnet sein). Aber wie vor etwa 20 Jahren wird auch dieses Mal das Resultat das Gleiche sein. Die Ratio wird einen neuen Tiefpunkt erreichen und Goldinvestoren zu Gewinnern machen. Während dieser Zeit wird der größte Vermögenstransfer der Geschichte stattfinden: von Menschen, die Papierwerte besitzen, zu Menschen, die harte Assets wie Edelmetalle ihr Eigen nennen. Dies ist wirklich eine einmalige Chance, die wir vermutlich in diesem Ausmaß in den kommenden 50 Jahren nicht mehr erleben.

Nutzen Sie sie!

Investieren nach Zyklen: das Shiller-KGV

Nun könnte man meinen, die Dow Jones/Gold Ratio sei vielleicht ein Ausreißer, eine Anomalie der Finanzgeschichte. Daher präsentieren wir Ihnen gleich noch eine zweite Ratio, die Sie nach denselben Vorgaben anwenden können: das Shiller-KGV.

Zur Erläuterung: Das klassische KGV (Kurs-Gewinn-Verhältnis) kennen Sie als Methode zur Bewertung von Aktien. Es soll Anlegern dabei helfen, unterbewertete Aktien zu identifizieren. Dabei wird der aktuelle Aktienkurs durch den Gewinn eines Unternehmens geteilt. Je höher die Zahl liegt, desto mehr bezahlen Investoren aktuell für Anteile des Unternehmens.

Das klassische KGV bringt allerdings Nachteile mit sich, da es lediglich die vergangenen zwölf Monate einbezieht und daher nur bedingt Aussagekraft hat. Daher hat der Nobelpreisträger und Yale-Ökonom Robert Shiller das sogenannte Shiller-KGV entworfen. Er modifizierte das Verhältnis und berücksichtigt bei der Berechnung die durchschnittlichen Gewinne der vergangenen zehn Jahre. Dadurch sollen Konjunkturzyklen besser beachtet und eingebunden werden. Das Shiller-KGV wird besonders von langfristigen Anlegern zur Bewertung von Aktien angewendet.

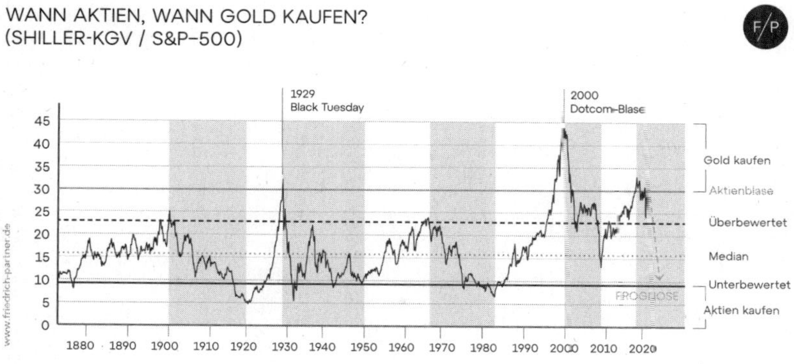

Abbildung 54

Betrachten wir nun die Daten für das Shiller-KGV anhand des S&P 500. Auch hier sticht wieder direkt ins Auge, dass sich der Aktienmarkt in Wellenformen bewegt, kurzum in Zyklen. Es gibt extreme Phasen von starken Über- und Unterbewertungen am Aktienmarkt. Genau wie bei der Dow Jones/Gold Ratio wählen wir Gold als antizyklisches Investment.

Steht das Shiller-KGV bei unter 10, sind Aktien unterbewertet und Gold meist in Relation dazu überbewertet. Genau entgegensetzt verhält es sich, wenn wir ein Shiller-KGV von über 23 bis 25 haben, hier sind Aktien im Verhältnis zu Gold überbewertet. Spätestens wenn das Shiller-KGV über 30 steigt, sollten Sie aktiv damit beginnen, Aktien zu verkaufen und Ihre Investments umzuschichten, vorzugsweise in Edelmetalle.

Was hätte das seit Ende des Zweiten Weltkrieges in der Praxis bedeutet?

1. In 1950 steht das Shiller-KGV bei etwa 10, d.h. wir kaufen Aktien.
2. In 1965 steht die Ratio bei 24 und wir investierten in Gold.
3. Ende der 1970er-Jahre fällt die Ratio unter 10 und wir investieren wieder in Aktien.
4. Ende der 1990er-Jahre steigt die Ratio über 30 und wir kaufen wieder Gold und haben seitdem nichts mehr an unserem Investment verändert.

Aktuell steht die Ratio bei etwa 35, dies bedeutet, es wäre ebenfalls wie bei der Dow Jones/Gold Ratio ein perfekter Moment zum Umschichten Ihrer Investments.

Der Rohstoff-Superzyklus

Nun gibt es neben Gold natürlich noch eine Vielzahl anderer interessanter Rohstoffe. Seit dem Beginn der industriellen Revolution ist in einer konstant wachsenden Welt die Nachfrage nach Rohstoffen stark gestiegen. **Rohstoffpreise bewegen sich in Zyklen und durchlaufen Phasen von starken Preisanstiegen und Abschwüngen.** Da Rohstoffe durch solche sogenannten »Boom-und-Bust-Zyklen« laufen, spricht man von einer zyklischen Anlageklasse. Das Verständnis von Rohstoffzyklen ist die wichtigste Grundvoraussetzung für ein Investment in diese Anlageklasse. Einmal verstanden, werden sich Ihnen in diesem Bereich ganz neue Blickwinkel und Anlagemöglichkeiten bieten. Darüber hinaus hilft es auch, viele politische und geopolitische Entwicklungen in der Welt besser einordnen zu können, da Rohstoffpreise auf viele Bereiche unseres heutigen Wirtschaftssystems einen großen Einfluss nehmen.

Während die Nachfrage nach sogenannten nicht-zyklischen Produkten wie Zahnpasta, Klopapier (außer während einer Pandemie) oder Nahrungsmitteln relativ stabil und konstant bleibt, durchlaufen

Rohstoffe immer wieder Phasen von massiven Preisschwankungen. In diesen Phasen bewegen sich die Preise häufig stark über oder unter ihrem langfristigen Trend. Natürlich bewegen sich nicht alle Rohstoffe zu jeder Zeit im Gleichschritt, und es kann Phasen geben, in denen zum Beispiel Agrarrohstoffe stark steigen und Industriemetalle wie Kupfer oder Nickel sich kaum bewegen.

Wer sich die Preisverläufe jedoch über Zeiträume von einem Jahrzehnt oder länger anschaut, sieht ganz klare Muster und Verläufe, aus denen langfristige Trends abzulesen sind: Dies bezeichnet man auch als den Rohstoff-Superzyklus. Wieso aber kommt es überhaupt zu solchen zyklischen Bewegungen?

Ein häufig angeführter Grund für den Auslöser eines Superzyklus könnte das Zusammenspiel zwischen Angebot und Nachfrage sein. Während eines längerfristigen Abschwungs von Rohstoffpreisen ist es nicht mehr wirtschaftlich, neue Minen oder Ölfelder zu erschließen. Dies führt im Laufe der Zeit automatisch zu einem Angebotsrückgang. Kommt es aber nun zu einer unerwarteten oder konstant und nachhaltigen Nachfrage-Erhöhung, können neue Minen und Ölfelder nicht schnell genug erschlossen werden. Dies führt zu einem Angebotsdefizit und damit zu steigenden Preisen.

Im Verlauf der letzten 100 Jahre kam es zu vier Rohstoff Superzyklen:

1. in den 1930er-Jahren
2. in den 1970er-Jahren
3. in den 1980er-Jahren
4. in der Zeitspanne von 1996 bis 2008

Der folgende Chart zeigt uns wieder eine Ratio, in dem Fall zwischen einem großen Rohstoff-Index (S&P GSCI TR) und dem S&P 500.

ROHSTOFFE VS. S&P 500

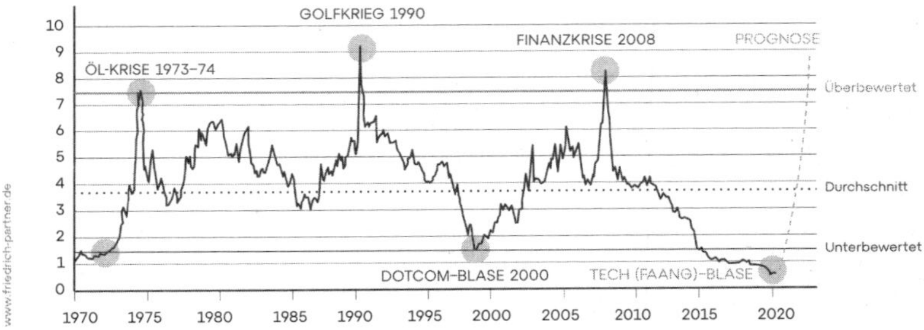

Abbildung 55

Sie werden es sich mittlerweile denken können:

Wie Sie anhand dieses Charts sehen können, bewegen sich auch Rohstoffe und Aktienmärkte in längeren Wellen und Zyklen gegeneinander. Wir hoffen Ihnen an dieser Stelle genügend Beweise geliefert zu haben, dass sich unser gesamtes Leben niemals linear entwickelt, sondern von ständigen Schwankungen begleitet wird.

Zu Beginn der 1970er-Jahre waren Aktien gegenüber Rohstoffen überwertet wie selten zuvor. Als es in den Jahren 1973 und 1974 im Rahmen der Ölkrise zu einem inflationären Schock kam, explodierten Rohstoffe förmlich und waren entsprechend gegenüber Aktien stark überwertet. Das nächste Hoch von Rohstoffen gegenüber Aktienmärkten folgte im Jahr 1990 zeitgleich mit dem ersten Golfkrieg. Kriege führen fast immer zu inflationären Wellen. Ein Unheil kommt selten allein. Im weiteren Verlauf der 1990er-Jahre performten die Aktienmärkte wiederum deutlich stärker als die Rohstoffe, bis schlussendlich im Jahr 2000 die Internetblase platzte. Der letzte Superzyklus begann etwa im Jahr 1998. Damals kostete eine Feinunze Gold 300 Dollar und ein Fass Öl etwa 15 Dollar. Der Anstieg der Rohstoffpreise erreichte in der Phase um 2008 (nach zwölf Jahren) seinen Höhepunkt mit einem Ölpreis von fast 150 Dollar. Der Bullenmarkt beim Gold dauerte noch einige Jahre länger an und erreichte in 2011 bei 1917 Dollar seinen vorläufigen Höhepunkt. Seitdem ist der Preis der meisten Rohstoffe über die letzte Dekade gefallen. Lange Rede, kurzer Sinn: Sie sehen, **wir**

befinden uns heute im Hinblick auf das Verhältnis von Rohstoffen zu Aktien auf dem niedrigsten Niveau aller Zeiten!

Nach nun wiederum zwölf Jahren Bärenmarkt (2008 bis 2020) beginnen wir nun mit großer Wahrscheinlichkeit einen neuen Superzyklus. Dies bedeutet, dass sich auch dieses Mal das Blatt früher oder später wenden wird und Rohstoffe die traditionellen Märkte outperformen werden. Die Ratio wird über die kommenden Jahre nach oben schießen.

Gründe für den neuen Superzyklus

Lassen Sie uns im Folgenden kurz einen Blick auf weitere fundamentale Ursachen dafür werfen, warum wir am Anfang eines langfristigen Rohstoff-Superzyklus stehen.

1. **Inflationäre Erholung nach der Pandemie**

Sollten wir die Pandemie hinter uns lassen, ist von einer extremen Konsumfreude der Bürger auszugehen. Nach monatelangen Lockdowns dürfte die Wiedereröffnung der Wirtschaft zu einer stark steigenden Nachfrage führen. Zusätzlich haben die meisten Menschen in der westlichen Welt dank Geschenken der Regierung tatsächlich mehr Geld als vor der Krise. Dies wird zusätzlich den Konsum antreiben.

2. **Extrem lockere Geldpolitik**

Um die wirtschaftlichen Auswirkungen der Pandemiezeit unter Kontrolle zu bringen, fahren Notenbanken rund um die Welt eine extrem lockere Geldpolitik. Zusätzlich werden auch von staatlicher Seite Konjunkturpakete in Rekordhöhe verabschiedet. Kurzum: Nie in der Menschheitsgeschichte war so viel billiges Geld im Umlauf.

3. **Schwacher US-Dollar**

Rohstoffpreise laufen historisch konträr zum US-Dollar. Wertet der US-Dollar auf, werden Rohstoffe billiger. Wertet der US-Dollar ab, werden Rohstoffe teurer. Genau wie die Aktienmärkte bewegt sich der Dollar in Zyklen. War die letzte Dekade von einem starken Dollar gekennzeichnet, deutet nun vieles auf eine Dekade mit einem schwachen Dollar hin. Nicht zuletzt aufgrund der amerikanischen Notenbankpolitik ist von einer Abwertung der amerikanischen Währung auszugehen, die sich historisch extrem positiv auf die Rohstoffpreise auswirkt. Wir erwarten über die nächsten 4 bis 6 Jahre einen Bärenmarkt im US-Dollar. Das heißt, andere Papiergeldwährungen werden im Verhältnis zum Dollar aufwerten. Auch hier wird der Absturz nicht linear verlaufen, sondern in Wellenbewegungen nach unten. Es wird immer wieder zu kurzfristigen Erholungsphasen für den Dollar kommen, der übergeordnete Trend zeigt allerdings bergab.

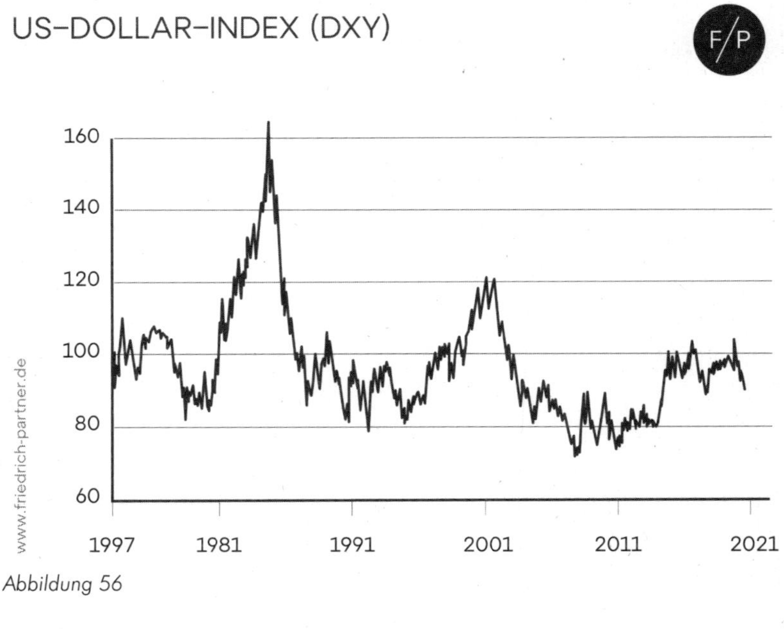

Abbildung 56

4. **Starke Inflation**

Sollten die bereits genannten Punkte eintreten, führt dies zwangsweise zu einer starken Inflation, die sich ebenfalls positiv auf Rohstoffpreise auswirken wird. Besonders die Erwartung einer Währungsabwertung durch die Notenbanken wird die Preise für Rohstoffe in die Höhe treiben. Wenn Währungen immer weniger wert werden, würde automatisch der Preis einer Feinunze Gold, einer Tonne Kupfer oder eines Barrels Öls ausgedrückt in den entsprechenden Währungen steigen (siehe Kapitel *Inflation*).

5. **Kaum Investitionen in Rohstoffe**

Nach Jahren von sehr geringen bis ausbleibenden Investments in die Erschließung neuer Rohstoffvorkommen bewegen wir uns auf ein großes Angebotsdefizit zu. Investitionen in Firmen, die Rohstoffvorkommen erschließen und abbauen, befinden sich laut Bloomberg Daten auf einem 62-Jahres-Tief. Hinzu kommt die steigende Nachfrage durch Investoren, die ihr Vermögen durch Anlage in harten Assets schützen wollen. Diese starke Kombination führt zu nachhaltig steigenden Preisen. Steigende Rohstoffpreise werden daraufhin wieder zu höherer Inflation und zu einer Verteuerung von Produkten führen, was noch mehr Menschen dazu bewegen wird, ihr Geld in harte Assets zu investieren. Wir stehen vor einem sich selbst verstärkenden Feedback-Loop.

6. **Extreme Subvention erneuerbarer Energien**

Staaten werden durch ihre extremen Subventionen in erneuerbare und nachhaltige Energien und Transportmittel ungewollte Folgereaktionen auslösen, die im Vorfeld kaum bedacht wurden.

Elektroautos, Windkrafträder und Co. haben eines gemeinsam: Sie verbrauchen extrem viele Rohstoffe. Die durch Subventionen künstlich ausgelöste Nachfrage wird durch die aktuelle Förderung nicht zu decken sein und stark steigende Rohstoffpreise mit sich bringen.

Ein Elektroauto verfügt bereits heute über etwa die fünffache elektronische Ausstattung im Vergleich zu seinen Vorgängern. Besonders Rohstoffe wie Kupfer, Nickel, Silber oder Zinn könnten nach heutigem Stand von massiven Engpässen betroffen sein.

Wo stehen wir aktuell?

Werfen wir einen Blick auf die Performance verschiedener Assetklassen über die letzte Dekade.

Performance von 2011 bis 2020 (in US-Dollar)

- Bitcoin: 6,2 Millionen Prozent (kein Schreibfehler!)
- Nasdaq: 512,5 Prozent
- US-Immobilien: 124,6 Prozent
- Anleihen: 44,4 Prozent
- Gold: 24,3 Prozent
- Rohstoffe: -46,8 Prozent

Bitcoin spielt in seiner eigenen Liga. Er war in acht der letzten zehn Jahre die Anlageklasse mit der besten Entwicklung und wird diesen unglaublichen Lauf vermutlich auch über die kommende Dekade fortsetzen. 6.200.000 Prozent stehen für Bitcoin zu Buche. Diese Zahl ist atemberaubend und kaum zu verstehen. Bitcoin scheint wirklich wie ein schwarzes Loch sämtliche monetäre Energie aufzusaugen. Wer nach diesen Zahlen zumindest nicht eine Beimischung von Bitcoin im Portfolio anstrebt, ist mit Fakten und harten Zahlen wohl nicht zu überzeugen. Neben Bitcoin waren natürlich die Aktienmärkte die großen Gewinner. Die Wirtschaft war süchtig nach billigem Geld und die Notenbanker haben es auch geliefert.

Im Verlauf der letzten Dekade war es schwierig, beim Investieren kein Geld zu verdienen. Investoren wurden belohnt, Sparer bestraft. Es gab nur eine Ausnahme: Rohstoffe. Keine andere Assetklasse wurde von Investoren so missachtet wie Rohstoffe. Das ist faszinierend, wenn man bedenkt, dass ohne Rohstoffe in unserer heutigen hoch technologisierten Welt nichts laufen würde (siehe Kapitel *Kondratjew*, Zyklus VI). In Momenten wie diesen schlägt allerdings das Herz von antizyklischen Investoren höher. Die größten Chancen finden sich meist an Plätzen, die von der breiten Masse nicht beachtet werden.

Drei wichtige Schlussfolgerungen ziehen wir aus diesem Datensatz:

1. Assetpreise neigen dazu, über längere Zeiträume im Wert zu steigen. Wer sein Geld auf dem Sparbuch lässt, gehört leider in einem inflationären Geldsystem zu den Verlierern.
2. Denken Sie darüber nach, wie und wo Sie Ihr Kapital und Ihr Erspartes einsetzen können, vergessen Sie jedoch dabei nicht, dass vergangene Returns nicht unbedingt ein Indikator für zukünftige sind.
3. Rohstoffe sind eine einmalige Chance (»once in a lifetime«). Nie zu unseren Lebzeiten wurden sie derart abgestraft und waren im Verhältnis zu Aktien so günstig bewertet. Während Rohstoffe im Verlauf der letzten Dekade eine klare Underperformance gegenüber Aktien zeigten, neigt sich dieser Zyklus nun dem Ende zu, und Rohstoffe werden einen Aufschwung erleben.

Fazit und Rat

Wir hoffen, dieses Kapitel hat einen ersten Eindruck davon vermittelt, warum wir einen Rohstoff-Superzyklus in diesem Jahrzehnt erwarten, welche fundamentalen Faktoren aus unserer Sicht dazu führen werden, wie Sie sich in diesem Markt positionieren können und was es zu beachten gilt: Auf den kommenden Seiten gehen wir genauer darauf ein, wie Sie sich in diesem Markt positionieren können und was es zu beachten gilt.

Bitte behalten Sie ganz nach Mark Twain immer im Hinterkopf:

»Prognosen sind schwierig,
vor allem wenn sie die Zukunft betreffen.«

In der heutigen Welt gibt es keine absoluten Sicherheiten. Das Investieren ist immer ein Spiel mit Wahrscheinlichkeiten. Wir sehen eine extrem hohe Wahrscheinlichkeit, dass der Rohstoff-Superzyklus bereits begonnen hat oder spätestens in den kommenden zwei bis drei Jahren volle Fahrt aufnimmt. Ein Restrisiko bleibt jedoch immer, dass sich die Zukunft anders entwickelt als erwartet. Abschließend noch vier Gedanken für das Navigieren des Rohstoff-Superzyklus.

Vorgehensweise

Diversifikation ist das A und O bei Rohstoffen. Das heißt: Entweder Sie investieren breit gestreut über einen ETF oder Fonds oder Sie bauen sich Ihr eigenes Portfolio mit mehreren Werten auf. Investieren Sie bitte nicht nur in eine Gold- oder Kupfermine, mehrere Werte sind ein Muss, um die Abhängigkeit von möglichen Fehlentscheidungen einzelner Firmen zu reduzieren.

Für die Aufteilung zwischen den einzelnen Rohstoffklassen gibt es keine perfekte Antwort. Hier müssen Sie für sich entscheiden, für welche Rohstoffe Sie besonders optimistisch sind.

Eine grobe Einteilung von uns würde wie folgt aussehen:

Wir empfehlen 50 Prozent Edelmetalle, 20 Prozent Basismetalle/andere Rohstoffe und 30 Prozent Rohstoffe aus dem Energiebereich (20 Prozent Uran; 10 Prozent andere wie Öl/Gas). Hier verweisen wir auf die Ausführungen zum Thema Uran im entsprechenden Kapitel.

Korrekturen sind etwas ganz Normales

So sehr wir auch steigende Rohstoffpreise in dieser Dekade erwarten, so sehr ist uns bewusst, dass dies kein linearer Prozess sein wird. In Zeiten von großer wirtschaftlicher Unsicherheit sowie starken geopolitischen Machtverschiebungen kann es an den Finanzmärkten jederzeit zu größeren Turbulenzen kommen. So hat zum Beispiel Gold in der Zeit zwischen 2002 und 2007 um über 200 Prozent zugelegt, es gab in dieser Zeit aber sechs Korrekturen von 10 bis 20 Prozent, die jeweils zwischen drei und neun Monaten andauern. Goldminen-Aktien haben in dieser Zeit teilweise noch stärker korrigiert. Gewöhnen Sie sich also bitte an die Volatilität der Rohstoffmärkte und bereiten Sie sich mental auf eine kleine Achterbahnfahrt vor, vielleicht sogar auf eine große! Uns könnten wilde Zeiten bevorstehen. Investoren, die das langfristige Potenzial von Rohstoff-Investments im aktuellen makroökonomischen Umfeld erkennen, sehen Rücksetzer nicht als Gefahr, sondern als Chance, um ihre jeweilige Position zu vergrößern oder eine neue zu eröffnen. Im kommenden Rohstoff-Bullenmarkt wird jeder größere Rücksetzer eine Gelegenheit zum Nachkauf darstellen.

Investieren Sie daher bitte immer in Tranchen und halten trockenes Pulver für Rücksetzer bereit.

Abbildung 57

Volatilität

Sie sehen in Schwarz den Goldpreis von 1914 bis 1923 in der Weimarer Republik. Spätestens ab 1923 steigt der Goldpreis ins Unendliche. In Grau sehen Sie die Schwankungen des Goldpreises zu dieser Zeit. Auch wenn der Goldpreis am Ende ins Unendliche stieg, gab es in der Zeit davor massive Schwankungen. In Zeiten von Hyperinflation herrscht eine große wirtschaftliche Unsicherheit, die automatisch zu extremen Kursbewegungen führt. Viele Menschen wissen nichts von diesen Schwankungen zu dieser Zeit. Ähnliche Dinge werden auch in den kommenden Jahren passieren, gleichgültig ob beim Gold, beim Silber oder beim Bitcoin. Am Ende werden diese Investments die besten Wertspeicher darstellen; aber vermutlich steht uns hier wie damals eine Achterbahnfahrt bevor. Bereiten Sie sich bitte unbedingt mental darauf vor!

GOLDPREIS IN REICHSMARK DER WEIMARER REPUBLIK

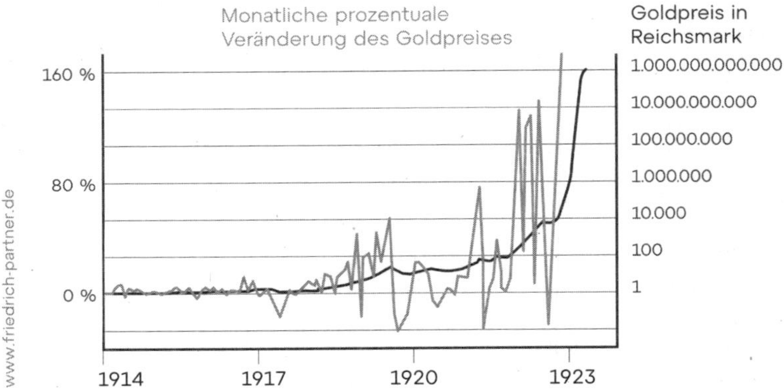

Abbildung 58

Timing im Rohstoff-Bullenmarkt

Rohstoffaktien sind keine Werte für die Ewigkeit und für eine beständige Rente. Zum Abschluss möchten wir hier noch einmal daran erinnern, dass es sich bei Rohstoffen um zyklische Investments handelt. Durch Investments in Rohstoffe spielen wir einen Trend. Und der Trend für die kommenden Jahre lautet steigende Rohstoffpreise. Wir wissen zum heutigen Zeitpunkt noch nicht genau, ob der nächste Rohstoff-Superzyklus sechs bis acht Jahre andauert oder ob er bereits nach weniger als fünf Jahren wieder beendet sein wird. Wir wissen aber, dass er mit Sicherheit in gewohnter Manier wieder ein Ende finden wird. Zum Ende des Zyklus werden Rohstoffe – wie alle anderen Assetklassen auch – in einen parabolischen Anstieg münden. Im Verhältnis zu anderen Anlagemöglichkeiten werden sie zunächst stark überteuert sein. Zu diesem Zeitpunkt ist es dann wieder sinnvoll, die vorhandenen Rohstoff-Investments zu verkaufen und umzuschichten. Wenn Sie in Rohstoffe investieren, müssen Sie die Märkte im Auge behalten.

Welche Rohstoffe gibt es?

Werfen wir im folgenden Abschnitt einen Blick auf die unterschiedlichen Rohstoffklassen und schauen wir uns etwas genauer an, wie Sie in Rohstoffe investieren können. Hierfür definieren wir fünf Gruppen von Rohstoffen:

1. **Energie**
   Die Gruppe der Energie-Rohstoffe besteht aus Öl, Erdgas, Kohle, Uran und erneuerbaren Energien. Sie sind der Treibstoff unserer modernen Gesellschaft. Sie versorgen unsere Fabriken mit Energie, heizen unsere Eigenheime, ermöglichen Innovationen und Fortschritt und sorgen dafür, dass das Licht brennt.

2. **Edelmetalle**
   Die relevanten Edelmetalle sind Gold, Silber, Platin und Palladium. Im Gegensatz zur Kohle glänzen Edelmetalle und sind schön anzusehen. Während der industrielle Nutzen von Gold überschaubar ist, wird Silber mittlerweile in sämtlichen Technologiebranchen verwendet, gleichgültig ob in Touch Screens, Speicherchips, Batterien oder Solar-Panels. Silber ist zu einem unersetzbaren Rohstoff aufgestiegen. Platin und Palladium spielen eine große Rolle in der Automobilindustrie und werden dort unter anderem für Katalysatoren verwendet. Besonders Gold und Silber haben darüber hinaus in den letzten 5000 Jahren für Menschen eine monetäre Funktion ausgeübt und dienen als bewährter und solider Wertspeicher.

3. **Industriemetalle**
   Im Gegensatz zu den Edelmetallen sind die Industriemetalle kein Blickfang. Zu dieser Gruppe gehören unter anderem Kupfer, Zink, Aluminium, Eisen, Zinn und Nickel. Industriemetalle werden, wie der Name schon sagt, in der Industrie über alle Zweige und Branchen hinweg eingesetzt.

4. **Agrarrohstoffe**
   Die Gruppe der landwirtschaftlichen Rohstoffe umfasst eine Vielzahl verschiedener Güter. Sie reichen von Weizen, Mais, Sojabohnen, Zucker, Kaffee bis hin zu Holz oder Nutztieren.

5. **Andere**
   Neben den vier Hauptgruppen gibt es eine Vielzahl weiterer Rohstoffe, die sich nicht direkt den ersten vier Rohstoffarten zuordnen lassen. Hierzu zählen unter anderem Diamanten, Lithium oder seltene Erden. Gerade letztere werden in großem Umfang in »grünen« Technologien eingesetzt.

Wie lässt sich in Rohstoffe investieren?

Bevor wir tiefer in das Thema Rohstoffe eintauchen, stellt sich die Frage, wie man am besten in Rohstoffe investieren kann. Während Edelmetalle sich noch recht leicht in physischer Form kaufen und einlagern lassen, wird das bei einem Fass Öl, einem Sack Kaffee oder gar einer Tonne Uran schon etwas schwieriger.

Arten von Rohstoffinvestments

1. Physisch (wie bereits besprochen, ist das nur sinnvoll bei Edelmetallen)
2. Beteiligungen an Rohstoffunternehmen über Fonds, ETFs, Aktien
3. Optionen und Futures

Das Risiko steigt, je weiter oben in der Pyramide das jeweilige Investment angesiedelt ist.

Physische Edelmetalle

Physische Edelmetalle sollten das absolute Fundament in jedem Rohstoffportfolio sein. Wir meinen hier wirklich physische Edelmetalle, die in Ihrem eigenen Tresor liegen, im Garten vergraben sind oder im Schließfach gelagert werden. Nur so stellen Sie sicher, dass kein Drittparteien-Ausfallrisiko besteht. Nur wenn Sie Ihre eigene Hand auf die Edelmetalle legen können, gehören diese wirklich Ihnen.

ARTEN VON ROHSTOFFINVESTMENTS

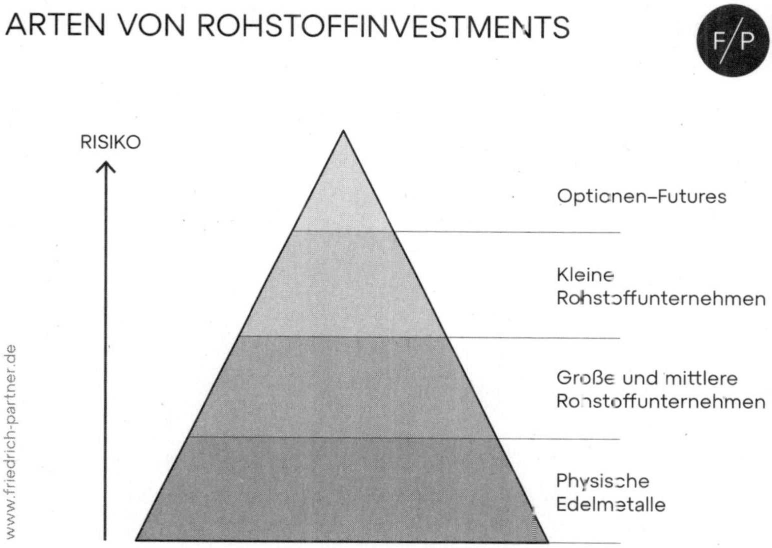

Abbildung 59

Optionen/Futures

Eine der größten Herausforderungen beim Investieren in Rohstoffe besteht darin, die richtige Art und Weise zu finden. Abseits von Edelmetallen ist es nicht ratsam und teilweise sogar unmöglich, in physische Rohstoffe zu investieren. Ihre Nachbarn und der Verfassungsschutz dürften über Ihr geheimes Uranlager im Keller weniger erfreut sein. Aber auch ein Fass Öl oder einen Sack Sojabohnen werden Sie nicht in Ihrem Bankschließfach lagern. Viele Profis kaufen sich daher Finanzprodukte in Form von Optionen oder Futures auf den zugrunde liegenden Rohstoff und versuchen auf diese Weise, an einer Preissteigerung zu partizipieren. Allerdings liegt hierbei die Betonung auf dem Wort »Profi«. Wir würden grundsätzlich nicht so erfahrenen Investoren davon abraten, auf diese Art von Terminverträgen zu setzen. In unseren Augen ist die beste Form der Beteiligung ein direktes Investment in Firmen, die den Abbau des jeweiligen Rohstoffes betreiben.

Rohstoffaktien

Der beste Weg, um in die meisten Rohstoffarten zu investieren, sind direkte Beteiligungen an Unternehmen, die Gold, Silber, Uran oder Öl fördern. Nun könnte man zu dem Thema Rohstoffaktien ganze Bücher schreiben. Wir versuchen aber für Sie das Wichtigste auf wenige Seiten herunterzubrechen, möchten Sie aber auch dazu anhalten, sich über das Buch hinaus intensiver mit dem Thema zu beschäftigen. Sollten Sie daran kein Interesse haben, ist es auch völlig in Ordnung, nur physische Edelmetalle zu kaufen. Investieren Sie bitte nur in Dinge, die Sie auch verstehen!

Minenaktien

Im ersten Schritt ist es wichtig zu verstehen, wie der Lebenszyklus einer Mine aussieht. Das Schema ist grundsätzlich bei jedem Wert dasselbe:

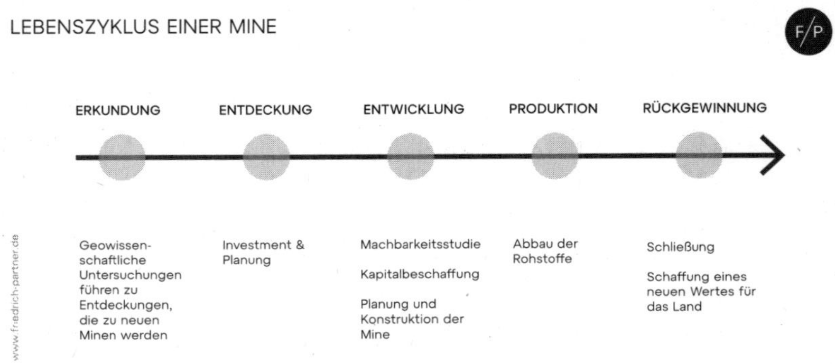

Abbildung 60

Minenaktien lassen sich in vier Kategorien einteilen:

1. **Majors**
2. **Royalty-Firmen**
3. **Midtiers**
4. **Juniors**

Es gibt für die einzelnen Kategorien keine exakte Definition, lediglich eine Art Richtlinie, die die wichtigsten Merkmale zusammenfasst.

1. Majors

- sehr große Unternehmen
- besitzen viele Minen/Projekte
- breit diversifiziert
- Marktkapitalisierung von über 5 Milliarden Dollar
- bergen verhältnismäßig wenig Risiko und erwirtschaften einen stabilen Cashflow

Im Rohstoffbereich gibt es eine Handvoll gigantisch großer Unternehmen, die die Industrie dominieren. Sie besitzen die größten und meisten Minen, haben am meisten Kapital und beschäftigen die meisten Menschen. Majors sind Unternehmen mit einer Marktkapitalisierung jenseits der 5 Milliarden Dollar und existieren meist seit Jahrzehnten. Sie zeichnen sich dadurch aus, dass sie seit ihrem Bestehen eine Vielzahl von verschiedenen Projekten und Minen erfolgreich in Betrieb genommen haben und signifikante Mengen des jeweiligen Rohstoffes (Öl, Gold, Uran etc.) fördern. Majors unterliegen geringeren Preisschwankungen als kleine Firmen und eigenen sich daher für konservative Investoren. Ein Restrisiko bleibt auch bei ihnen: Ein Preisabfall des jeweiligen Rohstoffes verschont auch nicht die Kurse und Gewinne der großen Firmen.

- Klassische Beispiele (keine Empfehlungen!): Agnico Eagle, Barrick Gold, Rio Tinto, BHP Billiton, Cameco

2. Royalty-Firmen

- die Investmentbanken der Rohstoffindustrie
- besitzen keine eigenen Minen
- finanzieren Minen und erhalten dafür Beteiligungen

Royalty-Firmen bieten eine besondere Möglichkeit, um in Rohstoff-Unternehmen zu investieren. Die meisten dieser Firmen sind im Gold- und Silbersektor zu finden. Das Vorgehen der Minenindustrie ist eigentlich recht einfach zu verstehen: Suche nach einem Ort, an dem es Gold oder Silber gibt, grabe es aus und verkaufe es mit Gewinn. Basta!

Das ist zwar die starke Vereinfachung eines extrem aufwendigen und komplizierten Prozesses, der jahrelang dauert, aber am Ende des Tages läuft es so ab. Royalty-Firmen hingegen fördern selbst keine Rohstoffe, sondern stellen einen anderen wichtigen Teil der Gleichung: Geld und Investmentpower. Sie finanzieren den Bau von Minen anderer Unternehmen und erhalten dafür im Gegenzug eine Beteiligung an der späteren Fördermenge. Royalty-Firmen sind keine klassischen Minenunternehmen, sondern eine Art Investmentbank für Rohstoffunternehmen. Sie sind ebenfalls für den konservativen Anleger geeignet. Die Chancen und Risiken entsprechen in etwa denen der Majors.

- Klassische Beispiele: Franco Nevada, Royal Gold, Wheaton Precious Metal

3. Midtiers

- mittelgroße Unternehmen
- besitzen meist eine bis drei Minen
- Marktkapitalisierung von 500 Millionen bis 5 Milliarden Dollar
- bergen als Investment mehr Risiko als Majors

Midtiers sind mittelgroße Produzenten. Ihre Marktkapitalisierung bewegt sich in der Größenordnung von 500 Millionen bis 5 Milliarden Dollar. Im Gegensatz zu den Majors betreiben sie meist weniger als fünf Projekte, häufig sind es nur eines bis drei. Die meisten Midtiers versuchen durch Zukäufe oder eigene Explorations-Anstrengungen zu wachsen, um in den elitären Status eines Majors aufzusteigen. Unternehmen dieser Kategorie stellen für Investoren ein größeres Risiko dar. Aufgrund der geringen Anzahl von Projekten und Minen kann bereits ein großes Problem mit einer der Minen zu einem Preissturz des Unternehmens führen. Dennoch bieten Midtiers vermutlich die beste Balance zwischen Chance und Risiko. Aufgrund ihrer geringeren Größe bieten sie mehr Rendite und Wachstumspotenzial als Majors und haben dennoch eine deutlich bessere Basis als Juniors.

- Klassische Beispiele: First Majestic Silver, K92, Energy Fuels

4. Juniors

- suchen und entwickeln neue Minen
- besitzen meist noch keine eigenen Minen
- geringe Marktkapitalisierung
- extrem großes Risiko, Chancen auf hohe Gewinne

Junior-Aktien sind, überspitzt formuliert, wie Lottoscheine. Die meisten Junior-Unternehmen besitzen noch keine eigene Mine, sondern sind auf der Suche nach großen Vorkommen. Solche Unternehmen bezeichnet man als »Explorer«. Ihre Marktkapitalisierung beläuft sich auf weniger als 500 Millionen Dollar, häufig liegt sie sogar unter 100 Millionen. Auch der Aktienkurs ist ausgesprochen gering; wir bewegen uns hier im Pennystock-Bereich. Falls Junior-Unternehmen etwas finden, können sie um Hunderte oder gar Tausende Prozent ansteigen, wenn sie nichts finden, können sie komplett wertlos werden. Die Liste von an der Börse gehandelten Juniors ist lang, die Liste derer, die vermutlich nie ein großes Vorkommen entdecken werden, ebenfalls. Verstehen Sie uns bitte nicht falsch, Juniors sind sehr spannend für erfahrene Rohstoff-Anleger. Wer tief in der Materie drinsteckt, bereit ist, viel Zeit in Research zu investieren, wird hier erfolgreiche Investments tätigen. Da Sie diese Zeilen lesen, gehören Sie vermutlich NOCH nicht zu den Experten. Leider finden Sie im Internet viele zwielichtige Gestalten, die Ihnen häufig unglaubliche Renditen versprechen mit Investments in kleine Minenaktien. Seien Sie hier bitte sehr vorsichtig.

***

Um das Ganze noch mal in Zahlen für den Edelmetall-Sektor zu verdeutlichen:

- Es gibt in etwa 20 bis 25 Majors (je nach Definition).
- Die Zahl der Midtiers beläuft sich auf 60 bis 70.
- Bei Juniors sind es über 1500.

Kurzum: Die meisten Junior-Unternehmen werden niemals den Status eines Produzenten erreichen. Es gibt die Möglichkeit, über den VanEck Junior Gold Miners ETF zu investieren. Allerdings sind die meisten der 85 Unternehmen im ETF-Portfolio in der Zwischenzeit keine Juniors mehr, sondern gehören zu den Midtiers.

Wie Sie die richtigen Aktien auswählen

Im Folgenden wollen wir Ihnen eine kurze Checkliste an die Hand geben, damit Sie die ersten selbstständigen Schritte bei Investments im Rohstoffbereich machen können. Es gibt eine Vielzahl von verschiedenen Aktien und Firmen zur Auswahl. Nach welchen Kriterien treffen Sie die Auswahl? Die schier unbegrenzten Möglichkeiten können überwältigend und einschüchternd wirken. Der Ausgangspunkt zur Bewertung einer Firma beginnt mit dem Sammeln und Bewerten von Daten. Im Folgenden zeigen wir unsere Top 6 Punkte auf, die Sie sich vor jedem Investment unbedingt anschauen sollten. Bei Unregelmäßigkeiten sollten Sie davon absehen, in die betreffende Firma zu investieren. In der Praxis bewerten wir meist bis zu 20 unterschiedliche Kriterien, mit den folgenden sechs sollte es Ihnen aber bereits gelingen, einen Großteil an schlechten Aktien herauszufiltern.

1. Management-Team

Wie bei jeder Firma ist auch bei Minenwerten das Management-Team das Allerwichtigste. Wir investieren in Menschen, nicht in Firmen. Sie können ein noch so tolles Projekt haben, verwaltet es ein schlechtes Team, wird es zu einem Reinfall werden.

- Besuchen Sie die Homepage der jeweiligen Firma und schauen Sie sich den »Track Record« des Managements an.
- Verfügt das Team über Erfahrung und hat es in der Vergangenheit bereits andere Projekte erfolgreich geleitet?
- Hat das Team bereits erfolgreich eine Mine zur Produktion gebracht (denken Sie daran, dass nur ein Bruchteil von Projekten es jemals zur Förderung schafft)?

- Verfügt das Team über erfahrene Geologen oder besteht es in erster Linie aus Anzugträgern?
- Suchen Sie nach Podcasts und Interviews mit dem CEO, um einen besseren Eindruck zu gewinnen.

Sind Sie nicht absolut vom Management überzeugt, können Sie an dieser Stelle die Aktie bereits ad acta legen und sich die nächste Firma vornehmen. Das Team ist das A und O.

2. Location – AK-47-Faktor

Marin Katusa, ein erfahrener Rohstoff-Investor, hat die Bezeichnung des AK-47-Faktors bei der Auswahl von Rohstoffinvestments geprägt. »AK-47« ist die Bezeichnung des Maschinengewehrs, das hierzulande als »Kalaschnikow« bekannt ist. Zum Hintergrund: Viele Rohstoffe werden in politisch instabilen Regionen abgebaut. Dies erhöht das Risiko Ihres Investments exponentiell. Grundsätzlich würden wir Ihnen empfehlen, nicht in Firmen zu investieren, deren Minen in Ländern liegen, in denen viele Menschen Gewehre auf den Straßen tragen. Wählen Sie Firmen aus, die in politisch sicheren Regionen aktiv sind und im Optimalfall sogar in Ländern, in denen die Rohstoffindustrie auch politisch eine hohe Priorität genießt. Kommunistische und sozialistische Länder sind generell zu meiden, da eine Enteignung zu jeder Zeit möglich ist. Im Folgenden eine kurze Einteilung hinsichtlich des Risikos in Abhängigkeit von der geografischen Lage:

- **Sehr sicher:** Kanada, Australien, Neuseeland, USA, Skandinavien, UK
- **Sicher:** Griechenland, Brasilien, Mexiko, Peru
- **Moderates Risiko:** Chile, Panama, Argentinien, Kolumbien, Fidschi-Inseln, Mongolei, Guyana, Papua-Neuguinea, Russland, Osteuropa, Nordafrika
- **Hohes Risiko:** Ost-, West- und Südafrika, Türkei, China, Indonesien, Philippinen, Mittlerer Osten
- **Extremes Risiko:** Bolivien, Venezuela, Zentralafrika

Diese Einschätzung kann sich natürlich dynamisch den aktuellen politischen Entwicklungen anpassen.

3. Vorhandene Projekte

Gleichgültig ob Sie in eine Firma mit einer bestehenden Produktion und aktiven Minen investieren oder nach Projekten suchen, die sich aktuell noch in der Entwicklung befinden: Hier kommt es auf die Größe und Qualität an. Wenn Sie sich die Projekte einer Firma genauer anschauen, sollten Sie auf folgende Punkte achten:

- Wie groß ist die Fördermenge?
- Wie lange wird die Mine aktiv sein?
- Welche Kosten sind mit dem Abbau verbunden? Je niedriger, desto besser.
- Gibt es das Potenzial für weitere Erkundungen und Minen?
- Wie bereits erwähnt: Wo befinden sich die Projekte?

4. Wer besitzt die Aktien?

Achten Sie unbedingt auf die Aktionärsstruktur. Vor allem interessant ist die Frage, wie viele Anteile das Management-Team hält. Falls das Team selbst nur einen geringen Anteil an Aktien hält und scheinbar wenig Interesse hat, eigenes Geld zu investieren, warum sollten Sie dann Ihr mühsam Erspartes investieren? »Skin in the Game«, also eigenes Geld im Spiel zu haben oder die eigene Haut zu riskieren, um im Bild zu bleiben, ist in unseren Augen einer der wichtigsten Aspekte. Je mehr Aktienanteile das Team selbst besitzt, desto sicherer können Sie sein, dass es alles für den Unternehmenserfolg geben wird, da es selbst extrem davon profitieren wird.

Drei weitere Tipps:

- Achten Sie darauf, ob die Firma in der Vergangenheit durch zahlreiche Kapitalerhöhungen bestehende Investoren verwässert hat. Falls ja, ist das ein Warnzeichen.
- Schauen Sie, ob bekannte Rohstoffinvestoren ebenfalls in die Firma investiert sind. Klassische Beispiele wären hierfür zum

Beispiel Eric Sprott, Robert Friedland, Thomas Kaplan oder bekannte Fonds wie Crescat Capital.
- Hat das Management-Team zuletzt selbst Aktien der Firma nachgekauft? Aus rechtlichen Gründen müssen diese Käufe publik gemacht werden.

5. Cash/Schulden

Sollten wir bis zu diesem Punkt noch immer keine Ausschlusskriterien entdeckt haben, ist es an der Zeit, einen genaueren Blick auf die Finanzen zu werfen. »Cash is King« in der Rohstoffindustrie. Sollte eine Firma über hohe Cash-Reserven verfügen, ist es weit unwahrscheinlicher, dass sie unsere Anteile durch neue Kapitalerhöhungen verwässert. Schulden sind grundsätzlich nichts Negatives für Minenfirmen. Besonders der Bau einer Mine ist sehr kapitalintensiv. Wichtig ist es aber, dass die Schulden kein kritisches Level überschreiten und im schlimmsten Fall zur Insolvenz führen. Achten Sie daher immer auf die Finanzreserven und Schulden einer Firma.

6. Marktkapitalisierung

Denken Sie an unsere Aussage auf einigen Seiten zuvor. Sie möchten günstige Assets kaufen, nicht teure. Sollten Sie die Punkte 1 bis 5 erfolgreich abgehakt haben, gilt es nun herauszufinden, ob Sie die Aktie für einen guten Preis erwerben können. Dies ist der entscheidende Punkt beim Investieren in Aktien. Sie können noch so viel Research betreiben: Wenn Sie am Ende einen zu hohen Preis für eine Firma bezahlen, haben Sie nichts gewonnen.

Vergleichen Sie die Firma mit der Konkurrenz: Hält die Bewertung einem Vergleich stand? Falls die Bewertung höher ausfällt, muss sie sich durch harte Fakten rechtfertigen lassen. Schließlich sind Sie als Investor nicht auf einer Spendengala, sondern Sie wollen Geld verdienen. Investieren Sie nicht in überteuerte Projekte!

Wenn Ihnen das alles zu viel Arbeit ist, gibt es auch die Möglichkeit, sich die Arbeit abnehmen zu lassen und sich über unseren Newsletter zu informieren. Hier zeigen wir Chancen und Signale auf. Sie erfahren, wann sich ein Einstieg lohnt und wann die Zeit zum Verkauf gekommen ist. Jeden Monat analysieren wir die besten und interessantesten Aktien. Die Kosten des Newsletters werden durch die richtigen Tipps schnell amortisiert. Mehr Infos unter www.friedrich-partner.de.

***

Zusammenfassung:
Bitte beachten Sie immer diese sechs Punkte, bevor Sie eine Aktie kaufen. Nehmen Sie sich Zeit für die nötige Überprüfung, dann werden Sie langfristig als Investor auch Erfolg haben.

Warum in Minenaktien investieren?

- Ohne Rohstoffe funktioniert die heutige Wirtschaftswelt nicht. Ob neue Technologien, Immobilien, medizinische Versorgung oder Transportmittel, alle haben eines gemeinsam: Sie benötigen Rohstoffe.
- Minen sind eine der ältesten Industrien der Welt. Der Mensch betreibt bereits seit Tausenden von Jahren den Abbau von Rohstoffen.
- Die Nachfrage nach Rohstoffen wird über die kommenden Jahre aufgrund der wachsenden Bevölkerung und Industrialisierung immer weiter zunehmen.

Der aber vielleicht entscheidende Punkt, wenn Sie wie wir an einen neuen Rohstoff-Superzyklus glauben: **Minenaktien stellen einen Hebel auf Rohstoffe dar.** Was bedeutet das? Nehmen wir den Goldmarkt als Beispiel. Im Verlauf der vergangenen 20 Jahre haben Goldminenaktien den Investoren eine bessere Rendite gebracht als eine Investition in physisches Gold. Während der Zeit von 2000 bis 2011 ist der Preis pro Feinunze Gold um 550 Prozent gestiegen. In derselben Zeit ist der NYSE Arca Gold Miners Index um 690 Prozent gestiegen. In der Zeit zwischen 2015 und 2020 stieg der Preis pro Feinunze Gold um 78 Prozent, der Goldminen-Index konnte um 182 Prozent zulegen.

Warum ist das so?

Goldminen fördern zu einem recht stabilen Preis Gold und verkaufen es zeitnah auf dem Markt. Wenn sich nun der Goldpreis erhöht, aber die Produktionskosten gleich bleiben oder langsamer steigen als der Goldpreis, steigt automatisch der Gewinn der Unternehmen.

Spielen wir ein Beispiel mit fiktiven Werten durch. Die Förderkosten unserer Firma liegen bei 1000 Euro pro Feinunze.

Jahr	Förderkosten	Goldpreis pro Feinunze	Profit pro Feinunze
2016	1000 €	1100 €	100 €
2017	1000 €	1300 €	300 €
2018	1000 €	1500 €	500 €
2019	1000 €	1800 €	800 €
2020	1000 €	2000 €	1000 €

Der Goldpreis hat sich in unserem fiktiven Beispiel innerhalb von fünf Jahren verdoppelt, was einer Steigerung von 100 Prozent entspricht. Der Gewinn unserer Firma hat sich allerdings von 100 Euro auf 1000 Euro verzehnfacht, was einer Gewinnsteigerung von 1000 Prozent entspricht, also dem Zehnfachen. Und das ist der Grund, warum Minenaktien häufig als Hebel auf den Rohstoffpreis bezeichnet werden. Genau dasselbe Spiel konnten wir auch bei Kupfer über die vergangenen zwölf Monate feststellen. Während der Kupferpreis um ungefähr 100 Prozent gestiegen ist, ist der größte ETF auf Kupferminen um mehr als 300 Prozent gestiegen.

Gefahren bei Investments in Minenaktien

Natürlich kommen Minenaktien nicht nur mit Vorteilen und Chancen daher. Wie bei jeder anderen Investmentklasse auch bestehen **Gefahren und Risiken**. Vor jeder Investment-Entscheidung ist es extrem wichtig, sich nicht nur die Chancen zu vergegenwärtigen, sondern auch die Risiken.

- Minenaktien sind, wie bereits aufgezeigt, extrem zyklisch. Wer den richtigen Zeitpunkt für einen Verkauf verpasst, kann hohe Verluste erleiden.
- Minenaktien unterliegen einer hohen Volatilität. Die Preisschwankungen sind deutlich größer als in vielen anderen Anlageklassen.
- Der im vorherigen Kapitel aufgezeigte Hebel wirkt in beide Richtungen. Sollte der Rohstoffpreis fallen, fällt der Kurs von Minenaktien im Verhältnis deutlich stärker.
- Rohstoffunternehmen beinhalten dieselben Risiken von Missmanagement wie Firmen in allen anderen Branchen auch. Während ein Goldbarren in Ihrem Tresor dort auch noch in zehn Jahren liegt, können Goldminen-Unternehmen aufgrund von schlechten betriebswirtschaftlichen Entscheidungen auch verschwinden beziehungsweise pleitegehen.
- Es besteht das realistische Risiko eines deflationären Crashs in den kommenden Jahren. In diesem Szenario würden voraussichtlich alle Vermögenswerte fallen, inklusive Rohstoffe und Edelmetalle. Minenaktieninvestoren könnten kurzzeitig in einem solchen Szenario extreme Verluste erleiden.

Häufig blenden unerfahrene Investoren die Risiken beim Investieren aus und lassen sich lediglich von hohen Renditechancen locken. Dies ist meist der direkte Weg ins Verderben. Renditechancen gehen immer mit Risiken einher. An der Börse gibt es nichts umsonst.

Sollten wir Ihnen nicht zu viel Angst eingejagt haben, lassen Sie uns nun im nächsten Kapitel einen genauen Blick auf die verschiedenen Rohstoffklassen werfen. Zusätzlich geben wir Ihnen Tipps für einzelne Investments.

Agrarrohstoffe

Bei vielen Menschen ist die Gruppe der Agrarrohstoffe weit weniger bekannt wie die der Edelmetalle oder Energie-Rohstoffe. Tatsächlich wird es vermutlich für einige von Ihnen sogar neu sein, dass Lebensmittel wie Weizen, Mais, Kaffee, Zucker, Holz oder Lebendvieh an der Börse gehandelt werden. Dies ist grundsätzlich auch nicht negativ anzusehen, hat aber in der Vergangenheit dazu geführt, dass immer mehr Spekulanten das Parkett betreten haben und Lebensmittel mittlerweile zu einem Spekulationsobjekt geworden sind. Im Frühjahr 2011 gab es während des Arabischen Frühlings eine Welle von Demonstrationen und Revolutionen über den gesamten Mittleren Osten hinweg. Warum Sie darüber im Rohstoff-Kapitel lesen? Sie werden es sich denken können: Neben offensichtlichen Gründen für die Unzufriedenheit des Volkes wie Korruption, Polizeigewalt und Arbeitslosigkeit blieb ein Faktor weitestgehend unbeachtet: die Nahrungsmittelpreise. Wer politische Instabilität voraussagen möchte, sollte nicht unbedingt auf das Bruttoinlandsprodukt oder andere politische Faktoren achten, sondern sich auf Lebensmittelpreise fokussieren, insbesondere auf den Weizenpreis. In der Zeit vor dem Arabischen Frühling schnellte unter anderem der Preis für Weizen bis zu über 80 Prozent in die Höhe. Nun war dieser Preissprung nicht unbedingt auf Spekulanten zurückzuführen, sondern er war das Resultat von einigen Naturkatastrophen rund um die Welt, die 2010 zu erheblichen Ernteausfällen führten. **Dennoch sprechen wir uns ganz klar gegen die Spekulation auf Nahrungsmittelpreise aus.** Anders als bei vielen anderen Rohstoffen ist es kaum möglich, in Unternehmen zu investieren, die von einer Preissteigerung des zugrunde liegenden Rohstoffs profitieren. Bei Agrarrohstoffen müssen Sie in erster Linie in Optionen und Futures investieren, die wir weder unerfahrenen Anlegern empfehlen noch bei Lebensmitteln für moralisch vertretbar halten. Zwar sehen wir bereits heute steigende Nahrungsmittelpreise aufgrund von Inflation, wachsender Bevölkerung und Ernteausfällen und rechnen damit, dass sich dieser Anstieg auch in Zukunft fortsetzen wird. Allerdings halten wir uns hier mit einer Geldanlage zurück. Behalten Sie die Nahrungsmittelpreise aber aus den oben angesprochenen Gründen im Auge. Leider erwarten wir, dass sich in dieser Dekade die Ereignisse von 2011 wiederholen beziehungsweise sogar in noch extremerer Form eintreten werden.

MÖGLICHE INVESTMENTS:

Wer dennoch etwas im Agrarbereich unternehmen möchte, ohne moralische Grenzen zu überschreiten, dem seien zum Beispiel Düngemittelhersteller empfohlen, die ebenfalls von steigenden Agrarpreisen profitieren dürften.

Aktien: Mosaic (ISIN: US61945C1036), Bunge Limited (ISIN: BMG169621056)

ETFs: iShares Agribusiness (ISIN: IE00B6R52143). Der ETF investiert in einen breiten Korb von Firmen mit landwirtschaftlichem Hintergrund. Größte Positionen sind hier etwa der US-amerikanische Landmaschinenhersteller Deere & Co., das US-amerikanische Saatgutunternehmen Corteva und der kanadische Düngemittelhersteller Nutrien.

Edelmetalle

»If you don't own gold, you know neither history nor economics.«

Ray Dalio

Im folgenden Bereich fokussieren wir uns auf die Gruppe der Edelmetalle. Aus Platzgründen beschränken wir uns auf Gold, Silber und Platin. Palladium kommt in erster Linie in der Automobilindustrie zum Tragen und hat im Gegensatz zu den anderen drei Edelmetallen in der Geschichte nie eine monetäre Funktion eingenommen.

Wie groß ist der Bereich der Edelmetall-Minen? Ein Bild sagt bekanntlich mehr als tausend Worte: Die Marktkapitalisierung von Apple beläuft sich auf etwa das Vierfache von der Marktkapitalisierung aller Rohstoffunternehmen, die mit dem Abbau von Edelmetallen beschäftigt sind.

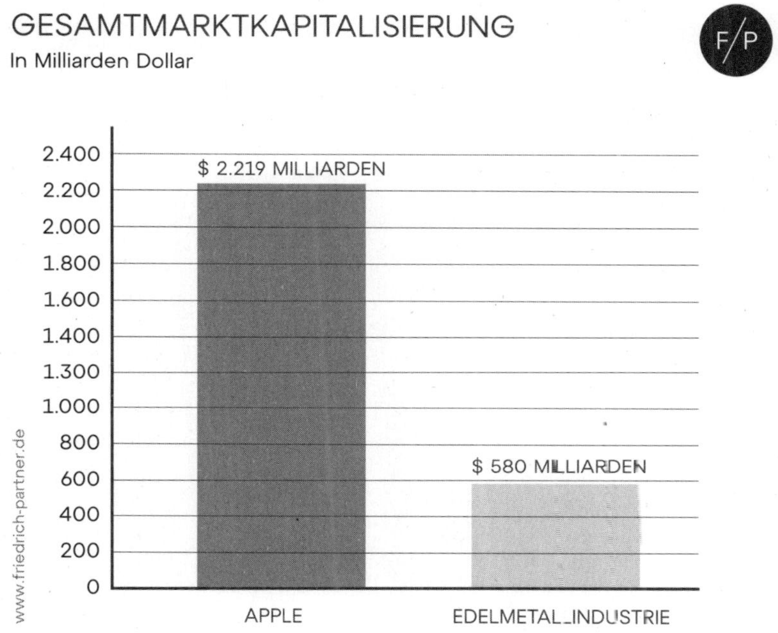

Abbildung 61

Falls je noch Zweifel hinsichtlich der Bewertungsdiskrepanz zwischen Technologiewerten und Rohstoffen bestanden haben, sollten diese nun beseitigt sein.

Gold

»Je weniger Vertrauen man in Politiker hat, desto mehr Vertrauen hat man zum Gold.«

Gino Galuzzi

Wir könnten Ihnen nun viel über Gold als Wertspeicher, als Schutz vor Inflation und übergriffigen Regierungen erzählen. Das wissen Sie aber vermutlich bereits alles und haben es unzählige Male an anderer Stelle gelesen und gehört. Deswegen wollen wir uns in diesem Abschnitt auf Goldminenaktien fokussieren.

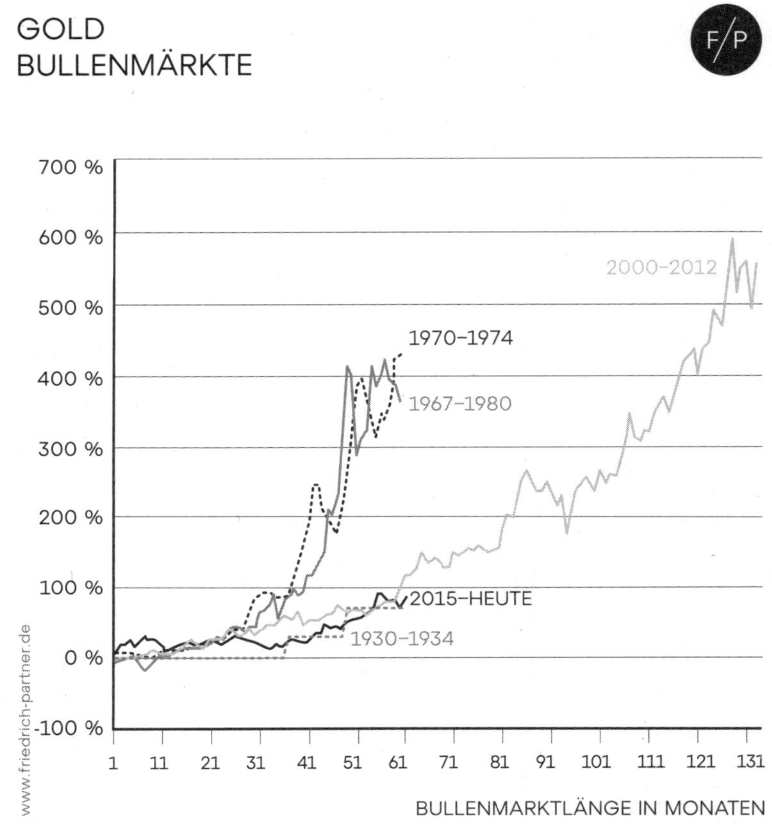

Abbildung 62

In der Abbildung können Sie die Preissteigerungen von Gold in früheren Bullenmärkten mit dem aktuellen vergleichen. Wie Sie sehen, stehen wir noch ganz am Beginn dieser Entwicklung, Sie haben also keineswegs etwas verpasst. Die beiden vergangenen großen Bullenmärkten in Gold fanden von 1971 bis 1980 statt (Gold stieg um über 2000 Prozent) und von 1999 bis 2011 (in etwa 750 Prozent). Goldminenaktien befinden sich im Vergleich zum Goldpreis nach wie vor recht nahe einem Allzeittief und sind im Verhältnis extrem günstig bewertet. Wichtig für Gold ist es immer, die inflationsbereinigten Zinsen für amerikanische Staatsanleihen im Auge zu behalten. Steigen die Zinsen, fällt der Goldpreis, fallen hingegen die Zinsen, steigt meistens der

Goldpreis. Dies ist der mit Abstand beste Indikator für den Goldpreis. (Siehe Abbildung 55 auf Seite 296.)

Goldminenaktien sind historisch günstig bewertet. Wer von steigenden Preisen ausgeht, kann über physisches Gold, aber daneben auch über Goldminenaktien als Beimischung nachdenken. Übrigens: Das aktuelle Verhältnis zwischen dem an der Börse gehandelten Papiergold und den in Wirklichkeit vorhandenen Goldunzen liegt nach verschiedenen Schätzungen in etwa bei 80 zu 1. Das bedeutet, dass 80 Investoren das Anrecht auf dieselbe Feinunze Gold haben. Sollten alle gleichzeitig ihr Papiergold in echtes Gold umtauschen wollen, schauen 79 in die Röhre. Dieses System läuft allerdings seit Jahren so, es gerät aber zunehmend unter Druck, da immer mehr Investoren auf physische Edelmetalle setzen. Ob und wann der Papiermarkt für Gold bricht, ist nicht zu sagen. In dem Moment, in dem er aber bricht, wird Gold parabolisch ansteigen. Es ist nur eine Frage der Zeit, bis es so weit kommt. Anfang 2021 waren die physischen Auslieferungen von der größten Rohstoffbörse der Welt, der COMEX, so hoch wie noch nie. Das gilt sowohl für Gold als auch für Silber. Anleger lassen sich die Metalle physisch ausliefern, was dafür spricht, dass diese langfristig gehalten werden sollen und das Vertrauen ins System erodiert. Mittelfristig erwarten wir Goldkurse jenseits der 5000 Dollar, darüber hinaus sind in Zeiten extremer Notenbankpolitik sogar fünfstellige Kurse denkbar.

MÖGLICHE INVESTMENTS:

ETF: VanEck Goldminers ETF GDX (ISIN: IE00BQQP9F84), VanEck Junior Gold Miners GDXJ (ISIN: IE00BQQP9G91), iShares Gold Producers (ISIN: IE00B6R52036)

Aktien: Barrick Gold (ISIN: CA0679011084), Kirkland Gold (ISIN: CA49741E1007), Kinross Gold, (ISIN: CA4969024047), Franco-Nevada (Royalty, ISIN:CA3518581051)

Silber

»Gold und Silber besitzen einen inneren Wert, der nicht willkürlich ist. Er hängt ab von deren Knappheit, der Menge an Arbeit, die deren Beschaffung gewidmet wird und er liegt im Wert des Kapitals, das in den Minen steckt, die sie hervorbringen.«

David Ricardo, britischer Wirtschaftswissenschaftler

Der kleine Bruder des Goldes hat besonders in Zeiten extremer Geldpolitik und starker Inflation seine Sternstunden erlebt. Wenn wir in die Geschichte zurückblicken, sticht zum Beispiel die Phase von 2008 bis 2011 ins Auge. Damals weitete die amerikanische Notenbank ihre Bilanz um 1 Billion Dollar aus und der Silberpreis stieg in der Folge um 430 Prozent. In den kommenden Jahren sind sogar noch extremere Marktbewegungen denkbar. Wie Sie an folgender Grafik ablesen, steht Silber genau wie Gold erst am Beginn seiner großen Bewegung. Tatsächlich ist Silber in unseren Augen einer der am günstigsten bewerteten Rohstoffe, vielleicht sogar der günstigste.

Silber leitet von allen Metallen Wärme und Elektrizität am besten. Es hat eine extreme Dehnbarkeit und Weichheit. Neben seiner monetären Rolle wird das Silber als sogenanntes Zwittermetall stark in der Industrie gebraucht und verbraucht (> 60 Prozent der gesamten Silberproduktion). Es ist daher stark konjunkturell abhängig.

Silber wird meist als ein Nebenprodukt von Kupfer, Blei oder Zink abgebaut, nur 20 Prozent der jährlichen Förderung kommt aus Minen, deren Hauptförderung auf Silber beruht. Daher ist es auch schwer, bei steigender Nachfrage und steigenden Preisen die Förderung schnell hochzufahren, da es wenige reine Silbervorkommen gibt.

Aufgrund der fallenden Preise über die letzte Dekade wurden wie im gesamten Rohstoffbereich auch bei Silber kaum neue Minen gebaut und geöffnet. Über die letzten Jahre übersteigt die Nachfrage nach Silber konstant die jährliche Minenproduktion.

SILBER BULLENMÄRKTE

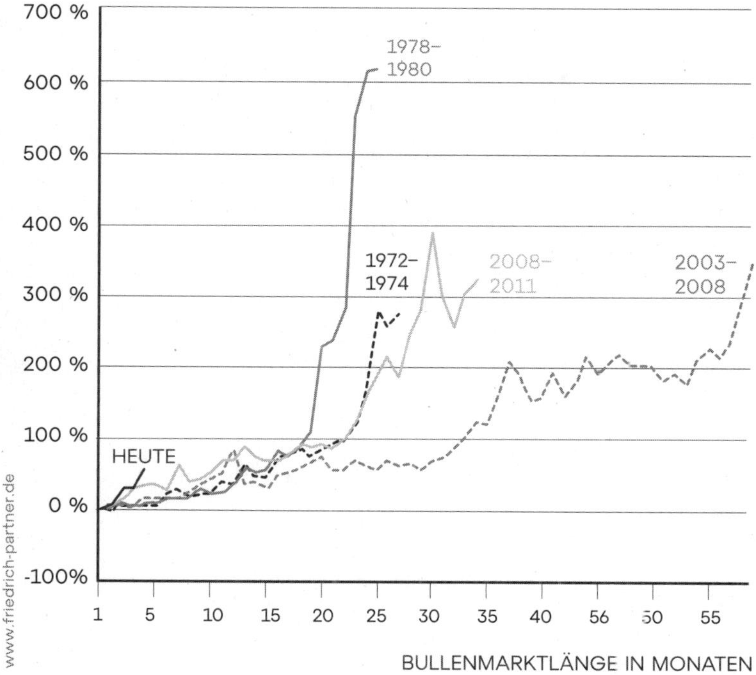

Abbildung 63

Sollte besonders die industrielle Nachfrage nach Silber weiter so stark steigen, sind höhere Preise früher oder später unausweichlich. Silber wird tatsächlich stark verbraucht und ist eigentlich rarer als Gold! Mehrere Analysen gehen davon aus, dass die weltweiten Silbervorräte 2028 bis 2035 erschöpft sein werden, wenn keine neuen Vorkommen gefunden werden.

Kritiker behaupten daher, dass Silber mehr ein Industriemetall als ein Edelmetall ist und in Zeiten großer wirtschaftlicher Turbulenzen ebenfalls unter die Räder kommt. Wir betrachten die Sache aus einem anderen Blickwinkel. Historisch hatte Silber immer auch eine monetäre Funktion.

Wir erwarten daher, dass Silber in Krisenzeiten von dieser Funktion profitiert, während in wirtschaftlich boomenden Zeiten die Nachfrage der Industrie extrem zulegen wird. Silber wird wie Industriemetalle vor allem in neuen Technologien verwendet. In unseren Augen eine Win-win-Situation. Egal was uns die kommenden Jahre erwartet, Silberinvestoren werden davon profitieren.

Silber versus Gold

Silber hat sich im Vergleich zu seinem großen Bruder Gold im Verlauf der vergangenen 60 Jahre in fünf von sechs Fällen besser entwickelt. Wir erwarten für dieses Mal ähnliche Resultate.

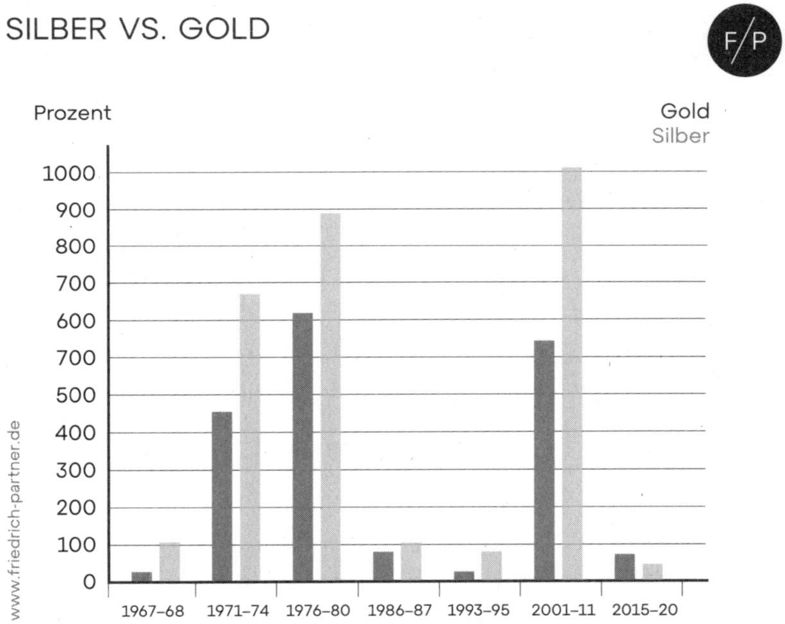

Abbildung 64

Sollten Sie also deswegen alles auf die silberne Karte setzen? Nun kommt der Haken an der Sache.

Silber ist deutlich volatiler als Gold, schwankt also stärker im Preis und strapaziert daher die Nerven von Anlegern deutlich mehr. Zusätzlich sind die Boom-und-Bust-Zyklen von Silber von absoluten Extremen gekennzeichnet.

Wenn Silber im Preis explodiert, bewegt es sich meist rasant und ohne größere Pausen nach oben. Nach dem Höhepunkt fällt es aber meist genauso schnell in die andere Richtung. In den 1970er-Jahren stieg Silber um mehr als 1000 Prozent, nur um kurze Zeit später wieder um 90 Prozent zu fallen. (Von unter 4 Dollar auf fast 50 Dollar und zurück auf 5 Dollar.)

In den 2000er-Jahren stieg Silber wieder um fast 1000 Prozent, nur um im Anschluss wieder um 70 Prozent einzubrechen (von etwa 5 Dollar in Richtung 50 Dollar und wieder zurück auf unter 15 Dollar).

Wer es hier nicht schafft, den Markt richtig einzuschätzen, ist seine Gewinne genauso schnell wieder los, wie sie gekommen sind. Daher sehen wir eine gesunde Mischung aus Gold und Silber als absolut essenziell an.

Wer konservativ ist, investiert zu 80 Prozent in Gold und zu 20 Prozent in Silber. Wer ein etwas höheres Risiko eingehen möchte, wählt ein Verhältnis, das mehr in Richtung 50 zu 50 geht.

Abschließend sollten Sie beachten: Ähnlich wie bei Gold gibt es auch beim Silber ungleich mehr Papier-Kontrakte als physisch vorhandenes Silber. Das Missverhältnis ist schwindelerregend.

Aus diesem Grunde hatte zuletzt im Internet der Hashtag »Silversqueeze« die Runde gemacht. Sollte es gelingen, eine verstärkte Nachfrage nach physischem Silber zu generieren, werden immer mehr Investoren versuchen, ihr Papier in Silber umzutauschen. Dies könnte zu einem rapiden Preisanstieg führen. Ob es so kommt, wissen wir nicht, aber es ist definitiv eine Sache, die es sich zu verfolgen lohnt! Silversqueeze hin oder her, wir erwarten mittelfristig im Verlauf der Dekade dreistellige Silberkurse, das heißt jenseits von 100 Dollar. In Extremszenarien wären sogar kurzfristig 250 bis 500 Dollar möglich.

MÖGLICHE INVESTMENTS

Genauso begrenzt wie die weltweiten Silbervorkommen ist die Auswahl an Silberminenaktien. Während eine Vielzahl von Goldproduzenten zur Auswahl steht, ist die Auswahl bei Silber auf 20 bis 25 Unternehmen beschränkt, deren Haupteinnahmequelle auf Silber zurückzuführen ist.

Wie bei jedem anderen Rohstoff auch ist die Gretchenfrage, ob Sie über die kommenden Jahre an höhere Silberpreise glauben.

Silberminen-Aktien sind noch volatiler als Goldminen. Es ist keine Seltenheit, dass Silberminen in einer Woche um 10 bis 20 Prozent im Preis schwanken, kleinere auch mehr. Dies kann psychologisch und mental herausfordernd sein. Daher sind Silberminen in erster Linie für risikofreudige Anleger, die mit größeren Preisschwankungen gut umgehen können.

Wir glauben fest daran, dass über die nächsten Jahre Silberpreise stark steigen werden, und akkumulieren daher geduldig Anteile an Silberminen und nutzen Rücksetzer zu Nachkaufchancen.

Dies ist aber nicht der Ort, um schnell reich zu werden. Wenn der Moment kommt, in dem die Silberpreise auf 50 bis 100 Dollar hochschießen, werden die Silberminen im Wert explodieren. Bis dahin heißt es sich in Geduld üben. Wheat Precious Metals (CA9628791027) und Pan American Silver (CA6979001089) wären verhältnismäßig konservative Investments für Silberminen-Investoren.

Der beste Silberminen-ETF ist der »ETFMG Prime Junior Silver Miners ETF«. Leider ist der ETF aktuell nur in den USA handelbar. Sie können aber die Positionen des ETF im Internet nachlesen und durch den Kauf von Einzelaktien nachbilden.[52]

Platin

Platin ist der dritte Musketier im Bunde der Edelmetalle. Platin ist ein sehr rares Metall (200 Tonnen Förderung pro Jahr) und zählt zu den Weißmetallen wie Silber und Palladium. Bisher hatte Platin aber nie die Geldfunktion wie seine großen Geschwister inne. Aufgrund der 19 Prozent Mehrwertsteuer auf Münzen und Barren aus Platin wird es auch von den meisten Edelmetallinvestoren verschmäht. Seit 2014 hat sich der Platinpreis schwach entwickelt und war zuletzt massiv unterbewertet. Platin wird vor allem in der Industrie dank seiner besonderen Eigenschaften und als Schmuck verwendet. Besonders aus der Automobilbranche steigt seit Jahren die Nachfrage. Platin ist bei vielen Zukunftstechnologien und in der Digitalisierung nicht wegzudenken.

Daher ist der Platinpreis stark abhängig von der industriellen Nachfrage (über 65 Prozent), was seinen Preis oftmals sehr dynamisch bewegt – in beide Richtungen. Wir sind für Platin positiv gestimmt und erwarten aufgrund der Knappheit und parallel steigender Nachfrage auch steigende Preise.

MÖGLICHE INVESTMENTS:

Physische Platinmünzen und Barren sind mit 19 Prozent Mehrwertsteuer versehen, daher bietet sich für Privatpersonen eher ein Investment in physisch hinterlegten ETCs an wie z. B. WisdomTree Physical Platinum (DE000A0N62D7) sowie Aktien von den Schwergewichten Impala (ZAE000083648) und Sibanye Stillwater (ZAE000259701).

Fonds: Im SOLIT Wertefonds (WKN: A2AQ95) sind nicht nur Gold, Silber und Platin enthalten, sondern auch Minenwerte (von Gold über Kupfer bis hin zu Zinn), Bitcoin und Ölaktien.

Industriemetalle

Zwar erhalten Edelmetalle die größte Aufmerksamkeit von Investoren, aber sie sind nicht die einzigen lukrativen Investmentmöglichkeiten am Rohstoffmarkt. Der »Bull Case« für Industriemetalle ist recht klar und deutlich:

- Inflationäre und lockere Geldpolitik hat historisch meist zu steigenden Rohstoffpreisen geführt.
- Konjunkturpakete und Infrastruktur-Ausgaben sind besonders für Industriemetalle extrem positiv. Sollten Staaten Infrastruktur-Großprojekte anstoßen, um die Wirtschaft anzukurbeln, werden große Mengen von Industriemetallen benötigt werden.
- Wie bereits beschrieben, gibt es bei Industriemetallen ein gewichtiges Argument, das für sie spricht. Sie sind unersetzlich in vielen zukünftigen Technologien, die aktuell extrem gefördert werden.

Die Nachfrage nach Industriemetallen wird, wie bereits beschrieben, einen großen Boom erleben. Genauso sieht es auch der Rohstoffgigant Glencore. In seinem neusten Ausblick hat der Konzern kühne Vorhersagen getätigt.

So soll sich die Nachfrage nach Kupfer und Zink bis 2050 verdoppeln, für Nickel und Kobalt sogar vervierfachen. Laut dem Vorstand von Glencore, Ivan Glasenberg, müssten hierfür zwischen 2021 und 2050 eine Million Tonnen an Kupfer zusätzlich pro Jahr gefördert werden. Dies dürfte eine große Herausforderung für die Branche darstellen: Zwischen 2010 und 2019 konnte das Volumen lediglich um 500.000 Tonnen pro Jahr erhöht werden. Für Zink sind die Zahlen ähnlich beeindruckend. Die Nachfrage werde laut Glencore von 13,9 Millionen Tonnen bis auf 28,8 Millionen Tonnen in 2050 steigen. Die jährliche Fördermenge müsste hierfür um 500.000 Tonnen anstatt, wie bisher, um 260.000 Tonnen wachsen. Ob diese Zahlen so eintreffen wie prognostiziert, wird die Zukunft zeigen. Natürlich ist Glencore als Rohstoffproduzent hier nicht als komplett unabhängige Quelle anzusehen, allerdings erhält man ähnliche Zahlen und Schätzungen auch von vielen anderen Seiten. Die grüne Revolution mag auf Öl verzichten, in Wahrheit scheint sie es aber nur durch andere Rohstoffe zu substituieren. Der Energiehunger ist immens. **Wie bei jeder technischen Revolution werden Rohstoffe in sehr großer Menge benötigt.**

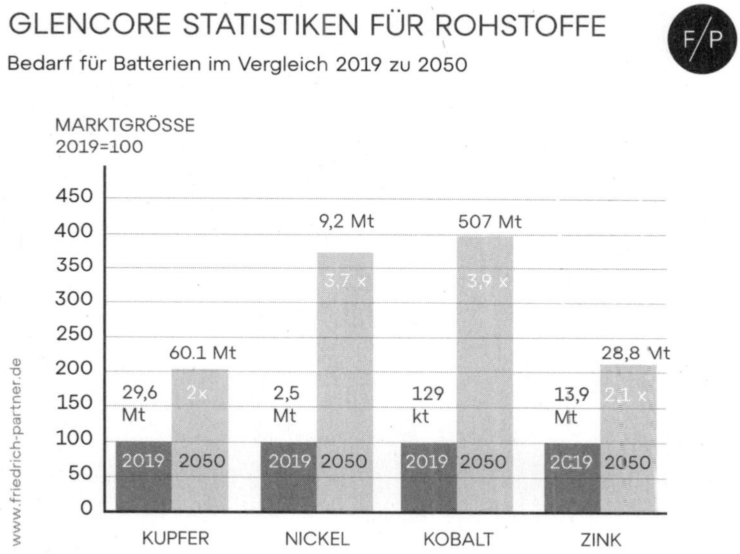

Abbildung 65

Kupfer

Kupfer ist das bekannteste aller Industriemetalle, was in erster Linie an den vielfältigen Einsatzgebieten liegt. Dem Kupfer wird häufig nachgesagt, einen Doktortitel in Wirtschaftswissenschaften zu tragen, aufgrund seiner Fähigkeit, Wendepunkte in der globalen Wirtschaft vorherzusagen. Die Einsatzgebiete von Kupfer sind durch sämtliche Wirtschaftsbereiche verbreitet und dadurch ist die Nachfrage nach Kupfer häufig ein guter Indikator für den Zustand der Weltwirtschaft. Über die vergangenen Monate hat der Kupferpreis bereits einen seiner steilsten und rasantesten Anstiege der Geschichte hingelegt. Ob uns Dr. Kupfer damit vor der drohenden Inflationswelle warnen möchte?

Angebot und Nachfrage

Im Verlauf der letzten 30 Jahre wurden in etwa 220 große Kupfervorkommen neu entdeckt. Trotz des großen Explorationsaufwandes wurden in der vergangenen Dekade allerdings nur 16 neue signifikante Kupfervorkommen gefunden, seit 2015 sogar nur eines. Laut Kevin Murphys von S&P Global Market wird der Zeitraum von 2010 bis 2019 als die schlechteste Dekade für neue Kupfervorkommen in die Geschichte eingehen.

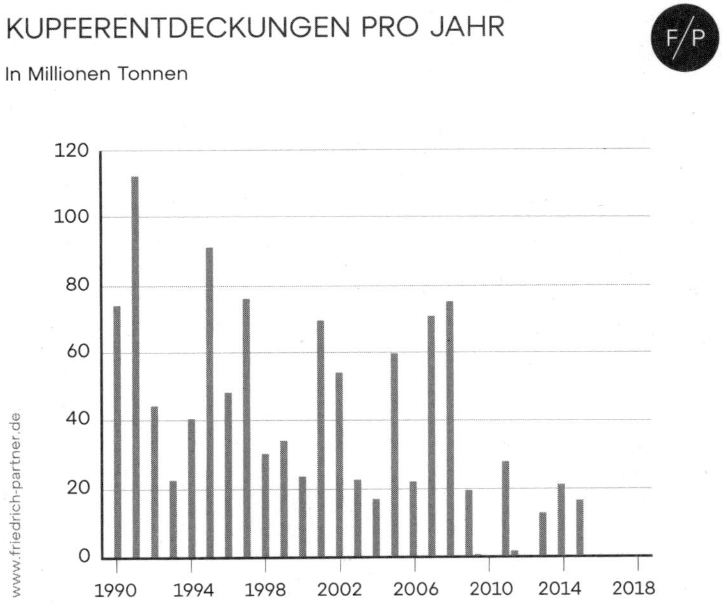

Abbildung 66

Kurzum, es deutet sich an, dass wir eine immer größer werdende Nachfrage nach Kupfer nicht mit neuem Angebot decken können. Dies hätte automatisch Preissteigerungen zur Folge. Selbst wenn es gelingen sollte, neue Kupfervorkommen zu entdecken, würde es Jahre dauern, neue Vorkommen zu erschließen und neue Minen zu errichten. Außerdem befinden sich viele neue mögliche Minenprojekte an weit abgelegenen Orten in politisch instabilen Regionen. Laut Daten des Rohstoffriesen Glencore werden über 200 heutige Kupferminen bis 2035 geschlossen werden. Dies macht neue Kupferminen extrem wertvoll. Langfristig dürfte sich durch neue Minen wieder eine Balance zwischen Angebot und Nachfrage einstellen. Stark steigende Kupferpreise führen dazu, Vorkommen mit vergleichsweise geringem Kupfergehalt wirtschaftlich rentabel auszubeuten. Kurz- bis mittelfristig dürfte eine boomende Nachfrage durch Elektroautos und andere »grüne« Technologien allerdings einen Angebotsmangel kreieren.

MÖGLICHE INVESTMENTS:

Bei allen möglichen Investments beachten Sie bitte, dass dies Momentaufnahmen sind und sich die Situation schnell verändern kann. Informieren Sie sich breit und führen Sie daher Ihre eigene Research durch, bevor Sie eine Aktie erwerben.

Aktien: Freeport McMoran (ISIN: US35671D8570), Southern Copper (ISIN: US84265V1052)

ETF: Global X Copper Mines (ISIN: US37954Y8306), sehr guter ETF auf Kupferminen.[53]

Nickel

Nickel kommt in erster Linie bei hochwertigen Edelstahllegierungen zum Einsatz. Zunehmend weitet sich jedoch das Einsatzgebiet auf Batterien in Elektroautos aus. Laut einer Prognose von Bloomberg könnten bereits im Jahr 2025 insgesamt 21 Prozent der gesamten Nickelnachfrage aus diesem Bereich kommen. Solche Analysen basieren auf technologischen Megatrends und bringen viele Fallstricke mit sich. Dies ist gleichzeitig auch das potenzielle Risiko bei Nickel. Sollten die Batterien der Zukunft nicht auf Basis von Nickel, sondern auf Basis anderer Rohstoffe funktionieren, sieht die Zukunft für Nickel deutlich pessimistischer aus. Gleiches gilt im Übrigen für **Kobalt**, ebenfalls ein Rohstoff, dessen künftige Preisentwicklung extrem von der Zusammensetzung künftiger Batterien abhängt. Kobalt wird grundsätzlich als Beiprodukt von Kupfer und Nickel gefördert. Ein Großteil des globalen Kobalt-Abbaus findet in der demokratischen Republik Kongo statt, wo sich in etwa die Hälfte der globalen Kobalt-Reserven befinden. Die unsichere politische Situation im Kongo führt dazu, dass Batteriehersteller immer stärker versuchen, auf Kobalt zu verzichten und es durch andere Rohstoffe zu ersetzen. Ob dies gelingt oder ob Kobalt und vor allem Nickel in Zukunft unersetzlich sind, wird sich erst noch zeigen müssen.

MÖGLICHE INVESTMENTS:

Aktien: Nornickel (ISIN: US55315J1025), Glencore (ISIN: JE00B4T3BW64)

Zinn

Zinn ist ein recht unbekannter Rohstoff und wird häufig von Investoren übersehen, obwohl er eine immer größere Anwendung findet. Dies kann mit der Größe des Zinnmarktes zusammenhängen. Pro Jahr werden in etwa nur 300.000 Tonnen Zinn gefördert, was Zinn zu einem der kleinsten Rohstoffmärkte der Welt macht. Zum Vergleich: dieselbe Menge an Kupfer wird pro Woche gefördert. Dennoch dürfte die Nachfrage nach Zinn zunehmen.

Seit 2006 ist es sowohl in der EU als auch in Japan verboten, in elektronischen Geräten auf Blei zu setzen. Zinn kommt hier als Ersatz Nummer 1 infrage. Aber nicht nur regulatorische Gründe sprechen für Zinn. Zinn kommt zu einem großen Teil in Lötverbindungen zum Einsatz, und die vierte industrielle Revolution sowie das sogenannte »Internet der Dinge« (Internet of Things) mit einer immer stärker wachsenden Verbindung und dem Austausch verschiedenster Maschinen braucht Zinn im wahrsten Sinne des Wortes, um diese Verbindungen zusammenzukleben. Zinn wird aber auch in Solar-Panels, Batterien und Netzwerkstationen eingesetzt, und mutmaßlich wird es in fast jeder neuen grünen Technologie eingesetzt werden.

Zu Beginn des Jahres 2021 hat Zinn bereits einen der größten Preisanstiege der vergangenen 30 Jahre erlebt und bestätigt damit bereits die These von der steigenden Nachfrage. Eine der Herausforderungen bei Zinn ist die globale Förderung. Fast die Hälfte der heutigen Zinn-Produktion wird in China gefördert, dazu kommen mit Ländern wie Indonesien, Myanmar, Bolivien, Peru und Kongo nicht unbedingt die politisch stabilsten Regionen, wie der jüngste Militärputsch in Myanmar deutlich aufzeigte. Aufgrund von politischer Instabilität könnte es daher immer wieder zu Produktionsausfällen kommen, was automatisch die Preise auf Zinn stark steigen lassen würde. Andererseits stehen Investoren vor der Herausforderung, kaum Firmen zu finden, die in einem sicheren Umfeld operieren.

Mögliche Investments: Aufgrund der politischen Lage vieler Zinn-Vorkommen verzichten wir hier explizit darauf, Ihnen dazu Tipps zu geben, da uns das Risiko zu groß erscheint. Investments in politisch instabile Regionen müssen noch genauer beobachtet und ständig neu bewertet werden. Sollten Sie sich für das Thema Zinn näher interessieren, bitten wir Sie daher, selbst Research zu betreiben und Ihre eigenen Entscheidungen zu treffen.

Neben den vier genannten Metallen spielt natürlich besonders bei der »Elektroauto-Revolution« eine Vielzahl von anderen Rohstoffen eine immer größere Rolle. Lithium, Graphite, Mangan und weitere seltene Erden sind zum Beispiel Rohstoffe, die ebenfalls einen genaueren Blick wert sind, hier aber aus Platzgründen nicht weiter ausgeführt werden.

Uran – eine strahlende Zukunft

»Uranium prices will rise or the lights go out.«

Rick Rule, US-Fondsmanager

Dieser antizyklische Investmenttipp von mir wird stark polarisieren. Aber bevor Sie jetzt das Buch voller Empörung zur Energiegewinnung verbrennen, erlauben Sie mir, meinen Fall für Uran auszuführen. Wie Sie wissen, bin ich Vordenker und schaue gerne über den Tellerrand hinaus und versuche, das Gesamtbild zu erfassen, um richtige Schlüsse zu ziehen. Nie war dies wichtiger als aktuell. Wir stehen in etlichen Bereichen vor einem historischen Zeitenwechsel, und vieles, was wir als richtig oder vernünftig angenommen haben, ist es nun nicht mehr. Vieles hat ausgedient und alles ist im Wandel.

Auch energietechnisch stehen wir vor einer Zeitenwende

Weltweit haben sich die Staaten und selbst die Notenbanken zum Kampf gegen den Klimawandel, zu einer Abkehr von fossilen Energieträgern und zur massiven Reduzierung der Treibhausgase verpflichtet, um die Klimaerwärmung zu stoppen. Hierzu haben sich insgesamt 195 Staaten beim Pariser Klimaabkommen von 2015 darauf geeinigt, dass die Erderwärmung bis 2050 bei unter 2 Grad gestoppt werden soll, möglichst sogar bei 1,5 Grad, gemessen jeweils an den Zuständen in vorindustrieller Zeit. Dieser Vertrag soll alle fünf Jahre nachjustiert werden. Die EU hat sich besonders ambitionierte Ziele gesteckt. Obwohl sie bis dato bei fast jeder Krise versagt hat, schwingt sie sich nun auf, das Klima zu retten. Unter der zwar nicht zur Wahl aufgestellten und auch nicht gewählten, aber trotzdem ernannten und eingesetzten EU-Kommissionspräsidentin Ursula von der Leyen will das Staatenbündnis mit dem Green Deal die Netto-Emissionen von Treibhausgasen auf null reduzieren und damit der erste klimaneutrale Kontinent werden. Zuletzt hat die EU ihre Klimaziele gar weiter verschärft. Sie möchte die Treibhausgase bis 2030 um 55 Prozent senken statt bisher um 40 Prozent (im Vergleich zu 1990). Hierzu werden auch Gelder aus dem 750 Milliarden Euro schweren Corona-Aufbaufonds verwendet. 30 Prozent des Topfes sollen aufgewendet werden, um die Klimaziele zu erreichen.

Damit wir den CO_2-Ausstoß reduzieren und die Pariser Klimaziele bis 2050 erreichen, benötigt die Welt saubere Energie. Bei sauberer Energie denkt man zuerst an klimaneutrale, erneuerbare Energien (Wasser, Wind, Sonne und Geothermie). Doch auch hierfür werden zuerst fossile Energien und klimaschädliche Ressourcen benötigt und verwendet. Dies muss in der Klimabilanz berücksichtigt werden. So haben Fotovoltaik-Anlagen nach zirka drei Jahren Betrieb eine ausgeglichene

Energiebilanz und Windkraftanlagen mit einer Energierücklaufzeit (so der technische Terminus) nach zwei bis zu maximal sechs Monaten.

Der Anteil an regenerativen Energien am Strommix in Deutschland steigt immer weiter. Im ersten Halbjahr 2020 lag der Anteil in Deutschland bei einem Rekordwert von 55,8 Prozent. Im windreichen Februar 2020 waren es sogar 61,8 Prozent!

Der Nachteil der alternativen Energielieferanten ist allerdings offenkundig: Die damit gewonnenen Energiemengen hängen von den Sonnenschein- und Windverhältnissen ab und lassen sich kaum bedarfsgerecht speichern. Das Aufkommen ist zwar kurzfristig einigermaßen vorhersehbar, aber es ist nicht nach Belieben steuerbar.

Das Speicherproblem

Was tun also bei Nacht und bei einer Flaute – also dann, wenn keine Sonne scheint und kein Wind weht? Deutschland verfügt momentan über zirka 30.000 Windräder. Aber sie liefern bei Windstille keinen Strom! Auch wenn sich die Anzahl an Windrädern verdoppeln oder verdreifachen würde, würde sich daran nichts ändern. 90.000 Windräder mit null Wind ergeben null Stromausbeute. Dasselbe gilt für Solarstrom. Ohne Sonne kein Strom!

Leider sind Pufferkapazitäten nicht möglich. **Nochmals: Erneuerbare Energien können nicht beliebig nach Bedarf zu jeder Tages- und Nachtzeit gewonnen werden.** Solarstrom fällt an, wenn die Sonne scheint, Windenergie gibt es bei einer Flaute nicht. Wie kann an sonnenreichen Tagen oder wenn der Wind kräftig bläst die überschüssige Energie zwischengespeichert werden? Hier fehlt noch eine nachhaltige Lösung. Deutschland muss an windreichen Tagen Überkapazitäten ans Ausland verschenken oder sogar die Abnehmer dafür bezahlen, dass der Strom abgenommen wird, ansonsten würde das Netz zusammenbrechen. Dies ist natürlich komplett irrational. Denn wenn dann eine Flaute da ist, muss Deutschland teilweise, um die Grundlastfähigkeit zu erhalten, teuren Strom oftmals aus fossilen oder nuklearen Energiequellen aus dem Ausland (Polen, Tschechien, Frankreich) wieder einkaufen. Dies wird in der Ökobilanz nicht berücksichtigt.

GRUNDLASTFÄHIGKEIT

Die **Grundlastfähigkeit** ist das Minimum an Elektrizität, die benötigt wird, um die Stromversorgung kontinuierlich und zuverlässig zu sichern. Dabei wird die niedrigste Tagesbelastung eines Stromnetzes herangezogen. Zur Deckung der Grundlast werden jene Technologien verwendet, die die betreffende Leistung konstant liefern können. Es handelt sich dabei vor allem um Atom-, Kohle-, Gas- und Ölkraftwerke. Nicht grundlastfähig sind wegen der schwankenden Produktionsmengen Fotovoltaik- und Windkraftanlagen. Die einzige grundlastfähige Stromerzeugung aus erneuerbaren Energien ist ein Wasserkraftwerk – aber Wasserkraft steht nicht überall zur Verfügung, und der Bau eines solchen Kraftwerkes ist mit einem groben Eingriff in die Natur verbunden.

Aktuell gibt es nur eine wirtschaftliche Lösung, um Strom aus Sonne und Wind zu speichern: **Pumpspeicher.** Allerdings besteht hier nur ein begrenztes Ausbaupotenzial. Aus diesem Grund wird an alternativen Speichertechnologien geforscht, zum Beispiel an Druckluftspeichern, Power-to-Gas-Technologie, bei der Wasser mittels Elektrolyse in Wasserstoff umgewandelt wird, und an Batterien als Speichermedien. Bei all diesen Ansätzen besteht aber noch ein erheblicher Forschungs- und Entwicklungsbedarf, bevor sie in der Praxis in größerem Umfang einsatzfähig sind. Dies kann noch Jahre oder gar Jahrzehnte dauern.

Die Elektrowelle

Durch die Elektrifizierung des Autos steigt der Strombedarf zusätzlich, und immer mehr Staaten verbannen den Verbrennermotor. Der Verkauf soll gar verboten werden, um die strikten Klimaziele zu erreichen:

Selbst das Autoland Japan will bis 2035 alle »Stinker« von der Straße verbannen und den Ottomotor verbieten.[54]

VERKAUFSVERBOTE FÜR KONVENTIONELLE FAHRZEUGE

NATION	VERBOT AB:	BETROFFENE FAHRZEUGE / MIO
Ägypten	2040	0,2
China	**2060**	24,6
China Hainan	2030	0,2
Dänemark	2030	0,2
Deutschland	2050	3,3
Frankreich	2040	2,0
Irland	2030	0,1
Israel	2030	0,3
Kanada	2050	2,0
Niederlande	2030	0,4
Norwegen	2025	0,1
Singapur	2040	0,1
Slowenien	2030	0,1
Spanien	2040	1,1
Sri Lanka	2040	0,5
Schweden	2030	0,3
UK	2030	2,1
USA	2035–2050	4,7
Betroffene Fahrzeuge		41,8

Abbildung 67

Das Elektroauto scheint momentan die Antwort zu sein, wenn es um die Mobilität der Zukunft geht. Meiner Meinung nach ist das Ende aber noch offen. Weder sind die Infrastruktur noch genügend Strom (vor allem nachhaltiger Strom) vorhanden, um die Welt elektrisch zu bewegen. Für den Bau und Betrieb eines ökologisch korrekten Autos sind viele seltene Erden notwendig, die nicht nur die Ökobilanz verhageln, sondern auch endlich und damit mehr oder weniger schnell erschöpft sind. Das E-Auto muss mindestens 127.500 Kilometer oder acht Jahre gefahren werden, bis es klimaneutral ist. Marktführer und

Vorreiter ist Elon Musks Firma Tesla, die aktuell an der Börse mehr wert ist als alle anderen Autofirmen zusammen! 2020 hat sich der Aktienkurs versiebenfacht und damit sogar Bitcoin hinter sich gelassen – und das, obwohl Tesla gerade mal ein Sechsundvierzigstel des Umsatzes der Konkurrenten macht und keinen nachhaltigen Gewinn verzeichnet! Apropos Bitcoin: Tesla hat im Februar 2021 bekannt gegeben, 1,5 Milliarden Dollar in Bitcoin zu investieren. Vielleicht hilft das dem kalifornischen Autobauer, nachhaltig in die Gewinnzone zu kommen. Nach wenigen Wochen hat Tesla mit dieser einen Investmentscheidung mehr Geld verdient als in zehn Jahren mit Autoverkäufen. (Lesen Sie hierzu unbedingt das *Bitcoin*-Kapitel.)

All diese Entwicklungen haben auch zu einem Umdenken bei den alteingesessenen Autoherstellern geführt und zeigen die gewaltige Transformation, in der sich eine der wichtigsten deutschen Schlüsselindustrien und damit auch Deutschland als Wirtschaftsstandort befindet. Daimler, Porsche, Opel, Audi und Volkswagen sind dabei, ihr Angebot in einer milliardenschweren Kraftanstrengung komplett umzukrempeln. So will VW bis 2025 komplett auf Elektromotoren umstellen.[55] Ob diese Mühen mit Erfolg belohnt werden, wird sich zeigen.

Die Energiewende – eine kostspielige Fehlentscheidung

»Die Dummheit von Regierungen sollte niemals unterschätzt werden.«

Helmut Schmidt, ehemaliger Bundeskanzler

Die rot-grüne Regierung unter Gerhard Schröder beschloss im Jahr 2000 den Atomausstieg. Merkel revidierte dies 2010 und verlängerte die Laufzeiten der Kernkraftwerke und besiegelte damit zunächst den Ausstieg aus dem Ausstieg. Nachdem am 11. März 2011 das Kernkraftwerk Fukushima in Japan durch ein Erdbeben und einen Tsunami teilweise zerstört wurde und es zu einer Nuklearkatastrophe kam, stellte die gesamte Welt die Atomenergie infrage. Viele Reaktoren wurden vorübergehend stillgelegt. Auch in Deutschland stellte man sich die Frage nach einem Atomausstieg nun wieder vermehrt.

Zwei Wochen nach dem Unglück waren in meinem Heimat-Bundesland Baden-Württemberg Landtagswahlen und das Thema Atomausstieg war, neben Stuttgart 21, das bestimmende Thema schlechthin. Als es dann auch noch zu einem historischen Regierungswechsel in Baden-Württemberg zu Rot-Grün kam, die grüne Partei erstmalig einen Ministerpräsidenten stellte und entgegen aller Erwartungen die CDU nicht stärkste Kraft im Ländle blieb, herrschte in der Bundesregierung pure Panik. In einer Hauruckaktion verkündete Merkel am 30. Juni 2011 völlig überstürzt den Ausstieg aus dem Ausstieg aus dem Ausstieg. Ja, mir geht es wie Ihnen: Ich bin ausgestiegen ...

Schon jetzt ist es Fakt, dass dies **eine weitere historische Fehlentscheidung unserer Berufspolitiker war.** Die Kritik an der übereilten Energiewende wird von allen Seiten immer lauter – Bürger, Unternehmen und Verbände, aber auch der Bundesrechnungshof hält mit deutlichen Worten nicht hinter dem Berg: Die Energiewende werde schlecht koordiniert und gesteuert, entscheidende Verbesserungen seien »unumgänglich«, heißt es in einem Prüfbericht der Finanzkontrolle. In den letzten fünf Jahren seien dafür mindestens 160 Milliarden Euro aufgewendet worden. »*Steigen die Kosten der Energiewende weiter und werden ihre Ziele weiterhin verfehlt, besteht das Risiko des Vertrauensverlustes in die Fähigkeit von Regierungshandeln.*« (Lesen Sie hierzu auch das Kapitel »*It´s the cycles, stupid!*«)

Die chaotische Energiewende kostet uns Bürger bis zum Jahr 2025 laut Institut für Wettbewerbsökonomie an der Universität Düsseldorf 520 Milliarden Euro – erst einmal! Wirtschaftsminister Peter Altmaier geht von Gesamtkosten bis Ende 2030 von 1 Billion Euro aus! Das sind pro Bundesbürger zirka 10.000 Euro. Das Energiewendechaos zahlen wir, die Stromverbraucher:

Hinzu kommen noch die stetig steigenden Energiekosten – schon jetzt sind es die höchsten weltweit! Neben der höchsten Steuerbelastung sind wir jetzt auch Spitzenreiter bei den Stromkosten. Die Strompreise bei unserem atomaren Nachbarn in Frankreich sind 50 Prozent günstiger. Dafür sind wir abhängiger von russischem Gas geworden – und jetzt halten Sie sich fest: von französischem Strom (lol).

Die Energiewende ist purer Aktionismus, sie verläuft völlig chaotisch, ist teuer für alle und es kristallisiert sich immer mehr heraus, dass sie nicht nachhaltig ist sowie sogar unsere Energieversorgung gefährdet: Immer öfter kommt es zu Netzausfällen und die Gefahr für einen Blackout nimmt zu. In anderen Ländern ist Gleiches zu beobachten, und erste Maßnahmen, um gegenzusteuern, finden schon statt.

Deutschland schaltet ab – alle andere schalten an

Um die Energieversorgung sicherzustellen und emissionsfrei und sauber Strom zu produzieren, werden anderswo immer mehr Kernkraftwerke gebaut und reaktiviert. Weltweit befinden sich momentan 54 Kernkraftwerke im Bau. Über 200 weitere sind geplant. Zusätzlich reaktivieren immer mehr Länder ihre abgestellten Kernkraftwerke und/oder bauen sogar neue:

- Schweden musste in der Not ein bereits abgestelltes Atomkraftwerk wieder ans Netz nehmen, um die Stromversorgung zu sichern.[56] Etwas Ähnliches könnte Deutschland drohen.
- Die Niederlande mussten ebenso ein Atomkraftwerk reaktivieren. Sie planen nun sogar den Bau von zehn neuen Kraftwerken und bringen den Nachbarn Deutschland damit unter Druck.[57]
- Auch in Großbritannien wird ein neues Kernkraftwerk gebaut – im Übrigen mit deutscher Hilfe.[58]
- Das von Kohle gespeiste Land Polen plant erstmalig den Bau mehrerer AKWs.[59]
- Ungarn, Rumänien, Tschechien, Bulgarien und die Slowakei wollen der Kohle den Rücken kehren und setzen unter anderem auf Atomenergie.[60]
- Selbst die ölreichen Vereinigten Arabischen Emirate erkennen, dass die Ölreserven sich dem Ende zuneigen werden, und haben im August 2020 ihr erstes AKW eingeweiht – auch eine Premi-

ere für die gesamte arabische Welt.[61] Drei weitere werden in den nächsten Jahren folgen.

- Ägypten will sein erstes AKW 2026 anschalten.
- US-Präsident Joe Biden setzt auf die kleinen und sicheren Mini-AKWs der vierten Generation (Small Modular Reactors, SMR).[62]

Zusammenfassend lässt sich sagen, dass kein Land der Welt Deutschland auf seinem Weg folgen wird, radikal seine sichere Energieversorgung zu zerstören.

Die Welt braucht saubere Energie – die Welt braucht Uran

Der Energiekonsum hat sich in den letzten Dekaden immer weiter verdoppelt. Ein Großteil kommt immer noch von fossilen Brennträgern wie Gas, Kohle und Öl. Zirka 11 Prozent stammen aktuell aus der Atomkraft. Durch die Forderung, klimaneutral zu werden und saubere Elektrizität zu erzeugen, wird der Bedarf nach emissionsfreien Alternativen, die auch zuverlässig sind, immer größer. Parallel dazu wird der Bedarf weiter steigen durch die Digitalisierung und die Elektrorevolution.

Sie sehen also, warum ich optimistisch im Hinblick auf Uran gestimmt bin. Die Nachrichten könnten nicht besser sein – von steigendem Energiehunger, Klimaneutralität bis hin zur Reaktivierung bis Neubau ist alles dabei, selbst in den ölreichen Wüstenstaaten. Zudem hat die Forschung keine Pause eingelegt, und so ist die nächste Generation von Kernkraftwerken noch effizienter und sicherer. Selbst das erdbebengeplagte Japan hat abgeschaltete Reaktoren wiederbelebt und plant neue Atomkraftwerke.[63]

Durch den Trend, die fossilen Energieträger zu verbannen und schadstofffreie Lösungen zu fördern, wird die Kernenergie weiter ins Licht rücken. Immerhin ist die Kernenergie momentan der einzige grundlastfähige Energieträger, der den Spagat zwischen steigendem Stromverbrauch und emissionsfreier Energieerzeugung erbringen kann, und Uran ist hierfür unersetzlich.

All das führt zu einer Schlussfolgerung: Es gibt momentan keinen Weg am Uran vorbei.

Selbst wenn »verstrahlte« und weltfremde Experten und Politiker das Ende der Atomkraft ausgerufen haben – damit lagen sie wieder einmal völlig daneben. Das Gegenteil ist richtig: Das Atomkraft-Zeitalter scheint gerade erst richtig zu beginnen.

Der Uranmarkt – steigende Nachfrage bei sinkendem Angebot

Global gibt es 442 Reaktoren in 31 Ländern (Stand Februar 2021). 17 weitere Länder werden in den nächsten Jahren dazu stoßen (Ägypten, Jordanien, Türkei, Indonesien). Die USA betreiben mit 95 Stück die meisten Atomkraftwerke. China hat 49, baut gerade aber 54 weitere Reaktoren, um seinen immensen Energiehunger als Werkbank der Welt zu stillen. Bis 2050 will die Regierung im Reich der Mitte sage und schreibe 230 weitere AKWs bauen. Weltweit sind aktuell 112 Atomkraftwerke im Bau und 330 in Planung (Stand Dezember 2020).[64]

Die Reaktoranzahl steigt von Rekord zu Rekord, aber das Angebot an Uran sinkt. Nicht zuletzt in der Corona-Krise wurde die Verknappung sichtbar, weil Uranminen teilweise schließen mussten, was zu einem weiteren Einbruch der Förderung führte. Seit 2016 hat die Produktion um 25 Prozent abgenommen, während die Nachfrage stark steigt.

Wer Angebot und Nachfrage miteinander vergleicht, erkennt: **Die Frage ist nicht, *ob* die Preise steigen, sondern lediglich,** *wann.*

Aber schon seit dem Supergau in Tschernobyl und erst recht seit Fukushima ist der Uranmarkt am Boden. Die Nachfrage sank rapide und damit auch das Angebot, weil immer mehr Uranminen schließen mussten oder ihre Förderkapazitäten massivst reduziert haben. Parallel haben die Minen, die weiter gefördert haben, Unmengen an Uran auf den Markt geworfen, um die laufenden Kosten zu decken. Damit entstand ein Überangebot, das den Preis weiter fallen ließ. Sie fielen von 140 Dollar pro Pfund in der Spitze im Jahr 2007 auf ein Tief von 17 Dollar im Jahr 2016. Seitdem hat sich der Preis wieder auf 30 Dollar berappelt, ist aber für viele Anbieter immer noch unwirtschaftlich.

Die größten Uranreserven befinden sich in den USA, in Kasachstan, Australien, Russland, Südafrika, Namibia und der Ukraine.

Ohne Uran ist es unmöglich, die Pariser Klimaziele zu erreichen!

Wie investieren? – Uran ist meiner Ansicht nach als Investment ultraspannend. Der Bärenmarkt, welcher seit 2011 läuft, ist am Ende, und wir stehen vor einem Bullenmarkt. Der Preis für Uran ist ausgebrochen und wird in den nächsten Jahren gut laufen.

Der jährliche Bedarf für Uran liegt bei zirka 180 bis 190 Millionen Pfund. Die jährliche Angebotslücke beträgt rund 50 Millionen Pfund Triuraniumoxid. Noch kann diese Lücke durch Lagerbestände oder die Abrüstung von Atomwaffen ausgeglichen werden, aber dieser Zustand wird bald enden, und dann wird der Preis in die Höhe schießen, und das gilt auch für den Kurs von Uranminen. Erste Kurssteigerungen sind jetzt, im Februar 2021, bei Uranaktien zu sehen.

Die krasse Diskrepanz zwischen Angebot und Nachfrage macht Uran zu einem No-Brainer, einem Investment, das kein großes Nachdenken benötigt, um sein Potenzial zu erkennen. Entweder die Preise für Uran steigen, oder es kommt zum Blackout.

Die vorhandenen Uranvorkommen reichen noch für 50 bis 60 Jahre. Allerdings ist der Abbau nur wirtschaftlich bei einem Preis von 130 Dollar pro Pfund Uran – aktuell stehen wir bei 30 Dollar.

EMPFEHLUNG

Vorab: Im Gegensatz zu Edelmetallen und Diamanten empfehle ich ausdrücklich keinen Erwerb im anonymen Tafelgeschäft (Ware gegen Geld) und keinen physischen Besitz von Uran.

Es gibt drei Möglichkeiten in Uran zu investieren:

Es gibt weltweit etwas mehr als 80 Uranaktien, vier ETFs (leider keiner aus Europa) und ein paar Fonds. Der gesamte Uransektor hat eine Marktkapitalisierung von gerade mal 15 Milliarden Dollar – es waren mal 180 Milliarden Dollar!

Uran ist ein strahlendes Investment und die Minenaktien lassen ihre Gewinne im Depot »explodieren«. Investieren Sie bis zu 10 Prozent Ihres Vermögens in Uranaktien.

URANAKTIEN:

Die größten Player sind Cameco aus Kanada und Kazatomprom aus Kasachstan. Cameco fördert zirka 20 Prozent der Gesamt-Uranmenge pro Jahr.

WEITERE SOLIDE URANMINEN-AKTIEN SIND:

- Nexgen Energy, Energy Fuels, Uranium Energy

JUNIORS (SPEKULATIVE MINENWERTE):

- Skyharbour Resources, Encore Energy, Yellowcake Mining, GoviEx Uranium, UR-Energy, Global Atomic

ETFS:

- Global X Uranium (ISIN: US37954Y8710)
- VanEck Vectors Uranium (ISIN: US92189F6016)
- Horizons Uranium Index ETF (ISIN: CA44055K1075)
- North Shore Global Uranium Mining ETF (ISIN: US3015057157)

Hinweis: US-Fonds, die keine Vertriebszulassung in der EU haben, sind steuerlich schlecht gestellt. Selbst wenn Verluste anfallen, verlangt der Fiskus darauf noch Steuern.

FONDS:

- Uranium Resources Fund von Incrementum (ISIN: LI0224072749)

Deutschlands erster Sachwertfonds »Wertefonds« (ISIN: DE000A2AQ952) hat auf mein Anraten frühzeitig in Uranminen investiert.

Mir ist die, Achtung Wortwitz, Sprengkraft des Themas Kernkraft durchaus bewusst, aber sie ist aus den genannten Gründen ein wichtiger Baustein im Hinblick auf Versorgungssicherheit, Wohlstand und Klimaneutralität.

Öl – das schwarze Gold

Die letzten Jahrzehnte waren geprägt von endlosen Kriegen um das schwarze Gold. Leider bleibt der Mittlere Osten mit seinen reichen Ölvorkommen weiterhin ein einziges Pulverfass. Wenn es explodiert, kann dies jederzeit zu einem großen Ölpreisschock führen. Ja, die Energiewende ist echt und wird hoffentlich für eine friedlichere Zukunft sorgen. Die Frage ist nicht, *ob* das passiert, sondern *wann* es passiert. Ob sich dieser Wandel binnen einiger Jahre oder Jahrzehnte vollzieht, hat allerdings eine enorme Auswirkung. In unseren Augen wird Öl als Schmierstoff der Wirtschaft viel zu überhastet abgeschrieben. Tatsächlich ist der weltweite Erdölverbrauch in den vergangenen Jahren gestiegen und nicht etwa gefallen. Vorhersagen für die nächsten Jahre sehen sogar ein Angebots-Defizit voraus. Wer hätte das im Frühjahr 2020 gedacht, als die Ölpreise in einem einmaligen Vorkommnis sogar kurzzeitig ins Negative getrieben wurden? Mittlerweile rufen zwei der größten Banken der Wall Street, J.P. Morgan und Goldman Sachs, einen neuen Superzyklus für Öl aus. Sogar dreistellige Kursziele machen die Runde. Die Mischung aus einer Erholung der Wirtschaft nach der Corona-Krise und endlos großen Konjunkturpaketen bieten eine perfekte Grundlage für steigende Ölpreise. Wir verbrauchen jeden Tag weltweit rund 90 Millionen Barrel Erdöl, dies entspricht in etwa der Füllung von 45 Supertankern. Die Welt ist hochgradig erdölsüchtig. Wir behaupten nicht, dass dies eine gute oder positive Entwicklung ist, über die wir uns besonders freuen. Aber unsere Aufgabe als Investoren besteht darin, Geld nach dem Status quo anzulegen und nicht nach unseren Wunschvorstellungen. In unseren Augen ist es offensichtlich, dass in den kommenden Jahren das Öl weiterhin eine signifikante Rolle spielen wird.

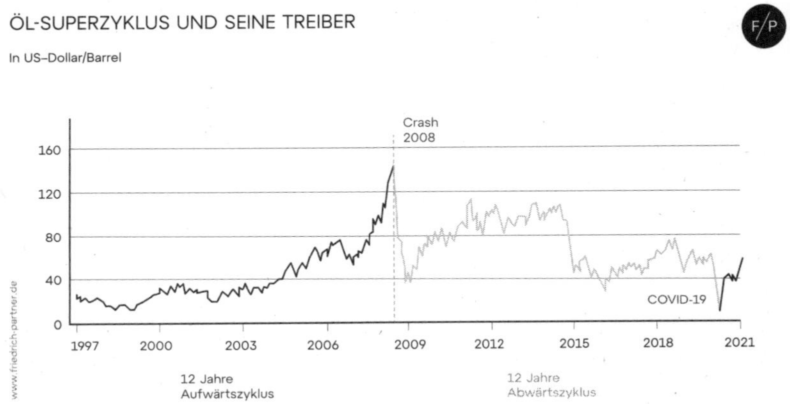

Abbildung 68

Diese Grafik zeigt noch einmal auf beeindruckende Weise, dass Rohstoffzyklen tatsächlich existieren und wie sie sich entwickeln. Einen weiteren zwölfjährigen Zyklus in Öl zweifeln wir an: Wir erwarten einen deutlich explosiveren Zyklus, der bereits in fünf Jahren wieder beendet sein könnte. In einem sind wir uns jedoch sehr sicher: Wir werden erst einen potenziellen Engpass in der Ölversorgung sehen, bevor wir hoffentlich in der Zukunft weniger Öl verbrauchen werden. Allerdings werden wir keine nachhaltige Wende für unseren Planeten finden, solange wir Öl durch Batterien mit Nickel und Kobalt ersetzen, Rohstoffe, die wir aus weit entfernten Ecken der Welt unter großem Aufwand um den halben Planeten transportieren. Die einzige dauerhafte und nachhaltige Lösung wird ein neues Geldsystem bringen, das einen nachhaltigen und weniger verschwenderischen Konsum ermöglicht, als unser heutiges auf Schulden und Inflation basierendes Finanzsystem.

MÖGLICHE INVESTMENTS:

Neben den bekannten Bluechips gibt es unzählige ETFs wie zum Beispiel iShares Oil & Gas Exploration & Production (IE00036R51Z18).

Die perfekte Vermögenssicherung

Diversifikation – nicht alle Eier in ein Nest legen!

Nie war es essenzieller als aktuell, sich aktiv um das eigene Geld zu kümmern. Jetzt gilt es, als Anleger die Weichen richtig zu stellen bei der Frage, in was man investiert und wie man es verwahrt. Leider sind die meisten Deutschen relativ einseitig aufgestellt und besitzen hauptsächlich Papierwerte wie Lebensversicherungen, Riester-, Rürup-Produkte und Ähnliches oder eine Immobilie, die zumeist mit Schulden behaftet ist. Es fehlt in Deutschland an finanzieller Intelligenz. Nach wie vor fordere ich ein Schulfach zu diesem Thema, und aus diesem Grund habe ich auch den YouTube-Kanal (youtube.com/marcfriedrich7) gegründet, um finanzielle Bildung zu fördern. Denn erst, wenn die Menschen das Geldsystem, die Hintergründe und die Zyklen verstehen, können sie sich wehren und richtig positionieren.

Ich frage Sie nochmals: Würden Sie ins Casino gehen und all Ihr Geld oder sogar noch zusätzliches geliehenes Geld am Roulettetisch auf die Zahl 23 setzen? Vermutlich nicht, oder? Die meisten Deutschen investieren aber exakt auf diese Weise. Sie setzen alles auf eine Karte: nämlich zumeist auf eine Immobilie, für die sie sich heutzutage enorm verschulden müssen, da die Preise auf einem historischen Hoch angekommen sind. Da darf dann aber nichts schiefgehen, weder mit der Arbeitsstelle noch mit der Gesundheit, der Wirtschaft oder mit dem Partner – ansonsten ist die Immobilie ganz schnell weg und die Schulden bleiben. Dieses Klumpenrisiko sollten Sie vermeiden.

Schon seit mehr als 2000 Jahren hat sich die **Drei-Speichen-Regel** bewährt: ein Drittel in Land, ein Drittel in Gold und ein Drittel in Immobilien zu investieren.

Ich nenne es das **Eichhörnchenprinzip** oder die **Wurzelstrategie**. Da habe ich mich an der Natur orientiert. Ein Baum ist nur so stabil wie seine weit ins Erdreich reichenden Wurzeln. Ein Eichhörnchen überlebt den bitterkalten Winter nur mit Vorräten, die es an unterschiedlichen Orten versteckt hat, weil die Konkurrenten das eine oder andere Lager aufstöbern und leerräumen könnten. Wenn das Eichhörnchen all seine mühsam gesammelten Nüsse und Samen in einem einzigen Loch verbuddeln und dieses Lager dann von einem anderen Eichhörnchen gefunden würde, wäre das fatal für das Tier. Genau so müssen Sie mit Ihrem Vermögen umgehen. Sie müssen mehrere Vermögensstandbeine haben und auch mehrere Lagerorte. Dann sind Sie stabil aufgestellt, falls ein Standbein wegbrechen sollte. Parallel droht aber noch die Gefahr für Ihr Vermögen (egal ob groß oder klein) durch Besteuerung und Inflation sowie in der Zwischenzeit durch Enteignung. Mehr denn je gilt es, sich monetär breit aufzustellen und mental vorzubereiten auf Ereignisse, die sich zuvor niemand hätte ausdenken können. Dies ist der Paradigmenwechsel, von dem ich spreche. Doch wie sieht die perfekte Vermögenssicherung aus? Die zeige ich im folgenden Abschnitt exklusiv für Sie auf.

Die perfekte Vermögenssicherung

Wie sieht der optimale Schutz für Ihr Vermögen aus? Wie sollten Sie sich aufstellen? Das habe ich im Folgenden nach bestem Wissen und Gewissen für Sie zusammengestellt. Punkt 1 bis 3 sind die Werte, die das größte Potenzial haben und die Sie besitzen müssen!

1.) Bis zu 20 Prozent in Bitcoin und Co.

Bitcoin ist das Fundament, der Platzhirsch, und sollte auch für jeden Anleger der Einstieg in die Kryptowährungen sein. Wenn Sie sich unsicher fühlen oder Bedenken haben, dann kaufen Sie nur Bitcoin, und das bitte immer schrittweise mit einer Summe, mit der Sie sich wohlfühlen – egal, ob es 50 Euro sind oder 5000 Euro. Da ein Bitcoin in 100 Millionen Teile gestückelt werden kann, kann man auch nur 0,003 Bitcoin erwerben. Wenn Sie sich zum Beispiel für 1000 Euro Bitcoin kaufen wollen, teilen Sie den Kauf in mehrere Tranchen, also in mehrere Investmentschritte auf. Da Bitcoin ein volatiler und neuer Vermögenswert ist und auch mal stark fallen kann, nehmen Sie fünf Tranchen à 200 Euro und investieren Sie die erste Tranche à 200 Euro sofort, damit Sie dabei sind, falls der Kurs weiter steigt. Die anderen vier Tranchen à 200 Euro investieren Sie dann aber schrittweise, und zwar immer dann, wenn der Kurs von Bitcoin nach unten korrigiert. So erhalten Sie im Endeffekt einen guten Durchschnittspreis. Empfehlenswert sind Börsen oder Marktplätze wie zum Beispiel die deutschen Anbieter bitcoin.de, Bitwala oder die US-Firma Kraken.com. Bedenken Sie immer, dass Sie von diesen Zwischenhändlern dann auch abhängig sind, das heißt, diese Firmen verwahren für Sie die Bitcoins. Sie sind erst Eigentümer, wenn Sie den Bitcoin »abheben« und nur Sie Zugriff darauf haben (»Not your keys, not your bitcoins!«). Das ist genauso mit dem Geld auf Ihrem Konto. Geld auf dem Konto steht im Besitz der Bank und nicht in Ihrem Besitz. Erst wenn Sie es abheben und ins Schließfach legen oder unter Ihre Matratze stopfen, ist es juristisch gesehen allein Ihnen zuzuordnen und kann Ihnen nicht mehr genommen werden wie auf dem Konto. Um den Zugang zu Bitcoin zu erlangen, müssen Sie eine Hardware-Wallet kaufen und die Schlüssel für Ihre Bitcoins darauf speichern.

Wer sein Portfolio im Kryptobereich diversifizieren möchte, hat zwar die Auswahl aus über 10.000 verschiedenen Kryptowährungen. Doch nach tiefgreifender Analyse kann man lediglich eine Handvoll tatsächlich als Investment ansehen und investieren. Viele sind hochspekulativ. Es stellt sich stets die Frage nach dem »Use Case«, also dem Mehrwert, den der jeweilige »Coin« tatsächlich liefert. Und da versagen 99,9 Prozent der Kryptowährungen. Die meisten sind zentrale Coins, die dafür geschaffen wurden, die Entwickler reich zu machen.

Kryptowährungen mit Potenzial und einer Eignung als spekulative Beimischung sind Ethereum, Cardano, Litecoin, Monero, Aave,

Chainlink, Polkadot, Uniswap, Avalanche, Zcash. Das Fundament Ihres Kryptoinvestments sollte aber Bitcoin sein (90 Prozent).

Achten Sie auch darauf, den richtigen Bitcoin zu kaufen. Es gibt viele Varianten, die sich vom echten Bitcoin abgespalten haben. Sie nennen sich etwa Bitcoin Cash, Bitcoin Gold, Bitcoin Diamond und so weiter. Auch wenn Ihnen der Preis für einen Bitcoin momentan hoch vorkommt, keine Sorge, Sie können auch nur ein 100-Millionstel Bitcoin erwerben, das ist ein Satoshi und kostet wenige Cent. Ein jeder kann also tatsächlich in dieses demokratische, dezentrale und revolutionäre neue Geld investieren. Die Ausrede, dass der Preis zu hoch wäre, gilt nicht mehr. (Lesen Sie hierzu auch das Kapitel *Bitcoin*.)

2.) Bis zu 30 Prozent in Edelmetalle (Gold, Silber und Platin)

Für den konservativen Anleger:

- Gold: 60 bis 80 Prozent
- Silber: 15 bis 35 Prozent
- Platin: bis zu 5 Prozent

Für den etwas mutigeren Anleger:

- Gold: 15 bis 30 Prozent
- Silber: 50 bis 75 Prozent
- Platin: bis zu 15 Prozent

Gold ist noch von der Mehrwertsteuer befreit und es eignen sich sowohl Anlagemünzen als auch Barren. Münzen haben den Vorteil, dass sie auch zumeist eine offizielle Währung darstellen, daher würde ich sie bevorzugen.

Bei **Silber** fallen für Barren 19 Prozent Mehrwertsteuer an. Das gilt eigentlich auch für Münzen. Es gibt allerdings eine steuerliche Sonderregel für Importmünzen, die der Import-Umsatzsteuer von 7 Prozent unterliegt. Lediglich der Preisaufschlag, den der Händler dann vornimmt, wird mit 19 Prozent Mehrwertsteuer belegt, sodass unterm Strich bei diesen sogenannten differenzbesteuerten Münzen (zum Beispiel Maple Leaf) meist insgesamt ein Preisaufschlag von etwa 8 Prozent anfällt.

Barren: Empfehlenswert sind Gold- und Silberbarren von Degussa, Valcambi, Umicore, Haeffner, Heareus sowie von Schweizer Banken.

Münzen: Ratsam sind folgende Gold- und Silbermünzen: der weltbekannte Krügerrand, das australische Känguru oder Nugget, der kanadische Maple Leaf, der Wiener Philharmoniker, der britische Souvereign sowie das Schweizer Vreneli (nur Gold). Bei Silber würde ich mich auf die kanadische Maple Leaf konzentrieren, da diese Münze seit 2018 mit einem speziellen Herstellungsverfahren namens »Mintshield« produziert wird, das die Oxidation des Silbers verhindert.

Platin und Palladium sind ebenso als Barren und Münzen erwerbbar. In Sachen Mehrwertsteuer gilt hier das Gleiche wie bei Silber – normal sind 19 Prozent Mehrwertsteuer, bei Münzen gibt es jedoch auch die günstigere Differenzbesteuerung.

Alternativ können Sie stattdessen physisch besicherte ETCs, also börsengehandelte Rohstoffe, kaufen, um die Mehrwertsteuer zu sparen. Wer ein größeres Vermögen besitzt, kann auch den Erwerb und eine Lagerung in einem sogenannten Zollfreilager in Betracht ziehen.

Lassen Sie die Finger von Exoten und Sonderangeboten vor allem aus dem Internet. Es gibt bei Edelmetallen keine Schnäppchen! Meine Faustregel beim Investieren lautet: Wenn etwas zu gut klingt, um wahr zu sein, ist es zumeist nicht wahr.

Edelmetalle können in Deutschland noch im sogenannten Tafelgeschäft anonym erworben werden bis zu einer Höhe von 2000 Euro pro Person.

3.) Bis zu 25 Prozent in Aktien/ETFs und Fonds

Hier sollte der Schwerpunkt auf Minen (Gold, Silber, Uran, Zinn, Nickel, Kupfer usw.), Rohstoffe (Wasser, Holz usw.) und ausgewählte Branchen gelegt werden. Siehe hierzu die Kapitel *Rohstoffe* und *Uran*.

4.) Bis zu 10 Prozent in Diamanten

Diamanten sind seit jeher von den Menschen begehrt und beliebte Wertspeicher. Der Diamant ist der härteste natürliche Stoff und verfügt über die höchste Wertdichte auf kleinstem Raum. 1 Karat (CT) sind gerade mal 0,2 Gramm. Ein solcher Stein in der höchsten Qualitätsstufe nach dem von mir empfohlenen GIA-Standard (dem Standard des Gemological Institute of America) kostet zirka 20.000 Euro. Diamanten sind nahezu unverwüstlich und portabel, sie sind seit jeher die ideale Fluchtwährung. Diamanten können ebenso wie Edelmetalle noch anonym im Tafelgeschäft erworben werden – mit einem Vor- und einem Nachteil. Der Vorteil: Bei Diamanten liegt die Barzahlungsgrenze bei 9999,99 Euro – im Gegensatz zu Edelmetallen, bei denen sie auf 2000 Euro reduziert wurde. Der Nachteil ist die 19-Prozent-Mehrwertsteuer, die beim Diamantenkauf anfallen. Deshalb ist es umso wichtiger, günstig einzukaufen, am besten bei einem Großhändler.

Kaufen Sie nur Steine mit **GIA-Zertifikat**. Dieses Institut ist der weltweit renommierte Diamanten-TÜV. Jeder einzelne Stein wird mit einem Zertifikat und einer eigenen Seriennummer versehen, die sogar in den Stein eingelasert ist.

Achten Sie auf die **vier Cs:**

- Carat (Gewicht): Sinnvoll sind Steine ab 1,01 Karat.
- Color (Farbe): Empfehlenswert sind die Farben D (Champions League, farblos) bis H (fast farblos).
- Cut (Schliff): Nur »excellent« ist empfehlenswert.
- Clarity (Reinheit): Akzeptieren Sie nur lupenreine Steine (IF = internally flawless oder FL = flawless).

Zudem sollten die Steine keine Fluoreszenz aufweisen, also bei UV-Bestrahlung kein Licht emittieren (auf dem Zertifikat sollte bei Fluoreszenz »None« stehen). Und sowohl die Politur als auch die Symmetrie sollten ebenfalls »excellent« sein.

Mit diesen Attributen erwerben Sie einen hochkarätigen, erstklassigen Qualitätsstein, der jederzeit wieder veräußerbar ist.

TAFELGESCHÄFT

Edelmetalle, aber auch Edelsteine können in physischer Form noch im Tafelgeschäft anonym via Barzahlung erworben werden. Das heißt, als Käufer müssen Sie keinen Ausweis vorzeigen und sich auch nicht registrieren lassen. Diese Möglichkeit wurde in den letzten Jahren immer weiter eingeschränkt. Bis 2017 waren es 15.000 Euro, seit 2019 dann 10.000 Euro und seit dem 1. Januar 2020 nur noch 2000 Euro, bis zu denen ein Edelmetallkauf in bar bezahlt werden darf (bei Edelsteinen gilt die Barzahlungsgrenze von 9999,99 Euro). Ich gehe davon aus, dass auch dieses Fenster irgendwann komplett geschlossen und das Tafelgeschäft abgeschafft wird. Aus diesem Grund sollten Sie dieses Zeitfenster noch nutzen, um Ihr Geld legal und anonym aus dem Banken- und Geldkreislauf zu ziehen und somit Ihr Vermögen in die Anonymität zu überführen, um es für die Politik unsichtbar zu machen.

5.) Bis zu 5 Prozent in Land (Wald, Wiese, Ackerland)

6.) Bis zu 5 Prozent in Exoten (Whisky, Kunst, Oldtimer, Uhren)

7.) Bis zu 10 Prozent in Cash zum Nachkauf und für den deflationären Schock

8.) Bis zu 30 Prozent in eine schuldenfreie Immobilie

Große Wertsteigerungen sehe ich nicht mehr bei den **Immobilien.** Gegenüber den anderen von mir empfohlenen Werten wird die Immobilie eher ins Hintertreffen geraten. Falls die Immobilie mit einem Kredit finanziert wurde und jetzt abbezahlt ist, sollten Sie die Grundschuld löschen lassen, mit der die Bank noch als Gläubiger im Grundbuch steht. Erst dann ist die Immobilie tatsächlich in Ihrer Hand und in Ihrem Eigentum und es ist ausgeschlossen, dass die Bank später noch Ansprüche geltend macht. Zudem sollten Sie im Hinterkopf behalten, dass Immobilien immer gern zuerst besteuert werden, wenn der Staat neue Finanzierungsquellen sucht. Sie können die Immobilie nicht mit ins Ausland nehmen, nicht vergraben oder verstecken. Die Eigentumsverhältnisse bei Immobilien sind perfekt dokumentiert. Damit sind Immobilien ein Einfallstor für neue Steuern, eine einmalige Vermögensabgabe oder noch schlimmer eine jährliche Vermögenssteuer. Das heißt, hier brauchen Sie auf jeden Fall Gegenpositionen, um die betreffenden Steuern dann im Notfall zahlen zu können. Oder wäre ein Leben in Miete für Sie eine Alternative?

***

Fremdwährungen und Staatsanleihen habe ich im Gegensatz zum letzten Buch von der Liste gestrichen und den Anteil für diese Assets auf null gesetzt. Papiergeld, egal in welcher Währung, wird durch schlichtes Gelddrucken immer weiter entwertet werden. Der berühmte Hedgefonds-Manager Ray Dalio stellte völlig richtig fest: »Cash is Trash!« (»Geld ist Müll!«) Bei den Staatsanleihen, der Mutter aller Blasen, befinden wir uns meiner Ansicht nach kurz vor einem historischen Wendepunkt. Diese größte aller Blasen wird in Kürze platzen.

Das Zeitalter der durch die Natur oder durch die Mathematik limitierten Sachwerte hat begonnen und wir stehen vor einer goldenen Dekade, den goldenen Zwanzigerjahren.

Fazit und Rat

Ich gehe davon aus, dass die von mir empfohlenen Anlagen (Bitcoin, Minen, Uran, Rohstoffe, Gold, Silber, Platin) in den nächsten Jahren überproportional stark steigen, ein sicherer Hafen für Ihr Vermögen sind und Ihre Kaufkraft erhalten werden. Wer sich hier jetzt richtig positioniert, wird nicht nur Vermögen für sich und sein Leben, sondern voraussichtlich auch Vermögen für künftige Generationen erhalten und erschaffen.

Aus diesem Grund habe ich Deutschlands ersten physisch hinterlegten Sachwertefonds mit initiiert, der in physisches Gold, Silber, Minenaktien und Bitcoin investiert: WKN A2AQ95.

Hier meine Empfehlungen und ihre Performance in 2020:

ENTWICKLUNG MEINER INVESTITIONSEMPFEHLUNGEN IN 2020:

F/P

ASSET	2020
Bitcoin	+ 265 %
Gold	+ 24,5 %
Silber	+ 47,0 %
Diamanten	- 11,7 %
Whisky	+ 12,9 %
Minenaktien	+ 27,0 %

www.friedrich-partner.de

Abbildung 69

Schlusswort

Eine Zukunft mit neuen Werten

»Sei du selbst die Veränderung,
die du dir wünschst für diese Welt.«

Gandhi

Zusammengefasst kann man feststellen, dass 2020 der große Wendepunkt war. Die Welt, in der wir in Zukunft leben werden, wird nicht die gleiche sein. Es wird eine komplett neue Zeitrechnung beginnen – unabhängig davon, wie lange uns die Corona-Pandemie und ihre Folgeschäden noch in Atem hält. Vergessen Sie bei allen schlechten Nachrichten nicht:

Krisen sind wichtige Katalysatoren für die Entwicklung der Menschheit, für die Evolution. Auch diese Krise wird zur Weiterentwicklung der Menschheit beitragen. Das ist ein Hoffnungsschimmer. Jede Krise ist eine Chance – und jetzt stehen wir vor einer gigantisch großen Krise, die aber erst das Vorspiel ist. **Denn die größte Krise wird in den größten Crash aller Zeiten münden.** Und dieser Crash wird uns dann wie ein Katapult auf eine neue Bewusstseinsstufe hieven. Erst dann werden wir erkennen, was in der Vergangenheit falsch gelaufen ist und was geändert werden muss. Und dann werden wir die Ungerechtigkeit, das unmenschliche undemokratische, perverse

Finanzsystem ad acta legen und neue Wege gehen. In dieser Hinsicht ist zum Beispiel Bitcoin für mich ein Geschenk des Himmels, weil die Kryptowährung das erste demokratische, nicht manipulierbare, dezentrale, digitale Asset ist, das dem Menschen tatsächlich etwas bringen kann und bei dem wir von Anfang an mit dabei sein können. Das ist anders als beim jetzigen Geldsystem, in dem praktisch erst die Notenbank durch die Geldschöpfung verdient, dann die Banken und erst zum Schluss wir am Tropf hängen. Die Big Players werden ihre Privilegien nicht freiwillig aufgeben, sondern das wird mit einem Kampf einhergehen. Es wird erst einmal eine Verschlimmerung geben. Aber das ist wie bei einem Genesungsprozess. Wenn man krank ist, geht die Genesung zunächst mit Schmerzen einher, aber danach geht es dann auch wieder besser. Wir werden gestärkt aus dieser Krise hervorgehen, als Menschheit, als Gesellschaft, als Gemeinschaft. Und das macht mir viel Hoffnung, weil wir alle doch gemerkt haben, dass das aktuelle System unmenschlich ist.

Wir alle machen uns Gedanken darüber, in was für einer Welt wir leben wollen. Wir glauben, dass wir viele Aufgaben abgeben können an die Maschinen, an die künstliche Intelligenz. Vielleicht wäre es wirklich ein Fortschritt, wenn wir eines Tages keine menschlichen Politiker mehr hätten? Denn diese sind immer fehlbar. Viele Fragen könnten wir auch mit künstlicher Intelligenz lösen, viele politischen Entscheidungen würde sicher besser mit künstlicher Intelligenz getroffen. Ohne Lobbyismus und sonstige egoistische Interessen. Dann könnten wir nachhaltiger und ökologischer leben, mit Ressourcen schonender und brüderlicher, schwesterlicher, menschlicher miteinander umgehen.

Dann könnten wir wirklich in diesem goldenen Zeitalter ankommen, das meine Vision ist. Es klingt heute natürlich noch auf verwegene Art utopisch. Aber ich bin wirklich davon überzeugt, dass wir nach der Krise alle das machen können, was wir wollen, ohne Angst davor, hungern zu müssen oder kein Dach über dem Kopf zu haben.

Durch Aufklärung kommen Menschen weiter und werden zum Denken angeregt. Es ist ein großes Geschenk, dass es heute modernste Medien gibt, dass wir Podcasts hören oder Twitter nutzen können. Vor

15 bis 20 Jahren gab es solche Medien noch nicht. Da kamen Krisen, und die Menschen wurden sich selbst überlassen und waren auf wenige große Medien beschränkt. Aber jetzt haben wir durch das Internet und die technologische Entwicklung Chancen, weltweit zu kommunizieren und Menschen zu erreichen. Immer häufiger erfährt man über die sozialen Medien schneller von dem, was in der Welt passiert, als von der Presse. Auch bei Trends ist dies der Fall. Das ist den Regierenden natürlich ein Dorn im Auge, deswegen wird die Politik möglicherweise auch irgendwann mal das Netz abstellen oder den Stecker ziehen und einen Blackout herbeiführen.

Dennoch glauben wir, dass der Fortschritt unaufhaltbar ist. Die Zukunft wird viel, viel besser sein, als wir es uns vorstellen können. Aber nur, wenn wir auch den Mut haben, neue Wege zu gehen und aus der Vergangenheit zu lernen. Der Fortschritt wird mit großen Verwerfungen einhergehen. Aber: No pain, no gain.

Es ist nur dringend zu raten, dass Sie sich jetzt intensiv um Ihre Finanzen kümmern. Es war niemals wichtiger, sich aktiv mit dem eigenen Geld zu befassen, als in der jetzigen Krisensituation. **Fragen Sie sich: Bin ich wirklich gut aufgestellt? Machen die Versicherungen, die Papierwerte, das Portfolio noch Sinn? Wie will ich mich in Zukunft aufstellen, beruflich, aber auch privat? Bin ich wirklich glücklich mit meiner jetzigen Situation?** Denn wenn Sie nicht glücklich oder wenigstens zufrieden sind, manifestiert sich das irgendwann in einer Krankheit. Wenn irgendwelche Probleme bereits spürbar sind, dann sollten Sie das auf jeden Fall als Warnsignal begreifen, dass grundsätzlich etwas falsch läuft. Auch hier helfen die entsprechenden Fragen: Bin ich vielleicht privat unglücklich? Oder auch beruflich? Was ist meine eigentliche Leidenschaft? Was löst wirklich ein Feuer aus in mir?

Jede Krise ist eine Chance. Angst lähmt nur, auch wenn sie eigentlich ein sinnvoller natürlicher Instinkt ist, der warnen soll, wenn Gefahr droht. Aber Angst darf nicht lähmen. Besser ist es, weder Angst noch Panik noch Schmerzen wegzuschieben, das Negative nicht einfach zu ignorieren oder sich abzulenken. Nein, gehen Sie in den Schmerz offensiv hinein und versuchen Sie, die Erfahrungen zu nutzen. Positiv zu nutzen, denn der Hebel ist am größten in solchen Krisensituationen.

»Wenn der Wind der Veränderung weht, bauen die einen Mauern und die anderen Windmühlen.«

Chinesisches Sprichwort

Lasst uns Windmühlen bauen!

Danksagung

Ich danke von Herzen meinen Eltern und meiner Familie für einfach alles – merci! Ohne euch wäre alles nichts.

Großer Dank geht an meine Mitstreiter in diesem Buch: Florian Kössler und Enrik Lauer sowie meinen Lektoren Isabella Steidl, Judith Engst und Georg Hodolitsch sowie dem gesamten großartigen Team vom FinanzBuch Verlag. Danke an Christian für sein Vertrauen in mich. Ich danke meinem wundervollen Team Alexandra Nick mit Pauline und Moritz ;-), Nicole Hillenbrand, Marina Eisemann, Marvin Meier, Lena Hubert-Vidal und David Bornscheuer.

Ich bin unendlich dankbar und demütig all meinen Freunden, allen voran Stephan und Paula ;-), Arthur, Juliane, Mark und Marian, Teresa, William, Dara und Family.

Ich liebe euch!

Über den Autor

Marc Friedrich ist Deutschlands erfolgreichster Sachbuchautor (5 Bestseller in Folge), ausgewiesener Finanzexperte, gefragter Redner, YouTube-Star, bekannt aus Funk und TV, Vordenker, Freigeist und Honorarberater. Der studierte Betriebswirt erlebte 2001 den Staatsbankrott der argentinischen Regierung und dessen ruinöse Folgen für das Land und seine Bürger aus nächster Nähe mit. Seitdem beschäftigt er sich mit dem Geldsystem, Wirtschaftsgeschichte und Vermögenssicherung. Marc Friedrich berät strategisch seit über einem Jahrzehnt erfolgreich international Privatpersonen, Unternehmen, Spitzensportler, Schauspieler, Family Offices, Stiftungen und Pensionskassen zur Vermögenssicherung, Asset-Allokation und Krisenvorsorge.

Seit 2006 baut er maßgeschneiderte, individuelle Strategien zur Vermögenssicherung für seine Kunden vom Privatanleger, Unternehmen bis hin zum Family Office. Und das weltweit!

Marc Friedrich ist ein Vordenker, immer neugierig, in keiner Denkschublade verhaftet, kein Dogmatiker und weder Optimist noch Pessimist, sondern Realist!

Bisher erschienene Titel:

Der größte Raubzug der Geschichte
Der Crash ist die Lösung
Kapitalfehler
Sonst knallt´s
Der größte Crash aller Zeiten

Kontakt

Lob, konstruktive Kritik, Insiderinformationen, Vortragsanfragen, Newsletter und Autogrammwünsche:

Friedrich Vermögenssicherung GmbH
Mühlstraße 90
73547 Lorch-Waldhausen
info@friedrich-partner.de

www.friedrich-partner.de
Twitter: @marcfriedrich7
Instagram: @marcfriedrich7
YouTube: www.youtube.de/marcfriedrich7

Über die Gastautoren

Enrik Lauer

Enrik Lauer, Jahrgang 1961, ist promovierter Literatur- und Medienwissenschaftler. Er arbeitet als Publizist, Ghostwriter und Jobcoach in Berlin. Als Schüler las er erstmals Marxens *Kapital*, als Student Werke Niklas Luhmanns, Georg Simmels (*Philosophie des Geldes*), Georges Batailles (*Die Aufhebung der Ökonomie*) und Karl Polanyis (*Ökonomie und Gesellschaft*, *The Great Transformation*), später Joseph Schumpeters Bücher über Konjunkturzyklen und Kapitalismus, Sozialismus und Demokratie. In seiner Dissertation setzte er sich unter anderem kritisch mit Theorien der Geldentstehung auseinander, Standard-Lehrbücher der Volkswirtschaftslehre wie die von Mankiw/Taylor oder Krugman/Wells hat er immerhin von innen gesehen. Zwischen 1994 und 2001 arbeitete Lauer als Wirtschaftsbuch-Lektor bei Econ und bei Pearson. Zu den Bestsellern *Kapitalfehler* und *Sonst knallt's* trug er anonym eigene Texte bei, bei letzterem als Ghostwriter von Götz Werner. Im Alltag betrachtet Lauer Geld ausschließlich als Zahlungsmittel. Theoretisch interessiert es ihn dagegen, ebenso wie Schrift, Bücher, Zeitungen, das Fernsehen oder »das Internet«, vornehmlich als Medium gesellschaftlicher Kommunikation. Nicht zuletzt das Motiv des mythischen Goldraubs und seiner fatalen Folgen für den Lauf der Welt und der Liebe ließ ihn tiefer ins Werk Richard Wagners eintauchen. Zum Wagner-Jahr 2013 veröffentlicht er zusammen mit der Musikjournalistin Regine Müller *Der Kleine Wagnerianer*.

Florian Kössler

Florian Kössler ist Wirtschaftsingenieur, ehemaliger erfolgreicher Pokerspieler, Unternehmer und bei Friedrich und Partner »Head of Strategy«. Er beschäftigt sich seit fast einem Jahrzehnt mit den Hintergründen des globalen Wirtschafts- und Finanzsystems und verfolgt hierbei intensiv die Geschichte des Geldes und den Verlauf von Wirtschaftszyklen. Auf der Suche nach Alternativen für unser heutiges Geld- und Finanzsystem fand er schließlich Bitcoin und studiert seit Jahren diese revolutionäre Technologie und deren wirtschaftliche, politische und gesellschaftliche Auswirkungen. Seine große Leidenschaft gilt der Zyklenanalyse, aus der er erfolgreich Investmententscheidungen für Aktien ableitet, mit besonderem Fokus auf Rohstoffunternehmen.

Sie können ihm bei Twitter folgen: @studentofcycles.

Endnoten

1 »Scenarios for the Future of Technology and International Development«, The Rockefeller Foundation, Mai 2010, online abrufbar unter: https://archive.org/details/pdfy-tNG7MjZUicS-wiJb/mode/2up, zuletzt aufgerufen am 03.03.2021.

2 »ID 2020«, online abrufbar unter: https://id2020.org. Zuletzt aufgerufen am 03.03.2021.

3 »Unlocking the potential of digital identity for secure and seamless travel«, KTDI, online abrufbar unter; https://ktdi.org. Zuletzt aufgerufen am 03.03.2021.

4 »EU-Impfpass soll kommen – Was das für Reisen und Urlaub in der Corona-Pandemie bedeutet«, Frankfurter Rundschau, 26. Februar 2021, online abrufbar unter: https://www.fr.de/panorama/corona-impfpass-eu-impfung-urlaub-reise-flug-einreise-frankfurt-spanien-portugal-griechenland-ltt-zr-90179983.html. Zuletzt aufgerufen am 12.03.2021.

5 »Bericht zur Risikoanalyse im Bevölkerungsschutz 2021«, Deutsche Bundesregierung, online abrufbar unter: https://dipbt.bundestag.de/dip21/btd/17/120/1712051.pdf. Zuletzt aufgerufen am 24.02.2021.

6 »Hamburger Forscher: Coronavirus stammt wohl aus dem Labor«, NDR, 18. Februar 2021, online abrufbar unter: https://www.ndr.de/nachrichten/hamburg/Hamburger-Forscher-Coronavirus-stammt-wohl-aus-Labor,corona6764.html. Zuletzt aufgerufen am 12.03.2021.

7 »Forscher: Coronavirus könnte aus Fledermaus-Labor auf den Fischmarkt in Wuhan gelangt sein«, Stern, 17. Februar 2021, online abrufbar unter: https://www.stern.de/gesundheit/coronavirus--kam-der-erreger-aus-einem-labor-auf-den-fischmarkt-in-wuhan--9141974.html. Zuletzt aufgerufen am 12.03.2021.

8 »Event 201«, online abrufbar unter: https://www.centerforhealthsecurity.org/event201/scenario.html, zuletzt aufgerufen am 24.02.2021.

9 Außenhandel: Rangfolge der Handelspartner im Außenhandel der Bundesrepublik Deutschland (vorläufige Ergebnisse), 2019, https://www.destatis.de/DE/Themen/Wirtschaft/Aussenhandel/Tabellen/rangfolge-handelspartner.pdf?__blob=publicationFile

10 »Última Nota de prensa«, Instituto Nacional de Estadística, online abrufbar unter: https://ine.es/dyngs/INEbase/es/operacion.htm?c=Estadistica_C &cid=1254736176996&menu=ultiDatos&idp=1254735576863. Zuletzt aufgerufen am 10.02.2021.

11 »Business Cycle Dating Committee Announcement June 8, 2020«, National Bureau of Economic Research, 8. Juni 2020, online abrufbar unter: https://www.nber.org/news/business-cycle-dating-committee-announcement-june-8-2020. Zuletzt aufgerufen am 12.03.2021.

12 »Zahlungsverkehrsstatistik für das Berichtsjahr 2018«, Presseerklärung der Europäischen Zentralbank vom 26. Juli 2019, online abrufbar unter: https://www.bundesbank.de/resource/blob/802780/c05e924ad107d9fd36b71ee95062a371/mL/2019-07-26-zahlungsverkehrsstatistik-download.pdf. Zuletzt aufgerufen am 10.03.2021.

13 »Förderung für Beschäftigungsinitiative«, Deutscher Bundestag, online abrufbar unter: https://www.bundestag.de/presse/hib/820016-820016. Zuletzt abgerufen am 10.03.2021.

14 »EU diskutiert einheitliche Obergrenze für Barzahlungen«, Business Insider, 23. Januar 2021, online abrufbar unter; https://www.businessinsider.de/wirtschaft/finanzen/eu-diskutiert-einheitliche-obergrenze-fuer-barzahlungen/. Zuletzt aufgerufen am 10.03.2021.

15 »Nicht zu verhandeln wäre teurer«, Bundesregierung, 29. September 2020, online abrufbar unter: https://www.bundesregierung.de/breg-de/aktuelles/kabinett-bundeshaushalt-2021-1790220. Zuletzt aufgerufen am 17.02.2021.

16 »Der Staat als Arbeitgeber: Was macht ihn so ansprechend?«, Beamten Infoportal, 5. Oktober 2020, online abrufbar unter: https://beamten-infoportal.de/magazin/beruf/der-staat-als-arbeitgeber-was-macht-ihn-so-ansprechend/. Zuletzt aufgerufen am 17.02.2021.

17 »Schuldenuhr Deutschlands – Wie sich Schuldenstand und -zuwachs entwickelten«, Bund der Steuerzahler Deutschland e.V., online abrufbar unter: https://steuerzahler.de/aktion-position/staatsverschuldung/dieschuld enuhrdeutschlands/?L=0. Zuletzt aufgerufen am 17.02.2021.

18 »›Unwürdig und unanständig‹«, Frankfurter Rundschau, 8. April 2011, online abrufbar unter: https://www.fr.de/politik/unwuerdig-unanstaendig-11435021.html. Zuletzt aufgerufen am 24.02.2021.

19 »Corporate zombies: Anatomy and life dycle«, BIS, 2. September 2020, online abrufbar unter: https://www.bis.org/publ/work882.htm. Zuletzt aufgerufen am 12.03.2021.

20 »Why covid-19 will make killing zombie firms off harder«, The Economist, 26. September 2020, online abrufbar unter: https://www.economist.com/finance-and-economics/2020/09/26/why-covid-19-will-make-killing-zombie-firms-off-harder. Zuletzt aufgerufen am 12.03.2021.

21 »America's zombie companies rack up $2.6 trillion of debt«, The Straits Times, 17. Dezember 2020, online abrufbar unter: https://www.straitstimes.com/business/economy/americas-zombie-companies-rack-up-26-trillion-of-debt. Zuletzt aufgerufen am 12.03.2021.

22 »Zahl der ›Zombieunternehmen‹ droht auf 800.000 zu steigen«, WELT, 16. August 2020, online abrufbar unter: https://www.welt.de/wirtschaft/article213619642/Firmeninsolvenzen-Zahl-der-Zombieunternehmen-steigt-kraeftig.html. Zuletzt aufgerufen am 12.03.2021.

23 Der Aufsatz war ursprünglich im Archiv für Sozialwissenschaft und Sozialpolitik erschienen, hrsg. von Max Weber, Edgar Jaffé und Werner Sombart, Band 56 (1926), S. 573–609; wieder abgedruckt in: Nikolai Kondratieff, Erik Händeler (Hrsg.): Die langen Wellen der Konjunktur. Nikolai Kondratieffs Aufsätze von 1926 und 1928, Moers 2013. Im Internetarchiv archive.org liegen bislang leider nur ältere Bände des 1934 eingestellten Archivs digitalisiert vor.

24 Joseph A. Schumpeter: Konjunkturzyklen. Eine theoretische, historische und statistische Analyse des kapitalistischen Prozesses, Göttingen 1961 (Neuausgabe 2008)

25 Jonathan Gershuny: Die Ökonomie der nachindustriellen Gesellschaft. Produktion und Verbrauch von Dienstleistungen, Frankfurt a. M. 1981

26 Boris Loheide: Wer bedient hier wen? Service oder Selfservice. Die Bundesrepublik Deutschland als Dienstleistungsgesellschaft, Saarbrücken 2008

27 Der Begriff ist streng genommen etwas unglücklich. Denn physikalisch lässt sich Energie ja in der Tat nicht »erneuern«, sondern nur umwandeln. Allerdings macht es einen erheblichen Unterschied, ob man dazu fossile Energieträger benutzt (über Jahrmillionen zu Kohle und Öl umgewandelte CO_2-Verwerter, also »Pflanzen«, oder einen sehr endlichen Rohstoff wie Uran). Oder Energielieferanten, bis zu deren kompletter Verbrennung es noch extrem (die Sonne) oder zumindest sehr lange (die heißen Schichten des Erdmantels = Geothermie) dauern wird. Oder eben einen Energielieferanten, der sich der physikalischen Tatsache verdankt, dass die Luftdruckverteilung in der Erdatmosphäre sich (wegen Sonneneinstrahlung, Wechsel von Tag, Nacht und Jahreszeiten, abnehmendem Luftdruck in höheren Schichten der Atmosphäre) absehbar nicht vollkommen ausgleichen wird, mithin die nach Ausgleich von Hoch- und Tiefdruck strebende sogenannte Druckgradientkraft nicht den Zustand maximaler Entropie erreicht. Umgangssprachlich ist das Phänomen als ›Wind« bekannt. Dies nur, weil militante Gegner der »Energiewende« immer gern in den Raum rufen, deren Befürworter*innen hätten den Physikunterricht notorisch geschwänzt.

28 Deutscher Wetterdienst: Wetterbedingte Risiken der Stromproduktion aus erneuerbaren Energien durch kombinierten Einsatz von Windkraft und Fotovoltaik reduzieren, Pressemitteilung vom 6. März 2018, https://www.dwd.de/DE/presse/pressekonferenzen/DE/2018/PK_06_03_2018/pressemitteilung_20180306.pdf?__blob=publicationFile&v=4

29 Mittlerweile Klassiker zum Thema sind die Bücher von Georg Franck: Ökonomie der Aufmerksamkeit, München 1998, und Mentaler Kapitalismus. Eine politische Ökonomie des Geistes, München 2005. Sehr lesenswert (und sehr gut lesbar) ist zudem die Dissertation von Jörg Bernardy: Aufmerksamkeit als Kapital. Formen des mentalen Kapitalismus, Marburg 2014

30 »6,6 Milliarden Tonnen«, Süddeutsche Zeitung, 26. März 2015, online abrufbar unter: https://www.sueddeutsche.de/wissen/die-zahl-6-6-milliarden-tonnen-1.2411320. Zuletzt aufgerufen am 10.03.2021.

31 »Ein nur scheinbar unendlicher Rohstoff«, Deutschlandfunk, 5. Januar 2020, online abrufbar unter: https://www.deutschlandfunk.de/sand-ein-nur-scheinbar-unendlicher-rohstoff.724.de.html?dram:article_id=460151. Zuletzt aufgerufen am 10.03.2021.

32 »Al Gore Buys $8.9 Million Ocean-view Villa«, The World Property Journal, 13. Mai 2010, online abrufbar unter: https://www.worldpropertyjournal.com/featured-columnists/celebrity-homes-column-al-gore-tipper-gore-oprah-winfrey-michael-douglas-christopher-lloyd-fred-couples-nicolas-cage-peter-reckell-kelly-moneymaker-2525.php. Zuletzt aufgerufen am 10.03.2021.

33 »Allgemeiner Preisanstieg«, Europäische Zentralban, online abrufbar unter: https://www.ecb.europa.eu/ecb/educational/hicp/html/index.de.html. Zuletzt aufgerufen am 10.03.2021.

34 »Bundesbankpräsident erwartet deutlichen Anstieg der Inflation«, Frankfurter Allgemeine Zeitung, 12. Februar 2021, online abrufbar unter: https://www.faz.net/aktuell/wirtschaft/mehr-wirtschaft/bundesbankpraesident-jens-weidmann-erwartet-anstieg-der-inflation-17194030.html. Zuletzt aufgerufen am 10.03.2021.

35 Quelle: Statistisches Bundesamt

36 »Verbraucherpreisindex«, Destatis, online abrufbar unter: https://www-genesis.destatis.de/genesis/online?sequenz=tabelleErgebnis&selectionname=61111-0001&startjahr=1991#abreadcrumb. Zuletzt aufgerufen am 10.03.2021.

37 »A surge in inflation looks unlikely«, The Economist, 12. Dezember 2020, online abrufbar unter: https://www.economist.com/briefing/2020/12/12/a-surge-in-inflation-looks-unlikely. Zuletzt aufgerufen am: 10.03.2021.

38 »Fed withdraws from repo market after 10 months«, Financial Times, 8. Juli 2020, online abrufbar unter: https://www.ft.com/content/bc2d5e0e-0c02-4bca-89e7-a2a6784ab6f2. Zuletzt aufgerufen am 10.03.2021.

39 »Atomausstieg immer teurer«, ZEIT, 18. November 2020, online abrufbar unter: https://www.zeit.de/2020/48/atomausstieg-kosten-energiekonzerne-entschaedigung-bundesregierung?utm_referrer=https%3A%2F%2Fwww.google.com. Zuletzt aufgerufen am 11.03.2021.

40 »Was kostet der Kohleausstieg?«, Der Tagesspiegel, 29. Januar 2019, online abrufbar unter: https://www.tagesspiegel.de/wirtschaft/energiewende-was-kostet-der-kohleausstieg/23920412.html. Zuletzt aufgerufen am 11.03.2021.

41 »Keine Strafermittlung gegen Verkehrsminister Scheuer«, Der Tagesspiegel, 11. Februar 2020, online abrufbar unter: https://www.tagesspiegel.de/politik/maut-desaster-kostet-steuerzahler-millionen-keine-strafermittlungen-gegen-verkehrsminister-scheuer/25533888.html. Zuletzt aufgerufen am 11.03.2021.

42 »R+V streicht klassische Lebensversicherungen – Verzinsung gekürzt«, WirtschaftsWoche, 10. Dezember 2020, online abrufbar unter: https://www.wiwo.de/lebensversicherer-rv-streicht-klassische-lebensversicherungen-verzinsung-gekuerzt/26707758.html, zuletzt aufgerufen am 18.02.2021.

43 »Allianz senkt erneut die Überschussbeteiligung«, manager magazin, 2. Dezember 2020, online abrufbar unter: https://www.manager-magazin.de/unternehmen/lebensversicherung-allianz-leben-senkt-erneut-die-ueberschussbeteiligung-a-167be824-8627-45b1-bf78-625a719a02da. Zuletzt aufgerufen am 18.02.2021.

44 »Ergebnisse der Untersuchung der SFCR-Berichte Deutscher Lebensversicherer 2019«, Bund der Versicherten, 9. Juli 2019, online abrufbar unter: https://www.bundderversicherten.de/fbfiles/SFCR19-Einzelanalyse-2019-0907.pdf. Zuletzt aufgerufen am 11.03.2021.

45 »Allianz-Chef Oliver Bäte: ›Die Sparer werden betrogen‹«, Handelsblatt, 23. Dezember 2020, online abrufbar unter: https://app.handelsblatt.com/finanzen/versicherungen/interview-allianz-chef-oliver-baete-die-sparer-werden-betrogen/26738776.html?ticket=ST-27169332-63aKdl5yeELzDi6WkOR7-ap5. Zuletzt aufgerufen am 11.03.2021.

46 »UBS Global Real Estate Bubble Index 2020«, UBS, 30. September 2020, online abrufbar unter: https://www.ubs.com/global/en/wealth-management/chief-investment-office/life-goals/real-estate/2020/global-real-estate-bubble-index.html. Zuletzt aufgerufen am 11.03.2021.

47 »›Einparteienhäuser sorgen für Zersiedelung‹«, Spiegel, 12. Februar 2021, online abrufbar unter: https://www.spiegel.de/politik/deutschland/anton-hofreiter-ich-finde-es-richtig-dass-die-gemeinde-enteignen-da rf-a-00000000-0002-0001-0000-000175304168. Zuletzt aufgerufen am 11.03.2021.

48 »Wertpapierleihe«, BlackRock, online abrufbar unter; https://www.blackrock.com/de/finanzberater-und-banken/wissenswertes/wertpapierleihe. Zuletzt aufgerufen am 12.03.2021.

49 »Daily Treasury Yield Curve Rates«, U.S. Department of the Treasury, online abrufbar unter: https://www.treasury.gov/resource-center/data-chart-center/interest-rates/Pages/TextView.aspx?data=yieldYear&year=1990. Zuletzt aufgerufen am 11.03.2021.

50 »›Das Ding der Zukunft‹«, Spiegel, online abrufbar unter: https://www.spiegel.de/spiegel/print/d-9207516.html. Zuletzt aufgerufen am 11.03.2021.

51 (aus dem Englischen übersetzt) https://www.bullionvault.com/gold-news/dow-gold-122020181

52 Zusammensetzung Silberminen-ETF https://etfmg.com/funds/silj

53 Zusammenstellung ETF: https://www.globalxetfs.com/funds/copx/

54 »Japan will bis Mitte der 2030er Jahre Autos mit Verbrennermotoren verbieten«, Handelsblatt, 25. Dezember 2020, online abrufbar unter: https://www.handelsblatt.com/politik/international/energiewende-japan-will-bis-mitte-der-2030er-jahre-autos-mit-verbrennermotoren-verbieten/26749174.html?ticket=ST-20730661-FbqhjuE5WKuxLnmQduKH-ap6. Zuletzt aufgerufen am 12.03.2021.

55 »VW will E-Auto für unter 20.000 Euro anbieten«, Auto Zeitung, 14. Oktober 2020, online abrufbar unter; https://www.autozeitung.de/vw-strategie-2025-130556.html. Zuletzt aufgerufen am 12.03.2021.; »Strategie TOGETHER 2025+«, Volkswagen AG, online abrufbar unter; https://www.volkswagenag.com/de/group/strategy.html. Zuletzt aufgerufen am 12.03.2021.

56 »Der Fall Schweden offenbart, was Deutschland beim Atomausstieg droht«, WELT, 21. Juli 2020, online abrufbar unter; https://www.welt.de/wirtschaft/article211998137/Schwedisches-AKW-muss-den-Retter-in-der-Strom-Not-geben.html. Zuletzt aufgerufen am 12.03.2021.

57 »Niederlande reaktivieren die Kernkraft«, Messenger, 23. September 2020, online abrufbar unter: https://www.energate-messenger.de/news/205743/niederlande-reaktivieren-die-kernkraft. Zuletzt aufgerufen am 12.03.2021.

»Niederlande planen neue AKWs – und setzen Deutschland unter Druck«, WELT, 25. September 2020, online abrufbar unter: https://www.welt.de/wirtschaft/plus216513100/Energie-Niederlande-planen-Rueckkehr-zur-Atomkraft-Deutschland-unter-Druck.html. Zuletzt aufgerufen am 12.03.2021.

58 »AKW-Neubau mit deutscher Hilfe«, taz, 3. Dezember 2020, online abrufbar unter: https://taz.de/Grossbritannien-und-Niederlande/!5729028/. Zuletzt aufgerufen am 12.03.2021.

59 »Polens neue Energiestrategie setzt auch auf AKWs«, euronews, 21. Oktober 2020, online abrufbar unter; https://de.euronews.com/2020/10/21/polen-neues-energiestrategie-setzt-auch-auf-akws. Zuletzt aufgerufen am 12.03.2021.

60 »Osteuropa will das Klima mit Atomkraft schützen«, Spiegel, 3. Dezember 2020, online abrufbar unter: https://www.spiegel.de/wirtschaft/unternehmen/atomenergie-und-eu-gipfel-osteuropa-forciert-die-kernenergie-a-9b7c3e84-ac37-480a-84a3-545b9e2d0637. Zuletzt aufgerufen am 12.03.2021.

61 »Barakah – Vorzeige-AKW der Emirate«, tagesschau, 1. August 2020, online abrufbar unter: https://www.tagesschau.de/ausland/akw-barakah-vereinigte-arabische-emirate-101.html. Zuletzt aufgerufen am 12.03.2021.

62 »Strahlendes Comeback«, Spiegel, 19. November 2020, online abrufbar unter: https://www.spiegel.de/wissenschaft/technik/atomkraft-joe-biden-plant-neue-kleine-kernkraftwerke-fuer-die-usa-a-228a84ff-363e-4151-bff4-f49304140753. Zuletzt aufgerufen am 12.03.2021.

63 »Japan will bis 2050 klimaneutral werden«, FAZ, 26. Oktober 2020, online abrufbar unter: https://www.faz.net/aktuell/wirtschaft/klima-energie-und-umwelt/atomkraft-wird-ausgebaut-japan-will-bis-2050-klimaneutral-werden-17020155.html. Zuletzt aufgerufen am 12.03.2021.

64 »The Database on Nuclear Power Reactors«, IAEA, online abrufbar unter: https://www.iaea.org/PRIS. Zuletzt aufgerufen am 12.03.2021.

Die größte Revolution aller Zeiten

Marc Friedrich; Florian Kössler

Wir sind am Vorabend der größten Revolution aller Zeiten und Sie können sich jetzt noch darauf vorbereiten! Diese Revolution wird alles verändern. Unser gesamtes Geldsystem ist im Begriff zu sterben! Seit Jahren ist es für die immer wiederkehrenden Krisen mitverantwortlich.

Nicht ob unser Geldsystem final scheitert, ist die Frage, sondern wann. Aber aus dieser Krise ist eine historische Chance geboren: Bitcoin. Ein grenzenloses, dezentrales Geldsystem, das jedem Menschen Zugang gewährt und das von keiner zentralen Organisation wie Notenbanken oder Staaten kontrolliert und korrumpiert werden kann.

Wir nehmen Sie mit auf eine Reise durch die Geldgeschichte, zeigen verständlich die Vor- und Nachteile des Status Quo auf und erklären Ihnen wo die Zukunft des Geldes liegen könnte. Die Trennung von Staat und Geldsystem könnte die größte Revolution der Menschheitsgeschichte werden. Erstmalig wird das Trendthema Blockchain und Bitcoin für alle anschaulich, verständlich und unterhaltsam erklärt. Es wird Ihnen schrittweise der Kauf von Bitcoin erklärt, wie Sie diese am besten sichern und lagern und auf was zu achten ist damit Sie Teil des historischen Wandels sind!

ca. 350 Seiten | Hardcover | 30,00€ (D) | 30,90 € (A) | ISBN 978-3-95972-406-7
erhältlich ab Herbst 2021